SUBE MÁS ALTO

PAUL L. COX

Editor

Aslan's Place

Apple Valley, CA

Sube Más Alto, editado por Paul L. Cox
© 2010 por Paul L. Cox. Todos los derechos reservados.

Come Up Higher. Título en inglés.
© 2010 por Paul L. Cox. Todos los derechos reservados

Ninguna porción de este libro podrá ser reproducida, almacenada en algún sistema de recuperación, o transmitida en cualquier forma o por cualquier medio -electrónico, mecánico, fotocopia, grabación u otro- excepto por citas breves en revistas impresas, sin el permiso previo de la editorial.

Impresión Manuscrita: Ginny Emery
Diseño de la Cobertura: Laura Sebold
Concepto de la Cobertura: Brodie Budd
Diseño del Libro: Mary Anne Pfitzinger

Publicado por This Joy! Libros— Una división de Three Cord Ministries, Inc.
1117 So. Milwaukee Ave, Suite A4, Libertyville, IL 60048—www.thisjoybooks.com.

Cita (p.5) de Moisés Silva, Filipenses, 2 ª ed., Comentario Exegético Baker del Nuevo Testamento (Grand Rapids, MI: Baker, académico, una división de Baker Publishing Group, 2005). Utilizado con permiso.

Definición griega de *ginōskō* (p. 61) tomada del Diccionario Bíblico Tyndale, editado por Philip W. Comfort, Ph.D. y Walter A. Elwell, Ph.D. Copyright © 2001 Tyndale House Publishers, Inc. Usado con permiso de Tyndale House Publishers, Inc. Todos los derechos reservados.

Todas las citas bíblicas, a menos que se indique lo contrario, han sido tomadas de la Santa Biblia, Nueva Traducción Viviente. © Tyndale House Foundation, 2010. Utilizado con permiso de Tyndale House Publishers Inc. Todos los derechos reservados.

Las citas bíblicas marcadas NVI han sido tomados de la Santa Biblia, NUEVA VERSION INTERNACIONAL®. Copyright © 1973, 1978, 1984 de Bíblica. Usado con permiso de Zondervan. Todos los Derechos Reservados. Las marcas "NVI" y "Nueva Versión Internacional" están registradas en la Oficina de Patentes y Marcas de los Estados Unidos por Bíblica. El uso de una marca comercial requiere el permiso de Bíblica.

Las citas bíblicas marcadas RV1960 han sido tomadas de la Santa Biblia Reina-Valera © 1960 Sociedades Bíblicas en América Latina; © renovado 1988 Sociedades Bíblicas Unidas. Utilizado con permiso. Reina-Valera 1960™ es una marca registrada de la American Bible

Society, y puede ser usada solamente bajo licencia.

Traducción: Alma Arellano
Traducción y edición: Silvana Mercado

ISBN-13: 978-1-5136-2593-5
Primera Impresión 2010
Edición revisada 2015

Impreso en los Estados Unidos de América

Dedicado a
Pastor Patti y Mike Velotta de
Calvary Way International Fellowship en Libertyville, Illinois.
Gracias, Mike y Patti, por la demostración de amor en acción y en palabra, hacia Donna y hacia mí y también hacia Aslan's Place. Mi viaje a ir más alto ha sido mucho más fácil debido a su amistad.

Contenidos

1 ¿Por Qué Hacer Oraciones Generacionales? 11
   PAUL L. COX

2 Renuncia a los Pecados de la Línea Familiar 21
   PAUL L. COX

3 La Oración de Inercia 25
   JOANNE TOWNE

4 Oración para Desmantelar los Poderes 36
   PAUL L. COX

5 Oración para Desmantelar las Raíces de la Rebelión 48
   PAUL L. COX

6 Oración de Renuncia— El Alma 56
   PAUL L. COX

7 Oración de Renuncia—El Cuerpo Físico 61
   PAUL L. COX

8 Remplazando la Mente Dividida por la Mente de Cristo 85
   PAUL L. COX

9 La Oración de Jante 91
   PAUL L. COX

10 Oración de la Sangre y el Corazón 96
   PAUL L. COX

11 Renuncia a las Maldiciones: Deut. 28:15-68 108
   PAUL L. COX

12 Renuncia al Druismo Generacional 118
    PAUL L. COX

13 Rompiendo Ataduras Espirituales impías 123
    PAUL L. COX

14 Reemplazando a los Ancianos Impíos 130
    PAUL L. COX

15 Oración para Sanar el Trastorno por Déficit de Atención 136
    PAUL L. COX

16 Soltando la Plenitud del Espíritu Santo 141
    PAUL L. COX

17 La Coraza de San Patricio 149
    NIGEL REID

18 Soltando las Esferas de Autoridad Dadas por Dios 156
    PAUL L. COX

19 Oración por los Trastornos Físicos, Mentales y
    Espirituales Crónicos 164
    PAUL L. COX

20 Oración para Soltar la Libertad Financiera 175
    PAUL L. COX

21 Oración para Establecernos como Piedras Vivas 193
    PAUL L. COX

22 Oración para Soltar la Intimidad con el Señor 206
    PAUL L. COX

23 La Rueda de Influencia 215
    PAUL L. COX AND PATTI VELOTTA

24 *Oración de Restauración y Regeneración* *226*
    PAUL L. COX

25 *Oración para Soltar la Sanidad Evangelística* *239*
    PAUL L. COX

26 *Rompiendo Ataduras con Espíritus Íncubos y Súcubos* *251*
    ANNEMIE-JOY MUNNIK

27 *Intervención Divina, Soltando Su Derecho de Nacimiento* *259*
    PAUL L. COX

28 *Soltando el Año Favorable del Señor* *275*
    PAUL L. COX

29 *Anulando los Males del Budismo* *296*
    PAUL L. COX

30 *Oración de Liberación de Ser un Sacrificio* *314*
    PAUL L. COX

31 *Arrepentimiento por una Intercesión Impía* *318*
    PAUL L. COX

32 *Restaurando la Compasión y el Temor de Dios* *335*
    PAUL L. COX

33 *Libre para Vivir una Vida Abundante* *351*
    PAUL L. COX

34 *Oración para Sintonizar y Realinear el Corazón* *365*
    PAUL L. COX

35 *El Tiempo de Dios y Nuestro Reloj Biológico* *379*
    LEWIS CROMPTON

36 *Renuncia al Espíritu Misógino* *399*
   ALICE MILLS

37 *Liberación de la Meditación Trascendental* *409*
   TERRY JOHNSON

38 *Renuncia a Egipto* *417*
   SARAH VICTOR

39 *Renuncia al Hinduismo* *437*
   SARAH VICTOR

40 *Renuncia a Babilonia* *465*
   SARAH VICTOR

41 *Oración para Soltar la Sanidad Emocional* *481*
   AMYBETH BERNER

42 *Oración de Acuerdo para Bendecir al Pueblo Judío* *489*
   DENA GEWANTER, MD

43 *Oración para Soltar el Don de Discernimiento* *498*
   PAUL L. COX

   Acerca del Autor *506*

   Contribuciones *507*

   Índice Palabras Claves y Referencias Bíblicas *508*

CAPÍTULO UNO

¿Por Qué Hacer Oraciones Generacionales?
PAUL L. COX

Debo admitir que me he preguntado esto muy seguido: "¿Por qué es tan importante orar oraciones generacionales?" Después de todo, al momento de poner nuestra confianza en el Señor Jesucristo, somos salvos. ¿Qué más puede hacer uno? No soy el único que se hace esta pregunta. Con los años, muchos han sugerido que no deberíamos tener que hacerlas, incluso que el hacerlo no es bíblico.

Otros también han cuestionado si debemos arrepentirnos por cuestiones generacionales. A veces me han dicho, con odio, que esto tampoco es bíblico y que ciertamente no es necesario. Muchos dirían que "la obra fue terminada en la cruz de Cristo y que no hay nada más que hacer. El asunto está resuelto. Ya tenemos todo lo que necesitamos. No es necesario orar más sobre cuestiones generacionales".

Ahora, aquí está el meollo del asunto. Durante veinte años, he ministrado a cientos de personas. He visto creyentes transformados por el poder del Señor a través de la oración generacional y llevándolos a hacer estas oraciones escritas. Esta transformación los ha llevado a un nivel más profundo de intimidad con Jesucristo y a nuevos niveles de libertad. Así que, ¿cómo reconciliar esta aparente contradicción entre la obra terminada en la cruz y lo que he visto en el ministerio durante los últimos veinte años? La Biblia es nuestra autoridad final, no nuestra experiencia. En cualquier punto en el que la experiencia y la Biblia no están de acuerdo, la Biblia gana. Lo creo y lo práctico. Así que, ¿qué dice la Biblia?

Aquí están los fundamentos. Por gracia somos salvos.

> *Dios los salvó por su gracia cuando creyeron. Ustedes no tienen ningún mérito en eso; es un regalo de Dios. La salvación no es un premio por las cosas buenas que hayamos hecho, así que ninguno de nosotros puede jactarse de ser salvo. Pues somos la obra maestra de Dios. Él nos creó de nuevo en Cristo Jesús, a fin de que hagamos las cosas buenas que preparó para nosotros tiempo atrás. (Efesios 2:8–10)*

Nuestras obras, en nuestra vida cristiana, confirman que somos realmente salvos.

> *Como pueden ver, la fe por sí sola no es suficiente. A menos que produzca buenas acciones, está muerta y es inútil. Ahora bien, alguien podría argumentar: "Algunas personas tienen fe; otras, buenas acciones". Pero yo les digo: "¿Cómo me mostrarás tu fe si no haces buenas acciones? Yo les mostraré mi fe con mis buenas acciones". Tú dices tener fe porque crees que hay un solo Dios. ¡Bien hecho! Aun los demonios lo creen y tiemblan aterrorizados. ¡Qué tontería! ¿Acaso no te das cuenta de que la fe sin buenas acciones es inútil? (Santiago 2:17–20)*

Habiendo establecido que somos salvos por gracia y que nuestras obras confirman nuestra salvación, ¿qué papel jugamos en este proceso? Algunos argumentan que no tenemos ninguna parte. Es cierto que la salvación es la obra de Cristo. Incluso nuestra vuelta a la fe es posible gracias al Espíritu Santo. El libro de Romanos indica claramente que la santificación es un proceso; se logra a través de la obra de Cristo en nosotros, transformándonos a través del poder del Espíritu Santo. Así que debemos hacer la pregunta nuevamente, "¿Tenemos alguna responsabilidad en nuestra transformación de gloria en gloria?"[1]

Creo que la respuesta es sí. Tenemos responsabilidad en nuestra transformación de gloria en gloria. Mire lo que dice en Filipenses 2:12–13:

> *Queridos amigos, siempre siguieron mis instrucciones cuando estaba con ustedes; y ahora que estoy lejos, es aún más importante que lo hagan. Esfuércense por demostrar los resultados de su salvación obedeciendo a Dios con profunda reverencia y temor. Pues Dios trabaja en ustedes y les da el deseo y el poder para que hagan lo que a él le agrada.*

La frase clave para examinar es "esfuércense por su salvación" o en otra versión "trabajen por su salvación" ¿Qué quiere decir esto? Ciertamente no significa que trabajemos por nuestra salvación. La Escritura es clara que la salvación viene por la fe y no por obras. Debemos entender lo que "(trabajando) en su salvación" significa.

Esta situación es fundamental para lo que hago en el ministerio y la razón detrás de la publicación de un libro de oraciones. Si no hay un mandato bíblico para este tipo de ministerio, entonces seguirlo es un error. Con esto en mente me gustaría ampliar una cita del *Comentario Exegético de Baker del Nuevo Testamento*. Estoy consciente de que es un poco tedioso y tomará algo de concentración por parte del lector. Sin embargo, si la importancia del creyente en la maduración, en "(trabajando) su propia salvación" no puede ser establecida, ¡entonces este libro no tiene sentido! Con esto en mente, aquí hay una sección de la discusión teológica sobre Filipenses 2:12-13.

> Pero, el concepto bíblico de la salvación no está limitado solamente a la justificación; más bien incluye la obra redentora de Dios en su totalidad. Así, mientras, en un sentido muy importante, ya hemos sido salvos (Efesios 2: 5, 8; Tito 3: 5), en otro sentido, estamos aún por ser salvos (Romanos 5: 9-10; 1 Corintios 3: 15, 5: 5; 2 Timoteo 4:18). Calvino acertadamente afirma "la salvación está hecha para todo el camino de nuestro llamado, y este término incluye

todas las cosas por las que Dios logra esa perfección a la que Él nos ha determinado por medio de su libre elección". Porque la salvación en todo su alcance, necesariamente incluye la manifestación de la justicia en nuestras vidas, se deduce que nuestra actividad es parte integral del proceso de la salvación; no podemos darnos el lujo de olvidar la unión entre el versículo 9 ("no por obras") y el versículo 10 ("para buenas obras") en Efesios 2. En el contexto particular de Filipenses 2, las obras de la salvación personal del creyente toman la forma de obligaciones corporativas dentro de la comunidad cristiana: el deber de buscar el bien de los demás.

Para aquellos que admiten la verdad soteriológica[2] del pasaje, la tendencia es definir el versículo 12 por medio del versículo 13 (o el verso 13 por medio del versículo 12), es decir, atenuar la actividad humana apelando a la gracia divina (o viceversa). Uno puede, por ejemplo, hacer hincapié en la verdad de que Dios no nos obliga a actuar en contra de nuestra voluntad, esto da como resultado, que la gracia se limita a un poco más que a una ayuda espiritual: "Dios nos ayudará, pero en realidad depende de nosotros". Por el contrario, el miedo del legalismo puede conducirnos a una comprensión más o menos pasiva sobre la santificación: "Nuestra responsabilidad es simplemente descansar en la gracia de Dios, para dejar que Él obre en nosotros". El texto en sí mismo, al juntar estos dos énfasis, sobresalta contra cualquier intento de resolución. Y el punto aquí no es que meramente se destaque lo humano o lo divino, sino que en un mismo pasaje, tengamos quizás lo que es tal vez la expresión bíblica más fuerte de cada elemento.

Note la primera preocupación de Pablo sobre la actividad humana. Aunque varios versículos del Nuevo Testamento ponen considerable énfasis en el rol de la responsabilidad humana en la salvación (cf. esp. 2 Pedro 1:10 (NTV), "Así que, amados hermanos, esfuércense por comprobar si realmente forman parte de los que Dios ha llamado y elegido. Hagan estas cosas y nunca caerán") ninguno lo pone tan abiertamente como Filipenses 2:12. La elección del verbo *katergazomai* es notable. Crisóstomo explica esta forma indicando: "con gran esfuerzo, con gran cuidado"; aunque la evidencia habla en contra de ver un cierto matiz en el verbo mismo, no deberíamos pasar por alto completamente el hecho de que este antiguo orador griego percibe el término como enfático. De Bauer "alcanzar, lograr" nos acerca a la matiz distintiva del verbo; él ubica correctamente a Filipenses 2:12 bajo el segundo título, "provocar, producir, crear". Es imposible moderar la fuerza con la que Pablo aquí apunta a nuestra actividad consciente en la santificación. El pensamiento debería darnos una pausa: nuestra salvación, la cual confesamos ser de Dios de principio a fin, aquí se describe como algo que debemos conseguir.

Por todo esto, nuestra dependencia en la actividad divina para la santificación no se ha hecho en otro lugar tan explícita como aquí. Para comenzar, la obra de Dios es vista como una relación casual con nuestro obrar (*gajr*, gar, para); nuestra actividad solo es posible por la gracia divina. Segundo, la sintaxis es enfática: Pablo no dice simplemente que "Dios obra" (*ho theos energei*), pero "el que obra, el obrar es Dios" (*theos...estin ho energon...to energein*). Tercero, se dice que la influencia divina no solo se extiende a nuestra actividad, pero a nuestra voluntad - es una declaración única- aunque la idea está implícita en otros pasajes (Ej: Juan 1:13, Romanos 9:16). Calvino

comenta: "En cualquier acción, hay dos partes principales, la voluntad y el poder efectivo (acción). Ambos (Pablo) son atribuidos a Dios; ¿qué nos queda para gloriarnos?" Cuarto, el apóstol refuerza nuestra dependencia en la soberanía de Dios con una referencia final a "su buena voluntad", un término distintivamente teológico, utilizado para describir la *gracia divina.*

El punto es que, mientras que la santificación requiere un esfuerzo consciente y concentración, nuestra actividad toma lugar no en un espíritu legalista, con el fin de ganar el favor de Dios, sino más bien con un espíritu de humildad y gratitud, reconociendo que sin Cristo no podemos hacer nada (cf. Juan 15: 5), y entonces solo Él merece la gloria.

> La obra de Dios en nosotros no se suspende porque nosotros actuamos, ni tampoco nuestro obrar se suspende porque Dios obra. Ni es la relación estrictamente de cooperación como si Dios hizo su parte y nosotros hicimos la nuestra, sino que es la conjunción y la coordinación de ambos que producen el resultado esperado. Dios obra y también obramos. Pero la relación es que debido a que Dios obra, nosotros obramos. Todo trabajo de salvación de nuestra parte es el efecto de Dios obrando en nosotros... Tenemos aquí no sólo la explicación de toda actividad aceptable por nuestra parte, pero también tenemos el incentivo de nuestra voluntad y obrar... Cuanto más persistentemente activos estamos en el obrar, más persuadidos vamos a estar de que toda la gracia revitalizante y el poder son de Dios.[3]

Permítame resumir este extracto. Primero, es Cristo quien obra en nosotros tanto en la salvación como en la transformación después de la salvación. Segundo, tenemos parte en llevar a que nuestra salvación sea completada. Tercero, nuestra parte es en el contexto de la iglesia, el cuerpo redimido de Cristo.

Lo que se indica de forma lógica en Filipenses, se ilustra en forma de historia en el libro de Josué. El Señor dice claramente que la tierra de Israel ha sido dada a los hijos de Israel.

> *Mi siervo Moisés ha muerto. Por lo tanto, ha llegado el momento de que guíes a este pueblo, a los israelitas, a cruzar el río Jordán y a entrar en la tierra que les doy. Te prometo a ti lo mismo que le prometí a Moisés: "Dondequiera que pongan los pies los israelitas, estarán pisando la tierra que les he dado: (Josué 1:2–3)*

El versículo tres, delinea una importante condición para recibir este don. La tierra que se les ha dado totalmente, debe ser poseída por ellos. Josué 1:3 dice: "Dondequiera que pongan los pies los israelitas, estarán pisando la tierra que les he dado". Los hijos de Israel tienen parte en la posesión de la tierra. Ellos no pueden simplemente cruzar el río Jordán, montar el campamento, y esperar la venida del Señor. Ellos deben poseer sus posesiones. ¿Cómo lo hacen? Ellos deben "caminar" su responsabilidad. "¡Dondequiera que pongan los pies, estarán pisando la tierra que les he dado!"

En otras palabras, deben ir contra toda fortaleza en la tierra, acabar con ellas, y poseer la tierra. Esta es una imagen de la vida cristiana. Venimos a la tierra prometida, que es el Reino de Dios, a través de la sangre de Cristo. La palabra Jordán en realidad significa "difundir el juicio". Mientras caminamos a través del río Jordán, el juicio no nos toca porque se ha visto frenado por el poder del Señor. Entramos en la tierra y comenzamos a derribar, a través del poder de Dios, las fortalezas en nuestras vidas. Dios hace su parte y nosotros hacemos la nuestra. Nuestra parte incluye el uso de las disciplinas espirituales así como ser intencionales acerca de obtener toda la liberación que podamos de la vieja naturaleza. Ahí es donde entran las oraciones generacionales.

Entiendo por experiencia personal que los que no creen en la liberación generacional o en el orar oraciones generacionales, no estarán satisfechos con ningún razonamiento o evidencia. Después de haber estado ministrando liberación durante varios meses con un pastor bautista, varios de los diáconos se acercaron a mí para expresar sus preocupaciones. ¡Algunas de nuestras discusiones se volvieron muy intensas! Finalmente, un diácono me dijo: "Bueno, si esto es realmente cierto, entonces ¿dónde está el fruto?" Su punto fue bien recibido. Para mostrarle el fruto, programé un servicio el domingo por la noche, donde varias personas que habían sido ayudadas de forma significativa por las oraciones de liberación generacional, dieron testimonio de lo que el Señor había hecho. Fue una noche muy poderosa. Por más de dos horas, persona tras persona vinieron al micrófono y compartieron cómo el Señor había tocado sus vidas. Los testimonios fueron muy significativos, porque había ministrado a algunas de esas personas por nueve años, antes de que yo comenzara a orar por liberación. ¡Claramente era el ministerio de liberación lo que había hecho la diferencia!

Después del servicio, el mismo diácono vino y me dijo: "No me importa lo que todas estas personas dicen, yo no creo en este ministerio". En la siguiente reunión de diáconos, el debate continuó. Finalmente, con frustración, le dije al consejo de pastores, "¡Si ustedes no quieren que yo ayude a estas personas, entonces ayúdenlas ustedes!" Me quedé impactado por sus respuestas. Todos levantaron sus manos y dijeron: "No podemos". Aquí estaba el verdadero corazón del asunto. Aquellos que no creen en este ministerio no sólo no creen en él, sino que tampoco tienen las respuestas o soluciones alternativas para darles a los creyentes que continúan sufriendo. Su única respuesta, es su respuesta personal bíblica y teológica al concepto de orar por la gente.

Todo esto no debería ser una sorpresa para nadie que conoce la Biblia. Jesús también se encontró con personas religiosas que vinieron contra su ministerio de sanidad y liberación. Una de las Escrituras más impactantes de la Biblia es el relato de la resurrección de Lázaro.

Entonces Jesús gritó: "¡Lázaro, sal de ahí!" Y el muerto salió de la tumba con las manos y los pies envueltos con vendas de entierro y la cabeza enrollada en un lienzo. Jesús les dijo: "¡Quítenle las vendas y déjenlo ir!" Al ver lo que sucedió, muchos de los que estaban con María creyeron en Jesús; pero otros fueron a ver a los fariseos para contarles lo que Jesús había hecho. Entonces, los principales sacerdotes y los fariseos convocaron al Concilio Supremo. "¿Qué vamos a hacer? —se preguntaron unos a otros—. Sin duda, ese hombre realiza muchas señales milagrosas. Si lo dejamos seguir así, dentro de poco todos van a creer en él. Entonces, el ejército romano vendrá y destruirá tanto nuestro templo como nuestra nación". Caifás, quien era el sumo sacerdote en aquel tiempo, dijo: "¡No saben de qué están hablando! No se dan cuenta de que es mejor para ustedes que muera un solo hombre por el pueblo, y no que la nación entera sea destruida". No dijo eso por su propia cuenta; como sumo sacerdote en aquel tiempo, fue guiado a profetizar que Jesús moriría por toda la nación. Y no sólo por esa nación, sino que también moriría para congregar y unir a todos los hijos de Dios dispersos por el mundo. Así que, a partir de ese momento, los líderes judíos comenzaron a conspirar para matar a Jesús. (Juan 11:43–53)

¿Por qué es tan impactante? Aquí está Jesús resucitando a alguien de la muerte. Piensa en la alegría de Lázaro y la alegría de aquellos que lo amaban; pero la gente religiosa no ve esto. Ellos sólo pueden ver sus propias agendas y creencias. ¡La verdad, no era el problema! La única respuesta a la resurrección de Lázaro fue un complot para la muerte de Jesús.

Las juntas con los diáconos en mi iglesia bautista, finalmente, culminaron en reuniones congregacionales. ¡El debate parecía ser interminable! Finalmente, decidí que tenía que dejar la iglesia. Puedo recordar una conversación que tuve justo después de la reunión. Me volví hacia un amigo y le dije: "Todo lo que siempre he querido hacer en el ministerio es ayudar a los demás. Ahora, que por fin puedo realmente ayudar a la gente, los diáconos no me dejan". Me fui deshecho. Pero el Señor no había terminado su obra conmigo o con el ministerio de liberación. Su corazón es ver a su pueblo ser libre. En obediencia he seguido su llamado sobre mi vida. Años más tarde, el fruto es evidente. El Señor ha sido fiel. Sí, hay resistencia, pero las vidas están siendo cambiadas.

Este libro es realmente un reporte del camino de la revelación de las tácticas del enemigo, en constante desarrollo para destruir las vidas de los individuos. Sin embargo, el énfasis no está en lo que el enemigo ha hecho y está haciendo, sino en la libertad que es posible a través de recuperar la tierra de nuestra herencia. La victoria ha sido asegurada en la cruz de Jesucristo. Este es el tiempo para que posea sus posesiones. Recíbala. Camine en ella. Establézcala.

Notas:

1. 2 Corintios 3:18.

2. Estudio de la Salvación.

3. Moisés Silva, Filipenses 2da ed., Del Comentario Exegético Baker sobre el Nuevo Testamento (Grand Rapids, MI: Baker Academic, una división Del Grupo de Publicación Baker, 2005). Usado con permiso.

CAPÍTULO DOS

Renuncia a los Pecados en la Línea Familiar
PAUL L. COX

Usted probablemente ha escuchado decir que un viaje comienza con el primer paso. Lo mismo pasó con el libro, *Oraciones para la Liberación Generacional.* ¡La única diferencia es que yo no sabía que estaba comenzando un viaje que incluiría más de cuarenta oraciones!

A mediados de los 90s, yo estaba en Dallas, Texas, orando por un varón de veintiún años de edad, estaba tan deteriorado a causa de una angustia mental, que un psiquiatra le había prescripto tres medicamentos diferentes. Estaba extremadamente deprimido y aunque anteriormente funcionaba en un nivel intelectual alto, ya no podía hacer mucho más que existir. Las altas dosis de medicamentos habían aliviado su estado de desesperación, pero la contrapartida fue una vida de pasividad. En realidad él ya no podía funcionar como antes.

Mientras lo llevaba a través de una liberación generacional, podía ver como cambiaba su semblante. ¡Estaba claro que el Señor estaba haciendo un trabajo maravilloso en su vida! Después de más de dos días completos de ministración, parecía ser que su esperanza estaba regresando. Yo estaba casi terminado con la oración, cuando tuve una repentina sensación de ir a Romanos 1. Sentí que él estaba por tornar este pasaje en una oración. Mientras se paseaba por el pasaje, me quedé atónito al ver el cambio que estaba tomando lugar en él. Era como si yo estuviera escuchando esta escritura por primera vez. Ese joven fue transformado. Lo último que supe de él, es que su medicación fue reducida drásticamente, y que hoy él es capaz de llevar una vida mejor.

Me di cuenta de que el Señor me había dado una clave para la sanidad. Con la ayuda de otras personas, escribí una oración basada en Romanos 1. Ahora tenía la primera oración del libro *Oraciones para la Liberación Generacional*. Estaba tan emocionado que me puse en contacto con amigos de Alaska y les compartí lo que había sucedido. Estaban igual que yo, emocionados porque el Señor les había dado el mismo pasaje y también les había dado instrucciones de convertirlo en una oración. El Señor había confirmado lo que yo había sentido que él me había instruido a hacer en Dallas.

La "Renuncia a los Pecados en la Línea Familiar" es una revelación extraordinaria, ya que dentro de la oración hay una lista de pecados que barre completamente con toda la naturaleza caída de la condición humana. Dentro de sus frases hay arrepentimiento por la idolatría, inmoralidad sexual, ingratitud a Dios, depravación, maldad, asesinato, celos, transgresiones de la lengua y la rebelión contra los caminos del Señor.

Ninguna oración en este manual se ha orado más, ni traducido a más idiomas como esta. La profundidad de su significado es a menudo visible, cuando una persona pasando por la liberación lucha por extensos períodos de tiempo, mientras simplemente trata de renunciar a los pecados ancestrales en su línea familiar.

¡Este recorrido inicia con una oración, pero habrá más! El Señor realmente quiere cambiarnos, llevarnos "de gloria en gloria".

La Oración: Renuncia a los Pecados en la Línea Familiar

- Como miembro de esta línea familiar, me arrepiento por todos aquellos pecados que por generaciones suprimieron la verdad de Dios cambiándola por su maldad.
- Me arrepiento por todos aquellos que, habiendo conocido a Dios, no le glorificaron como a Dios ni le dieron gracias a Él, porque sus pensamientos eran vanos y su corazón fue entenebrecido.
- Me arrepiento por todos aquellos que se hicieron necios, y cambiaron la gloria del Dios inmortal por imágenes de hombre mortal, aves, animales o reptiles.
- Me arrepiento por los malos deseos de los corazones de mis antepasados que entregaron sus corazones a la impureza sexual y a la degradación de sus cuerpos, manteniendo relaciones unos con otros.
- Me arrepiento por todos aquellos que cambiaron la verdad de Dios por la mentira de Satanás, adoraron y sirvieron a las cosas creadas antes que al Creador, quien es bendito por siempre.
- Me arrepiento por los deseos y pasiones vergonzosas de mis antepasados, y por las mujeres que cambiaron las relaciones naturales por las que van en contra de lo natural.
- Me arrepiento por los hombres de mi línea familiar que abandonaron las relaciones naturales con la mujer y se encendieron en su lujuria unos con otros, por los hombres que cometieron actos indecentes con otros hombres, recibiendo en sí mismos la retribución debida a su extravío.
- Me arrepiento por aquellos que no consideraron que valiera la pena guardar el conocimiento de Dios, y por lo

tanto, se les entregó a una mente reprobada, para hacer lo que no debe hacerse.

- Me arrepiento por todos aquellos que se han llenado de toda clase de perversión, de maldad, de codicia y depravación, y por todos aquellos que estaban llenos de envidia, homicidios, contiendas, engaños y malignidades.
- Me arrepiento por todos aquellos que fueron murmuradores, detractores, aborrecedores de Dios, insolentes, soberbios y arrogantes, por todos aquellos que inventaron la manera de hacer el mal, que fueron desobedientes a sus padres, insensatos, desleales, crueles y despiadados.
- Me arrepiento por todos aquellos que a pesar de que sabían del justo decreto de Dios, de que los que practican tales cosas merecen la muerte, no sólo continuaron haciendo esas mismas cosas, sino también aprobaron a quienes las practicaron.

CAPÍTULO TRES

Oración de la Inercia
JOANNE TOWNE

En el 2001 yo estaba ayudando a Paul Cox orando por una mujer con un trastorno disociativo grave, causado por el abuso multigeneracional, en rituales de ocultismo. No importaba lo que hiciéramos en oración ese día, ella regresaba a algún otro lugar de cautiverio en el segundo cielo, el cual estaba controlado demoníacamente. Esto causó que la sesión fuera contraproducente para ella y frustrante para nosotros. En el largo camino de regreso a casa, le pregunté al Señor por qué a veces las cosas eran más difíciles y complicadas para algunas personas que para otras. *¿Cómo podríamos ayudar a las personas con problemas graves a lograr su libertad con menos dificultad?*

Mientras más cerca estaba de mi casa, comencé a tener pensamientos sobre barcos y aviones y sobre la forma en que mantienen su trayectoria. Pensé que simplemente estaba cansada y lo ignoré. A la mañana siguiente, me desperté con una visión de un giroscopio siendo dibujado en luz blanca. Me di cuenta de que el Señor estaba respondiendo mi oración. Él era quien había impulsado los pensamientos que había tenido sobre los barcos y aviones el día anterior.

Fui a la enciclopedia y busqué la palabra *giroscopio (o giro)*. Leí que es un dispositivo que utiliza la rotación para llevar una dirección estable en el espacio y esta estabilidad causa que el vehículo se fije en su trayecto.[1] Cuando empecé a darme cuenta de que Dios estaba explicándome un principio espiritual continué leyendo.

El giroscopio consiste en, una bola giratoria llamada rotor y un sistema de apoyo. Una vez que el rotor se pone en movimiento, el giroscopio se resiste a cualquier intento de cambiar su dirección o rotación. Es el principio de los trompos de los niños y se conoce como *inercia giroscópica*. Esta inercia se define como "la tendencia de un cuerpo giratorio a resistir el intento de cambiar su eje de rotación."[2] Esta propiedad de los cuerpos giratorios es ampliamente utilizada en los instrumentos de vuelo y navegación para proporcionar dirección o información del curso, que no se vea afectada por turbulencia o mares turbulentos. Los buques utilizan una brújula giroscópica para encontrar el verdadero norte. Las fuerzas magnéticas no afectan el giroscopio, sin embargo, debe ser protegido de vibraciones, impactos y sacudidas.

Mientras continuaba leyendo, el giroscopio era descripto como "una rueda dentro de otra rueda". Recordé como Ezequiel describió el funcionamiento de las ruedas de los cuatro seres vivientes. En Ezequiel 1:15-21 y 10:9-17, la descripción de estas ruedas es consistente con la apariencia y función de un giroscopio. Me di cuenta de que Dios me estaba revelando un principio espiritual que podría entenderse por la física de este instrumento.

Para entender los principios espirituales y el resultado de la oración que el Señor me dio, tengo que explicar algunos principios básicos de la física que son fundamentales en lo que Señor me estaba mostrando.

Según la enciclopedia en línea *Wikipedia*:

El principio de inercia es uno de los principios fundamentales de la física clásica que se utiliza para describir el movimiento de la materia y la forma en que se ve afectada por las fuerzas aplicadas. En términos simples, la inercia significa 'un cuerpo en movimiento tiende a permanecer en movimiento.; un cuerpo en reposo tiende a permanecer en reposo'. En el uso común, sin embargo, las personas pueden también usar el término *"inercia"* para referirse a la "cantidad de resistencia al cambio de un objeto durante la velocidad (el cual es cuantificado por su masa), y a veces a su impulso, dependiendo del contexto, por ejemplo, "este objeto tiene mucha inercia".[3]

La fuerza de la inercia (la estabilidad y la resistencia al cambio de movimiento) depende de la distribución del peso del rotor y la velocidad de su giro. Independientemente de cómo se mueve sobre el apoyo, el eje del giroscopio se resiste al cambio y apunta a la dirección fijada. Un giroscopio tiene una rueda de norte a sur y una rueda de este a oeste dentro de sí mismo.

Cuanto mayor es el peso (o masa) en los bordes de las ruedas, mayor será la inercia. Es por eso que una rueda de bicicleta girando produce más inercia que la punta de un lápiz girando sobre sí mismo. Por ejemplo, la Tierra gira alrededor de su eje, una línea imaginaria que une los polos del Norte y del Sur. La inercia giroscópica producida por el giro, hace que el eje del norte de la tierra continuamente apunte a la Estrella del Norte a medida que la Tierra rota en su órbita alrededor del sol.

Sin embargo, hay algunas influencias que pueden crear un cambio en la dirección del eje, en un cuerpo situado en una inercia giroscópica. En física, la masa de un cuerpo determina el impulso de un cuerpo a una velocidad determinada. En astronomía, la inercia se rompe cerca de objetos súper masivos, como los agujeros negros y estrellas de neutrones, debido a la alta inclinación de los campos gravitacionales alrededor de este tipo de objetos. Por lo tanto, cuando se impone una fuerza mayor sobre un cuerpo dado, la sacudida de una mayor atracción magnética o gravitacional puede causar un cambio de dirección en el eje del cuerpo. Por lo tanto, cuando se cambia la inercia de un objeto, su velocidad (dirección y velocidad) también cambia.

Cuando comencé a entender los principios físicos de la inercia, me di cuenta del paralelismo espiritual. En Ezequiel 1, el tamaño y la naturaleza de las ruedas indican que crean una gran inercia. El versículo 18 dice: "Los aros de las cuatro ruedas eran altos y aterradores, y estaban cubiertos de ojos alrededor".[4] Esto indica un gran peso (masa) en las ruedas con la capacidad de crear una poderosa inercia.

Cuando entendí los principios de la física y vi que la función y la forma de las ruedas de Ezequiel eran como las de un giroscopio, me di cuenta de que el Señor estaba diciendo que la función del Espíritu Santo, cuando se une a nuestros espíritus, funciona como el principio de este instrumento. Lo ideal es que el Espíritu Santo ejercería un efecto continuo, sin interrupciones en la vida de cada creyente.

La intención de Dios es crear una poderosa inercia que nos mantenga en el rumbo fijo de las bendiciones del pacto, el propósito divino cumplido y el destino. La inercia de Dios nos mantiene en constante alineación con la autoridad del trono de Dios y permite la continua intervención divina y la influencia del tercer cielo en nuestra vida cotidiana.

Sin embargo, el Señor me explicó que esas fuerzas, o sacudidas y fuerzas interruptoras mencionadas anteriormente, pueden afectar este principio de inercia, incluso en la vida de los creyentes. Al igual que en la física, donde un cuerpo cambia su eje y su dirección cuando se impone una mayor masa sobre ella, los creyentes pueden ser lanzados fuera del curso previsto por Dios. Puede ser a causa de las sacudidas creadas por algún trauma demoníaco estratégico o por alguna mayor atracción magnética y/o gravitacional de fortalezas, como la incredulidad, tradiciones, las doctrinas de los hombres, el legalismo, y otras estrategias impías.

La inercia puede ser una poderosa fuerza positiva de gran alcance si el alineamiento de uno está hacia el reino de Dios y su autoridad y gobierno divino. Si el rumbo del creyente se establece y fija en la voluntad divina y los propósitos de Dios, esta inercia divina resulta en fructificación y en experimentar las bendiciones. Sin embargo, si un creyente es apartado de ese camino original debido a traumas, se queda sin el poder de moverse hacia los propósitos de Dios y además sin la voluntad para resistir la fuerza opositora.

El Señor me explicó que se crea una inercia impía cuando un creyente está plagado de poderosas fuerzas que se resisten al cambio. Estas fuerzas resistentes, que fueron creados por varios traumas, llevan a los creyentes fuera del curso establecido de bendición y provisión destinada por Dios.

Del mismo modo que la tierra sería sacada de su órbita alrededor del sol por una gran fuerza o impacto gravitacional, Satanás, el enemigo, despliega fuerzas de caos contra un creyente, especialmente en las etapas tempranas de la vida. Esto crea un "cambio de eje", que puede hacer que uno sea sacado varias veces fuera de la alineación con la autoridad del Espíritu del Dios, su influencia y agenda. El poder demoníaco entonces intentará mantener su lugar como una "estrella fija" en el eje de la vida del creyente traumatizado. Esto mantiene al creyente bajo el cautiverio y la influencia de una dimensión demoníaca en el segundo cielo. Así como una fuerte inercia podría forzar a un planeta hacia otra órbita o crear una fuerza suficiente de desequilibrio y causar que su eje apunte hacia otra estrella lejos del verdadero norte, en el Reino de Dios, una inercia impía, iniciada en el reino de las tinieblas, provoca consecuencias en los creyentes que dan lugar a constantes problemas no resueltos y a una continua falta del mover divino.

Este cautiverio se manifiesta en la tierra por varias aflicciones, escasez, inhabilidades y fortalezas mentales o corporativas. La influencia demoníaca se fortalece aún más cuando los cautivos se alinean territorialmente a las dimensiones demoníacas sobre la tierra, debajo de la tierra y en el segundo cielo. Los cautivos no sólo están lidiando con los resultados de su cautiverio, sino que también están territorialmente ligados: las puertas están cerradas, a no ser que escape de esa influencia demoníaca.

Los traumas que crearon esas sacudidas en la vida de un

creyente, causan fortalezas mentales y cautiverios generacionales, y problemas del corazón; resultan en influencias demoníacas que continúan manteniendo la mente y los pensamientos cautivos, dándole al enemigo un punto de apoyo legal para encarcelar a las víctimas heridas, dentro de su oscuro territorio espiritual. Así como los creyentes son llamados a ser embajadores en la tierra, trayendo la manifestación de la influencia de los cielos sobre la tierra, Satanás intenta establecer su embajada en la vida del creyente y mantenerlo cautivo a su gobierno y a su autoridad. Esto mantiene al creyente funcionalmente más alineado con las fuerzas del reino de las tinieblas que al Reino de Dios y lo mantiene en una batalla continua por ser libre. Esta lucha por la libertad no solo se limita a individuos; también puede ser territorial.

Las personas bajo el régimen de esa inercia o influencia impía, a menudo dicen que se sienten "estancados". Algunos sinónimos para inercia: "inactividad, impotencia, falta de vida y pasividad". Un hombre puede llegar a estar inactivo por una falta de incentivo, pero uno que está inerte está limitado por algo en su constitución o sus hábitos, los cuales operan como si estuviera cargando un peso que lo retiene; esto implica algunos defectos en la constitución mental o física.[5]

La dependencia de la tierra del sol, es una analogía de cómo funciona la inercia en la vida de un creyente. Las propiedades gravitacionales y la inercia, mantienen a la tierra en órbita alrededor del sol. En esta órbita adecuada, la tierra recibe la cantidad adecuada de luz y calor para sostener la vida. La inercia también sostiene a la tierra en un movimiento fijo, hacia el norte correcto, hacia la estrella Polaris. Si otro objeto o fuerza crearían una mayor fuerza que esa gravedad y empujara a la tierra fuera de curso, perdería su capacidad para mantener todas las funciones de la vida que dependen del sol. Así como la tierra necesita la luz y el calor del sol para mantener la vida, el creyente necesita de las bendiciones y la provisión del Señor para mantener sus funciones vitales (corazón, espíritu, alma y cuerpo) y para mantener su curso (propósito).

La inercia divina está constantemente mantenida por la masa, el peso de la gloria de Dios en la vida de un creyente. La gloria de Dios no es una posición ideal abstracta, sino una realidad concreta que es, emocional y mentalmente percÍdema a través de los pensamientos y trabajos del Espíritu Santo dentro de cada creyente. Las manifestaciones de la inercia divina en la vida de un creyente incluyen un corazón puro y sin mancha, una fe sincera, un espíritu de reverencia y adoración, una mentalidad celestial, la propiedad de los beneficios de la salvación, y una ciudadanía reconocida en el cielo. El curso de un creyente se mantiene por el eje gravitacional del Señor, el perfecto amor de Dios, la influencia y el poder del Espíritu Santo.

Si otro objeto celestial, por ejemplo lo demoníaco, con una mayor atracción magnética (debido a traumas, fortalezas, maldiciones generacionales, idolatrías, doctrinas erróneas, etc.) viene y esta influencia demoníaca puede empezar a crear una atracción "gravitacional" que mueva al creyente fuera de su órbita prevista (su llamado, propósito, bendiciones, autoridad), y lo lleva a una órbita demoníaca, teniéndolo cautivo. Al igual que un agujero negro, lo demoníaco crea una fuerza de gravedad hacia su propia "estrella". Este cautiverio dimensional resulta en "una inercia impía" que lo mantiene bajo el reino y la influencia demoníaca. Este cautiverio espiritual mantiene al creyente lejos de las bendiciones que Dios destinó y de alcanzar el propósito y la influencia en la tierra diseñados por Él.

¿Existe la cautividad dimensional? ¿Hay alguna referencia bíblica que refuerce esto? Nehemías 1:9 dice, *"pero si vuelven a mí y obedecen mis mandatos y viven conforme a ellos, entonces aunque se encuentren desterrados en los extremos más lejanos de la tierra, yo los volveré a traer al lugar que elegí para que mi nombre sea honrado"*. Deuteronomio 30:4-5 dice,

Aunque estés desterrado en los extremos de la tierra, el Señor tu Dios

te traerá de allí y te reunirá nuevamente. El Señor tu Dios te hará volver a la tierra que perteneció a tus antepasados, y será tuya de nuevo. ¡Entonces te hará aún más próspero y numeroso que tus antepasados!

Deuteronomio 9:1–2 dice,

¡Escucha, Israel! Hoy estás a punto de cruzar el río Jordán para tomar posesión de la tierra que pertenece a naciones más grandes y más poderosas que tú. ¡Viven en ciudades con murallas que llegan hasta el cielo! Los habitantes son altos y fuertes, son descendientes de los famosos gigantes anaceos. Has escuchado que se dice: "¿Quién puede hacer frente a los anaceos?"

Interesantemente, este versículo está hablando acerca de la vida después de cruzar el Jordán (la vida cristiana) donde indica que habrá situaciones que el cristiano enfrentará a medida que vaya tomando sus respectivas tierras para el Señor. La palabra hebrea para fortificar aquí es *batsa* [6] que significa estar cercado, ser cortado como las uvas, estar aislado, inaccesible a la altura o la fortificación, retener. Esto indica las características de esas fortalezas y la cautividad resultante. Recuerde, que los creyentes se supone que deben estar gobernando sobre el segundo cielo; esta es la batalla en la estamos involucrados constantemente. ¿Quién tendrá el gobierno, la iglesia o el enemigo? Satanás hará todo lo posible para que nosotros, tanto individual como colectivamente, la iglesia, no gobernemos. Él nos frustra individualmente con tantos problemas y aflicciones, que tomar las naciones parece imposible.[7]

El Señor me reveló que un creyente puede tomar autoridad sobre aquellos que están bajo cautiverio del enemigo, removiéndolos de esa inercia impía y por consiguiente de los alineamientos territoriales. Mediante la restauración de una persona a su alineación adecuada al trono de Dios y al orden divino del tercer cielo sugerido en Ezequiel 1: 22-28, la persona es restaurada a la influencia giroscópica del Espíritu Santo. Esto trae una inercia divina, que resulta en el mover divino, un irrumpir y una estabilidad renovada. La persona es restablecida a una posición de verdadera autoridad de embajador con todos los derechos dados por Dios como ciudadano del cielo.

Esta oración es generalmente efectiva, cuando las personas oran por todo lo que han conocido que deben orar, porque se dirige a la cautividad del segundo cielo y no solo a los resultados "terrenales" de la cautividad (como enfermedad, pobreza, aflicción, etc.). La gente a veces siente un tirón cuando hacen esta oración. A menudo sienten que la inercia impía de la cautividad dimensional está siendo quebrada.

Por favor entienda, que aunque podemos estar en la brecha por ciertas personas que están bajo la cautividad de la inercia, su capacidad para mantener la libertad individual es responsabilidad de ellos a través de la búsqueda de un discipulado. Me he encontrado que el remover cautivos de esa influencia demoníaca territorial, les permite que rompan con fortalezas que parecían no moverse anteriormente. Una liberación adicional es posible porque la inercia impía ahora está rota. Esto resulta en un incremento de la alineación correcta a la influencia del tercer cielo y en el continuo mover divino en el curso correcto.

La Oración: Cambiar la Inercia

- Pido protección para mí, mi familia y mi hogar. Yo ordeno que ninguna proyección astral, ninguna visión remota, detección remota, energías telúricas, campos espirituales demoníacos, las líneas ley (líneas espirituales) o brujería, pueden de ninguna manera otorgarme poderes, influencia o tener cualquier efecto adverso en mí.
- Padre Dios, estoy de acuerdo con tus propósitos de eliminar toda inercia impía y la influencia de toda

cautividad territorial demoníaca en mi vida. Señor, por favor, elimina todas las fortalezas, idolatrías, aflicciones, maldiciones generacionales, tradiciones, enseñanzas y doctrinas falsas recibidas por causa de cualquier persona, lugar, Satanás o sus demonios, que operan encima o por debajo de esta tierra. Rompo todas las ataduras impías entre mi persona y cualquier dimensión impía a la que hubiese dado lugar.

- Pido al Espíritu Santo del Dios vivo y verdadero, que libere del cautiverio todas las partes de mi ser integral: corazón, espíritu, alma y cuerpo, y me aparte de esos territorios. Señor por favor, saca del cautiverio cualesquiera dones, llamados, recursos, bendiciones y propósitos.

- Te doy las gracias Señor porque ahora me has vuelto a alinear a tu trono.

Yo declaro que voy a estar alineado con:

- El Espíritu del Señor y todas sus características, atributos y beneficios, incluyendo el Espíritu de sabiduría e inteligencia, Espíritu de consejo y de fortaleza, Espíritu de conocimiento y del temor del Señor.

- Mi posición de estar sentado en los lugares celestiales con el Señor Jesucristo y con Dios que todo lo ve, El Roi, y su dirección para mí.

- La voz y el poder del Todopoderoso, El Shaddai (en hebreo "el que es más que suficiente, el que sustenta, el que amamanta"), y la Palabra de Dios, tanto la palabra *Rhema* como el *Logos* viviente, el Señor Jesucristo, y la protección y la autoridad del Señor de los Ejércitos.

- La gracia, la autoridad, el imperio y el dominio del trono de Dios y su mano derecha, para los propósitos de su reino y el orden divino.

- El nombre del Señor Jesucristo, que es sobre todo nombre en todas las dimensiones de los cielos, la tierra y debajo de la tierra.

- El fuego de su presencia, su santificación, purificación y los atributos de revelación, y a todo propósito de reproducción y creatividad que él tiene para mí.
- Todas las promesas del pacto y las bendiciones dadas a Abraham y cumplidas en el Señor Jesucristo, quien es la semilla de Dios el Padre.[8]
- Por favor Padre, restáurame a la imagen de la gloria y el honor de Yahvé, y a todo propósito, llamado y don del reino. Alinéame por favor de manera permanente a una posición en la que esté sentado con el Dios Altísimo en su lugar santísimo.
- Ahora te doy las gracias Señor, porque el Espíritu del Dios Viviente trae una inercia divina permanente a mi vida, ya que ahora estoy alineado correctamente con el trono de Dios y nunca más se moverá de esta posición por ninguna fuerza impía de arriba, abajo o en medio de esta tierra.

Notas:
1. *Wikipedia.* s.v. "Giroscopio," http://en.wikipedia.org/wiki/Gyroscope.
2. *Wikipedia.* s.v. "Inercia," http://en.wikipedia.org/wiki/Inertia.
3. *Wikipedia.* s.v. "Inercia," http://en.wikipedia.org/wiki/Inertia.
4. James Strong, Enhanced Strong's Lexicon 2.0 (Woodside Bible Fellowship, 1995).
5. *Wikipedia.* s.v. "Inercia," http://en.wikipedia.org/wiki/Inertia.
6. James Strong, *Enhanced Strong's Lexicon* 2.0 (Woodside Bible Fellowship, 1995).
7. Véase Efesios 3:10; Colosenses 1:16.
8. Usted puede apropiarse de las promesas del pacto Abrahámico aquí, como prefiera.

CAPÍTULO CUATRO

Oración para Desmantelar los Poderes de Maldad
PAUL L. COX

Como pastor bautista, estaba familiarizado con Dios y Satanás, con los ángeles y los demonios; hasta ahí llegaba mi entendimiento sobre el mundo espiritual. Y estaba contento con esta perspectiva. Sin embargo, el Señor estaba listo para ampliarme esta realidad espiritual. Una tarde estaba hablando sobre asuntos espirituales con un amigo que es terapeuta, cuando me dije a mí mismo: "Creo que ya sé realmente cómo manejar liberaciones y el mundo espiritual". Y con ese pensamiento vino una pregunta. "Pablo, ¿por qué crees que el mundo espiritual es tan sencillo?" Y luego vino otra pregunta, "¿qué tan complejo es el mundo natural?" ¡Yo sabía que el Señor me estaba hablando! "Bueno, Señor ¡el mundo natural es muy complicado! El universo parece extenderse por siempre. Además de eso, los científicos han encontrado partículas cada vez más pequeñas en el átomo". Yo no estaba preparado para su respuesta. "Entonces, ¿por qué crees que el mundo espiritual es tan sencillo?" Mi *Viaje al Cielo* (En lugar del *Viaje a las Estrellas*) continuaba.[1] Estaba a punto de aprender sobre otros seres espirituales.

Muchos de estos seres son mencionados en la Biblia de los que raramente se habla. Algunos de ellos son llamados *poderes*. Era tiempo de que yo aprendiera sobre ellos. Mi entrenamiento sobre su discernimiento estaba por iniciar.

¿Qué dice la Biblia sobre esos poderes? Algunas referencias bíblicas incluyen:

Y estoy convencido de que nada podrá jamás separarnos del amor de Dios. Ni la muerte ni la vida, ni ángeles ni demonios, ni nuestros temores de hoy ni nuestras preocupaciones de mañana. Ni siquiera los poderes del infierno pueden separarnos del amor de Dios. Ningún poder en las alturas ni en las profundidades, de hecho, nada en toda la creación podrá jamás separarnos del amor de Dios, que está revelado en Cristo Jesús nuestro Señor. (Romanos 8:38–39, NTV)

Ahora Cristo está muy por encima de todo, sean gobernantes o autoridades o poderes o dominios o cualquier otra cosa, no solo en este mundo sino también en el mundo que vendrá. (Efesios 1:21, NTV)

Pues no luchamos contra enemigos de carne y hueso, sino contra gobernadores malignos y autoridades del mundo invisible, contra fuerzas poderosas de este mundo tenebroso y contra espíritus malignos de los lugares celestiales. (Efesios 6:12, NTV)

Porque, por medio de él, Dios creó todo lo que existe en los lugares celestiales y en la tierra. Hizo las cosas que podemos ver y las que no podemos ver, tales como tronos, reinos, gobernantes y autoridades del mundo invisible. Todo fue creado por medio de él y para él... (Colosenses 1:16, NTV)

De esa manera, desarmó a los gobernantes y a las autoridades espirituales. Los avergonzó públicamente con su victoria sobre ellos en la cruz. (Colosenses 2:15 NTV)

El agua del diluvio simboliza el bautismo que ahora los salva a ustedes —no por quitarles la suciedad del cuerpo, sino porque responden a Dios con una conciencia limpia— y es eficaz por la resurrección de Jesucristo. Ahora Cristo ha ido al cielo. Él está sentado en el lugar de honor, al lado de Dios, y todos los ángeles, las autoridades y los poderes aceptan su autoridad. (1 Pedro 3:21–22)

Mi toma de conciencia sobre estos poderes comenzó hace

varios años. Durante un viaje a Argentina, comencé a sentir una nueva forma de unción eléctrica y a experimentar algunas sensaciones muy fuertes en mi cuerpo. Si bien, estoy muy acostumbrado a que mi don de discernimiento tome forma de sensaciones inusuales, esto era diferente. Al principio pensé que era muy extraño, pero la vida estaba a punto volverse aún más extraña.

Necesitaba un poco de dinero y fui a un cajero automático, metí mi tarjeta y estaba esperando que saliera el dinero. Pero mi tarjeta fue rechazada y la pantalla indicaba que la máquina estaba fuera de servicio. Fui a un segundo cajero automático y lo intenté de nuevo y una vez más la pantalla decía: "fuera de servicio". Luego, fui a un tercer cajero automático y también estaba fuera de servicio. Una vez es normal, dos veces una rara coincidencia, ¿pero, tres veces? Cada vez era más evidente que algo importante estaba sucediendo. ¿Pero qué?

Después de que llegamos de Argentina, fui al mostrador de boletos de Northwest Airlines en LAX Los Ángeles, para resolver un problema con un vuelo a Minnesota. Una vez más, sentí esta "energía santa" sobre mí. Al acercarme a las computadoras terminales de Northwest Airlines, cada una de ellas paró de funcionar. Los empleados del Northwest Airlines trabajaron desesperadamente por lograr que las computadoras funcionaran de nuevo y escuché a un empleado decir: "¡Esto nunca había sucedido!" Mi esposa comentó: "Esto ya no es más gracioso". De repente, todos los equipos comenzaron a funcionar, excepto la que estaba justo frente a mí. Dado que no se reiniciaba, el agente tuvo que utilizar otra computadora para imprimir mi boleto. Curiosamente, esto sucedió de nuevo en otro vuelo de regreso a Minneapolis.

Además de esto, comencé a experimentar momentos donde las luces de la calle se apagaban mientras conducía y las pasaba. (Otros me habían informado que también habían experimentado este fenómeno). También se prendían los detectores de robo en las tiendas comerciales, no solo cuando entraba a ellas sino también cuando salía. También tuve problemas con los relojes digitales. Siempre que los poderes se presentaban, la pantalla de mi reloj se ponía en blanco. Cuando la pantalla volvía, ¡me daba cuenta de que el reloj se había retrasado!

Investigando la realidad de estos, fue útil e interesante notar estas definiciones y el uso de la palabra *poderes*.

En griego, la palabra poderes es *dynameis*.

La Concordancia Strong Exhaustiva de la Biblia: *dunamis* (doo'-nam-is) fuerza (literal o figurativa); especialmente, poder milagroso (usualmente por implicación, un milagro en sí mismo).

Los significados de *dunamis* en la Biblia Reina Valera son: capacidad, abundancia, significado, fuerza (-ily, -y, -y acción), (el que hace) milagro (–s), poder, fuerza, violencia, poderoso (maravilloso) obrar.

El Diccionario Teológico del Nuevo Testamento (DTNT): poder hacer algo, estar capacitado (II: 284)

A partir de esto, está claro que los poderes tienen algo que ver con "fuerza", con la capacidad o el poder de hacer algo.

Continuando con la investigación, sentí al Señor decir que estos seres creados eran responsables de manejar los campos electromagnéticos. Pensé, si esto es correcto, entonces una brújula respondería a su presencia. Así que probé la idea. En esto del discernimiento de los poderes, coloqué una brújula en los sitios en los que sentía sus presencias. Las agujas de la brújula se movieron todas las veces. Definitivamente había algo electromagnético en esos lugares. Después de suficientes intentos, supe por deducción que podía probar la presencia de un ser espiritual electromagnético en un lugar determinado.

Las escrituras en cuanto a los poderes y las definiciones de poder los interrelacionan con los conocimientos más básicos sobre el electromagnetismo, como una energía o poder detrás de toda capacidad y habilidad de hacer cualquier cosa. Según *Wikipedia*,

> La fuerza electromagnética es la responsable prácticamente de todos los fenómenos encontrados en la vida diaria, a excepción de la gravedad. Todas las fuerzas que intervienen en las interacciones entre los átomos pueden ser rastreadas hasta llegar a la fuerza electromagnética actuando en los protones cargados eléctricamente y los electrones dentro de los átomos. Esto incluye todas las fuerzas que experimentamos al "empujar" o "tirar" cualquier objeto material, que proviene de las fuerzas intermoleculares entre las moléculas individuales en nuestros cuerpos y aquellas en los objetos. También incluye todas las formas de fenómenos químicos, que surgen de la interacción entre las órbitas de electrones.[2]

Todo esto parece apoyar la idea de que los poderes son seres que están conectados con campos electromagnéticos.

En su libro, *Body Electric*, Robert O. Becker, MD, examina el impacto de los campos magnéticos sobre el cuerpo humano. Su extensa investigación incluye las siguientes observaciones y / o conclusiones:

> Todos los seres vivos...comparten la misma experiencia de estar conectados a los campos electromagnéticos de la tierra, los que a su vez varían en su reacción hacia la luna y el sol.[3]

> Wever concluyó que esta frecuencia en las micropulsaciones del campo electromagnético de la tierra fue el primer reloj de los biociclos... Cada criatura está conectada al sistema electromagnético de la tierra.[4]

> Los estudios de la glándula pineal (una pequeña glándula endocrina en el cerebro de los vertebrados) han demostrado que es "más, que el conocido como 'el tercer ojo' de los místicos. Esta glándula produce melatonina y serotonina, dos neurohormonas que...controlan

directamente todos los biociclos"... "Campos magnéticos muy pequeños influyen en la glándula pineal".[5]

En un estudio que se hizo para determinar la relación entre las perturbaciones del campo de la tierra causado por las tormentas magnéticas del sol y el comportamiento humano indicaron un incremento de pacientes en un hospital psiquiátrico de veteranos (Veterans Affairs, VA), así como cambios de comportamiento entre los pacientes que ya estaban hospitalizados. Becker afirma: "Sospechamos que el campo normal de la tierra juega un papel importante en mantener el control del sistema de CC (Corriente Continua) de las funciones corporales dentro de los límites normales".[6]

A finales del siglo XIX, los geofísicos encontraron que el campo magnético de la tierra varía según la luna gira alrededor de ella... La mayoría de las culturas antiguas contaban su tiempo calendario principalmente por la luna.[7]

Alrededor de cada ocho días (gracias a) la rotación del sol... el campo de la tierra es ligeramente cambiado en respuesta al giro en la polaridad. (Una correlación interesante de la semana de siete días, con una nueva semana que comienza cada ocho días).[8]

Se han descubierto correlaciones entre la actividad del campo magnético del sol y las grandes epidemias de gripe, el crecimiento de la bacteria *Escherichia coli* en nuestros intestinos, y la gravedad de los síntomas en los pacientes que sufren de trastornos neurológicos. "La unión geométrica de la vida hacia el cielo y la tierra es al parecer más como una red, que como un simple cable y un enchufe... Podríamos sospechar, por lo tanto, que muchas criaturas utilizarían la información magnética para lograr su sentido de lugar.[9]

La existencia de sensores magnéticos en diversas criaturas como bacterias, abejas y aves...sugiere que el sentido magnético ha existido desde el principio de la vida misma.[10]

De un estudio de las escrituras (Efesios 1:15-23, Efesios 4:8, y Colosenses 2:13-15), aprendimos estas verdades:

Cristo tiene la supremacía sobre los poderes.

El poder y la autoridad de Cristo tienen un alcance cósmico.

Su nombre por sí solo, y no en adición a otros, es suficiente para una confrontación exitosa con los poderes del mal...El poder y la autoridad de Cristo son muy superiores a todos los "poderes" y sobre todo nombre que es nombrado.[11]

Los "cautivos" de Efesios 4:8 (NTV) son probablemente los "enemigos" de Efesios 1:21.

Jesucristo ha desmantelado esos poderes.

El Señor me estaba mostrando que algunos de los principios básicos del universo y el magnetismo son una parte esencial. Así que hice la pregunta, ¿los poderes justos y malignos controlan y supervisan los campos magnéticos? Basado en mis observaciones, creo que la respuesta es sí. He notado en repetidas ocasiones que cada vez que tengo la sensación de la presencia de estos poderes justos y/o de maldad, puedo estar delante de una persona con una brújula en mi mano y la aguja siempre se mueve invariablemente hacia el área donde puedo sentir algo.

Me parece que el enemigo ha estado pervirtiendo los campos magnéticos, lo que ha resultado en una gran cantidad de trastornos mentales, así como de problemas físicos. Mi teoría es que Satanás puede pervertir los campos magnéticos y perturbar el balance divino.

Hay otra observación interesante. *¿Por qué el enemigo atrae a la gente para que adoren el sol, la luna y las estrellas? ¿Por qué haría eso? ¿Podría ser que al centrarse en la alabanza alejada de Dios el Creador, el enemigo empodera a los poderes de maldad para influenciar negativamente los campos magnéticos de la tierra?* Si es así, el reino de Satanás se intensifica de manera que puede perturbar y distorsionar la creación perfecta de Dios. Esta estrategia cae justo en la línea de la segunda ley de termodinámica, una ley universal de la decadencia que nos dice que las cosas materiales no son eternas. Todos estamos en el proceso de morir físicamente, y el universo se está acabando.

Desde que el Señor comenzó a enseñarme acerca de los poderes, el Señor nos ha mostrado en las sesiones ministeriales que hay grados de poderes. Parece ser que hay poderes justos y poderes de maldad alrededor de cada persona. También alrededor de áreas de la tierra e incluso poderes que están a cargo de la tierra y otros planetas.

Hemos discernido que aquellos que están alrededor de los individuos por lo general aparecen en grupos de cuatro, y las observaciones de los que pueden ver en el espíritu incluyen los siguientes comentarios. Los poderes:

Se parecen al monolito en *2001 Odisea en el Espacio,* parecen ser como losas o monolitos negros, pura oscuridad.

Aparecen como una pirámide en la cabeza de una persona.

Se parece a Stonehenge (monumento megalítico de Inglaterra).

Tienen conexiones similares a los aparatos eléctricos, como cables de televisión; los conectores parecen cables y cajas en una persona.

Parecen metales congelados (lo que indica superconductores).

Parece que tuvieran imanes rotando circularmente alrededor de la persona.

Entonces, ¿qué podemos hacer? Al igual que con cualquier otra maquinación del enemigo, podemos orar y pedir a Dios que prevalezca. En este caso, le pedimos a Dios que nos desconecte del que reina en el aire - del segundo cielo.[12] Hemos construido cuidadosamente una oración basada en Gálatas 4: 3-7, 9-10 y Colosenses 2, para desmantelar estos poderes.

Los resultados han sido asombrosos cuando la gente ha hecho

esta oración. Tenía un amigo que sufría de una enfermedad pulmonar crónica y su médico le había dicho que no iba a mejorar. Después de la oración para desmantelar los poderes (y la ministración por otros), regresó al médico quien le hizo la prueba habitual. El médico volvió con los resultados afirmando: "Esto es imposible, pero has mejorado". Él continuó mejorando y ya no le han hecho más pruebas por este trastorno que tenía.

Hemos visto al Señor sanar la depresión, tratando con los poderes de maldad. No hace mucho tiempo la revista *Scientific American* publicó un pequeño artículo señalando que las personas deprimidas se vuelven alegres mientras están en el tubo de la resonancia magnética. ¡Esta es una confirmación absoluta de lo que hemos encontrado! Yo creo que durante esa resonancia magnética, los campos magnéticos incorrectamente alineados son temporalmente alineados. ¡Mientras el Señor remueve los poderes de maldad, él puede restaurar sus poderes justos, luego lo que él se propuso en la creación se realiza!

Al final de la oración, la gente ha discernido:

Imanes derritiéndose lentamente.

Una rotación inversa y una polaridad invertida.

Una desconexión tomando lugar y un cordón siendo soltado.

Un cable siendo sacado.

La pirámide en la parte superior siendo tirada y lejos.

Una "nueva unción" precipitarse dentro de la persona.

La sensación de una tormenta eléctrica en la habitación como en los campos de tiro.

Chispas eléctricas de color naranja y azules.

Un testimonio final. Yo estaba ministrando en una iglesia en la parte del oeste medio de los Estados Unidos, y una amiga nuestra me dijo que había descubierto un bulto en su pecho. Todos estábamos muy preocupados y comenzamos a orar. Sentí una de las más fuertes manifestaciones de esos poderes que jamás había sentido. Miré mi reloj y se había quedado en blanco. Seguimos orando y le pedimos al Señor que removiera esos poderes de maldad. La energía espiritual en la habitación estaba muy pesada. Al día siguiente ella fue al médico, y ¡el bulto no estaba allí! ¡Dios la había sanado!

La Oración: Desmantelando los Poderes de Maldad

- Declaro que una vez fui un(a) niño(a) en esclavitud sujeto a los principios básicos del mundo. Pero cuando se cumplió el tiempo señalado, Dios envió a su Hijo, nacido de mujer, nacido bajo la ley, para redimirme ya que estaba bajo la ley, para que pudiese recibir todos los derechos de un hijo.[13] Debido a que soy un hijo, Dios puso el Espíritu de su Hijo en mi corazón, el Espíritu que clama: "Abba, Padre". Así que ya no soy un esclavo, sino hijo, y como soy un hijo, Dios me ha hecho también heredero.
- Me arrepiento de todas las actividades religiosas actuales y aun las generacionales, de la creencia y la práctica de todas las filosofías y tradiciones humanas, incluyendo cualquier confianza o dependencia impía en la ley.
- Ahora demando y ordeno, en el nombre de Jesús, que todos los poderes impíos salgan y se eliminen de mi interior todos los imanes, condensadores, cilindros, tubos, antenas y cualquier otro dispositivo que se hubieran depositado por medio de las maquinaciones del enemigo.
- Te pido Padre, que quites todos los dominios,

principados y tronos que estaban alineados con estos poderes y la autoridad que ejercían sobre mí.
- Yo renuncio y me arrepiento por la alquimia generacional y rompo con todos los lazos generacionales que le han dado el poder a esa alquimia.
- Yo renuncio y me arrepiento por la creencia impía en la magia y en los cuatro elementos básicos de la creación: tierra, aire, fuego, agua y metal.[14]
- Señor, ahora trae todos los campos magnéticos de nuevo a la alineación correcta y al equilibrio diseñado por Ti. Padre, por favor envía ahora tu fuego para consumir todo el mal asociado a estos poderes.
- Señor, ahora haz volver a mí todo lo que el enemigo me ha robado.
- Declaro que estoy sentado con Cristo en lugares celestiales y que el enemigo estará bajo mis pies. Ahora te pido Padre, que liberes en mí el derecho de nacimiento generacional que me corresponde como tu hijo.

Notas:

1. Paul L. Cox, *Heaven Trek* (Hesperia, CA: Aslan's Place, 2007). Fue publicada una versión anteriormente de este capítulo en Heaven Trek.
2. *Wikipedia*, s.v. https://es.wikipedia.org/wiki/Electromagnetismo
3. Robert O. Becker and Gary Selden, *The Body Electric*, 1ra edición (New York: Harper Paperbacks, 1998), 243.
4. Ídem., 249.
5. Ídem., 249.
6. Ídem., 244–245.
7. Ídem., 246–247.
8. Ídem., 247–248.
9. Ídem., 250.
10. Ídem., 253.

11. Clinton E. Arnold, *Powers of Darkness* (Downers Grove, IL: Intervarsity Press, 1992), 107–108.

12. El apóstol Pablo relata su experiencia de ser arrebatado al tercer cielo, la morada de Dios. De esta escritura extrapolamos que el primer cielo es el universo que percibimos, y el segundo cielo es el lugar del enemigo.

13. Tenga en cuenta que como hombres parte de la novia de Cristo, una mujer puede ser un hijo que recibe la herencia del hijo primogénito.

14. Las culturas asiáticas agregan recursos naturales como los metales, en su lista de elementos básicos.

CAPÍTULO CINCO

Oración para Desmantelar las Raíces de la Rebelión
PAUL L. COX

Estaba volando de regreso a casa por American Airlines, de un viaje ministerial en Alemania y Suiza. Me zumbaban los oídos, y me pregunté si estaba sufriendo de una enfermedad del oído interno llamada tinnitus. El sonido no se detuvo, después de que llegué a casa. Día tras día, el zumbido continuó. Por las noches parecía peor. Me dormía tarde debido al constante sonido.

Después del día cuarenta de tener ese zumbido, yo estaba en Deland, Florida, entrenando a un pequeño grupo en una iglesia local. Les compartí mi frustración sobre el zumbido que tenía y les rogué por alguna revelación que me pudiera aliviar este ataque sin fin. Algunos intercesores en el grupo compartieron cómo habían orado contra una fortaleza de brujería en un pueblo cercano. Comparando notas, nos quedamos asombrados al darnos cuenta, de que su confrontación en oración había sido el mismo día que el zumbido comenzó en mis oídos. Conté los días del zumbido y habían sido exactamente cuarenta días.

¡La revelación comenzó a fluir! Y una cruda realidad se dio a conocer. En realidad estaba escuchando la brujería. ¡El zumbido en mis oídos, era brujería! Esa revelación comenzó a guiarnos hacia el entendimiento. Era el momento de construir una oración.

Estaba claro que primero tenía que entender la naturaleza de la brujería. Por definición, *adivinación* (o brujería) es "el arte o la práctica que trata de prever o predecir eventos futuros o descubrir el conocimiento oculto por medio de la interpretación de presagios (anuncios, presentimientos o predicciones) o con la ayuda de poderes sobrenaturales".[1] La palabra se usó por primera vez en la Biblia en Génesis 44:5, cuando José envió a su mayordomo a recuperar la copa que él había plantado en el costal de Benjamín. Al mayordomo se le dijo que les dijera a los hermanos de José que la copa fue usada para adivinación. El *Nuevo Diccionario Bíblico* define esta palabra bíblica *adivinación,* como el intento de discernir los acontecimientos que están lejanos en el tiempo o en el espacio y que por consiguiente no pueden ser percibidos por los medios normales.[2] Es posible que la palabra pueda tener un sentido "justo", uno podría hablar de un profeta teniendo dones de clarividencia sin aprobar por ello todas las formas de clarividencia.[3] Excepto en estos contextos raros, donde ver el futuro es claramente de Dios, la adivinación y la brujería son estrictamente condenadas por las escrituras.[4]

La magia y la adivinación son intentos de obtener información de poderes sobrehumanos. Más precisamente, la magia es usada para obligar a un dios a hacer lo que uno desea, y la adivinación es usada para obtener información acerca de los problemas y eventos que no son conocidos por la persona que practica este arte. La palabra magia deriva de la palabra *magus*, una clase sacerdotal en la antigua Persia. En la magia, se cree que uno puede ponerse en contacto con los "dioses" y estos "dioses" pueden ser influenciados para traer beneficio personal al mago o el adivino.

La adivinación se puede dividir en dos categorías: interna y mecánica. La adivinación interna consiste en un estado de trance como el de un chamán (brujo). Las facetas mecánicas de la brujería incluyen el uso de objetos materiales como la arena, entrañas de un sacrificio u hojas de té. La Biblia menciona varios tipos de brujería o de adivinación:

Rabdomancia—Palos de madera o flechas que eran lanzados al aire y los presagios se deducían por la posición en que caían. Oseas 4:12, Ezequiel 21:21.

Hepatoscopia—Examen del hígado u otras vísceras de un sacrificio que se supone debía dar orientación. Probablemente las formas y marcas estaban clasificadas, y el sacerdote las interpretaba. Ezequiel 21:21.

Terafim—Imágenes de antepasados muertos que eran utilizadas para predecir el futuro, es una forma de espiritismo. 1 Samuel 15:23, Ezequiel 21:21; Zacarías 10: 2.

Necromancia—La necromancia obtenía información de los muertos. Deuteronomio 18:11; Levítico 19:31, 20:6; 1 Samuel 28:8; 2 Reyes 21:6; 1Crónicas 10:13; e Isaías 8:19-20.

Astrología—La astrología hacía predicciones basados en la posición del sol, la luna y los planetas en relación al zodíaco y a las posiciones de uno con el otro.

Hidromancia—La hidromancia veía imágenes de "adivinación" en el agua. Génesis 44:5, 15.[5]

En un pasaje importante de las escrituras, Samuel amplia nuestro entendimiento sobre la brujería. Saúl una vez más fue desobediente a la voluntad del Señor. Debido a que Saúl no había obedecido al Señor en la eliminación de todas las ovejas, ¡Samuel tenía algo que decirle a Saúl!

Pero Samuel respondió: ¿Qué es lo que más le agrada al Señor: tus ofrendas quemadas y sacrificios, o que obedezcas a su voz? ¡Escucha! La obediencia es mejor que el sacrificio, y la sumisión es mejor que ofrecer la grasa de carneros. La rebelión es tan pecaminosa como la hechicería, y la terquedad, tan mala como rendir culto a ídolos. Así que, por cuanto has rechaza-

do el mandato del Señor, él te ha rechazado como rey. (1 de Samuel 15:22–23)

Entonces, la brujería es lo mismo que la rebelión. ¿Pero cómo?

La rebelión es "oposición a una autoridad".[6] La palabra hebrea *mâriy* deriva de la palabra *marah* que significa "ser contencioso, ser rebelde, ser obstinado, ser desobediente, ser rebelde en contra de".[7] La palabra es mayormente usada en términos de "rebelión", en contra de las formas mandadas por Dios. ¿Cuál es entonces la conexión entre la brujería y la rebelión?

Durante años, he leído varias explicaciones de por qué la brujería es lo mismo que la rebelión. Francamente, las explicaciones, aunque interesantes, no han sido satisfactorias. El Señor estaba a punto de enseñarnos algo nuevo. Yo estaba ministrando a una persona y me sentí movido a colocar mi mano junto a su oído izquierdo. Me sorprendí al sentir la unción, pero más sorprendido cuando moví mi mano un poco más lejos del oído y pude discernir la brujería. Entonces, de repente, recibí revelación del Señor. En la rebelión generacional, le damos al enemigo el derecho de quitar la unción de nosotros. Cuando eso sucede, esa unción se transforma en brujería. ¡Esa brujería es entonces enviada contra nosotros! ¡La brujería es realmente lo mismo que la rebelión!

Más revelación iba a llegar. Después de mostrarles a muchas escuelas de entrenamiento del discernimiento lo que el Señor me había enseñado, pensé, "Si efectivamente alguien está robando la unción de nosotros y cambiándola en brujería, entonces ¿quién es ese 'alguien'?" Mientras me sentía bajo el fluir de la brujería, me sorprendió sentir algo. Mientras sentía la silueta espiritual de esa entidad, me di cuenta de que era una "fuerza espiritual". Las fuerzas espirituales están mencionadas en Efesios 6:12:

> *Pues no luchamos contra enemigos de carne y hueso, sino contra gobernadores malignos y autoridades del mundo invisible, contra fuerzas poderosas de este mundo tenebroso y contra espíritus malignos de los lugares celestiales.*

Yo creo de alguna manera que estos seres son "interdimensionales" porque la escritura nos dice que ellos batallan en "lugares celestiales". Siento que estas "fuerzas espirituales" caídas, pervierten la unción del Señor, corrompiéndola y cambiándola en brujería.

Un día completo de debates había tenido lugar. La oración fue escrita y nosotros oramos esa oración. Esperé a ver una diferencia, pero no se notaba ningún cambio. ¿Habíamos perdido el punto? Cuando me fui a dormir esa noche, mis oídos seguían teniendo aquel sonido. *¿Podría vivir así?* A medida que salía de mi sueño a la mañana siguiente, yo estaba consciente de que había algo diferente. No había más zumbido. ¡La oración había funcionado!

La Oración: Desmantelando las Raíces de la Rebelión

- En el nombre del Señor Jesucristo, me arrepiento por toda idolatría en mi línea generacional.
- Me arrepiento por toda rebelión personal y generacional, terquedad y desobediencia que han contribuido para que la brujería entrase en mi vida y en mi línea generacional.
- Me arrepiento por toda la envidia y los celos que he sentido hacia la mente, cuerpo físico y las personalidades de los demás.
- Me arrepiento por cualquier adoración de mí mismo y de cualquier necesidad de reconocimiento personal.
- Me arrepiento por toda la envidia y los celos por los dones espirituales y las capacidades de los demás.
- Me arrepiento por mí y por aquellos que en mi línea generacional no guardaron ni resguardaron las puertas

de los sentidos físicos y espirituales.

- Me arrepiento de las elecciones y decisiones de mi voluntad por encima de la voluntad del Señor.
- Elijo no deber a nadie nada, sino amarnos los unos a los otros.
- Elijo deshacerme de las obras de las tinieblas y revestirme con las armas de la Luz, el Señor Jesucristo y no proveer para la carne, ni para cumplir su deseo.
- Elijo caminar sólo por la gracia y la unción que Dios ha depositado en mí.
- Elijo caminar en unidad con mis hermanos y hermanas en el Señor.
- Elijo seguir a Cristo, viviendo una vida de amor, prefiriendo a los demás por encima de mí mismo.
- Elijo ceder y rendir mis derechos personales para servir al Señor de todo mi corazón.
- Elijo estar dedicado a los demás en amor fraternal y honrarlos por encima de mí mismo. Nunca faltara en mí el celo, sino mantendré mi fervor espiritual, sirviendo al Señor. Estaré siempre alegre en la esperanza, paciente en la aflicción, y fiel en la oración. Compartiré con el pueblo de Dios que esté en necesidad. Voy a practicar la hospitalidad. Bendeciré a los que me persiguen. Me alegraré con los que se alegren, y lloraré con los que lloren. Voy a vivir en armonía con los demás creyentes. No voy a ser orgulloso, voy a asociarme y compartir con los humildes. No voy a presumir. No devolveré mal por mal. Voy a tener en cuenta las cosas buenas a los ojos de todos los hombres. Voy a vivir en paz con todos. No voy a tomar venganza sobre los demás.
- Señor, por favor elimina ahora y desarraiga de mí a todos los seres espirituales malvados y los dispositivos que han sido facultados por mi idolatría, mi rebelión, y mis celos, así como la idolatría, la rebelión y los celos

de mis antepasados.
- Señor, desconéctame de cualquier red del mal y yo rompo todos los lazos impíos entre la morada del enemigo y mi persona.
- Señor, elimina por favor el árbol generacional de la ciencia del bien y del mal.
- Señor, rompe los lazos de la muerte que me enredan, los torrentes de la destrucción que me abruman, las cuerdas del Seol que se enrollaron alrededor mío, y las trampas de la muerte que me confrontan.
- Señor, ahora yo reclamo y recupero toda unción divina, energía, autoridad, finanzas y salud que se hayan entregado y pervertido a causa de mi pecado y el pecado de mis antepasados.
- Señor, por favor ponme como un sello sobre Tu corazón y como un sello sobre Tu brazo, porque Tu amor es más fuerte que la muerte.
- Yo declaro que el Señor Jesucristo, es Señor sobre todo.[8]

Notas:
1. El diccionario de *Merriam-Webster's Collegiate*, Onceover Edición (Springfield, MA: Merriam-Webster, 2003), s.v. "Adivinación".
2. *Nuevo Diccionario Bíblico* (Leicester, England: Inter Varsity Press, Universities and Colleges Christian Fellowship, 1996), s.v. "Adivinacion".
3. Ídem.
4. Levítico 19:26; Deuteronomio 18:9-14; 2 Reyes 17:17, 21:6; 1 Samuel 6:2; Isaías 44:25; Ezequiel 21:22.
5. D. R. W. Wood, *Nuevo Diccionario Bíblico*, edición electrónica (Leicester, Inglaterra: Inter Varsity Press. Universidades y Colegios Christian Fellowship, 1996), s.vv. "Rhabdomancia", "Hepatoscopia", "Terafim", "Necromancia", "Astrología", "Hidromancia".
6. Diccionario de *Merriam - Webster's* Onceava Edición (Springfield, MA: Merriam-Webster, 2003), s.v. "Rebelión".

7. W. E Vine, Merrill F. Unger, y William White, Jr., Diccionario Expositivo de Palabras Vine del Antiguo y Nuevo Testamento (Nashville, TN: Thomas Nelson, 1996), s.vv. "*mâriy*," "Marah".

8. Las oraciones están basadas en Génesis 2; Deuteronomio 4:15-20; 1 Samuel 15:23; Salmo 18; Ezequiel 8:1-6; Juan 17; Romanos 12:3, 10-19; 13; Efesios 1:22; 4:12-13.

CAPÍTULO SEIS

Oración de Renuncia – El Alma
PAUL L. COX

Un amigo que no estaba bien, llamó del norte de nuestro estado y me preguntó si viajaría para allí y oraría por él. Al llegar a su casa, de inmediato discerní que un *plano geométrico* lo estaba partiendo a la mitad desde la cabeza a los pies. Cuando alcancé a poner mi mano en él, sentí un cambio de presión en mis manos mientras me movía en contra del plano. Debido a mi discernimiento, sabía que este plano tenía un apego al mal. Dado que esta era la primera vez que había discernido[1] esto, no estaba seguro de qué hacer, así que simplemente le pedí al Señor que corrigiera el problema. Inmediatamente, mi amigo se sintió mejor. *¿Qué era esto?*

Después, una nueva revelación sobre los planos comenzó a llegar durante las sesiones ministeriales; otros rápidamente confirmaron lo que yo estaba recibiendo. Como he mencionado antes, la revelación es progresiva. Por lo general comienza con una impresión sencilla, como mi discernimiento del plano de maldad. Las revelaciones adicionales que vienen y le añaden complejidad, siempre se construyen en base al simple pensamiento original o el discernimiento. Estas nuevas revelaciones vienen siempre en el contexto del cuerpo de Cristo. Cuando nos reunimos, otros dicen lo que disciernen. Confirmaciones repetidas afirman que la verdad está siendo revelada.[2] A menudo, una persona verá algo, sin saber que otros ya han visto lo mismo. Esta prueba continua asegurando que lo que estoy recibiendo de parte del Señor es correcto.

Poco después de haber sentido el primer plano, en una reunión, descubrimos un segundo plano que iba de derecha a izquierda (o de izquierda a derecha) en la cintura de una persona. Otro plano geométrico fue localizado dividiendo a la persona de pies a cabeza a su costado. Finalmente, se encontró un corte que dividía el cerebro de derecha a izquierda (o de izquierda a derecha) desde el área de los ojos. Al principio, creí que estos planos cortaban a una persona en nueve secciones, sin embargo recientemente ha quedado en claro que la dividen en doce secciones. Un día, cuando estos se presentaron nuevamente durante el ministerio, un médico profesional me dijo que planos similares se utilizan en el campo de la medicina para identificar las diferentes secciones del cuerpo. Investigué un poco y por supuesto, los términos plano medio, plano lateral, plano transversal y plano coronal describían planos anatómicos en el cuerpo humano. La única diferencia entre mi discernimiento y las definiciones estándares era que en lugar de discernir el plano coronal dividiendo la parte frontal de la parte posterior de la cabeza, lo vi dividiendo los ojos desde la parte superior del cerebro. *¿Qué significa todo esto?*

Estaba a punto de averiguarlo. Me invitaron con Arthur Burk a juntarme con el Dr. Tom Hawkins en Virginia, para orar por varias personas con el trastorno de identidad disociativo o síndrome de personalidad múltiple (TID). Doce de nosotros estábamos juntos un día cuando el Señor me recordó lo que había aprendiendo acerca de estas secciones del cuerpo. Cuando empecé a mostrarle al grupo lo que había aprendido, ¡la revelación comenzó a fluir! De alguna manera, estos doce planos están conectados a los dominios. El Señor reveló que había doce dominios.[3] Cada dominio tiene 144.000 cubos. Cada cubo se compone de cinco partes. *¿Podría ser este el ADN del alma?*

Llegó más revelación. Cada cubo parecía tener diferentes colores. Los dominios parecían tener nombres: Amor, Paz,

Comprensión, Fe, Voluntad, Sabiduría, Alegría, y el Lugar Secreto.

En la actualidad, no sabemos los nombres de los otros dominios. Las seis caras del cubo parecen contener o representar diferentes categorías: la tierra, el cuerpo de Cristo, el gobierno, las generaciones, el tiempo y el comercio.

En el camino al aeropuerto después de la reunión con el Dr. Tom Hawkins, un amigo y yo estábamos hablando de lo que habíamos aprendido. De repente sentí un cambio en mi cuerpo. Le pregunté a él lo que vio en el Espíritu. Me dijo que yo acababa de pasar a través de un espíritu territorial, y cambió mis dominios. No tengo ni idea de por qué sucedió eso; tal vez de alguna manera el enemigo todavía tenía algún derecho generacional para atacarme. Con los años, esto sucede con menos frecuencia. ¡Tal vez algo ha cambiado!

Creyendo que, en realidad todo es más complicado de lo que parece, todavía no entiendo todas las implicaciones de los dominios. Lo que sí sé es que a medida que la gente le pide a Jesús que limpie todos los dominios e invitan Su Señorío sobre ellos, algo sucede. Una vez, mi hija Christy vino diciéndome que se sentía "fuera de sí". Discerní, que los dominios estaban fuera de alineación y le pedí al Señor que pusiera todos los dominios en la alineación correcta. Inmediatamente ella se sintió mejor.

Es mi creencia de que el enemigo puede tomar partes de los cubos en las dimensiones.[4] Tal vez esto esta es una clave en la comprensión de la disociación. En oración, después de pedir por la devolución de estas partes, hemos visto alguna medida de integración.[5] Una vez más, "¡nada es por siempre!" Esta clase de oración es sólo una solución parcial. *¿Podría ser que el Salmo 86:11[b] indique una integración similar?* "Une mi corazón para temer Tu nombre" (NASB). En hebreo el "corazón" es la parte inmaterial de una persona e incluye el espíritu y el alma de una persona. Unir es la palabra hebrea *yahad* y significa "juntar, unir, estar unido, ser unidos" El texto, sin duda significa "unir" el corazón de uno a los caminos del Señor, pero me pregunto si también significa "tejer" un corazón dividido en uno.

¡Esta oración es muy corta! Sin embargo, nos tomó a mí, al Dr. Tom Hawkins, Arthur Burk, y otras nueve personas un día entero formular esta oración. Las respuestas a esta oración han sido significativas. Que el Señor utilice esta oración para llevarte a una gran libertad.

La Oración: Renuncia del Alma

- Yo transfiero la propiedad de todo lo que soy y de todo lo que tengo al Señor Jesucristo de Nazaret. Y ahora te pido Señor, que canceles todo derecho legal a la influencia y a la actividad maligna en cada dominio de mi ser.
- Yo declaro el Señorío de Jesucristo sobre cada dominio de mi persona, arriba y abajo mío, a la izquierda y a la derecha, en el frente y atrás. Señor, suéltame de todo poder maligno de todos estos dominios y regrésame cada parte mía que haya sido llevada a cualquier dimensión impía.
- Yo aplico ahora la sangre de Cristo, el fuego refinador, y el jabón del lavador[6] a los pasadizos entre los dominios, para que la unción del Señor pueda fluir libremente a través mío.

Notas:
1. El discernimiento es el uso de los cinco sentidos para saber lo que está pasando en el mundo espiritual.
2. 2 Corintios 13:1.
3. Utilizamos la palabra "dominio" simplemente como una forma de expresar lo que se discernió. A pesar de que primero pensamos que había nueve dominios, ahora creemos que hay doce. He utilizado el nuevo número en el texto.
4. *Mirar* el capítulo 7, p.42-54.

5. Integración: Es un proceso en el que varios altares de la personalidad de una persona que tiene TID están integrados en la personalidad anfitriona.
6. Malaquías 3:2.

CAPÍTULO SIETE

Oración de Renuncia – El Cuerpo Físico
PAUL L. COX

Habían pasado diez años desde la primera vez que oré para que alguien fuera liberado. No había un manual de oración. Yo estaba ministrando en la parte sur de Nueva Jersey en una cabaña. De repente, ¡una "urgencia" vino sobre mí! Tres de nosotros subimos a una oficina, y comencé a escribir. El Señor concentró todo lo que yo había aprendido en diez años y lo vertió en una simple oración. ¡Fue la primera oración que escribimos en grupo! Después de esto, llamó una intercesora de Minnesota y me dijo que añadiera algo. ¡Ella no tenía idea de que estábamos trabajando en una oración! Poco sabía yo que esta sería la primera de más de cuarenta oraciones. El viaje había comenzado.

En muchos sentidos, esta oración es una versión sencilla de muchas oraciones que se fueron desarrollando más tarde. Esta oración se ha convertido en una obra fundamental de lo que el Señor ha seguido desarrollando, con respecto a tener un entendimiento más complejo de la naturaleza del mundo espiritual.

Me gustaría seccionar esta oración para ayudar a transmitir un mayor entendimiento sobre su intención. No voy a dar una interpretación completa de cada concepto, ya que ello requeriría ¡otro libro! Espero, que esta información sea suficiente para entender el propósito de la oración.

Operador de Maldad-Un operador es una función matemática

que causa otras funciones matemáticas. Nuestro mundo está construido sobre las matemáticas. El enemigo sabe esto y corrompe el diseño original de Dios. Al hablar de las cuestiones fundamentales en términos de matemáticas, es esencial pedirle al Señor volver a las "bases" y corregir lo que pasó en la caída. En tiempos de oración, también le hemos pedido al Señor que traiga $E=mc^2$ a la alineación correcta, en los lugares donde puede estar invertido, al revés, o revertido por el enemigo. También que ponga todas las ecuaciones del cuerpo de regreso al orden correcto en que fueron creadas.

Vibración[1] de las supercuerdas-Abajo hay un artículo sobre las dimensiones que explican brevemente la teoría de supercuerdas. Estamos hechos de sonido, que es la vibración. ¡Cada uno de nosotros es un sonido que el Señor canta! El enemigo corrompe nuestro sonido original y nos hace disonantes (desafinados).

Cigoto-La unión del esperma masculino y el óvulo de la mujer en el vientre.

ADN-ácido desoxirribonucleico. La hebra del ADN constituye la base molecular de la herencia. El ADN es construido como una doble hélice.

El Enlace Covalente-Un enlace químico que comparten los electrones. Por ejemplo, H_2O es la unión de dos átomos de hidrógeno con un átomo de oxígeno. En 1Corintios 10:20 Pablo escribe: "No, de ninguna manera. Lo que digo es que esos sacrificios se ofrecen a los demonios, no a Dios. Y no quiero que ustedes tengan parte con los demonios". Hay una implicancia de parte del Apóstol Pablo donde dice que uno llega a estar realmente unido a lo demoníaco. Uno de los significados de la palabra *comunión* es asociarse. Esta asociación es la que puede afectar a una persona y a su línea generacional. Esto indicaría una unión espiritual covalente. Es interesante observar que la mejor manera de romper este enlace covalente es a través del fuego y del jabón.² He discernido el "horno" muchas veces, pero no he discernido el jabón.

Interferón Espiritual - Los interferones son proteínas liberadas por el cuerpo en respuesta a las infecciones para ayudar a matar el crecimiento viral. Ellos son una parte importante del sistema inmunológico. También se puede dar una inyección como una vacuna para contrarrestar un virus.

Al leer la oración notará la mención de las *dimensiones*. Este término se utiliza a menudo en las matemáticas y la física, pero puede que no le sea familiar como un término bíblico. A continuación se presenta una explicación introductoria de las dimensiones.

Dimensiones y Realidades Espirituales

PAUL L. COX

Introducción

En los últimos años, los medios de comunicación han descubierto la física cuántica, la teoría de cuerdas, y las dimensiones. Muchos programas de televisión y películas incluyen términos, conceptos matemáticos y científicos. Los novelistas están saltando a esta acción mediante la incorporación de estos conceptos en la línea de sus historias. Todo esto se hace en un intento de entender la vida que está separada de Dios. Si vamos a aceptar lo que los medios de comunicación dicen, la física cuántica y la teoría de cuerdas nos ayudarán a lidiar correctamente con las opciones de vida, para que nuestras vidas sean mejores. No hay ninguna razón para traer a un Dios vivo en la discusión. En lugar de regocijarse en el Creador de este universo complejo y maravilloso, somos llevados lejos del Creador simplemente para ver estos conceptos extraordinarios como otra forma de ver el mundo y como una prueba más de que el hombre puede encontrar las razones de la vida sin tener que lidiar con el concepto de un Dios personal.

Durante años, el Señor les ha estado mostrando a nuestros equipos de oración que las dimensiones son una parte importante de nuestra vida cotidiana. Hemos encontrado dimensiones que están claramente en la esfera del Dios vivo, y dimensiones que se encuentran bajo la influencia del enemigo. Toda esta información ha colisionado con nuestra vida cotidiana y está explotando por todos lados. Lo que una vez fue una observación "lejana" de liberación ahora es aceptado como válido en una conversación cotidiana. Lo que antes era un tema de ciencia ficción ahora está en las portadas de diarios científicos como un hecho.

Todo esto tiene enormes ramificaciones espirituales. Lo invisible ahora se está descubriendo. El lenguaje está siendo desarrollado para interpretar estos conceptos como parte de una realidad que excluye a Dios. Los de la Nueva Era están apareciendo, tratando de "espiritualizar estos nuevos conceptos científicos y matemáticos" para que hombres y mujeres puedan ascender a niveles superiores de conciencia en este "universo" dimensional. Por supuesto, nada de esto incluye a un Dios personal que nos ama y murió en la cruz por nuestros pecados.

¿La Iglesia tiene parte en esta discusión? Yo creo que sí, porque estos conceptos son todos "bíblicos". La Palabra de Dios puede abrirnos el verdadero entendimiento sobre la realidad de un universo de múltiples capas creado por el Dios vivo y verdadero. El entendimiento de lo que dice la Palabra trae nuevos niveles de libertad.

En la Palabra de Dios, continuamos nuestra trayectoria para ser cambiados de "gloria a una gloria cada vez mayor".

Mi objetivo en este capítulo es ampliar nuestro entendimiento sobre lo maravillosa que es la creación de nuestro Señor. Desde luego que no entiendo todo en este artículo y no quiero pretender de ninguna manera que lo hago. Oro para que mis lectores simplemente reciban esto como un "primer borrador" de la exploración de "nuevos mundos". El artículo incluye, información científica, un intento de visionar como podrán verse las dimensiones y por último, algunas aplicaciones prácticas para el ministerio de la oración. La Biblia es nuestro punto de inicio.

Lo qué dice la Biblia

En Efesios 2:6 (NTV), el Apóstol Pablo escribe "Pues nos levantó de los muertos junto con Cristo y nos sentó con él en los lugares celestiales, porque estamos unidos a Cristo Jesús". En este pasaje, la palabra griega para "lugares celestiales" es sólo una palabra *epouranios,* que significa "lugares celestiales, las regiones celestes". El plural nos da la evidencia de que hay más de un cielo. Génesis 1:1 dice que "Dios creó los cielos y la tierra". Harris en el *Wordbook Teológico del Antiguo Testamento,* dice que "los cielos (son) la morada de Dios".[3] Los cielos se describen con frecuencia en lenguaje figurado como que tiene ventanas (Génesis 7:11; 2Reyes 7: 2; Malaquías 3:10). ¿Podrían estos ser lo que llamamos "portales", que son entradas a las dimensiones? Otros pasajes bíblicos hablan de los "cielos".

No hay nadie como el Dios de Israel. Él cabalga por el firmamento para ir en tu ayuda, a través de los cielos, con majestuoso esplendor. (Deuteronomio 33:26)

Abrió los cielos y descendió; había oscuras nubes de tormenta debajo de sus pies. (2 Samuel 22:10)

Los dioses de las otras naciones no son más que ídolos, ¡pero el Señor hizo los cielos! (1Cronicas 16:26)

Solo tú eres el Señor. Tú hiciste el firmamento, los cielos y todas las estrellas; hiciste la tierra, los mares y todo lo que hay en ellos. Tú los preservas a todos, y los ángeles del cielo te adoran. (Nehemías 9:6)

Él solo extendió los cielos y marcha sobre las olas del mar. (Job 9:8)

Mira, Dios ni siquiera confía en los ángeles. Ni los cielos son completamente puros a sus ojos, (Job 15:15)

Estaba presente cuando él estableció los cielos, cuando trazó el horizonte sobre los océanos. (Proverbios 8:27)

Fue mi mano la que puso los cimientos de la tierra, mi mano derecha la que extendió los cielos en las alturas. Cuando llamo a las estrellas para que salgan, aparecen todas en orden». (Isaías 48:13)

¡Oh, sí irrumpieras desde el cielo y descendieras! ¡Cómo temblarían los montes en tu presencia! (Isaías 64:1)

El hogar del Señor llega hasta los cielos, mientras que sus cimientos están en la tierra. Él levanta agua de los océanos y la vierte como lluvia sobre la tierra. ¡El Señor es su nombre! (Amos 9:6)

Este mensaje vino del Señor con respecto al destino de Israel: «El siguiente mensaje es del Señor, quien extendió los cielos, puso los cimientos de la tierra y formó el espíritu humano. (Zacarías 12:1)

Después del bautismo, mientras Jesús salía del agua, los cielos se abrieron(a) y vio al Espíritu de Dios que descendía sobre él como una paloma. Y una voz dijo desde el cielo: «Este es mi Hijo muy amado, quien me da gran gozo»". (Mateo 3:16-17)

Y les dijo: "¡Miren, veo los cielos abiertos y al Hijo del Hombre de pie en el lugar de honor, a la derecha de Dios!!" (Hechos 7:56)

Pues sabemos que, cuando se desarme esta carpa terrenal en la cual vivimos (es decir, cuando muramos y dejemos este cuerpo terrenal), tendremos una casa en el cielo, un cuerpo eterno hecho para nosotros por Dios mismo y no por manos humanas. (2 de Corintios 5:1)

Pero nosotros esperamos con entusiasmo los cielos nuevos y la tierra nueva que él prometió, un mundo lleno de la justicia de Dios. Por lo cual, queridos amigos, mientras esperan que estas cosas ocurran, hagan todo lo posible para que se vea que ustedes llevan una vida pacífica que es pura e intachable a los ojos de Dios. (2 de Pedro 3:13-14)

La Biblia declara que estamos sentados con Cristo en lugares celestiales. En otras partes de la escritura, vemos también que se menciona los lugares celestiales o reinos **(énfasis añadido por el autor)**.

*Toda la alabanza sea para Dios, el Padre de nuestro Señor Jesucristo, quien nos ha bendecido con toda clase de bendiciones espirituales en los **lugares celestiales**, porque estamos unidos a Cristo. (Efesios 1:3)*

*... que levantó a Cristo de los muertos y lo sentó en el lugar de honor, a la derecha de Dios, en los **lugares celestiales**. (Efesios 1:20)*

*Pues nos levantó de los muertos junto con Cristo y nos sentó con él en **los lugares celestiales**, porque estamos unidos a Cristo Jesús. (Efesios 2:6)*

*El propósito de Dios con todo esto fue utilizar a la iglesia para mostrar la amplia variedad de su sabiduría a todos los gobernantes y autoridades invisibles que están en los **lugares celestiales**. (Efesios 3:10)*

Creo que estos lugares son lo que los físicos y los matemáticos llaman *dimensiones*.

La Teoría de las Cuerdas y Las Dimensiones

Un artículo de la Prensa Asociada[4] del 15 de agosto del 2001, narra el descubrimiento de que la velocidad de la luz no ha sido constante durante los últimos quince billones de años. Esto confirma lo que los físicos creen acerca de la teoría de las cuerdas. Esta teoría apoya la idea de que el universo está compuesto de entre diez y hasta veintiséis dimensiones. Estas dimensiones están curvadas o dobladas, lo que hace que sea imposible de detectarlas en la vida cotidiana. Entonces, ¿dónde están las dimensiones y por qué los físicos creen que existen? La respuesta está en una teoría llamada "teoría de cuerdas".

La teoría de cuerdas tiene la intención de crear una "Teoría del Todo"- una teoría que unifica la fuerza electro débil, la fuerte fuerza nuclear y la fuerza de la gravedad. Bajo esta visión, estas fuerzas que una vez se pensaron que eran fuerzas separadas, fueron reconocidas como una sola fuerza en la década de los 90's.

Las bases de esta teoría es que toda la materia está compuesta de cadenas. Las cuerdas en sí son las partículas más pequeñas, con una longitud de 10.33 cm y sin ancho o altura. Las cadenas pueden ser abiertas o cerradas. Cuerdas cerradas tienen la forma de un círculo o un óvalo y cuerdas abiertas tienen extremos. Una cadena ocupa un único punto en tiempo-espacio en un momento dado. Su trayectoria en el tiempo se puede mostrar en un espacio frente a un gráfico de tiempo y se llama hoja mundial. La teoría de las supercuerdas puede describir las tres fuerzas: la fuerza electro débil, la fuerza nuclear, y la gravitacional.

Un problema con esta teoría de cuerdas es que sólo funciona de diez a veintiséis dimensiones. Si hay cualquier otro número de dimensiones, aparecen anomalías matemáticas. La pregunta a hacer es, ¿dónde están las otras seis (o más) dimensiones? En la vida normal, sólo hay cuatro dimensiones: las tres dimensiones de longitud, anchura y profundidad, además de la cuarta dimensión, el tiempo. La teoría Kaluza-Klein muestra que es posible que una dimensión pueda ser "enroscada" dentro de en pequeñísima bola (10.31 cm de largo), que obviamente no podríamos detectar. En la teoría de cuerdas, esto es lo que ha sucedido con las otras seis dimensiones. Existe la teoría de que se enroscaron después del Big Bang. Es posible que si algunas variables en el Big Bang fueron diferentes, algunas o todas estas dimensiones extras se podrían haber expandido. ¿Cómo se vería el universo así? Obviamente, nuestra percepción de cuatro dimensiones no puede imaginarlo, pero la posibilidad de que esto ocurra sigue estando abierta.

Originalmente, había cinco teorías de cuerdas separadas, y cada una trabajaba en una situación diferente. En 1994, éstas se unificaron en una sola "teoría-M". Teoría-M que puede sostener verdad en once dimensiones, uno más que las diez teorías originales.

La teoría no ha sido totalmente plasmada. Aún hay un gran avance que necesita hacerse. Puede ser que la "Teoría – F" (F por padre 'father' en inglés) emerja, una teoría de cadena que involucra la presencia de cadenas en diez, once o doce dimensiones. Todavía estamos muy lejos de la Teoría del Todo.

El descubrimiento de dimensiones extras mostraría que la totalidad de la experiencia humana nos ha dejado completamente en desconocimiento de un aspecto básico y esencial del universo. Discutiría además, con que incluso esas características del cosmos que hemos pensado que eran accesibles a los sentidos físicos humanos, no necesitan serlo.[5] Las cadenas son solo un ingrediente en la teoría de cuerdas, no *el* ingrediente.[6] Otro ingrediente podrían ser las branas, o las membranas, que son objetos teóricos con dos o más dimensiones espaciales.

La revelación de otros ingredientes además de las cadenas en la teoría de cuerdas no hace obsoleto el trabajo anterior, más que lo que el descubrimiento de la décima dimensión espacial hizo. La investigación muestra que si las branas de dimensiones superiores son mucho más masivas que las cadenas, como se había supuesto sin saberlo en estudios anteriores, tienen un impacto mínimo en una amplia gama de cálculos teóricos.[7] La gran expansión del cosmos-la totalidad del espacio-tiempo del que estamos conscientes- puede que no sea nada más que una enorme membrana. La nuestra quizás sea una brana mundial;[8] las membranas de dimensiones superiores no tienen que ser pequeñas tampoco, porque tienen más dimensiones que las cadenas, y cualitativamente se abren nuevas posibilidades.[9] Si tenemos dos grandes branas, podemos visionar una gran superficie de dos dimensiones que existe dentro de las tres grandes dimensiones del espacio de la experiencia común.[10] Una tri-brana tiene tres dimensiones, entonces si eran grandes-tal vez infinitamente grandes- llenaría las tres grandes dimensiones espaciales.[11] ¿Podríamos en estos momentos estar viviendo en un mundo de tres branas?[12]

Así que, si vivimos en un mundo de tres branas, hay una explicación alternativa de por qué no estamos conscientes de las dimensiones extras. No es necesariamente que las dimensiones extras sean extremadamente pequeñas. Podrían ser grandes. Nosotros no las vemos solamente por la forma en que vemos. Vemos a causa de la fuerza electromagnética, que no puede acceder a ninguna dimensión más allá de las tres que conocemos. Como una hormiga caminando a lo largo de una hoja de lirio, completamente inconsciente de las aguas profundas situadas justo debajo de la superficie visible, podríamos estar flotando en un espacio grande, expansivo, un espacio de dimensiones superiores, limitado por nuestra dependencia física a la fuerza electromagnética-eternamente atrapados dentro de nuestras dimensiones. Y en el escenario del mundo brana, existe la posibilidad de que las dimensiones adicionales podrían ser mucho más grandes de lo que una vez pensamos.[13]

Un Viaje Imaginario

¿Cómo se imagina usted, que sería vivir en diferentes dimensiones? Dado que nuestro único marco de referencia es en tres dimensiones más el tiempo, es difícil de conceptualizar la vida en esos lugares celestiales. Pero, ahí es donde vamos a vivir; de hecho, ya estamos sentados con Cristo en los "lugares celestiales".[14] Este es el mundo espiritual que hemos escuchado tanto en nuestro caminar cristiano. ¿Cómo es allá? ¿Qué puede pasar allá? Tratemos de imaginar.

Michio Kaku ha escrito sobre la teoría de cuerdas y nos dice que si un cirujano viviera en la décima dimensión, podría hacer la cirugía en la tercera dimensión sin cortar.[15] ¿Cómo es esto posible?

Tenemos que entender más acerca de estas dimensiones.

Rob Bryanton, músico y teórico de Canadá ha escrito un libro interesante titulado *Imaginando la Décima Dimensión*. Tal vez este es un punto de partida para que nosotros entendamos las realidades de las otras dimensiones. Aquí, tanto en mis propias palabras y citas directas de su libro, hay un resumen de *"Tour Rápido de las Diez Dimensiones"*, de Bryanton.[16]

La primera dimensión es la longitud, "cualquier línea recta uniendo dos puntos".[17] La segunda dimensión es la anchura, una línea saliendo de esa línea, como un *Y*.[18] La tercera dimensión es la profundidad. En 1884, Edwin Abbott, matemático, escribió *Flatlanders: Una Romance de Muchas Dimensiones*. Con el fin de ayudarnos a entender cómo sería vivir en la tercera dimensión, él describe a las personas que viven en un mundo de dos dimensiones. Bryanton lo resume de la siguiente manera:

> ¿Cómo se vería una criatura de tres dimensiones como nosotros para un Flatlander de dos dimensiones?... Un Flatlander viendo a uno de nosotros pasar a través de su mundo de Flatlandia, podría ver diez objetos pequeños que representan nuestros dedos de los pies, que se convierten en dos objetos más grandes que crecen y se encogen y crecen de nuevo, a medida que va pasando por nuestros pies y nuestras piernas...
>
> Una hormiga que marcha de izquierda a derecha de la página de un periódico podría ser vista como un flatlander caminando en un mundo de dos dimensiones. ¿Qué pasa si queremos ayudar a esa hormiga a llegar a su destino antes, entonces doblamos el periódico para que se encuentre en el medio? De repente, la hormiga es capaz de terminar su caminata sobre el papel mucho más rápido y continuar con su camino.
>
> Cuando doblamos el papel, tomamos la representación de un objeto bidimensional y la movimos a la tercera dimensión.[19]

Esto es lo que llamaríamos "doblando el espacio-tiempo". La

cuarta dimensión es el tiempo, teniendo tres espacios dimensionales en cualquier lugar en el tiempo. La quinta dimensión ofrece una multitud de opciones en cualquier momento dado. Estas opciones podrían ser influenciadas por otros, por nuestra opción y oportunidad. En la sexta dimensión,"…si pudiéramos doblar la quinta dimensión a través de la sexta dimensión, podríamos saltar de un (posible) mundo a otro sin tener que viajar el largo camino atrás en el tiempo y hacia delante de nuevo".[20]

La séptima dimensión une a todos los universos posibles con todos los resultados posibles en el otro extremo y trata a todos dentro del mismo paquete como un solo punto. La séptima dimensión toma el concepto de todos los posibles comienzos y sus vínculos con todas las conclusiones para verlos de forma simultánea, como si fueran un solo punto. Un punto en la séptima dimensión representa el infinito.[21] Bryanton señala: "Curiosamente, el número siete aparece en varios de nuestros sistemas espirituales del mundo y en escritos místicos como la representación del infinito / eternidad o el cielo, o como el nivel más alto de un despertar espiritual".[22]

Él dice que la octava dimensión sería "la multiplicación de líneas del tiempo que cuando se perciben en su conjunto, representan algún otro universo completamente diferente que habría sido generado por algún otro conjunto de condiciones iniciales. En la novena dimensión, uno se imagina un número infinito de infinitos. Uno podría entrar y salir de estos infinitos".[23]

La décima dimensión es "un punto posible de inicio y fin de todos los universos generados por todos los posibles grandes big bangs".[24] Imagine la décima dimensión como una tela sin cortar a partir de la cual se construyen todos los universos posibles, todos los comienzos y los finales posibles, todas las ramas posibles dentro de todas las posibles líneas de tiempo, pero sin los matices añadidos por las geometrías de las dimensiones por debajo.[25]

Las Dimensiones y las Aplicaciones Actuales

Bien, ahora debemos preguntarnos, ¿entonces qué? ¿Qué tiene que ver esto con mi vida cotidiana? Me resulta bastante difícil vivir en cuatro dimensiones, mucho más ahora tratar de pensar acerca de otras dimensiones.

En realidad, lo que ocurre en otras dimensiones parece estar conectado con lo que sucede en nuestro mundo de cuatro dimensiones. Durante los últimos diecisiete años, el Señor me ha dado instrucciones para que las personas rompan todos los lazos de maldad entre ellos y las dimensiones. Los hacía romper todos esos lazos entre ellos y la quinta dimensión, la sexta dimensión, la séptima dimensión, y así sucesivamente. La experiencia, ha sido muy poderosa. A menudo, las personas han tenido dificultades tratando de articular las frases de "ruptura" en la oración. Muchos han reportado sentir una sensación de libertad después de hacer esto. Exactamente, ¿qué es lo que está sucediendo? Parecería que de alguna manera estos enlaces a las dimensiones de maldad los han afectado.

También he notado que cuando me siento enfermo, puedo sentir que cambian las dimensiones. Además, he discernido líneas de maldad que unen un problema físico a las dimensiones. Estas líneas parecen continuar y creo que son líneas dentro de las dimensiones, donde de alguna manera, la maldad está afectando a la persona. Quizás una mejor comprensión de las dimensiones resulte en un mayor nivel de sanidad para los que sufren de enfermedades.

Es un desarrollo interesante, la forma en que estas teorías científicas de la física se han extendido en la cultura popular. Actualmente, la sensación de que uno puede "entrar" a otras dimensiones por decisión y cambiar el curso de la vida de alguien, está en movimiento a través de la influencia de la Nueva Era, como el pensamiento dominante. Por supuesto, todo esto se hace sin ninguna dependencia en el Dios vivo. Aquí está el razonamiento humanista: "De acuerdo con la física cuántica, las partículas no son partículas al nivel subatómico. En cambio, son ondas de probabilidades... Es el acto de observar esas ondas de probabilidad la cual las colapsa en un estado específico. Si las partículas subatómicas son colapsadas fuera de su indeterminada función de onda sólo cuando las observamos, ¿no seguiría que nosotros en calidad de observadores, estamos creando nuestra realidad física a través del acto de la observación?... Son estas partículas subatómicas las que crean los átomos y las moléculas de nuestro universo.[26] ...Por lo tanto, "cada uno de nosotros es un observador, y cada uno de nosotros está creando su propia realidad única".[27] Bryanton pregunta: "Si nuestra realidad es creada por el acto de la observación, ¿qué pasó antes de que hubiera un observador? o ¿siempre ha habido algo que podríamos llamar un observador?...Pero uno puede preguntarse si todas estas otras realidades existen, ¿por qué no las vemos?".[28] La respuesta sería que todas las otras posibilidades son eliminadas una vez que comenzamos a observar nuestro estado actual.

Esto es lo que se está proponiendo. Nosotros creamos nuestra propia realidad. Si no es buena, entonces nos tenemos que volver un "observador" de otra realidad, que luego podemos traer a nuestra realidad actual, cambiando así como se ve la vida. Bryanton sugiere,

> El espacio-tiempo actual en el que estamos y que estamos de acuerdo como que es la "realidad", es nuestra versión de la cuarta dimensión, nuestra "realidad" se selecciona específicamente de una lista de universos de otras condiciones-iniciales-diferentes físicamente incompatibles de la séptima dimensión, y todos esos universos físicamente incompatibles existen simultáneamente en la décima dimensión...[29] (Al principio) todas las realidades físicas posibles permanecieron dentro de la función de onda, y en ese punto, el observador volvió su atención a nuestro universo y colapsó la función de la onda cuántica en la realidad que vemos a nuestro alrededor, completada con la

impresión de que el tiempo se había extendido en realidad por miles de millones de años antes de eso…También podría ser posible que el universo no existía en realidad hasta hace un segundo… (Sólo) cuando el observador volvió su atención hacia nuestro universo y colapsó la probabilidad de la función de onda dentro de lo que percibimos como nuestra realidad, completada con una historia que cada uno de nosotros cree recordar.[30]

Aquí está la parte peligrosa. Los que somos creyentes diríamos que Dios es el observador. Quienes se oponen a un Dios personal podrían decir, no, nosotros somos dioses, y por lo tanto podemos llegar a ser los observadores que creamos nuestra propia realidad. Tal vez, todo esto suena bastante inverosímil. Si bien eso es cierto, he leído recientemente una novela popular proponiendo exactamente este tipo de escenario y afirmando que podemos elegir en que convertirnos.

Como creyentes, queremos la voluntad del Señor en nuestras vidas. Creemos y esperamos que haga grandes obras en nosotros y a través de nosotros. Esta es la realidad que queremos ver. Deseamos que su voluntad sea hecha en la tierra, a través de nosotros, tal y como es en el cielo.

Parece que podemos viajar dentro de las dimensiones. El Señor nos dice a menudo en nuestras escuelas de formación de discernimiento "Suban más alto". Tal vez, esta es la manera en la que el Señor nos dice que podemos ir más arriba en las dimensiones. Muchos de nosotros hemos experimentado esto. Los que son videntes han reportado que han visto diferentes cosas en diferentes dimensiones. En Apocalipsis 4, el Señor le dice a Juan "ven acá arriba".

Durante las incontables sesiones de oración, he grabado lo que otros han informado acerca de las dimensiones. Parece que hay dimensiones que están disponibles para el creyente y dimensiones que son controladas por el enemigo. También puede ser cierto que hay dimensiones en la tierra, debajo de la tierra y por encima de la tierra.

En las dimensiones controladas por el enemigo, se ha encontrado que aquellos que sufren de trastorno de identidad disociada pueden tener "partes" que se encuentran atrapadas en ellas. También hemos encontrado partes atrapadas alrededor del trono de Satanás. Otras parecen estarlo en huecos entre las dimensiones. Como se mencionó antes, quizás las enfermedades y los trastornos físicos y mentales tienen su raíz en las dimensiones. Las cadenas pueden estar vinculadas a una cierta dimensión. Las adicciones y fobias pueden estar vinculadas a ciertas dimensiones de maldad. El ocultismo, la brujería y la hechicería pueden estar ubicados en dimensiones específicas. La proyección astral y el cambio de forma pueden tener lugar en ciertas dimensiones de maldad. Es interesante que Nimrod construyera una torre[31] cuya cima estaba dentro de los "cielos". Tal vez él intentó acceder y viajar en las dimensiones de maldad y tuvo éxito.

¿Qué pasa con las dimensiones divinas? La lista de actividades posibles en estas es larga. Aquí está lo que hemos descubierto. Tenga en cuenta que esto es muy subjetivo y quizá especulativo, pero sin embargo ¡es interesante!

La masculinidad y la femineidad pueden estar en dimensiones separadas.

Diferentes dones espirituales pueden estar en diferentes dimensiones. El don profético puede estar en una dimensión, el de enseñanza en otra, etc.

El descanso o los niveles de reposo pueden estar en diferentes dimensiones.

El Tabernáculo celestial parece ser una estructura multidimensional.

Diferentes disciplinas de aprendizaje pueden estar en diferentes dimensiones, por ejemplo, las matemáticas en una dimensión, la ciencia en otra, las artes en otra.

Los sonidos, colores y vibraciones pueden estar en diferentes dimensiones.

Las finanzas pueden estar en una o más dimensiones.

Los planes para nuestras vidas pueden estar en una o más dimensiones.

El sueño puede estar en una dimensión. Tal vez este es el lugar donde los sueños son soltados.

Hace algunos años, yo estaba con otras cuatro personas y el Señor nos llevó en un viaje a través de varias dimensiones. Él nos ha dado muchas de estas experiencias. Quizás usted también está listo para unirse al Señor y viajar en los lugares celestiales. Esta es una combinación de lo que sentí y lo que otras personas vieron.

Esta vez estoy con otros cuatro. Nos estamos moviendo a través de esta oscuridad, pero hay paz. Es importante seguir avanzando. La palabra dada es, "Siendo cambiado de gloria en gloria". Siento mi cuerpo pasar casi por una metamorfosis. Parece estar siendo estirado, añadido (y no me refiero a más peso), fortalecido. Tengo la sensación de moverme hacia arriba y hacia adelante, a medida que avanzamos se pone más brillante. Incluso le pido al Señor unos lentes de sol. Esto parece apropiado, porque entonces veo ángeles a la distancia caminando arriba y abajo de una escalera (no la escalera de Jacob), hasta el lugar donde la luz y el resplandor se originan. En la parte inferior de la escalera, los ángeles nos están esperando. Uno de ellos tenía una carta en sus manos. Él me la da. Los ángeles no hablan conmigo, sin embargo, yo escucho las palabras, "Te hemos estado esperando". Luego las palabras "Aquí están tus órdenes, tu comisión", "esto es, lo que es para hoy. Sígueme". Mientras caminábamos, veo una espada brillante que me fue dada, junto con un fuerte escudo. Había algún cambio dimensional que estaba sucediendo, pero no era de maldad. Cuando miré hacia atrás, vi que donde habíamos estado, ahora estaba oscuro. Yo sé que Dios quiere que todos nosotros sigamos adelante. Es importante. Escucho las palabras, "¡Tú no estás para volver atrás! ¡Es tiempo de cosas nuevas!" Entonces nos movemos hacia arriba en otra escalera. Encuentro que estábamos en la quinceava dimensión. Aquí, están los dones, muchos dones. Algo está a punto de suceder. Se nos presenta un libro. Es muy viejo y muy frío. A pesar de que se ve grueso, no es tan pesado. Huele como el olor de un refrigerador. Vemos otros libros. Una persona recibe la descripción que estos libros han salido del almacenamiento en frío. Estaban allí para su conservación. Algo me dice que estos manuales no se han utilizado mucho desde los tiempos de Pablo de Tarso. ¡Se nos dice que ordenemos a la duda que salga y que vayamos a los pies de Jesús! Los libros son manuales de instrucciones para la enseñanza, el liderazgo y el equipamiento. Vienen con autoridad apostólica. Hay más dones. ¡Guau! ¡Qué unción! Carbones calientes fueron puestos en nuestra mano derecha... Se nos viene la escritura de Isaías 54:16. "Yo he creado al herrero que aviva el fuego de los carbones bajo la fragua y hace las armas de destrucción". Parecía que sabíamos que Isaías había estado aquí antes. ¡La unción es tan fuerte! Aquí hay nuevos llamamientos y nueva autoridad. El Reino de Dios está aquí. Hay un montón de dones-música, instrumentos, danza, panderetas, canciones, pancartas y pergaminos.

Cuando la película La Guerra de las Galaxias *(Star Trek): La Próxima Generación (The Next Generation)* fue lanzada, fui a verla con mi hijo y unos amigos. Mientras disfrutaba de la película, sentí olas del poder de Dios viniendo sobre mí. Miré a mí alrededor y me preguntaba si alguien más sabía que Dios estaba allí de una forma manifiesta. Empecé a temblar y me di cuenta de que iba a tener dificultad para salir caminando del cine. Al terminar la película, tuve que tener ayuda para salir del cine y temblaba tan violentamente que alguien tuvo que llevarme de regreso a casa, la hora de viaje que eso toma. A menudo he visto de qué se trata toda esa experiencia. Mientras escribía mi libro *Heaven Trek* me di cuenta de que el Señor me estaba hablando de una manera dramática. A pesar de que el tema de *Star Trek* es "ir audazmente donde ningún hombre ha ido antes"[32], el Señor me estaba diciendo, "¿Te atreves a ir a donde yo quiero que vayas?" ¡Es el Señor quien nos invita a cada uno a "ir más alto" en una caminata sin fin por el cielo, a través de las dimensiones!

Muchos años han pasado desde que escribí esta oración de *Renuncia para el Cuerpo Físico*; se ha convertido en una de las oraciones más usadas en nuestro arsenal. En el verano del 2008, mi hijo, Brian Cox, llegó a formar parte del personal y empezó a hacer la oración de ministración personal. Aunque yo personalmente lo había entrenado y él había caminado a mi lado en cada paso a través de mi propio crecimiento espiritual en el ministerio de la oración generacional, él tuvo que "ponerse en velocidad" en cuanto a hacer oración generacional. A menudo, cuando comenzaba una sesión de oración pidiendo por un recuerdo o un sueño, la persona era incapaz de proporcionar nada relevante. Tiempo después, el Espíritu Santo lo guiaba a que la persona hiciera la *Oración de Renuncia para el Cuerpo Físico* y de repente la persona tenía un recuerdo. Él ha visto constantemente que esto suceda. ¡Parece que el Señor continúa abriendo nuevas avenidas de revelación!

La Oración: Renuncia – El Cuerpo Físico

- Señor, por favor invalida y revierte el trabajo del operador del mal[33] que ha cambiado la vibración[34] de las súper cuerdas que afectan el ADN[35] físico del cigoto en el útero. Espíritu Santo, te pido por favor ahora que te ciernas sobre el ADN original en el cigoto[36], permitiendo que las súper cuerdas resuenen[37] sólo con la vibración de la Santísima Trinidad. Señor, que al hacer esto anules cualquier materia maligna[38] las malas vibraciones, las oscilaciones del mal[39], las frecuencias de los malos espíritus[40], los malos tonos[41] y los colores malvados que me afectaban. Señor, por favor lleva a cabo esto en toda mi línea generacional hasta Adán.

- Ahora Señor, por favor apártame de la realidad virtual creada por el enemigo y llévame a tu realidad. Señor, sácame de la cárcel en la que estoy y ponme en libertad. Quita todo el engaño y la negación que me hacen creer que mi percepción física es mi realidad actual. Señor, deshaz toda programación convirtiéndola en nada y modifica el formato de manera que la nueva programación refleje la imagen y la naturaleza de Jesucristo.
- Señor, por favor lleva a cabo esto en todas las dimensiones.[42]
- Señor, rompe todo enlace covalente impío y cualquier otro enlace químico.[43]
- Señor, sella todo tu trabajo en mí con interferón espiritual.[44]

La Oración: Quebrando las Ataduras de Maldad entre una Persona y las Dimensiones [45]

- Yo me arrepiento y renuncio por cualquiera que en mi línea familiar fue al segundo cielo para obtener información y poder del enemigo. Señor Jesús, por favor toma cualquier parte de mí en el segundo cielo y cierra y sella todas las puertas, portones o portales de maldad.
- Señor Jesús, por favor detiene todo cambio de dimensión de maldad relacionada conmigo y con mi línea familiar.
- Señor, por favor remuéveme de todo hoyo negro o vórtices o fuera de todo vacío entre dimensiones.
- Señor, por favor remuéveme de estar atrapado en el infi-

nito y de todo ciclo de maldad constante o sin fin.
- Señor, por favor remuéveme de todo patrón repetitivo de maldad, todo accesorio de maldad, depósito, atadura, acuerdo, o entidades de esas dimensiones, hoyos negros, vórtices, o de cualquier vacío entre dimensiones.[47]
- En el nombre de Jesús, por parte mía y de mi línea familiar, yo me arrepiento y renuncio y quiebro toda atadura de maldad entre yo y mi línea familiar y la primera dimensión.
- Entre yo, mi línea familiar y la segunda dimensión.[48]
- Entre yo, mi línea familiar y la tercera dimensión.
- Yo quiebro toda atadura de maldad entre yo, mi familia y la cuarta dimensión.[49]
- Señor por favor ponme a mí y a mi línea familiar, tiempo y espacio, de regreso en la correcta alineación.
- Yo quiebro toda atadura de maldad entre yo, mi línea familiar y la quinta dimensión.
- La sexta dimensión, la séptima dimensión, la octava dimensión, la novena dimensión, la décima dimensión, la onceava dimensión,[50] y... doceava, etc., y todas las dimensiones a través de la eternidad.
- Señor, donde me afecta a mí y a mi línea familiar, quiebra todos los acuerdos de maldad y todos los vínculos de maldad entre dimensiones. Por favor remueve todo espíritu maligno empoderando estas conexiones y acuerdos de maldad.
- Señor, por favor retorna todo lo bueno que fue robado o entregado y cierra y sella toda puerta de maldad.
- Señor Jesús, por favor abre las dimensiones divinas que nos llevan a ti y a la revelación de tus propósitos en mi vida.

Notas:
1. Ver *Heaven Trek* por Paul L. Cox sobre las vibraciones.
2. Malaquías 3:2.
3. Gleason Archer, R. Laird Harris, and Bruce Waltke, *Libro de Trabajo Teológico del Antiguo Testamento* (Chicago, IL: Moody Publishers, 1980).
4. Prensa Asociada, "Speed of light may not have been constant after all". *USA Today*, August 15, 2001, http://www.usatoday.com/news/science/astro/2001-08-15-speed-of-light.htm
5. Brian Greene, *The Fabric of the Cosmos: Space, Time, and the Texture of Reality* (New York: Vintage, 2005), 19.
6. Ídem., 385.
7. Ídem., 386.
8. Ídem., 386.
9. Ídem., 387.
10. Ídem., 387.
11. Ídem., 387.
12. Ídem., 388.
13. Ídem., 402.
14. Efesios 2:6
15. Rob Bryanton, *The End of the World, Death, and the Tenth Dimension* (Facebook post, diciembre 14, 2007), http://www.facebook.com/topic.php?uid=2583565632&topic=4103
16. Rob Bryanton, *Imagining the Tenth Dimension.* (Victoria, BC, Canada: Trafford Publishing, 2006), 10.
17. Bryanton, 7.
18. Bryanton, 8, 9.
19. Bryanton, 11.
20. Bryanton, 13–16; cita directa, 17.
21. Bryanton, 18.
22. Bryanton, 20.
23. Bryanton, 23.
24. Bryanton, 25.
25. Bryanton, 26.
26. Bryanton, 29.
27. Bryanton, 30.
28. Bryanton, 30.

29. Bryanton, 32.
30. Bryanton, 33.
31. Génesis 11:4.
32. *Wikipedia.* s.v. "Where no man has gone before," http://en.wikipedia.org/wiki where no man has gone before.
33. Función Matemática
34. Una moción temblando o temblores.
35. El ácido desoxirribonucleico. Cualquiera de los diversos ácidos nucleicos localizados en los núcleos celulares. Los bloques de construcción básicos de la vida. La base de la herencia en muchos organismos.
36. La célula formada por la unión de dos gametos. El individuo en desarrollo se produce a partir de que tal célula comience la vida.
37. Vibración, relacionarse harmoniosamente
38. El principio de que un objeto físico se compone.
39. Variación, fluctuación y movimiento.
40. El número de ondas de sonido por segundo producido por una sonda o el número de oscilaciones por segundo de las ondas electromagnéticas.
41. Un sonido de una vibración definida o de un tono.
42. Una posición en el tiempo y en el espacio.
43. Un enlace químico formado por electrones compartidos. En 1 de Corintios 10:20, Pablo enseñó que un creyente en realidad se unía a poderes demoníacos si se involucraba en la mesa de la comunión de las deidades paganas.
44. El interferón-una proteína animal liberada por el cuerpo en respuesta a las infecciones para ayudar a matar el crecimiento viral. Una parte importante del sistema inmunológico.
45. Oración por David Brown.
46. El infinito es una onda sin fin.
47. Al orar acerca de una dimensión, escucha lo que el Señor está revelando; puede que sea poca-cosa como por ejemplo: "tengo la sensación de que la brujería está en esa dimensión", o podría ser un conocimiento de que existe una entidad maligna específica para ser ignorado. A veces, se necesita más oración sobre lo que fue revelado. Pregunte al Señor: "¿Qué quiere decir esto? ¿Qué quieres que sepamos acerca de esto?" Ore hasta que haya un sentido de liberación y luego siga adelante. A veces, hay un sentido de maldad pero nada más allá de eso, por lo que sólo tiene que ir a la siguiente dimensión y ver lo que el Señor revela acerca de eso.
48. Esta es una continuación de la oración para que Dios rompa todo lazo de

maldad entre usted y las dimensiones.

49. La cuarta dimensión es el tiempo, y las demás dimensiones son aspectos de espacio.

50. A veces, la persona que está orando es guiada a enumerar todas las dimensiones numéricas y todas las demás dimensiones hasta la eternidad, después de las once dimensiones, pero a veces la numeración de las dimensiones continúa en los años veinte antes de que cambiaran.

CAPÍTULO OCHO

Reemplazando la Mente Dividida por la Mente de Cristo
PAUL L. COX

Mientras estaba en Argentina, tuve el privilegio de conocer a Jim Goll. Mientras Donna y yo estábamos sentamos en una van con él, después de una conferencia con Ed Silvoso, Jim comenzó a profetizar sobre nosotros. Dijo que el Señor nos llevaría a diferentes lugares del mundo y comenzaría a equiparnos, bendiciéndonos con las unciones de diferentes áreas de la tierra alrededor del mundo. Desde esa palabra profética, era consciente, de que a medida que viajaba a determinadas zonas de la tierra, una revelación específica venía. ¿Podría ser que esa revelación concreta sólo podría haber llegado por haber estado en "esa" tierra? Si es así, tiene que haber algo entonces, sobre la tierra de Minnesota.

Rochester, Minnesota, es el mayor centro intelectual de los Estados Unidos y hogar de la Clínica Mayo. Mientras estaba enseñando en una escuela allí, en la tierra de Minnesota, recibí la revelación sobre los dos cerebros "espirituales", uno a cada lado de la cabeza de una persona. Estos cerebros "espirituales" en realidad aparecieron como materia gris y parecían estar conectados a la base del cerebro físico por medio de tentáculos y de un tubo. Un líquido claro y unas pequeñas partículas que parecían semillas, estaban en el interior del tubo. El Señor nos habló y nos dio la palabra mente-dividida. Un rollo espiritual vino y el pastor recibió información sobre una declaración hecha sobre la ciudad. No podíamos ver la relación entre el cerebro espiritual y el rollo, hasta que entendimos que el Señor quería venir en contra del intelectualismo en la ciudad.

A medida que abríamos el rollo, el Espíritu Santo nos dijo estas palabras: "filosofía griega". Fue entonces cuando nos dimos cuenta que gran parte de la ciencia y las matemáticas están construidas sobre la base de la filosofía griega, la cual tiene sus raíces en la magia. Nos dijeron que hay una estatua de Apolo en la Clínica Mayo. También aprendimos que la Clínica Mayo fue una de las principales fuentes de información que se utilizó para apoyar el aborto, en la decisión de *Roe v. Wade*, incluyendo la idea de que la vida no comienza en la concepción. Un juez de la Corte Suprema que estaba sirviendo cuando se tomó la decisión de *Roe v. Wade* era precisamente del área de Rochester.

Algún tiempo después, mientras yo estaba en el Gran Lago (Big Lake), Minnesota, el Señor nos dio información adicional sobre esto de la mente-dividida, a un grupo de veinte intercesores que habían venido por un día a esperar en el Señor. El cerebro "espiritual" exterior en el lado derecho de cada persona, parece estar conectado con el pensamiento religioso y el cerebro exterior en el lado izquierdo de la cabeza, parece estar conectado con el intelectualismo basado en el pensamiento griego y la lógica humana.

Debido a que nuestra cultura está inmersa en la manera griega de pensar, es difícil de percibir otras formas de ver el mundo. Como estudiante del seminario, yo estuve más expuesto a la mentalidad griega que a la mentalidad hebrea. Fui instruido a leer Platón, Aristóteles y Agustín, como si sus puntos de vista filosóficos del mundo fueran correctos. Con ningún otro marco de referencia, simplemente creí lo que me enseñaron. Mi experiencia en la iglesia reforzó lo que me enseñaban en el seminario. Todo era sobre la mente. Los sermones eran eventos intelectuales para estimular la mente. Yo vivía en un mundo de ideas. No sólo que la experiencia se descontaba, sino que también se predicaba en contra de eso. Teníamos que tener cuidado con las experiencias ya que eran demasiado subjetivas. Me quedé muy sorprendido cuando descubrí que la Biblia describe un punto de vista muy diferente.

Recuerdo claramente estar sentado en la clase del seminario mientras el profesor nos enseñaba acerca de la palabra *saber*. Se nos dieron instrucciones de que *yada*, la palabra hebrea para *saber* se refería a saber intelectualmente. ¿Por qué no iba yo a creer esto? ¡Si un profesor del seminario lo había enseñado! Hace unos años atrás, me quedé impactado al darme cuenta de la magnitud de mi malentendido. *Yada* esencialmente significa "discernir a través de los cinco sentidos". Esta raíz se produce (en todas las formas stem) 944 veces aparece en el Antiguo Testamento y expresa una multitud de matices de conocimientos adquiridos por medio de los sentidos. Sus sinónimos más cercanos son: *bin*, discernir, y *nākar*, reconocer.[1]

Algunos podrían argumentar que este es un punto de vista de Dios del Antiguo Testamento y no del Nuevo Testamento. Para contrarrestar el argumento de que *yada* describe un conocimiento relacional, considere Filipenses 3:10. Aquí el apóstol Pablo expresa su deseo sobre Cristo, "Quiero conocer a Cristo y experimentar el gran poder que lo levantó de los muertos. ¡Quiero sufrir con él y participar de su muerte!" Yo había creído anteriormente que el apóstol Pablo estaba escribiendo aquí sobre el conocimiento "intelectual". Este no es el caso. El *Diccionario Bíblico de Tyndale* define la palabra griega *ginōskō* de la siguiente manera:

> La palabra "saber" o "conocimiento" se encuentra más de mil seiscientas veces en la Biblia. La connotación específica de la palabra grupo provee revelación sobre los mensajes básicos tanto del AT como del NT. El punto de vista hebreo del hombre es totalmente diferente - el corazón, el alma y la mente - están tan interrelacionados entre sí que no pueden estar separados. "Conocer" por lo tanto implica al todo el ser y no simplemente a una acción de la mente. El corazón es a veces identificado como el órgano del conocimiento (cf. Salmo 49:3
> ; Isaías 6:10). La implicancia es que el conocimiento involucra a ambos, tanto a la voluntad como a las

emociones. Es a la luz de esta connotación que el Antiguo Testamento usa *"conocer"* como un lenguaje para las relaciones sexuales entre esposo y esposa. Este concepto judío de conocimiento está bellamente ilustrado en Isaías 1:3: "Incluso los animales-el asno y el buey conocen a su dueño y aprecian su cuidado, pero no así Mi pueblo Israel. No importa lo que hago por ellos, todavía no entienden" (NTV). El fracaso de Israel no estaba en el comportamiento ritual, sino en la negativa a responder en amada obediencia al Dios que la había escogido. Sólo el necio se niega a responder a esta revelación. Así, la persona que no responde en obediencia, obviamente tiene un conocimiento incompleto del Señor. "Conocer a Dios" involucra relación, comunión, cuidado y experiencia."[2]

Por lo tanto, la mente de Cristo *sabe o conoce* no sólo con las facultades mentales o la razón, sino también con las emociones y la voluntad. Además, la mente de Cristo sobrepasa la mente humana, las emociones y la voluntad, y se levanta por encima de las limitaciones de la materia gris, para comprender la realidad experimental a través de la mente del espíritu unida en amorosa comunión con Dios. Nuestra relación con Jesucristo no es sólo una comprensión lógica. Es, en realidad, una relación "íntima" en la cual conocemos a nuestro Señor por medio de nuestras mentes y nuestras experiencias.

El Apóstol Pablo nos recuerda en Filipenses 2:5-8 que la mente de Cristo no es necesariamente una mente cognitiva sino una mente de obediencia a través de una relación.

> *Tengan la misma actitud que tuvo Cristo Jesús. Aunque era Dios, no consideró que el ser igual a Dios fuera algo a lo cual aferrarse. En cambio, renunció a sus privilegios divinos; adoptó la humilde posición de un esclavo y nació como un ser humano. Cuando apareció en forma de hombre, se humilló a sí mismo en obediencia a Dios y murió en una cruz como morían los criminales.*

¿Cómo se aplica esto a una mente divida? La palabra dividida es mencionada tres veces en la escritura:

Detesto a los que tienen divididas sus lealtades, pero amo tus enseñanzas. (Salmo 119:113)

Esas personas no deberían esperar nada del Señor; su lealtad está dividida entre Dios y el mundo, y son inestables en todo lo que hacen. (Santiago 1:7-8)

Acérquense a Dios, y Dios se acercará a ustedes. Lávense las manos, pecadores; purifiquen su corazón, porque su lealtad está dividida entre Dios y el mundo. (Santiago 4:8)

La persona con una mente dividida, opera en la duda y no en la fe. Hay un problema de confianza con Dios. Un entendimiento intelectual de Dios que no está basado en una relación personal experimental con el Señor, no es estable. La mente lógica vacila fácilmente con las circunstancias y puede ser persuadido por el razonamiento engañoso. Sin embargo, si uno confía en Dios y opera en confianza, entonces su esperanza es segura en la bondad del Señor. La confianza está, por supuesto basada y apoyada por las verdades en la Palabra de Dios. En última instancia, por la confianza en Dios y en sus promesas, uno puede descansar fácilmente porque ha experimentado la fidelidad continua del Señor.

La Oración: Reemplazando la Mente Dividida con la Mente de Cristo

- En el nombre del Señor Jesucristo, yo confieso mis dudas y las dudas en mi línea generacional. Confieso que estas dudas me han hecho inestable y me han provocado una mente dividida. Confieso que el origen de esta mente dividida ha sido el orgullo en mi vida y en mi línea generacional. Me arrepiento también de todo intelectualismo, de todo razonamiento, la lógica y el humanismo como el de los impíos. Me arrepiento de preocuparme más por la aprobación del hombre en lugar de conocer y practicar la Verdad de Dios en mi vida.

- Me arrepiento de mi propio esfuerzo y orgullo. Dios, con humildad recibo tu amor, tu misericordia y tu gracia.
- Elijo ser alguien que ya no se ajusta a los patrones de este mundo, sino a ser transformado mediante la renovación de mí mente para que yo pueda probar y conocer lo que es la voluntad buena, agradable y perfecta de Dios.[3]
- No haré nada por egoísmo o soberbia superficial, voy a caminar en humildad, considerando a los demás como mejores que yo.
- Elijo resistir al diablo. Elijo someterme a Dios y reconocerlo como mi Señor y Maestro, y acercarme más a Él. Señor, te pido que por favor me laves las manos y purifiques mi corazón.
- Padre Amado, gracias por darme la mente de Cristo, de ese modo voy a ser como Él, llegaré a ser como un siervo.

Notas:

1. Bruce K. Waltke, Robert Laird Harris, Gleason Leonard Archer, *Cuaderno de Trabajo Teológico Del Antiguo Testamento,* Edición Electrónica (Chicago: Moody Press, 1999, 1980), cita 848.
2. "Ginōskō" tomado Del *Diccionario BíblicoTyndale*, editado por Philip W. Comfort, Ph.D. and Walter A. Elwell, Ph.D. (Wheaton, IL: Tyndale House Publishers, Inc., Copyright © 2001). Usado con permiso de Tyndale House Publishers, Inc. Todos los Derechos Reservados.
3. Romanos 12:1-2.

CAPÍTULO NUEVE

La Oración de Jante
PAUL L. COX

La Ley de Jante es un concepto que fue creado por el autor Danés / Noruego Aksel Sandemose en su novela, *A Fugitive Crosses His Tracks (*sin título en español*)*[1] En esta novela, Aksel describe una pequeña ciudad danesa, Jante, la cual está basada en su propia ciudad natal, Nykobing Mors.

Hablar de las diferencias culturales, de cualquier manera que pudiera interpretarse como discriminatoria, es muy sensible, a pesar de que muchas de estas diferencias han sido reconocidas desde hace décadas y nos han sido pasadas a través de nuestras propias líneas generacionales. El apóstol Pablo señaló rasgos culturales negativos en Tito 1:12. "Incluso uno de sus propios hombres, un profeta de Creta, dijo acerca de ellos: 'Todos los cretenses son mentirosos, animales crueles y glotones perezosos'. El apóstol Pablo observó que uno de los mismos cretenses, un profeta, señalaba a los cretenses como mentirosos, malas bestias, y glotones ociosos. Varios comentarios creen que este hombre fue Epiménides, que vivió alrededor de 538 años antes de Cristo. Evidentemente era de Cnossos y es mencionado por Platón. Los términos "miente como un cretense" y "¿cuándo hubo alguna vez un cretense honrado?" fueron mencionados por Plutarco. Los cretenses estaban tratando con las mismas deficiencias de carácter durante los días de Pablo, casi 600 años más tarde. Obviamente, estas características culturales eran fortalezas en las vidas de los cretenses que vinieron a Cristo, así que Pablo les dice cómo enfrentar esas fortalezas.²

Las cosas no han cambiado. Los nuevos creyentes todavía tienen que enfrentar las fortalezas culturales que se oponen a la verdad de Dios. Probablemente cada grupo de personas tiene características que le forman fortalezas o patrones mentales dentro de su propia cultura. Los escandinavos, por ejemplo, tienen tendencias culturales similares. Mientras Cindy Jacobs de Generales de Intercesión estaba visitando Noruega, una intercesora llamada Laura Zavala, que había estado orando en Noruega, se le acercó. Ella le entregó a Cindy una lista de "leyes" de las que la mayoría de los escandinavos están conscientes, suposiciones culturales que gobiernan su sociedad. "Cindy", dijo ella, "estas representan una de las principales fortalezas que detienen a muchos escandinavos, para que vivan en plenitud como creyentes".

Cindy tomó la lista en la mano y las leyó. Al principio, ella difícilmente podía comprender que las leyes fueran verdad. Reflexionando sobre esto, le preguntó a su traductor, Janaage Torp, si él se las podía leer en voz alta a los asistentes de la conferencia, mientras que Cindy les preguntó si eran ciertas. Esta es la lista:

1. No debería pensar que usted es especial.
2. No debería pensar que tiene una buena reputación.
3. No debería pensar que usted es una persona inteligente.
4. No se piense que es mejor que nadie.
5. No debería pensar que usted sabe más que los demás.
6. No debería pensar que usted es más importante que los demás.
7. No debería pensar que usted es bueno en todo.
8. No debería reír.
9. No debería pensar que alguien se preocupa por usted.

10. No debería pensar que usted es enseñable.

Para asombro de Cindy, las cabezas comenzaron a asentir arriba y abajo. Sí, estas eran las leyes que dictaban las normas sociales y morales en Escandinavia. De repente, una serie de cosas que ella había notado durante el viaje a Noruega comenzaron a tener sentido.

Cindy sintió fuertemente en su corazón que la Ley de Jante representaba un sistema de pensamiento que se desarrolló, a través de los años, en fortalezas que evitaron que la gente de los países escandinavos que pudieran cumplir con su mayor llamado. Por supuesto, que no todos ellos se han sometido a estas leyes. La verdad de la Palabra de Dios trae libertad a las personas, sin que quizás tomen conciencia de lo que está ocurriendo en ellos.

Pensando más lejos, Cindy cayó en la cuenta de que no sólo en la zona Escandinava, sino también en los lugares donde la gente de estos países se había establecido habían sido afectados culturalmente por la Ley de Jante. En los Estados Unidos, la parte alta del Medio Oeste ha sido fuertemente influenciada por los colonos escandinavos con las convicciones de Jante. Otros estados, regiones y barrios se han visto también afectados por estas creencias.

Las leyes de Jante pueden tener muchos efectos. Ellos pondrían una tapa a la adoración; porque el gritar más fuerte que los demás se ve como que hablan demasiado alto en público. También, detendrían esto de "dar honor a quien honor merece", porque eso sería actuar como si alguien fuera más importante que el otro. Los apóstoles y los cinco ministerios no pueden levantarse porque es como si se vieran como mejores que otros.

También hemos encontrado que la gente de casi todas las culturas pueden ser víctimas de creencias culturales nunca analizadas, patrones y rasgos de iniquidades que perduran y siguen siendo transmitidas por la línea familiar.

Oración: Renuncia a las inequidades de Jante (Iniquidad escandinava)

- Rompo, destrozo, corto, disuelvo y destruyo la iniquidad que dice que yo no soy especial.
- Rompo, destrozo, corto, disuelvo y destruyo la iniquidad que dice que no tengo la misma categoría o nivel que los demás.
- Rompo, destrozo, corto, disuelvo y destruyo la iniquidad que dice que los demás son más inteligentes que yo.
- Rompo, destrozo, corto, disuelvo y destruyo la iniquidad que dice que otros son mejores que yo.
- Rompo, destrozo, corto, disuelvo y destruyo la iniquidad que dice que los demás saben más que yo.
- Rompo, destrozo, corto, disuelvo y destruyo la iniquidad que dice que otros son más importantes que yo.
- Rompo, destrozo, corto, disuelvo y destruyo la iniquidad que dice que no soy bueno en nada.
- Rompo, destrozo, corto, disuelvo y destruyo la iniquidad que dice que yo no puedo hablar, reír o expresarme en público.
- Rompo, destrozo, corto, disuelvo y destruyo la iniquidad que dice que nadie se preocupa por mí.
- Rompo, destrozo, corto, disuelvo y destruyo la iniquidad que dice que no puedo ser enseñable.

Notas:

1. *En flyktning krysser sitt spor* (1933, La traducción al Inglés fue publicado en los EE.UU. en 1936).

2. *The Pulpit Commentary: Tito,* ed. H. D. M. Spence-Jones (Bellingham, WA: Logos Research Systems, Inc., 2004), notas para Titus 1:12.

CAPÍTULO DIEZ

La Oración de la Sangre y el Corazón
PAUL L. COX

Durante los primeros tiempos de proporcionar liberación generacional por medio de nuestro ministerio, noté un patrón similar en muchas sesiones de oración. Cuando le pedía al Señor que guiara a las personas hacia un evento en sus líneas generacionales, que pudiera haber agravado la situación con la que se estaba tratando, la persona podía ver sangre o un sacrificio humano. Esto sucedió tantas veces que me di cuenta de que había algo significativo sobre la sangre y los sacrificios humanos que no entendíamos. Mientras que el Antiguo Testamento enseña el uso de sacrificios de sangre para el cumplimiento de la ley, prohíbe fuertemente los sacrificios humanos y nunca permite sacrificios a otros dioses y diosas. ¿Cuál es el significado de estos sacrificios?, ¿por qué la escritura está tan claramente en contra de ellos?, y ¿por qué tienen el poder de afectar a las familias por generaciones? Reflexioné sobre estas cuestiones durante bastante tiempo.

El primer irrumpimiento tratando de encontrar una respuesta, llegó en un viaje ministerial a Austin, Texas. Un profeta, que era un miembro del equipo, me dijo que tenía que leer *El Pacto de Sangre*, un libro tomado de una serie de conferencias por H. Clay Trumbull en 1885 y lanzado de nuevo en 1998 por Impact Christian Books.[1] El Señor me dio un nuevo entendimiento acerca de esto, a través de la lectura de material del Dr. Trumbull.

Unos años más tarde, el Señor me dio una revelación aún más increíble, sobre el pacto de sangre, y sucedió de la forma más interesante. Cuando un amigo de nuestra familia, invitó a un hombre que hace análisis de sangre[2] en vivo, para chequear la salud de la sangre de los miembros de nuestra familia. Él instaló su equipo, incluyendo un microscopio, cámara de vídeo y una pantalla de televisión. Yo observé; mientras él tomó la gota de sangre de una persona, la puso en una diapositiva bajo el microscopio y la proyectó en la pantalla. Con interés, escuché y observé como explicó lo que vio en la sangre de cada persona.

Luego fue mi turno ¡yo estaba asombrado cuando vi mi sangre en la pantalla! Hizo algunos comentarios favorables acerca de lo joven que se veía mi sangre, pero luego dijo: "Oh, ¿Qué es esto?" ¡Eso ciertamente captó mi atención! Mi reacción fue, entre un interés leve y pánico, mientras me preparaba para lo que vendría después. Cuando la gota de sangre en la pantalla comenzó a moverse muy rápidamente, le pregunté qué estaba pasando. "Todavía estás conectado a tu sangre", fue la respuesta del técnico. Cuando vi la caída del remolino de sangre en la diapositiva, sentí una línea espiritual entre el lugar en el dedo de donde se había sacado la sangre y la gota de sangre en la diapositiva. Efectivamente, yo todavía estaba conectado a mi sangre.

Un poco después, cuando estaba contando esta historia en una iglesia de Tulsa, Oklahoma, sentí mi dedo y me di cuenta de que todavía estaba conectado con la misma gota de sangre. En ese momento corté la conexión, y se encendió una luz en mi cerebro. ¡Por supuesto! Cuando recibimos a Jesucristo como nuestro salvador personal, su sangre se vuelve nuestra, y una conexión de sangre se forma entre Jesús y nosotros. La sangre es importante porque "¡la vida está en la sangre!" Por lo tanto, cualquier conexión a través de cualquier otra sangre es una conexión de maldad. Sólo su muerte perfecta en la cruz y el derramamiento de su sangre inocente puede dar vida y establecer el pacto de sangre (conexión) necesario para lograr nuestra salvación.

Mire estas escrituras:

Cuando bendecimos la copa en la Mesa del Señor, ¿no participamos en la sangre de Cristo? (1 Corintios 10:16a)

La *Nueva Biblia Americana Estándar* traduce la palabra *comunión* como *compartiendo*. En el momento de la salvación, nosotros compartimos en su sangre.

Como extranjeros en las provincias de Ponto, Galicia, Capadocia, Asia y Bitinia. Dios Padre los conocía y los eligió desde hace mucho tiempo, y su Espíritu los ha hecho santos. Como resultado, ustedes lo obedecieron y fueron limpiados por la sangre de Jesucristo. (1 Pedro1:1–2)

Entonces Cristo ahora ha llegado a ser el Sumo Sacerdote por sobre todas las cosas buenas que han venido. Él entró en ese tabernáculo superior y más perfecto que está en el cielo, el cual no fue hecho por manos humanas ni forma parte del mundo creado. Con su propia sangre —no con la sangre de cabras ni de becerros— entró en el Lugar Santísimo una sola vez y para siempre, y aseguró nuestra redención eterna. Bajo el sistema antiguo, la sangre de cabras y toros y las cenizas de una novilla podían limpiar el cuerpo de las personas que estaban ceremonialmente impuras. Imagínense cuánto más la sangre de Cristo nos purificará la conciencia de acciones pecaminosas para que adoremos al Dios viviente. Pues por el poder del Espíritu eterno, Cristo se ofreció a sí mismo a Dios como sacrificio perfecto por nuestros pecados. Por eso él es el mediador de un nuevo pacto entre Dios y la gente, para que todos los que son llamados puedan recibir la herencia eterna que Dios les ha prometido. Pues Cristo murió para librarlos del castigo por los pecados que habían cometido bajo ese primer pacto. (Hebreos 9:11–15)

Entonces, como se nos declaró justos a los ojos de Dios por la sangre de Cristo, con toda seguridad él nos salvará de la condenación de Dios. Pues, como nuestra amistad con Dios quedó restablecida por la muerte de su Hijo cuando todavía éramos sus enemigos, con toda seguridad seremos salvos por la vida de su Hijo. (Romanos 5:9–10)

La sangre de Jesús es derramada para el perdón de nuestros pecados y para establecer nuestro pacto (conexión) con él. Cuando su sangre se salpica en nosotros, se forma la conexión sanguínea.

Nuestra cultura no entiende el pacto de sangre. A pesar de que lo he estudiado en el seminario y conocía las Escrituras al respecto, no lo había comenzado a "entender" hasta que leí el libro de H. Clay Trumbull. Su historia sobre el pacto de sangre es tan significativa y derrama tanta luz sobre su importancia, que citaré varios pasajes en su totalidad. Trumbull escribe,

> Desde el principio y en todas partes, la sangre parece haber sido considerada como preeminentemente la representante de la vida: de hecho, en un sentido peculiar, la vida misma. La transferencia de la sangre de un organismo a otro ha sido contada como la transferencia de vida, con todo lo que la vida incluye. La inter-mezcla de sangres por su inter-transferencia se ha entendido como equivalente a una inter-combinación de naturalezas. Dos naturalezas entremezcladas en este modo, por la inter-mezcla de sangres, han sido consideradas como la formación, a partir de entonces, de una sangre, una vida, una naturaleza, una sola alma en dos organismos. La inter-mezcla de naturalezas por la inter-combinación de sangre[3] se ha considerado posible entre el hombre y un organismo inferior; y entre el hombre y un organismo superior -incluso entre el hombre y la deidad[4] literalmente o simbólicamente; así como entre el hombre y su compañero inmediato.

> El modo de inter-transferencia de la sangre, con todo lo que ello implica, se ha considerado posible, ya sea por medio de los labios y/o por medio de la apertura y el inter-fluir de las venas. También se ha representado por el baño de sangre, por la unción de sangre y por la aspersión o salpicado de la sangre; o de nuevo, por el inter-beber de vino-que anteriormente era mezclado con la propia sangre en la bebida. Y el dar... la sangre de un elegido y de un sustituto adecuado... tiene (a menudo)... representando... el rendir la propia vida por medio de dar la propia sangre. De forma similar la sangre, o la naturaleza, de las

divinidades, han sido representadas indirectamente, en un pacto divino, por la sangre de un devoto y un sustituto aceptado. La inter-comunión entre las partes en un pacto de sangre ha sido un privilegio reconocido, en conjunción con todas y cada observación de este rito. Y el cuerpo de la ofrenda aceptada divinamente, la sangre la cual es un medio de inter-unión divina-humana, ha sido contado como una parte de la divinidad; y para participar de ese cuerpo como alimento se ha considerado equivalente a ser alimentado por la misma divinidad".[5]

Trumbull también analiza los lazos de amistad formadas a través de pactos de sangre en muchas culturas. En conferencia 1, sección 2, discutiendo la historia de pactos de sangre entre las tribus semitas del Medio Oriente, él dice,

El pacto de sangre,[6] es una forma de mutua alianza, por el cual dos personas entran a lo más cercano, lo más perdurable y lo más sagrado de los pactos, como amigos y/o hermanos, o como algo más que hermanos, a través de la inter-mezcla de sus sangres, de su acuerdo mutuo o de su inter-transfusión".[7] (Esto) ha sido reconocido como lo más cercano, lo más santo y lo mas más indisoluble[8] y compacto concebible. Tal pacto implica claramente una entrega absoluta de sí mismo y una fusión irrevocable de la propia naturaleza individual dentro de una doble o multiplicada, personalidad incluida en el pacto. El más alto y el más noble alcance del alma, ha sido debido a tal unión con la naturaleza divina como se ejemplifica en este pacto humano de sangre.[9]

A través de muchas culturas, Trumbull encontró creencias similares enlazando sangre, vida y amistad.

La idea básica de este rito de sangre-amistad parece incluir la creencia, de que la sangre es la vida de un ser vivo; no sólo que la sangre es *esencial* para la vida, sino que, en un sentido peculiar, *es* la vida; que en realidad se vivifica con su presencia; y que por pasar de un organismo a otro lleva e imparte vida. La inter-mezcla de la sangre de dos organismos es, por lo tanto, de acuerdo con este punto de vista, el equivalente a la inter- combinación o mezcla de las

> vidas, de las personalidades, de las naturalezas, que se unieron; por lo que hay, por lo tanto a partir de ese momento, una vida en los dos cuerpos, una vida en común entre los dos amigos".[10]

Trumbull también señala que los símbolos del pacto de sangre son idénticos a través de las culturas y a través del tiempo, notando que, "el brazalete, la pulsera y el anillo… son señales de un pacto mutuo infinito".[11]

En el debate que presenta en *Suggestions and Perversions of the Rite* (conferencia 2), Trumbull examina las conexiones entre los ritos de sangre y la comunión y/o unión con Dios. Históricamente, la ofrenda de la sangre se hacía a menudo en el contexto de la adoración de otros dioses.[12]

De acuerdo con Trumbull,

> El hombre anhelaba la unidad de la vida con Dios. La unidad de la vida solo podía llegar a través de la unión de sangre. Para lograr esa unidad de vida, el hombre tendría que dar de su propia sangre o la sangre del sustituto que mejor pudiera representarlo. Contándose a sí mismo en esa unidad de vida, a través del pacto de sangre, el hombre ha buscado la nutrición y el crecimiento a través de la participación de ese alimento el cual en un sentido era la vida… porque era el alimento de Dios, y porque era el alimento que se mantuvo por Dios. En el seguimiento mal dirigido de este pensamiento, los hombres han dado la sangre de una víctima humana consagrada, para llevarlos a esta unión con Dios; y luego han comido de la carne de la víctima que dio la sangre, lo cual los hacía uno con Dios.[13]

Había una creencia común de que las divinidades eran alimentadas y nutridas por la sangre de los sacrificios, mientras que los adoradores eran llevados a la comunión y unión con esas divinidades a través de esta ofrenda. Este punto de vista parece haber prevalecido entre los griegos y los romanos; incluso muchos padres cristianos aceptaron su verdad como aplicable a los demonios.[14]

Al principio de 2697 AC, ofreciendo el primogénito a un dios era considerado un medio de ganar favor.[15]

Las conexiones entre la vida y la sangre son antiguas y perversas, ellas continúan viviendo en la cultura popular. Incluso la perversa superstición del siglo XVIII del vampiro, "que la sangre transfundida es revivificación", expresa las creencias sostenidas universalmente de las primeras civilizaciones.[16]

Trumbull, indica que los primeros registros de los antiguos egipcios no sólo vinculan la sangre con la vida, sino que también ven al corazón como el "símbolo y la sustancia de la vida".[17] El corazón[18] fue "contado como la fuente de sangre y el centro de sangre del cuerpo".[19] Es por eso que el corazón, es el que iba a ser dedicado a los dioses. Los mayas tomaban un "corazón sangrante y tembloroso", presentándolo al sol, y luego lo colocaban en un tazón preparado para su recepción.

> Un sacerdote asistente chupaba la sangre de la herida en el pecho, a través de una caña hueca; al final, lo elevaba hacia el sol, y luego vaciaba la sangre en una taza con un penacho bordado que sostenía el captor del prisionero que acababa de morir. Esta copa se la llevaba por todos los ídolos en los templos y capillas, delante de los cuales otro tubo lleno de sangre se sostenía, para darles a probar de sus contenidos.[20]

El corazón como órgano vivo, como recurso para la sangre y fuente de sangre, ha sido reconocido como el representante de la más alta personalidad de su propietario y como difusor de los temas de su vida y su naturaleza.

A veces una maldición era decretada mientras se hacía un pacto de sangre. Un juramento africano citado por Trumbull, es:

> Si alguno de ustedes rompe esta hermandad ahora establecida entre ustedes, que el león pueda devorarlo, la serpiente envenenarlo, la amargura esté en su comida, sus amigos lo abandonen, su arma estalle en sus manos y lo hiera y todo lo que es malo le haga mal hasta su muerte.[21]

Dios llamó y sacó a Abraham de una cultura donde los niños eran sacrificados a los dioses. Él estableció su pacto con Abraham a través del sacrificio-sustitutivo; y debido a la fe de Abraham, Dios lo levantó como padre de una nación de gente que se les mandó a nunca comer la sangre vital de otras criaturas o a sacrificar a sus propios hijos.

Una y otra vez Dios enfatizó las diferencias entre Israel y las naciones circundantes. Era importante que los israelitas supieran que el pacto de sangre fue asegurado por medio de los sacrificios simbólicos y no a través de la ingestión de sangre. Salmo 50:16 (NTV) dice: Pero Dios dice a los perversos: "¿Para qué se molestan en recitar mis decretos y en fingir que obedecen mi pacto?" [22]

La palabra de Dios es muy clara al decir que no se coma la sangre.[23]

La palabra de Dios también prohíbe el corte del cuerpo sobre los muertos.[24] Esto fue con el propósito de poder llorar a los muertos, pero también puede haber sido parte de un rito cananeíta sobre el culto de la fertilidad cananeo diseñado para revitalizar al dios Baal de quien se creía dependía la fertilidad de la tierra.[25]

Entonces, ¿cómo se aplica esto a nuestra vida? Por mucho tiempo fue el objetivo del enemigo el pervertir el plan de la redención eterna de Dios mediante la fabricación de su propio sistema de sacrificios. Jesús, nuestro gran Sumo Sacerdote, se ofreció a sí mismo, llevando a cabo la limpieza del pecado que se necesitaba. El reveló la perversidad del sacrificio no permitido; Él puso fin a la necesidad del derramamiento de sangre y sacrificios en nombre de las personas; Él hizo posible la unión con Dios. "Pues mediante esa única ofrenda, él perfeccionó para siempre a los que están siendo santificados".[26] Debido a las leyes espirituales de Dios, la participación en los sistemas falsos del enemigo pone a una persona en esclavitud demoníaca, y los pactos de sangre hechos con lo demoníaco crea maldiciones que pasan a través de las líneas generacionales. Estas iniquidades deben ser canceladas para que pueda haber completa libertad en Cristo.

La Oración: La Sangre y el Corazón

- Padre, yo te reconozco a Ti y a tu poder. Te alabo, Señor. Padre, te pido que elimines todo mal en mi línea familiar desde antes del comienzo de los tiempos hasta el presente. Me arrepiento por todos los pecados de mis antepasados y renuncio por completo a:

  - Todos los pactos de sangre y juramentos
  - Toda comunión con los demonios.
  - Todos los sacrificios de sangre.
  - Todas las comidas de carne humana o sangre.
  - Todos los ritos y ceremonias de sangre.
  - Todas las ofrendas de corazón.
  - Toda unión con demonios a través de ritos de sangre.
  - Toda comida de órganos.
  - Todo derramamiento impío de sangre.
  - Todas las cortaduras practicadas a los muertos y las cortaduras infligidas a mí mismo.
  - Todas las maldiciones con pactos de sangre en las que me haya visto envuelto o participado.
  - Todos los sacrificios a Moloc.
  - Todo derramamiento de sangre o mezcla de sangre.
  - Todo sacrificio de niños.
  - Todo consumo o degustación de sangre.
  - Toda creencia en los vampiros.

- Todo baño con sangre.
- Todas las bodas falsas en las que participé.
- Toda unción hecha con sangre.
- Todas las dedicaciones impías.
- Toda aspersión de sangre.
- Toda amargura y falta de perdón.
- Toda cesión de sangre por un sustituto.
- Todos los corazones duros, insensibles y ciegos.
- Toda mezcla de vino y sangre.
- Todos los asesinatos y derramamientos de sangre inocente.

- Yo renuncio a todo mal hecho en mi línea generacional.
- Yo renuncio a todos los sacrificios y la adoración a otros dioses.
- Me arrepiento y renuncio a todo culto a los ídolos.
- Yo renuncio a todos los brazaletes, pulseras, dijes, anillos, pendientes u otros símbolos impíos.
- En el nombre de Jesucristo, te pido Padre, que limpies mi linaje y rompas todas las maldiciones, pactos y juramentos desde antes del comienzo de los tiempos hasta el presente.
- Señor, rompe todas las maldiciones de mi línea generacional asociada a trastornos del corazón y sanguíneos. Yo aplico la sangre de Jesús sobre toda la iniquidad. A todo mal le ordeno que se vaya, desde antes del comienzo de los tiempos hasta el presente, hasta mis hijos, a los hijos de mis hijos, hasta mil generaciones.[27]

Notas:
1. H. Clay Trumbull, *The Blood Covenant* (Kirkwood, MO: Impact Christian Books, 1998). Usado con permiso.
2. Me parece que el análisis de sangre en vivo puede ser una herramienta de

diagnóstico útil en las manos de un experto de microscopia. Aunque he aprendido de ello, no estoy del todo de acuerdo sobre el procedimiento, porque por desgracia, al igual que muchas herramientas que se usaron para el diagnóstico, pueden ser malinterpretados por los técnicos calificados y ser mal utilizados para vender suplementos innecesarios.

3. "El que aprieta las manos en señal de pacto es... (desde) la costumbre de unir las manos perforadas en un pacto de amistad de sangre". Trumbull, 340.

4. 2 de Pedro 1:4.

5. Trumbull, 202–203.

6. La palabra para pacto en hebreo, *bereeth*, tiene el significado aparente de una cosa "cortada" de otra, o como adición a otra, su significado primario de una cosa comida Ver Juan 6:53–58.

7. Trumbull, 4.

8. Trumbull, *The Blood Covenant*, 313. Rev. R. M. Luther, misionero en Burma, 1800's. "Nunca escuche de hablar de un pacto de sangre siendo roto. No recuerdo haber preguntado en particular sobre este punto, porque la forma en la que se hablaba del pacto de sangre, siempre implicó que nunca se había escuchado de su ruptura.

9. Trumbull, 202–204.

10. Trumbull, 38

11. Trumbull, 65.

12. Trumbull, 90–91.

13. Trumbull, 184.

14. Ídem.

15. Trumbull, 150.

16. Trumbull, 114.

17. Trumbull, 99.

18. En más de novecientos casos en la Biblia en Inglés, el hebreo o el griego de la palabra corazón, como un órgano físico, se aplica a la personalidad del hombre; como si fuera, en cierto sentido, sinónimo de su vida, uno mismo, su alma, su naturaleza.

19. Ver la nota final del 8 (arriba).

20. Trumbull, *The Blood Covenant*, 106.

21. Trumbull, 20.

22. *Ver también*, Éxodo 24:1–11 y Levítico 17:3–14.

23. Levítico 17:1–12.

24. Levítico 19:28; Deuteronomio 14:1.

25. Peter Craigie, *The Book of Deuteronomy* (Grand Rapids, MI: Eerdmans, 1976).
26. Hebreos 10:14.
27. Levítico 17:11; Proverbios 4:23, 14:10, 28:14; Joel 3:21; Salmos 31:24, 73:26. Oración escrita por Richard Sicheneder.

CAPÍTULO ONCE

Renuncia a las Maldiciones: Deuteronomio 28:15–68

PAUL L. COX

En 1989, cuando empecé a hacer liberaciones, la palabra *maldición* con frecuencia se relacionaba a tratar ciertas situaciones del mal en la vida de las personas. Seguido a esas primeras liberaciones, comenzamos a observar las maldiciones generacionales y a pedirle al Señor que cancelara sus efectos sobre la vida de las personas. Luego, a partir de lo que el Señor nos había estado enseñando, empecé a dar un seminario llamado *Tipping the Scales, Blessings and Curses* (Inclinando la Balanza, Bendiciones y Maldiciones). Este seminario fue grabado y lanzado en el 2008. Después de algunas investigaciones intensivas, descubrí que lo que había estado enseñando sobre la visión bíblica de maldiciones estaba básicamente mal. No hace falta decir, que yo estaba disgustado al descubrir que había estado dando información incorrecta.

En mi defensa, me he dado cuenta que muchos no entienden el significado bíblico real de la palabra *maldición*. La palabra en inglés *maldición* tiene amplias connotaciones que van desde un simple sinónimo para desgracia a una condición de desesperanza sin alivio provocada por fuerzas sobrenaturales, mágicas o divinas. Por lo tanto, cuando leemos la traducción del Antiguo Testamento y vemos la palabra en inglés *maldición,* asumimos que entendemos el significado de esa palabra. Sin embargo, en realidad, las cuatro palabras hebreas que se traducen como maldición tienen mucho más que cuatro significados diferentes.

Mi accidental hallazgo sobre la palabra maldición comenzó cuando me di cuenta de que muchos libros sobre la naturaleza de las maldiciones citan como fuente principal un artículo en el Journal of Biblical Literature (Diario de Literatura Bíblica) titulado: *The Problem of "Curse" in the Hebrew Bible*, (El problema de la "maldición" en la Biblia hebrea).[1] Esta disertación doctoral del escritor H. C. Brichto incluye un estudio en varios idiomas de la palabra *maldición* y delinea claramente el significado preciso de cada una de las cuatro palabras hebreas traducidas como *maldición* en el Antiguo Testamento.

Brichto deja claro que el punto de partida para entender mejor la palabra *maldición* debe ser la definición exacta de la misma. El significado histórico de la palabra *maldición*, por definición, es blasfemia o conjuro. Una blasfemia o conjuro es una fórmula exacta o una serie de palabras por las que se invoca una maldición. Por lo tanto, decir que algún mal tuvo lugar en la línea familiar que maldijo o trajo una maldición sobre las generaciones posteriores sería hacer un mal uso de esta palabra. La *maldición* es un conjunto formulado de palabras pronunciadas en contra de otra persona. Así que, ¿cuáles son estas palabras en hebreo?

Según Brichto, cuatro palabras hebreas se traducen en el inglés como maldición: *Alah, Arur, qualet y qabab*. Sólo *qabab* significa conjuro. Aquí está la explicación de las otras palabras:

1. Alah—El primer significado es "juramento". Un juramento es una promesa con el entendimiento de que una sanción se llevará a cabo (maldición) si hay una afirmación falsa o un fallo para mantener su palabra.[2] Aunque otros investigadores tienen la traducción de alah como un conjuro, el argumento de Brichto para la definición de alah es convincente.

2. Arur—La Versión Autorizada traduce esta palabra

como "maldición" sesenta y dos veces, y como "con amargura y/o amargamente" solo una vez; formas incluidas para maldecir, maldito él, ser maldecido, maldito; maldecir, estar bajo una maldición, poner a alguien bajo una maldición, ser hecho una maldición, ser maldecido.³ La palabra esta mejor traducida como "prohÍdemo". Su sentido básico está mejor traducido como "hechizo". Cuando se aplica a la tierra o la lluvia, un hechizo impide la fertilidad de los hombres. Cuando se aplica a hombres o animales, les está prohibiendo los beneficios de la fertilidad o asociación con sus semejantes. El poder de la maldición se deriva de la deidad o un organismo dotado por el dios de la sociedad, con poderes inusuales.

3. Qualet— Es traducida como "maldición", treinta y nueve veces, "más ligero" cinco veces, "cosa ligera" cinco veces, "viles" cuatro veces, "más liviano" cuatro veces, "despreciar" tres veces, "calmado" dos veces, "facilidad" dos veces, "ligero" dos veces "aligerar" dos veces, "ligeramente" dos veces, y se traduce en diferentes maneras doce veces. La palabra en realidad, significa ser leve, ligero, insignificante, ser poca cosa, ser liviano, calmado (de agua), ser ligero, ser insignificante, ser de poca importancia o baja estima, ser ligero, mostrarse ligero, parecer insignificante, demasiado trivial, insignificante, de poca estima, ser despreciable, maldecir, estar maldito, tomar a la ligera, aligerar, tratar con desprecio, traer desprecio o deshonra, temblar, estimular, sacudirse a uno mismo, moverse hacia y desde.⁴ Qualet está mejor traducido como "abuso" o "tratar con dureza o perjudicialmente." Es un término general para castigo, desgracia, desastre, o daño.⁵

4. Qabab, qabab—Es una raíz primitiva; ocho apariciones; se traduce como "maldición" siete veces, y "en absoluto" una vez. Significa maldecir, proferir una maldición en contra.

Con este entendimiento, podemos ahora examinar cuidadosamente el pasaje de Deuteronomio 28:15–68. La palabra en hebreo de maldición en la *Versión Reina Valera* en Deuteronomio

28:15 es *qualet*.

> *Pero acontecerá, si no oyeres la voz de Jehová tu Dios, para procurar cumplir todos sus mandamientos y sus estatutos que yo te intimo hoy, que vendrán sobre ti todas estas maldiciones, y te alcanzarán.*

En lugar de traducir *qualet* como maldición, una traducción más exacta para qualet es desgracia, desastre o daño. En otras palabras, el mal que vendría sobre la línea familiar podría resultar en una desgracia, desastre o daño generacional.

Deuteronomio 28:20 usa otra palabra en hebreo, que es: *arur*.

> *Y JEHOVÁ enviará contra ti la maldición, quebranto y asombro en todo cuanto pusieres mano e hicieres, hasta que seas destruido, y perezcas pronto a causa de la maldad de tus obras por las cuales me habrás dejado.*

En este pasaje, el Señor está diciendo que a causa de su pecado, él les "prohibirá" que puedan disfrutar de los beneficios de sus bendiciones.

Una lectura precisa del pasaje de Deuteronomio es que el mal en una línea generacional se transmite como *iniquidad* más que como una maldición. La palabra del Antiguo Testamento para iniquidad, es la palabra en hebreo *avah*, que significa *doblar o torcer*. El pecado en una línea familiar inicia una torcedura en esa línea, y esa torcedura se lleva a través de la línea hasta que se rompe por el poder de la sangre de Jesucristo.

¿Qué sucede cuando se rompe esta iniquidad generacional? La buena noticia es que al romper este mal generacional a través del poder de la sangre de Jesucristo se liberan las bendiciones generacionales dadas a esa línea familiar. La palabra *bendecir* es una traducción de la palabra hebrea *barak* que significa "investir con poder para el éxito, prosperidad, fecundidad, larga vida".[6] La iniquidad generacional tapa las bendiciones que están disponibles para miles de generaciones.[7]

Ahora es el momento de renunciar a todo el mal generacional y pedir al Señor que libere las bendiciones generacionales dadas a su línea.

La Oración: Renuncia a las Maldiciones Deuteronomio 28:15–68

En el nombre de Jesús...

- Rompo todos los males y maldiciones que han venido en mi contra por causa de la iniquidad generacional cometida en mi ciudad y todos los males y maldiciones cometidas por mi país.
- Rompo toda iniquidad generacional que ha llegado en contra de mi provisión para tener una vida sana.
- Rompo toda iniquidad generacional que ha llegado en contra de mi creatividad, mi capacidad para producir y reproducir, mi necesidad de alimento y refugio, sobre la obra de mis manos y del capital que haya invertido.
- Rompo toda iniquidad generacional que haya venido en contra mía y de mi familia en las áreas de viajes y transporte.
- Me arrepiento por cualquier mal que hayamos hecho en nuestra línea generacional por abandonar al Señor Jesucristo.
- Yo renuncio a toda iniquidad generacional que ha dado lugar a la confusión, renuncio a toda iniquidad generacional que ha dado lugar al reproche y renuncio a toda iniquidad generacional que ha traído destrucción y ruina súbita. Padre, te pido que quites toda confusión, reproche, destrucción y ruina que ha tocado a mí linaje y las cosas en las que hemos puesto nuestras manos para hacer.
- Me arrepiento de todo pecado e iniquidad generacional que ha permitido que mi línea familiar esté plagada de

enfermedades y que ha traído destrucción a mi linaje para impedirnos que tomemos la tierra que el Señor quiere que poseamos.

- Declaro que renuncio a toda iniquidad generacional que ha traído enfermedades debilitadoras, fiebre e inflamación, calor abrasador y sequía, así como plagas y el moho que nos perseguían para hacernos perecer.
- Yo renuncio a toda iniquidad generacional que ha dado como resultado que en el cielo sobre nosotros haya bronce y en la tierra debajo de nosotros haya hierro, de modo que Dios no escucha nuestras oraciones y nuestro trabajo se ha vuelto trabajo duro e infructuoso.
- Yo renuncio a toda iniquidad generacional que ha dado como resultado que la lluvia en nuestro país se convierta en polvo y en sequía. Yo renuncio a toda iniquidad generacional que ha dado lugar a que la lluvia caiga desde el cielo sin parar, hasta convertirse en destrucción por medio de inundaciones.
- Yo renuncio a toda iniquidad generacional que ha resultado en derrota frente a nuestros enemigos. Yo renuncio a toda iniquidad generacional que les ha permitido a nuestros enemigos venir contra nosotros desde una dirección y nos obligaron a huir en siete direcciones diferentes. Yo renuncio a toda iniquidad generacional que ha provocado que mi línea familiar se convierta en elemento de aversión y terror para todos los reinos de la tierra.
- Yo renuncio a toda iniquidad generacional que hizo que nuestros cuerpos se convirtieran en alimento para todas las aves de los cielos y las fieras de la tierra sin que nadie pudiese espantarlas.
- Yo renuncio a toda iniquidad generacional que dio lugar tanto a forúnculos como los que se dieron en Egipto, como a tumores, enfermedades, heridas purulentas y el prurito, de los cuales no podemos ser curados.
- Yo renuncio a toda iniquidad generacional que se tradujo en aflicción a través de locura, ceguera y

confusión mental.
- Yo renuncio a toda iniquidad generacional que ha permitido que mi linaje, aun al mediodía, ande a tientas como un ciego en la oscuridad. Yo renuncio a toda iniquidad generacional que ha dado lugar a no tener éxito en todo lo que hacemos día tras día, a ser oprimidos y robados, sin que nadie venga a rescatarnos.
- Yo renuncio a toda iniquidad generacional que en ocasiones dio lugar a que la mujer con la que estábamos comprometidos para casarnos fuese tomada y violada por otro. Yo renuncio a toda iniquidad generacional que dio lugar a la construcción de una casa sin ser capaz de vivir en ella. Yo renuncio a toda iniquidad generacional que se ha traducido en la plantación de un viñedo, para no gozar de sus frutos.
- Yo renuncio a toda iniquidad generacional que dio lugar a que los bueyes fuesen sacrificados ante nuestros ojos, para no poder comer nada de ellos. Yo renuncio a toda iniquidad generacional que dio lugar a que los burros fuesen tomados por la fuerza de nuestra mano sin que se nos hubieran devuelto. Yo renuncio a toda iniquidad generacional que dio lugar a que las ovejas se den a nuestros enemigos, sin que nadie las rescate.
- Yo renuncio a toda iniquidad generacional que ha dado lugar a que nuestros hijos e hijas sean entregados como esclavos a otra nación. Renuncio al desgaste de nuestros ojos esperando con atención día tras día su posible regreso, impotentes aun para levantar una mano.
- Yo renuncio a toda iniquidad generacional que dio lugar a que viniesen personas que no conocíamos a comerse lo que nuestra tierra produjo.
- Yo renuncio a toda iniquidad generacional que dio lugar a que nuestros antepasados no tuviesen nada, sino una cruel opresión todos sus días.
- Yo renuncio a toda iniquidad generacional que

hizo que las muchas semillas produjesen poco, porque la langosta devoró la cosecha.

- Yo renuncio a toda iniquidad generacional que causó que mis antepasados plantaran viñedos y los cultivaran, pero que no bebieran el vino ni recogieran las uvas, porque los gusanos se los comieron. Yo renuncio a toda iniquidad generacional que dio lugar a que mis antepasados no se beneficiasen de su trabajo.
- Yo renuncio a toda iniquidad generacional que le permitió al extranjero que vivía entre nosotros, elevarse por encima de nosotros más y más alto, dando lugar a nuestro hundimiento cada vez más bajo.
- Yo renuncio a toda iniquidad generacional que dio lugar a que otros me presten a mí, y yo sea incapaz de prestarles a los demás; Yo renuncio a toda iniquidad generacional que hizo que los demás sean la cabeza, y yo la cola.
- Yo renuncio a toda iniquidad generacional en mi línea familiar que dio lugar a que otros se toparan conmigo para perseguirme y alcanzarme hasta que fui destruido, porque no obedecí al SEÑOR nuestro Dios, ni observé los mandamientos, decretos y estatutos que me dio.
- Yo renuncio a toda iniquidad generacional que vino sobre mí debido a que mis antepasados no sirvieron al Señor su Dios con alegría y con mucho gozo en la época de la prosperidad, y como consecuencia, tuvieron que servir a los enemigos que el Señor envió en contra de ellos en hambre, sed, desnudez y pobreza extrema.
- Yo renuncio a toda iniquidad generacional que dio lugar a que un yugo de hierro fuera puesto sobre el cuello de mis ancestros hasta que fueron destruidos.
- Yo renuncio a toda iniquidad generacional que vino en contra de mis antepasados y mía, causando terribles plagas, desastres severos y prolongados, y enfermedades graves y persistentes.
- Yo renuncio a toda iniquidad generacional que vino en

contra mía y de mis antepasados, causando todas las enfermedades contagiosas que se enviaron sobre Egipto.

- Yo renuncio a toda iniquidad generacional que vino en contra de mis antepasados y de mí, con el fin de destruirnos. Renuncio a toda iniquidad generacional que trajo cualquier tipo de enfermedad y de desastre, aun aquellos que no fueron registrados por Moisés en el libro de la ley.
- Yo renuncio a toda iniquidad generacional que hizo que nuestra familia no sea tan numerosa como las estrellas en el cielo, causando que fuéramos pocos en número, debido a que no obedecimos al SEÑOR nuestro Dios.
- Yo renuncio a toda iniquidad generacional que recayó sobre mis antepasados y que ha caído sobre mí, para arruinarnos y destruirnos, arrancándonos de la tierra que íbamos a poseer.

- Yo renuncio a toda iniquidad generacional que cayó sobre mis antepasados y sobre mí, de modo que fuésemos esparcidos entre todas las naciones, desde un extremo de la tierra hasta el otro.
- Yo renuncio a toda iniquidad generacional que cayó sobre mis antepasados y sobre mí, de manera que no encontráramos lugar de descanso para las plantas de nuestros pies.
- Yo renuncio a toda iniquidad generacional que cayó sobre mis antepasados y sobre mí, de modo que tuviéramos una mente ansiosa, ojos cansados con nostalgia y un corazón desesperado.
- Yo renuncio a toda iniquidad generacional que cayó sobre mis antepasados y sobre mí, de manera que viviéramos en suspenso constante, llenos de miedo de noche y de día, nunca seguros de nuestra vida.
- Yo renuncio a toda iniquidad generacional que dio lugar a decir en las mañanas: "¡Si sólo fuese la tarde!", y por la tarde: "¡Si sólo fuese la mañana!", debido al terror que llenaría nuestros corazones y a

los espectáculos que nuestros ojos verían.

Notas:
1. Herbert Chanan Brichto, *El Problema de una "Maldición" en la Biblia en Hebreo*. La Sociedad Bíblica de Literatura Monográfica Serie 13 (Filadelfia, PA: Sociedad Bíblica de Literatura y Exegesis, 1963).
2. Génesis 24:40–41   , 26:28; Deuteronomio 29:12; Ezequiel 17:13; Proverbios 29:24.
3. Génesis 3:14, 4:11, 27:29; Deuteronomio 27:15–26; Josué 6:26; 1 de Samuel 14:24;
Jeremías 20:14–16; Josué 9:22; Números 22:6–12; Malaquías 2:2, 3:9–11.
4. Génesis 8:21; Levítico 19:14; Isaías 65:20; Nehemías 13:25; Salmos 37:22, 109:28;
Proverbios 30:10; Job 3:1.
5. Deuteronomio 11:26–29; 27:12–13; 28:15; 30:1; 30:19. En Proverbios 26:1–2 la palabra traducida como *maldición* realmente tiene el significado de vergüenza en lugar de maldición.
6. R. Laird Harris, Gleason L. Archer, Jr., and Bruce K. Waltke, *Theological Wordbook of the Old Testament*, (sin título en español) edición electrónica (Chicago: Moody Press, 1999, 1980), 285.
7. Éxodo 20:6.

CAPÍTULO DOCE

Renuncia al Druismo Generacional
PAUL L. COX

Los druidas funcionaban como sacerdotes y jueces en la cultura celta; fueron suprimidos por los romanos durante el siglo I DC y parecen haber desaparecido de Europa durante el siglo II de nuestra era. Los druidas quizás continuaron en las islas británicas, especialmente en Irlanda, donde se mencionan en la mitología del siglo octavo. La mayoría de lo que sabemos sobre los druidas proviene de la evidencia arqueológica o de los escritores romanos. Los druidas no parecen que haber escrito lo que creían o practicaban y la mayor parte de lo que hicieron en el campo de entrenamiento lo hicieron en secreto.[1]

La palabra *Druida* parece que deriva de las palabras "roble", "firme o sólido", "magia", y "sabiduría". El autor en el siglo I DC, Pliny the Elder, escribe de una ceremonia druida que tuvo lugar entre los árboles de roble.

Los druidas – así es como llaman a sus magos

– no tienen nada más sagrado que el muérdago y el árbol en el que crece, es el Roble Valonia... El muérdago es raro y cuando se encuentra, se reúnen en una gran ceremonia, y particularmente en el sexto día de la luna... Aclamando a la luna en una palabra indígena que significa "sanando todas las cosas"; ellos preparan un ritual de sacrificio y un banquete debajo de un árbol y traen dos toros blancos cuyos cuernos están confinados por primera vez en esta ocasión. Un sacerdote ataviado con vestiduras blancas sube al árbol, con una hoz de oro, corta el muérdago, que se agarra con un trapo blanco. Luego, finalmente matan a las víctimas, rezando a un dios para ofrecer su sacrificio como regalo propicio para lo que él les ha concedido. Ellos creen que el muérdago dado como bebida impartirá la fertilidad a cualquier animal que es estéril y que es un antídoto para todos los venenos.[2]

Hay evidencia de que los druidas practicaban sacrificios humanos. Julio César escribe en su libro *Gallic Wars*, describiendo la práctica druídica del sacrificio humano.

(Los galos) creen, en efecto, que a menos que la vida de un hombre sea pagada por la vida de otro hombre, la majestad de los dioses inmortales podría no ser continua. Ellos usan figuras muy grandes, cuyos miembros son tejidos de ramas; las llenan de hombres vivos y los incendian, los hombres mueren en la llama. Ellos creen que la ejecución de los que han sido capturados en el acto de un robo es más agradable a los dioses inmortales; pero cuando falla el recurso de los mismos, recurren a la ejecución aún de un inocente.[3]

Diodoro de Sicilia, un historiador griego en los años anteriores a la época de Cristo, también escribe sobre la práctica druida de los sacrificios humanos.

Estos hombres predicen el futuro observando el vuelo y los llamados de los pájaros y por el sacrificio de animales sagrados: todos las órdenes de la sociedad están en su poder... y en asuntos muy importantes, preparan una víctima humana, penetrando una daga en su pecho; observando la forma en que sus miembros convulsionan a medida que cae brotando su sangre, ellos pueden leer el futuro.[4]

Los druidas creían en la inmortalidad del alma y la reencarnación, creyendo que el alma de una persona muerta es pasada a otro cuerpo. Ellos eran politeístas. Practicaban el vaticinio del tiempo, [5] adivinaciones, brujería, magia, hechizos, predicción del futuro, [6] adivinaciones y magia. Fue de particular interés su uso de los pozos. Muy a menudo, tiraban el dinero a un pozo[7] u ofrecían sacrificios lanzando gente en los pozos.

Estas son algunas definiciones de palabras en la oración:

Los *Carnutes* eran un grupo de celtas que viviendo en Galia central entre el Sena y los ríos de Loira. La asamblea general anual de los druidas se llevaba a cabo en su territorio.

Dis es el dios del mundo subterráneo y también un dios romano.

Epona era la protectora de los caballos, burros y mulas. También era una diosa de la fertilidad. Se decía de ella que era la líder del alma despúes de la vida. *Epona* también era adorada en Roma.

Baco era un dios celta y era conocido como un dios jabalí.

Cernunnos era un dios con cuernos, asociado con los animales de cuernos, especialmente el ciervo y la serpiente-carnero con cuernos. Él estaba relacionado con el dios del inframundo.

La Oración: Renuncia al Druismo Generacional

- Yo renuncio a cualquier y toda participación de mis antepasados en el culto druida, sus sacrificios o sus rituales.
- Yo renuncio a cualquier sacrificio humano hecho por mis ancestros. Renuncio a los sacrificios humanos por la quema, ahogamiento en pozos, asfixia en los

calderos, o por el corte de las gargantas sobre un caldero con el fin de recoger la sangre.

- Yo renuncio a los dioses animales druidas, especialmente Baco el jabalí, Cernunnos el hombre ciervo astado, y Épona y su caballo.
- Yo renuncio al falso dios Dis, dios de la noche.
- Yo renuncio a mirar a las estrellas para predecir el futuro o para recibir ayuda al tomar decisiones. Yo renuncio a toda adivinación.
- Yo renuncio al lanzamiento de objetos de valor en los pozos como una oración u ofrenda para cualquier propósito.
- Yo renuncio a las reuniones anuales en el territorio de los Carnutos.
- Yo renuncio a la lealtad al sumo sacerdote de los druidas.
- Yo renuncio a la práctica del control de las personas campesinas por las órdenes druidas. Yo renuncio a la esclavitud de las personas comunes, mientras los druidas poseen el poder.
- Yo renuncio a los ritos religiosos que involucren el muérdago, los árboles de roble, de bellotas, y la recolección de estos. Yo renuncio a los espíritus inmundos que hay detrás de los árboles de roble[8] o de otras plantas.
- Yo renuncio a toda colocación de cráneos o de huesos humanos en los edificios con fines decorativos o de cimentación.
- Yo renuncio al control druida del gobierno de la tierra.
- Mando a todos los espíritus relacionados con los druidas y con todo lo anterior, que me dejen y abandonen mi ser ahora, en el nombre de Jesús.

Notas:
1. *Wikipedia*, s.v. "Druid," http://.en.wikipedia.org/wiki/Druid
2. Pliny. *Natural History*. XVI. Página 95.
3. Julius Caesar, *Gallic Wars* vi.14.3.
4. Diodorius Siculus v.28.6; Hippolytus *Philosophumena* i.25.
5. Un adivino interpreta la voluntad de los dioses mediante el estudio del vuelo de las aves.
6. Esto se hacía a veces por medio de cálculos matemáticos.
7. Tal vez la raíz de tirar dinero en los pozos, pozos de los deseos.
8. Driadas.

CAPÍTULO TRECE

Rompiendo Ataduras Espirituales Impías

PAUL L. COX

Me dieron una oportunidad única. Me habían invitado a Colorado para orar por cuatro generaciones de una familia que vivían en casas colindantes. El tiempo de la ministración incluyó ministración individual y familiar. Al final del tiempo, cuando las cuatro generaciones estaban juntas en una sola habitación, de repente tuve una impresión de sentir los lazos entre cada persona. Me quedé sorprendido al descubrir que todos los miembros de esa familia multigeneracional fue conectada en el ombligo. Yo estaba discerniendo los lazos espirituales entre cada uno de ellos.

Desde hace varios años, yo había oído hablar de las *ataduras almáticas*. No se utiliza en la Biblia, pero lo que conozco, es que se ha acuñado en el siglo pasado como una forma de describir una realidad en el espíritu. Las ataduras del alma son en realidad conexiones espirituales entre las personas. Con mi mano, puedo sentirlos. Aquellos con el don de ver en el espíritu las han visto. He llegado a creer que estas ligaduras son, de hecho, lazos espirituales, conectando a las personas entre sí. Estos lazos espirituales pueden vincular a dos personas a través de sus cuerpos, almas o espíritus. Estoy pensando que tal vez de una manera más precisa de describir estos vínculos sería el término "ataduras o lazos espirituales."

La referencia bíblica más fuerte para estos lazos o ataduras se encuentra en 1Samuel 18:1, "Después de que David terminó de hablar con Saúl, conoció a Jonatán, el hijo del rey. De inmediato se creó un vínculo[1] entre ellos, pues Jonatán amó a David como a sí mismo". El hebreo de palabra tejer es *qashar* y significa unir, atar, o unirse.[2] Claramente aquí tenemos una atadura almática, una conexión espiritual de amistad, entre David y Jonatán. También está claro que esta se consideraba que era una buena conexión.

Las escrituras indicaron otros tipos de lazos divinos entre las personas.

> Génesis 2:24: "Esto explica por qué el hombre deja a su padre y a su madre, y se une a su esposa, y los dos se convierten en uno solo." Efesios 5:30–31: "Y nosotros somos miembros de su cuerpo. Como dicen las Escrituras: "El hombre deja a su padre y a su madre, y se une a su esposa, y los dos se convierten en uno solo". Aquí tenemos lazos espirituales entre aspectos físicos, emocionales y espirituales de un esposo y una esposa. Puedo sentir esta conexión entre los lados del marido y la mujer. En el matrimonio, el hombre y la mujer se vuelven uno.

> 1Crónicas 12:17: "David salió a su encuentro y dijo: 'Si vienen en son de paz para ayudarme, somos amigos; pero si vienen a traicionarme y a entregarme a mis enemigos a pesar de que soy inocente, entonces que el Dios de nuestros antepasados lo vea y los castigue'." Puedo sentir este vínculo, entre los corazones de aquellos que son amigos o aquellos que solo están de acuerdo con los demás.

> Colosenses 2:2: "Quiero que ellos cobren ánimo y estén bien unidos con fuertes lazos de amor. Quiero que tengan la plena confianza de que entienden el misterioso plan de Dios, que es Cristo mismo." Puedo discernir las conexiones entre los creyentes como siete líneas de conexión de creyente a creyente desde la cabeza hasta los pies. Una de estas conexiones está en el corazón.

Hechos 1:14: "Todos se reunían y estaban constantemente unidos en oración junto con María la madre de Jesús, varias mujeres más y los hermanos de Jesús."

En el griego bíblico, *unánimes* se traduce como *homothumadon*. *Homothumadon* es un compuesto de dos palabras que significan "apresurarse al lado de" y "al unísono". La imagen es casi musical; una serie de notas están sonando, aunque diferentes, armonizan en la afinación y el tono. Como los instrumentos de una gran orquesta se mueven y se mezclan bajo la dirección del director de orquesta, así el Espíritu Santo se mueve y mezcla las vidas de los miembros de la iglesia de Cristo.[3]

Cada creyente que he discernido tiene lazos espirituales en su costado que los conectan a otros creyentes. Siempre que he discernido estos lazos, puedo sentir siete líneas espirituales, desde la cabeza hasta los pies, entre los creyentes. Otros han visto estos lazos en colores como los colores de un arco iris.

Los lazos espirituales pueden cumplir muchas funciones. Pueden atar dos almas juntas en el reino espiritual. La imagen de los lazos espirituales entre las parejas casadas es como de unos imanes, mientras que los lazos del alma entre los fornicarios se tiene la imagen de una mujer golpeada y abusada a un hombre a quien, en el ámbito natural, le odiaría y huiría de él. En cambio, ella corre hacia él a pesar de que es obvio que no la ama y la trata como si fuera algo sucio. En el mundo demoníaco, los lazos espirituales impíos pueden servir como puentes entre dos personas que conectan a una persona de otra manera inocente a la impiedad. Lazos espirituales también pueden permitir a una persona manipular y controlar a la otra persona, a veces sin que la otra persona esté consciente de ello.[4]

Puede haber muchos lazos espirituales impíos. Puede haber lazos impíos con objetos inanimados, cosas como imágenes sexuales, objetos o fetiches. La Biblia es clara acerca de estos lazos impíos. Oseas señala, "Efraín está unido a ídolos[5] déjenlo solo."[6]

Pablo escribe acerca de los vínculos sexuales impíos con otras personas. En 1Corintios 6:16, él dice: ¿Y no se dan cuenta de que, si un hombre se une a una prostituta, se hace un solo cuerpo con ella? Pues las Escrituras dicen: "Los dos se convierten en uno solo." Moisés registra un lazo espiritual impío en Génesis 34:1-3:

> *Cierto día, Dina, la hija de Jacob y Lea, fue a visitar a unas jóvenes que vivían en la región. Cuando el príncipe del lugar, Siquem, hijo de Hamor el heveo, vio a Dina, la tomó a la fuerza y la violó. Sin embargo, luego se enamoró de ella e intentó ganarse su cariño con palabras tiernas.*

En este caso, la unión claramente resultó en una atadura espiritual impía. Estos lazos pueden causar confusión espiritual, confusión emocional, adicción sexual, compulsión y obsesión.

Estos lazos impíos no son siempre sexuales. Los creyentes en Jesús no pueden estar en yugo desigual con los incrédulos. 2 Corintios 6:14 dice: "No os unáis en yugo desigual con los incrédulos. Porque ¿qué compañerismo tiene la justicia con la injusticia? ¿Y qué comunión la luz con las tinieblas?"

También puede haber una unión a causa de un juramento. Esta atadura puede ser espiritual o impía. Según Números 30:2: "un hombre que hace un voto al Señor o una promesa bajo juramento jamás deberá faltar a su palabra. Tiene que cumplir exactamente con lo que dijo que haría." *Lazo* es la palabra hebrea *acar* y significa atar, unirse, aprisionar, aprovechar.[7]

El Señor también nos ha enseñado otro aspecto interesante de estos lazos. Una pareja homosexual llegó a la casa de Aslan buscando oración porque querían poner fin a su relación. Mientras oraba por ellos, tuve la sensación de que los dos estaban aferrados a un cordón de plata que venía del otro. Yo podía poner mi mano en cada cordón y seguirlo hasta la mano de la otra persona. El cordón de plata se menciona en Eclesiastés 12:6 "Acuérdate de tu Creador antes de que se rompa el cordón de plata..."[8] Mientras hablaba con ellos, admitieron que estaban tratando de sacar vida uno del otro en lugar de sacarla del Señor. En un sentido real, lo que estaban haciendo es un "dios" de la otra persona. Estaba claro que tenían que soltar ese cordón de plata de la otra persona al Señor y arrepentirse de estar usándose uno al otro para satisfacer sus propias necesidades.

Desde entonces, hemos visto parejas casadas que se aferran al cordón de cada uno, los padres se aferran al cordón de sus hijos, los estudiantes se aferran al cordón de un maestro, los pacientes se aferran al cordón de su terapeuta, y miembros de la iglesia se aferran al cordón de su líder. Parece que no hay fin para los lazos espirituales impíos que pueden formarse.

La siguiente oración se ha escrito para romper todos los lazos impíos entre usted y los demás. Tal vez el Señor le revele de otras conexiones que necesitan ser rotas.[9]

La Oración: Rompiendo Ataduras Espirituales Impías

Padre, yo renuncio a todas las ataduras espirituales impías con:

- Mi esposo (a), mis hijos, amigos, madre, padre, abuelos, hermanos, hermanas, tíos, tías y las parejas sexuales que tuve a lo largo de mi vida.
- Yo renuncio a todos los lazos espirituales impíos con cualquiera que haya tenido relaciones homosexuales, con los abusadores sexuales, con la pornografía, con cualquier persona con la que me he involucrado en toques inapropiados o indebidos, con los abusadores emocionales, los abusadores físicos; con cualquiera con quien haya tenido una relación

romántica y aun con cualquiera que fue objeto de mi fantasía.

- Yo renuncio a todos los lazos espirituales impíos con: pastores, líderes, otros cristianos, con profecías impías o falsas, con iglesias y denominaciones pasadas, con falsas doctrinas, ministerios impíos, con empleadores, compañeros de trabajo e intelectuales impíos, maestros, compañeros de clase, artistas, héroes y músicos impíos, música impía, políticos, y pandillas en las que participé.

- Yo renuncio a todos los lazos espirituales impíos con los muertos, con objetos inanimados, dijes, amuletos, ídolos, joyas y con cualquier objeto material usado para estos menesteres, con los falsos dioses, santos, videntes, adivinos, líderes ocultistas, astrólogos, médiums, espiritistas, los individuos que practican y enseñan la nueva era, las artes marciales, los gurús, mantras y sus cantos, yoga, fraternidades, sociedades secretas y hermandades.

- Yo renuncio a todas las ataduras impías con mascotas, animales, comida, libros, grupos del orden público, con las personas que he hecho pactos de sangre, con personal militar, médicos, enfermeras, abogados, acupunturistas y curanderos, con edificios, terrenos, y con cualquiera que me maldijo a mí por causa de un accidente, con cualquiera que estuvo enojado conmigo, con personas deshonestas y con gente necia.

Notas:
1. El ser interior de una persona
2. James Strong, *Enhanced Strong's Lexicon 2.0* (Woodside Bible Fellowship, 1995).
3. James Strong, *Enhanced Strong's Lexicon 2.0* (Woodside Bible Fellowship, 1995).

4. http://www.greatbiblestudy.com/soulties.php

5. La palabra hebrea de *chabar* — unir, uniendo, mezclar, atar, acoplar.

6. Oseas 4:17.

7. James Strong, *Enhanced Strong's Lexicon 2.0* (Woodside Bible Fellowship, 1995).

8. La palabra hebrea de *chebel* — cordón viene del significado de la palabra chabal significando atar. James Strong, *Enhanced Strong's Lexicon 2.0* (Woodside Bible Fellowship, 1995).

9. Puede encontrar más información acerca de los lazos espirituales en las siguientes páginas de Internet:

http://www.porn-free.org/soul-ties.htm http://www.gotquestions.org
http://www.b4prayer.org/index11.htmll
http://www.greatbiblestudy.come/soulties.php

Capítulo catorce

Reemplazando a los Ancianos Impíos
Paul L. Cox

Todo esto comenzó con un pensamiento. Hace varios años mientras yo estaba ministrando con Ian, un adolescente, tuve la extraña impresión de que seres malvados estaban sentados en un semicírculo frente al hombre que estábamos orando. Cuando me puse la mano en la primera posición, sentí un ser malvado de corta estatura, de unos 90 centímetros de altura. Mientras me movía más lejos de esta persona, sentí otro ser de tamaño similar. Mientras me movía en un semicírculo alrededor de la persona, llegué a la conclusión de que había doce de estos seres. ¿Qué o quiénes eran? Parecían diferente a cualquier cosa que jamás había discernido antes. Yo sabía que eran malvados, pero no estaba seguro si eran demonios. Le pregunté a Ian lo que estaba viendo y empezó a describir los viejos arrugados sentados en pequeñas sillas o tronos. Luego escuché la palabra *ancianos*.

Una vez más, mi discernimiento se topó con lo que yo había asumido como una verdad. La escritura habla claramente de los veinticuatro ancianos alrededor del trono de Dios en el cielo. ¿Es posible que haya otros niveles de ancianos? A menudo se argumenta acerca de lo que la escritura dice asumiendo que la Biblia declara todo lo que pudiera llegar a ser verdad. Este no es el caso. Todas las palabras en la Palabra de Dios son verdaderas. Sin embargo, muchas verdades no están en la Biblia. Por ejemplo, $1 + 1 = 2$ no está en la Biblia, pero es cierto. A esto, yo le llamo un argumento en silencio. Muchos me han dicho que debido a que la Biblia sólo menciona los veinticuatro ancianos alrededor del trono, no podría haber otros. La escritura no dice que "no hay" otros ancianos. Simplemente dice que hay veinticuatro alrededor del trono.

Después del descubrimiento de los doce ancianos sentados delante de esta persona, empecé a preguntarme si podría ser posible que hubiera veinticuatro ancianos alrededor de cada uno de nosotros. Exploré detrás de la persona que estábamos orando, pero no pude discernir más ancianos espirituales.

Después de unos meses, durante un foro en: el Aslan's Place, comenzamos a buscar del Señor con respecto a esto y la respuesta fue la siguiente, "Esta información es demasiado peligrosa para que la reciban ahora". Esto me desconcertó, pero fue suficiente como para saber que no debíamos seguir adelante con esto. Varios meses más tarde, después de haber enseñado sobre los ancianos y haberme preguntado más de una vez por qué sólo intuimos que hay doce en la tierra cuando sabemos que había veinticuatro en el cielo, Mimi Lowe de Canadá comenzó a profetizar que la clave era la "rueda dentro de la rueda" [1], inmediatamente supe la respuesta. El hombre por el que estábamos orando, estaba sentado en una rueda espiritual horizontal. Los doce ancianos impíos estaban sentados en esta rueda delante de él. Pero el hombre también estaba sentado en una rueda vertical, como una rueda de la fortuna, con otros doce ancianos impíos. Él estaba en una "rueda dentro de otra rueda".

Hasta ahora sólo conozco las cualidades que fueron discernidas de los doce ancianos impíos originales. Estas cualidades son:

- La mayordomía impía y la auto-exaltación
- El espíritu de acumulación
- Orgullo
- Desempoderamiento
- Resistencia para seguir adelante: "La voluntad de Dios es que me mueva despacio"
- Alejarse de Dios
- Visión falsa en el liderazgo: "Yo solo soy el que puedo interpretar lo que Dios quiere".
- Intenciones corruptas en sabotearse a uno mismo y a otros
- Rigidez; no trabajar con otros y negándoles a otros el acceso a sus dones: "La respuesta es siempre NO".
- Estancamiento; aferrándose a las cosas del pasado; tradicionalismo
- Pasividad; todo se vale
- Intimidación y manipulación

Parece que estas dos ruedas se mueven constantemente de modo que dos ancianos diferentes en cada rueda se ponen de acuerdo, en el oído de la persona. Estos ancianos impíos luego susurran mentiras al oído de la misma. Parece que hay veinticuatro ancianos impíos alrededor de cada persona y otro grupo en torno a los matrimonios. También he discernido veinticuatro ancianos sobre las iglesias, sobre las organizaciones, sobre las ciudades, sobre los estados y sobre países.

Como he estado enseñando sobre los ancianos, muchos se han preguntado "¿Qué hacen los ancianos?" Mi respuesta siempre ha sido "Los ancianos hacen lo que hacen los ancianos". A pesar de que la respuesta es obvia, creo que también es precisa. Los ancianos espirituales parecen hacer lo que hacen los ancianos físicamente. Los ancianos justos operan en dar sabiduría, guía, consejo, guían las finanzas y así sucesivamente. Los ancianos impíos hacen todo lo contrario.

El libro de Apocalipsis describe el ministerio de los veinticuatro ancianos alrededor del trono de Dios. Creo que todos los niveles de los ancianos justos están involucrados en un ministerio espiritual similar. Los veinticuatro ancianos alrededor del trono son el máximo órgano de gobierno por debajo del liderazgo de la Trinidad. La siguiente es una lista de cosas y características que los ancianos justos hacen:

- Adoran a Dios[2]
- Ponen sus coronas ante Dios[3]
- Se comunican con los humanos[4]
- Mantienen las oraciones de los santos en copas[5]
- Avanzan en tiempo[6]
- Se sientan ante el trono de Dios
- Son mencionados con las criaturas vivientes[7]
- Cantan un canto nuevo[8]

¡Apocalipsis nos conduce a la inspiración! Después de haber recibido toda esta revelación sobre los ancianos impíos, me pregunté, "¿Y ahora qué?" Al principio, simplemente le pedimos al Señor que quitara a los ancianos impíos y sentara a los ancianos justos. Eso funcionó. Los ancianos impíos simplemente se alejaron y los ancianos justos se sentaron en tronos de justicia.

Después de esto, mientras estaba en Hawái ministrando a un pequeño grupo de pastores, sentí la presencia de los ancianos impíos y sin vacilar hablé sobre ellos. Siguió un animado debate, pero estuvimos de acuerdo en que debíamos orar y pedirle al Señor que quitara los ancianos impíos en torno a las personas y alrededor de la iglesia en la que estábamos reunidos. La respuesta fue increíble. Dos pastores me informaron que la actitud de su gente hacia ellos había cambiado positivamente después de orar esa oración.

Otra cosa que ha sucedido desde el primer descubrimiento de los ancianos impíos. A veces el Señor nos ha revelado ancianos impíos sobre un estado, ciudad o país. Esto no ha sucedido a menudo, pero cuando la revelación viene, el Señor siempre me ha instruido a mí y a un grupo pequeño de creyentes, que le pidamos que quite de sus asientos a los ancianos impíos sobre las regiones. No me siento libre para revelar donde ocurrió esto, pero puedo decir que los resultados de estas oraciones han sido significativas. Es como si el Señor hubiera recogido todas las oraciones de los santos en esas áreas geográficas en particular y actuado de repente para traer un nuevo nivel de libertad a esa área. También debería añadir que esto nunca se debería hacer sin la clara dirección del Señor. Recuerdo muy claramente las primeras palabras que tuvimos sobre los ancianos impíos: "Esto es demasiado peligroso para que lo sepas ahora". Este es un pensamiento aleccionador para mí. Se trata de un nuevo nivel de guerra espiritual que debe ser guiada por el Señor.

El Señor dirigió a una escuela de ministerio para escribir la oración: *Sustituyendo a los Ancianos Impíos*. Desde entonces, cientos de personas han hecho esta oración. Todavía hay más revelación sobre estos ancianos impíos y los ancianos justos. Háganos saber lo que el Señor le está enseñando.

La Oración: Reemplazando a los Ancianos Impíos

- Me arrepiento por mí y por aquellos de mi línea familiar que sólo pensaron en ellos mismos y no se dedicaron con amor a apacentar la grey del Señor. Me arrepiento por aquellos que comían y se vestían bien, pero no cuidaron del rebaño.

- Me arrepiento por mí y por aquellos de mi línea familiar que no se dedicaron a fortalecer a los débiles o a sanar a los enfermos, no vendaron a los heridos, no trajeron de vuelta a los descarriados o buscaron a los perdidos y que gobernaron con dureza y brutalidad.
- Me arrepiento por mí y por aquellos de mi línea familiar que provocaron que las ovejas se dispersaran en todas las montañas, en todo collado alto y sobre toda la tierra, lo que los hizo vulnerables a los animales salvajes porque no había pastor. Me arrepiento específicamente por aquellos que permitieron que entraran lobos con pieles de oveja y devoraran al rebaño.
- Me arrepiento por mí y por aquellos que de mi línea familiar se preocuparon más por sí mismos en lugar de ver por la grey del Señor, enriqueciéndose a costa del rebaño.
- Me arrepiento por mí y por aquellos de mi línea generacional que rechazaron o huyeron del llamamiento que Dios hizo a nuestras vidas.
- Me arrepiento por mí y por aquellos que de mi línea familiar trajeron la desunión, el desorden, la falta de armonía e hirieron al rebaño.
- Me arrepiento por mí y por aquellos de mi línea familiar que a través de prácticas malvadas contaminaron el rebaño.
- Me arrepiento por mí mismo y por aquellos que aceptaron o enseñaron doctrina de demonios.
- Me arrepiento por mí mismo y por aquellos de mi familia que estuvieron de acuerdo con las autoridades religiosas injustas.
- Señor, elijo ser un líder paciente y amable. Escojo no

ser envidioso. Escojo no alardear ni ser orgulloso. No voy a ser grosero con nadie ni a buscar lo propio. No voy a enojarme fácilmente ni a llevar un registro de faltas o fallas. No me voy a deleitar en la maldad sino que me regocijaré en la verdad. Siempre protegeré, siempre confiaré, siempre tendré esperanza y siempre perseveraré.
- Señor, destituye a todos los ancianos impíos.
- Señor, por favor invita ahora y sienta a todos los ancianos que me fueron asignados.[9]

Notas:

1. Eclesiastés 12:6
2. Apocalipsis 4: 10-11, 14
3. Apocalipsis 4:10
4. Apocalipsis 7:13
5. Apocalipsis 5:8
6. Apocalipsis 11:17-18
7. Apocalipsis 5:8
8. Apocalipsis 5:9
9. Ezequiel 34, 1Corintios 13:1-13 y Judas 1:4-25

CAPÍTULO QUINCE

Oración para Sanar el Trastorno por Déficit de Atención (TDA)

PAUL L. COX

El apóstol Pablo escribe en el primer capítulo del libro de Colosenses acerca de la profunda y completa supremacía de Cristo sobre todas las situaciones.[1] Creo que esta idea de la naturaleza de Jesucristo habla mucha verdad sobre el enfoque que debe seguirse en el desarrollo de un plan de tratamiento para el Trastorno por Déficit de Atención (TDA).

Cuando los niños empiezan a tener dificultades académicas en la escuela, por lo general, las pruebas psicológicas, las escuelas especiales y los medicamentos, se vuelven los aspectos centrales del plan de tratamiento. Por desgracia y muy a menudo, el orar por el cerebro se vuelve una idea de último momento en lugar del tratamiento primario. En realidad, sería sabio considerar un enfoque en el que la oración se convierta en el punto principal del modelo de tratamiento, para el trastorno por déficit de atención.

No es que los modelos académicos y médicos no tengan nada que ofrecer, sino más bien se trata de que tengamos que acudir primero a Jesús, para la sanidad del cerebro. Esta oración fue escrita como un esfuerzo inicial por traer la supremacía de Jesús en el modelo del tratamiento. La oración se puede leer sobre el niño durante la noche cuando está durmiendo, o si el niño es mayor puede ser leído por el padre y el hijo juntos, diariamente, hasta que los cambios comiencen a suceder en el cerebro, influenciando el rendimiento escolar.

Con el riesgo de causar controversia en los campos de la psicología y la educación, tengo que promocionar mi convicción personal de que el Trastorno por Déficit de Atención tiene sus raíces principalmente en la esfera espiritual, más que en los terrenos médicos o educativos. El poder sanador comprado a través de la cruz del Calvario está disponible hoy y hará la diferencia en volver el cerebro a la forma y función creadas por el Dios Padre.

Cuando uno lee el texto de esta oración, notará que un área a enfatizar es remover las palabras negativas ue se han dicho sobre el cerebro. Estas palabras negativas podrían haber venido de los maestros, familiares o médicos, que sin saberlo limitan la sanidad del cerebro, hablando palabras de desánimo sobre el potencial de tener éxito en el ambiente del aprendizaje.

Yo creo que los pensamientos negativos más perjudiciales, son aquellos que las personas con discapacidad de aprendizaje, piensan de sí mismos cuando se ven a ellos mismos como defectuosos o incompetentes. Las peores palabras negativas son las que las personas con este tipo de discapacidad dicen de sí mismos.

Otro enfoque de esta oración, es la de ordenarle a los componentes claves del cerebro que sanen. Palabras como *axones, dendritas, sinapsis,* y así sucesivamente, son todos los términos médicos para la función cerebral. Es valioso orar con precisión, pidiéndole a Jesús específicamente su toque en las distintas partes de nuestro cerebro.

¡Ánimo!; las personas que tienen TDA pueden llevar vidas productivas y emocionantes, y Jesús puede cambiar los hábitos de aprendizaje así como la función cerebral. Pensar lo contrario sería una mentira y simplemente jugar en manos del enemigo que quiere destruir el derecho de nacimiento que Jesús ha puesto en todos y cada uno de nosotros.

La Oración: Sanidad para el Trastorno por Déficit de Atención (TDA)

- Señor Jesús, te doy gracias por tu poder curativo, por comprar mi sanidad a través de la cruz del Calvario, la cual está hoy disponible para mí.
- Declaro que Tú creaste mi cerebro con el fin de darle la gloria a tu nombre. No quiero que mi cerebro se ajuste a los patrones de este mundo, en vez de ello pido que tu poder transformador entre en todas las áreas de mi cerebro para que puedas darme la capacidad de procesar la sabiduría académica y espiritual de tu Espíritu Santo.
- Declaro que yo creo que Tú creaste hasta lo más profundo de mi ser y que mi cerebro fue creado de forma maravillosa por tu mano.
- Señor, me arrepiento por todas las veces en las que no he considerado mi cerebro y mis habilidades de aprendizaje como un regalo tuyo. Te pido que por favor me perdones por los pensamientos y las palabras negativas que he hablado en contra de mi propio cerebro y de la capacidad de aprendizaje.
- Me arrepiento por tratar de resolver mis problemas de aprendizaje a través de mis propios esfuerzos en lugar de ponerte en primer lugar para recibir tu amor, tu gracia y tu toque sanador.
- Elijo perdonar a mis padres, maestros y amigos que no han creído en mis capacidades mentales, o que han hecho más difícil el aprendizaje para mí. En el nombre de Jesús, ahora los libero de las expectativas irrazonables que pude haber puesto sobre ellos.
- Señor, te pido que quites todo pecado generacional en mi línea familiar que pudiera haber

jugado un papel importante en mis luchas actuales de aprendizaje. Como miembro de mi linaje familiar me arrepiento por todos aquellos que, a pesar de conocerte, no usaron su cerebro para glorificarte a Ti, involucrándose en cambio en pensamientos inútiles y tontos.

- Señor, me arrepiento por aquellos de mi línea familiar que utilizaron su cerebro para usar incorrectamente y abusar de los dones espirituales que Tú habías provisto para ellos.
- En el nombre de Jesús, le ordeno a las neuronas en mi cerebro que funcionen correctamente. Yo mando y ordeno ahora en el nombre de Jesús que las dendritas dañadas en mi cerebro sean sanadas. Todos los axones y las sinapsis responderán al toque sanador de Jesús Cristo y funcionarán de la manera en que fueron creados para trabajar.
- En el nombre de Jesús, le ordeno al hemisferio izquierdo y derecho de mi cerebro que funcionen normalmente y en completo equilibrio, y ordeno que todas mis habilidades académicas y creativas fluyan como un río.
- En el nombre de Jesús, ordeno que las frecuencias eléctricas y químicas en todas y cada una de las células de mi cerebro entren en armonía y equilibrio.
- En el nombre de Jesús, le ordeno a mi área de Wernicke (área del habla) y el área de Broca (comprensión del lenguaje) que funcionen normalmente.
- En el nombre de Jesús yo declaro que toda falta de control de impulsos y toda falta de atención para seguir enfocado y realizar las tareas sean sanadas.
- En el nombre de Jesús, declaro que tengo un nuevo futuro académico, laboral y profesional. Rompo,

destrozo, disuelvo, destruyo y desarraigo la mentira que dice que mi cerebro siempre seguirá siendo el mismo.

- En el nombre de Jesús, declaro que no voy a tener un espíritu de temor para aprender cosas nuevas. Acepto tu regalo del espíritu de poder, amor y autodisciplina en mi cerebro.
- Señor, ahora te pido que por favor me des el Espíritu de sabiduría y de revelación, de modo que pueda tener éxito en la escuela, y te pueda conocer mejor.[2,3]

Notas:
1. Colosenses 1:16–17.
2. Oración escrita por Jeffrey Barsch, EdD.
3. Efesios 1:17–18.

CAPÍTULO DIECISÉIS

Soltando la Plenitud del Espíritu Santo
PAUL L. COX

El seminario no me preparó para esta revelación sorprendente que el Señor me daría por medio de la Palabra de Dios. Por supuesto, que me enseñaron sobre los puntos más delicados de la teología y sobre la alta y baja crítica. Estuve expuesto a interminables debates sobre las fuentes y fechas de cada libro de la Biblia. Tenía la información sobre la naturaleza de las técnicas literarias y cuánto de la Biblia fue escrita en términos simbólicos, utilizando metáforas, sinónimos e hipérbole, pero no estaba preparado para ser enseñado por el maestro de maestros, el Espíritu Santo.

Estuvimos en Pennsylvania en junio del 2005, y el Espíritu Santo nos llevó a Zacarías 4:1–6 y 4:11–14.

> *Entonces el ángel que había estado hablando conmigo volvió y me despertó, como si hubiera estado dormido. ¿Qué ves ahora? —me preguntó. —Veo un candelabro de oro macizo con un tazón de aceite encima —contesté—. Alrededor del tazón hay siete lámparas y cada una tiene siete conductos para las mechas. También veo dos olivos, uno a cada lado del tazón. Entonces le pregunté al ángel: ¿Qué es todo esto, mi señor? ¿Qué significa? — ¿No lo sabes? —preguntó el ángel. — No, mi señor —le contesté. Entonces me dijo: —El Señor dice a Zorobabel: "No es por el poder ni por la fuerza, sino por mi Espíritu, dice el Señor de los Ejércitos Celestiales... Entonces le pregunté al ángel: ¿Qué son esos dos olivos a cada lado del candelabro y las dos ramas de olivo que vierten aceite dorado por dos tubos de oro? ¿No lo sabes? —preguntó. No, mi señor —respondí. Entonces él me dijo: —Representan a los dos ungidos que están de pie en la corte del Señor de toda la tierra.*

Después de leer esta escritura, tuve la impresión de que pudiera haber un árbol en cada lado de una persona, al igual que en el texto de Zacarías. Mientras sentía el lado derecho e izquierdo de una persona, yo pude discernir un poder.[1] Les pregunté a los videntes presentes, "¿Qué ven?" Cuando me dijeron que estaban viendo un árbol parecido a un olivo, la visión de ellos confirmó mi impresión. Luego coloqué mi mano en la frente de la persona y pude discernir un candelero, como una menorá, de siete brazos. En la parte superior del candelabro, descansando en la parte superior de la cabeza de la persona, pude discernir un cuenco. Habíamos recibimos el comienzo de una nueva revelación y el Señor nos estaba esperando para lanzarnos a un nuevo entendimiento sobre el mundo espiritual.

Mientras meditaba en el árbol de los olivos, el Señor me dio la impresión de que estos árboles eran los *árboles de la vida*. Yo estaba confuso por esa revelación. *¿No había un solo árbol de la vida?* Fui al texto que está en Apocalipsis 22:1–2:

Luego el ángel me mostró un río con el agua de la vida, era transparente como el cristal y fluía del trono de Dios y del Cordero. Fluía por el centro de la calle principal. A cada lado del río crecía el árbol de la vida, el cual produce doce cosechas de fruto, y una cosecha nueva cada mes. Las hojas se usaban como medicina para sanar a las naciones.

Me quedé asombrado. El texto dice que "a cada lado del río estaba el árbol de la vida". Miré el texto griego original y no encontré ningún artículo de en frente al *árbol de la vida*. Lo que el texto realmente decía era "un árbol a ambos lados del río". Tal vez hay dos árboles. Si es así, ¿es también posible que los dos árboles de la vida sean los dos árboles de olivos mencionados en Apocalipsis 22? También cabe destacar que en Génesis 2:9 no hay ningún artículo determina cuántos *árboles de la vida* habían en el Jardín del Edén.

En la parte superior del candelero está el cuenco de oro. El cuenco de oro se menciona en Eclesiastés 12 y Apocalipsis 5.

Sí, acuérdate de tu Creador ahora que eres joven, antes de que se rompa el cordón de plata de la vida y se quiebre la vasija de oro. No esperes hasta que la jarra de agua se haga pedazos contra la fuente y la polea se rompa en el pozo. ² (Eclesiastés 12:6)

Y cuando tomó el rollo, los cuatro seres vivientes y los veinticuatro ancianos se postraron delante del Cordero. Cada uno tenía un arpa y llevaba copas de oro llenas de incienso, que son las oraciones del pueblo de Dios. (Apocalipsis 5:8)

Los dos árboles de olivos extienden dos ramas sobre el cuenco en dos tuberías. Desde el cuenco, siete tubos proporcionan aceite para las siete lámparas.

Estas copas están llenas con las oraciones de los santos. Mientras sentía el exterior del cuenco sobre la cabeza de la persona entre los árboles de olivos, pude discernir un anciano sosteniendo el cuenco. Y me pregunté: "¿Cómo se sentirá la parte de adentro del cuenco?" Puse mi mano en el centro del cuenco e inmediatamente sentí el mal. ¿*Qué era esto?* De alguna manera el cuenco, debería estar lleno con el aceite puro del Espíritu Santo, estaba contaminado.

La idea central del aceite se encuentra mirando en Zacarías 4: 6: "Entonces me dijo:

—El Señor dice a Zorobabel: 'No es por el poder ni por la fuerza, sino por mi Espíritu, dice el Señor de los Ejércitos Celestiales.'" El aceite de olivo representa el Espíritu Santo y su poder. Ahora había ganado algo de entendimiento. De alguna manera, a causa del pecado generacional, un espíritu impío, un falso Espíritu Santo se había ganado el derecho a influenciar a la persona enfrente de mí, contaminando así el contenido del cuenco. Cuando por primera vez percibí esta contaminación recibí la Escritura de Ezequiel 8:10: "Entonces entré y vi las paredes cubiertas con grabados de toda clase de reptiles y criaturas detestables. También vi los diversos ídolos a los que rendía culto el pueblo de Israel". De alguna manera el recipiente se llenó de todo este mal, y esta contaminación parecía haber iniciado por un espíritu santo impío.

¿Quién era este espíritu santo impío? Creo que era *la reina del cielo.*

La Reina del Cielo
Paul L. Cox y Richard Sicheneder

La Reina del Cielo es mencionada en Jeremías 7:18 y 44:15–19:

¡Con razón estoy tan enojado! Mira cómo los hijos juntan leña y los padres preparan el fuego para el sacrificio. Observa cómo las mujeres preparan la masa para hacer pasteles y ofrecérselos a la reina del cielo. ¡Y derraman ofrendas líquidas a sus otros dioses-ídolos!

Entonces todas las mujeres presentes y todos los hombres que sabían que sus esposas habían quemado incienso a los ídolos —una gran multitud de todos los judíos que vivían en el norte y en el sur de Egipto — le contestaron a Jeremías: — ¡No escucharemos tus mensajes del Señor! Haremos lo que se nos antoje. Quemaremos incienso y derramaremos ofrendas líquidas a la reina del cielo tanto como nos guste, tal como nosotros, nuestros antepasados, nuestros reyes y funcionarios han hecho siempre en las ciudades de Judá y en las calles de Jerusalén. ¡Pues en aquellos días teníamos comida en abundancia, estábamos bien económicamente y no teníamos problemas! Pero desde que dejamos de quemar incienso a la reina del cielo y dejamos de rendirle culto con ofrendas líquidas, nos hemos visto en tremendos problemas y hemos muerto por guerra y hambre. »Además — agregaron las mujeres—, ¿acaso crees que quemábamos incienso y derramábamos las ofrendas líquidas a la reina del cielo y hacíamos pasteles con su imagen sin el conocimiento y la ayuda de nuestros esposos? ¡Por supuesto que no!

La reina de los cielos era Astarté, la diosa de Venus. Ella se llamaba Astarté por los fenicios y otros cananeos e Ishtar en el panteón acadio. Se decía que ella era la hermana o consorte de Baal. Ella estaba asociada con la luna y simbolizaba los poderes generadores de la naturaleza.[3] Dos aspectos prominentes de su carácter eran: el erotismo y la agresividad.[4] Ella estaba asociada con

Tamuz. La adoración a la reina del cielo incluía el hacer pasteles, posiblemente en forma o figuras de lunas crecientes.[5]

Parece que hay un vínculo directo entre el término *reina del cielo* y la palabra *ramera*. La palabra hebrea *zonah* se traduce como ramera. Significa una mujer consagrada o dedicada a la prostitución. En Génesis 38:21 el término prostituta, *kedeshah*, está conectado a la adoración de Asera o Astarté. Con esta conexión entre la reina del cielo, la prostitución y la fornicación, podemos ampliar nuestra comprensión bíblica acerca del carácter de la reina del cielo.

> *Y todo porque Nínive — la ciudad hermosa e incrédula, la amante con encantos mortales— sedujo a las naciones con su belleza. Ella les enseñó toda su magia y hechizó a la gente por todas partes. (Nahúm 3:4)*
>
> *Entonces el ángel me llevó en el Espíritu al desierto. Allí vi a una mujer sentada sobre una bestia de color escarlata que tenía siete cabezas y diez cuernos, y estaba llena de blasfemias escritas contra Dios. La mujer estaba vestida de púrpura y escarlata y llevaba puestas hermosas joyas de oro, piedras preciosas y perlas. En la mano tenía una copa de oro llena de obscenidades y de las inmundicias de su inmoralidad. Tenía escrito en la frente un nombre misterioso: Babilonia la grande, madre de todas las prostitutas y obscenidades del mundo. Pude ver que ella estaba borracha, borracha de la sangre del pueblo santo de Dios, es decir, los que testificaron de Jesús. Me quedé mirándola totalmente asombrado. (Apocalipsis 17:3–6)*

El espíritu de la reina del cielo tiene muchas características:

> Los adoradores de ella, dicen que trae provisión y seguridad, y que hace que la gente confíe en ella y lleguen a ser dependientes y leales a ella.[6]
>
> La ramera seduce, esclaviza, y engaña a pueblos y naciones. Ella lo hace por medio de su prostitución, magia, hechizos y brujería. Ella promueve el sexo impío, las drogas, el alcoholismo y la idolatría.[7]

La ramera trae una maldición de muerte, llanto y hambre. Ella lleva a los hombres a la tumba y es responsable de la sangre de los santos.[8] Ella tiene una conexión con el alcohol; recuerde que ellos llaman licores "espíritus". Estos espíritus llevan al pecado sexual.[9]

Ella está conectada con nosotros a través de sus drogas o hechicerías.[10] La palabra hechicería en el Nuevo Testamento es *pharmakeia* de la que se deriva nuestra palabra *farmacia*.

La pornografía y sus orígenes están ligados al espíritu de ramera.[11]

Ella nunca se arrepiente a causa de su orgullo, y ella lleva a otros a la inmoralidad a través del compromiso.[12]

Había llegado el momento de construir una oración para arrepentirse y renunciar a todo el mal en la línea familiar que inhibió el accionar del Espíritu Santo. La revelación vino y el Señor nos dio la siguiente oración.

La Oración: Soltando la Plenitud del Espíritu Santo

- En el nombre del Señor Jesucristo y por el poder de su sangre elijo acordarme de mi Creador antes de que el cuenco de oro[13] se rompa. Yo renuncio y me arrepiento por todos aquellos que en mi línea familiar no reconocieron al Creador.
- Me arrepiento por mí mismo y por aquellos de mi línea generacional que han cometido los siete pecados enunciados en Proverbios 6:17-19:
  Tener los ojos altivos, la lengua mentirosa, manos que derramaron sangre inocente, un corazón que fabrica pensamientos malvados y

planes diabólicos, pies presurosos para correr al mal, ser un testigo falso y por sembrar discordia entre mis hermanos.

- Me arrepiento por mí y por todos aquellos que de mi línea familiar han entrado en la rebelión, en una actitud desafiante, en la apostasía, y que han caminado en pactos impíos, la adivinación y el legalismo religioso.
- Yo renuncio y me arrepiento por todos los acuerdos impíos realizados con el liderazgo y por toda aceptación y reconocimiento de ancianos impíos, efectuada por mí mismo y mi línea generacional, tanto de palabra, como de pensamiento, o de obra.
- Me arrepiento por mí y por mis antepasados que oraron en contra de la voluntad de Dios y que hablaron falsas profecías.
- Me arrepiento por la alineación con cualquier falso espíritu santo.
- Me arrepiento por toda la lealtad que le otorgué al sistema impío del mundo; rompo y cancelo todas las conexiones con la reina del cielo en mi vida y en mi línea generacional, elijo salir del sistema impío del mundo.
- Me arrepiento por toda la apostasía y la abominación con la que honré a la reina del cielo, incluyendo los sacrificios de sangre humana en el altar sagrado de Dios, que es el santo monte de Dios.
- Me arrepiento por mí y por aquellos de mi línea generacional que eligieron obtener la vida de la reina del cielo. Señor, te pido por favor que cualquiera ligadura entre mi persona y la reina del cielo sea cortada y quemada. Señor, quita por favor todo el mal que he recibido de la reina del cielo y límpiame, conéctame contigo otra vez para que yo pueda obtener la vida de Ti.
- Señor, por favor cierra todos los portales impíos relacionados con la reina del cielo.
- Elijo vaciar el cuenco de oro de cualquier contenido impío

y te pido, Señor Jesús, que lo santifiques y hagas de él un vaso santo.
- Señor Jesús, te pido que te encargues de la reina del cielo de acuerdo a tu Palabra.
- Señor llena el cuenco de oro con todo lo que tienes para mí.
- Vengo a establecer un acuerdo con todo lo que tienes para mí a través de la obra terminada de la cruz.

Notas:
1. Ver el capítulo 4 de este libro: "Oración para Desmantelar los Poderes Impíos".
2. Todo esto sucedería en la muerte.
3. Stelman Smith y Judson Cornwall, *The Exhaustive Dictionary of Bible Names* (sin traducción al español) (North Brunswick, NJ: Bridge-Logos, 1998).
4. Paul J. Achtemeier, *Harper's Bible Dictionary* (San Francisco: Harper & Society of Biblical Literature, 1985).
5. D. R. W. Wood, *New Bible Dictionary* (Downers Grove, IL: Inter Varsity Press, 1996).
6. Jeremías 44:15–19.
7. Nahúm 3:4; Apocalipsis 17–18.
8. Proverbios 2:16–18; 5; 7:4–5; 9:18; 22:14; 23:26; Eclesiastés 7:26.
9. Proverbios 23:22–35.
10. Apocalipsis 18:23.
11. La palabra griega *pornographos* (pornografía) literalmente significa "escribir sobre las rameras" o "la escritura de las rameras".
12. 2 Timoteo 3:1–6.
13. Eclesiastésés 12:6.

CAPÍTULO DIECISIETE

La Coraza de San Patricio
NIGEL REID

En marzo del 2005 estaba participando en la segunda semana de la escuela de ministerio en el Aslan's Place en Hisperia, California. Fue dirigido por Paul Cox y su equipo. Durante la primera parte de la semana Paul comenzó a compartir algunas de sus experiencias en Hawái y algunas de las revelaciones significativas que había recibido en esas islas. Yo ya había visitado previamente Honolulu con Paul y había sido parte de su equipo allí.

Sentí que el Señor comenzó a agitar mi espíritu mientras Paul hablaba, y durante los siguientes días una profunda sensación de conexión entre estas islas y mi tierra de Irlanda, comenzó a germinar. El jueves de esa semana, mientras continuamos buscando la revelación que estábamos recibiendo, un amigo de Paul habló por teléfono de una conexión a través del globo entre Irlanda y Hawái a través de un eje de Washington, DC. Ese día fue el 17 de marzo, Día de San Patricio, y en ese momento, (nosotros no sabíamos) que el Primer Ministro de Irlanda estaba en la Casa Blanca en Washington, DC, presentando el tradicional tazón de tréboles al presidente de los Estados Unidos. A través de amigos en común, las relaciones entre los líderes de Hawái e Irlanda estaban creciendo.

A medida que continuaba la escuela del ministerio, me vino a la memoria el lugar único que este hombre cristiano, Patricio, tiene en los corazones de la gente alrededor del mundo. Él es santo patrono de Irlanda, y con la diáspora irlandesa su fama ha llegado a los confines de la tierra. Hay iglesias dedicadas a San Patricio en todas partes. Durante el recordatorio de esa escuela, comenzamos a crear una oración, y me acordé de que el propio Patricio enfrentó a los dioses paganos de Irlanda 1600 años antes y fuera de sus propias experiencias desarrolló la oración ahora conocida como La Coraza de San Patricio.

La historia de Patricio es bien conocida, por medio de una combinación de narraciones tradicionales irlandesas y algunas de sus obras escritas. Capturado originalmente en Gran Bretaña por los invasores del Mar de Irlanda, fue trasladado al país de Irlanda como esclavo y ganado porcino, en el norte de la isla. A través de un sueño, un plan de escape le fue revelado, y efectivamente se escapó para retornar a casa con su familia en Gran Bretaña. Allí él siguió su fe cristiana. Aunque él escribe de haber viajado por Galia e Italia durante los años que faltan de su historia, lo más probable es que él volvió a Gran Bretaña, donde se desempeñó como diácono y fue ordenado como sacerdote antes de regresar a Irlanda.[1]

En su *Confessio* él describe su llamado a Irlanda e incluso los nombres del ser espiritual que le entrega el mensaje.

> En otra ocasión, unos años más tarde, yo estaba en Gran Bretaña con mis familiares quienes me habían recibido como si fuera su hijo y me rogaron que nunca los dejara, sobre todo en vista de todas las penurias que yo había sufrido. Fue allí, donde una noche tuve la visión de un hombre llamado Víctor, quien parecía haber venido de Irlanda con un número ilimitado de cartas. Él me dio una de ellas y leí las palabras iniciales que fueron: "La voz de los irlandeses". Al leer el comienzo de la carta me pareció en ese mismo momento escuchar la voz de aquellos que estaban por el bosque de Voclut que está cerca del Mar Occidental. Ellos gritaron al unísono: "Te pedimos muchacho, que vengas y camines una vez más entre nosotros". El corazón se me partió y no pude leer más, y luego me desperté. Gracias a Dios, después de muchos años, el Señor contestó su clamor.[2]

Patricio volvió a Irlanda en el año 431 DC y comenzó su trabajo de evangelización. Él no fue el primer misionero cristiano enviado a la isla y hay evidencia alguna de viajes misioneros anteriores, pero sin lugar a dudas Patricio fue el más efectivo de estos misioneros.

El irlandés Patricio volvió al lugar donde estaba impregnado de religión pagana, usualmente muy violentos con ambos sacrificios tanto de humanos como de animales. El país estaba dividido en *tuatha*, gobernada por los reyes locales, quienes a su vez mostraron lealtad a un alto rey sobre toda la isla. La leyenda y la historia cuentan como Patricio utilizó esta cultura para difundir el mensaje del evangelio. A nivel local se involucró con el rey de los líderes tribales. Una historia cuenta de Patricio orando sobre los niños muertos de un cacique local y verlos resucitados. Otra de las historias más famosas cuenta de Patricio confrontando al alto rey y a sus sacerdotes paganos en la colina de Tara, donde las tribus se habían reunido para la celebración anual y el sacrificio con fuego.

Patricio era un evangelista que utilizaba la cultura local para difundir el evangelio con señales y prodigios y, al mismo tiempo, confrontaba las fortalezas paganas en la nación.

Su *Confessio* describe las dificultades que encontraba con sus compañeros del clero, aquellos que originalmente lo comisionaron como ministro.

> Fui puesto a prueba por varios de mis superiores, que vinieron a echarme mis pecados con el fin de desacreditar mi trabajo como obispo de esta misión.[3]

Durante el tiempo de problemas, el describe una visión:

> Fui confrontado por el documento que me deshonró y simultáneamente escuché la voz de Dios que me decía: "Hemos visto con desaprobación, el rostro del elegido privado de su buen nombre" Él no dijo "fuiste desaprobado", pero "que hemos desaprobado" como incluyéndose a sí mismo. Como él dice: El que te toca, toca la niña de mis ojos. Gracias sean dadas a Dios, que me ha apoyado en todo.[4]

Patricio se encontró con la oposición tanto de los gobernantes paganos en la nación como de sus figuras de alto rango dentro de la propia iglesia, que lo envío. En este contexto, volvemos a la oración originalmente elaborada por San Patricio y empezaremos a entender cómo se perfeccionó cada frase enfrentando a la oposición extrema con respecto a su misión con los irlandeses. En la oración, podemos escuchar un eco de la exhortación de Pablo en Efesios 6 donde exhorta a ponerse la armadura de Dios y mantenerse firme.

La oración original se encuentra en el siglo IX en el *Libro de Armagh* junto al *Confessio* de Patricio.[5]

La Oración: La Coraza de San Patricio[6]

Me ato hoy yo mismo

Al nombre fuerte de la Trinidad,

Por la invocación de la misma

El Tres en Uno y Uno en Tres.

Ato esto hoy a mí para siempre

Por el poder de la fe, de la encarnación de Cristo;

Por su bautismo en el río Jordán,

Su muerte en la cruz por mi salvación;

Su aparición de la tumba aromatizada con especias,

Su subida al cielo,

Su venida en el día del juicio

Me ato hoy yo mismo.

Me ato yo mismo al poder

Del gran amor de los querubines;

Al dulce "bien hecho" en la hora del juicio,

Al servicio de los serafines,

A la fe de los confesores, la palabra de los apóstoles,

Las oraciones de los patriarcas, los rollos de los profetas,

A todas las buenas obras hechas para el Señor

Y la pureza de las almas vírgenes.

Me ato hoy yo mismo

A las virtudes del cielo iluminado por la estrella,

A la vida gloriosa del sol dando rayos,

A la blancura de la luna en calma,

Al parpadeo del relámpago libre,

A los choques tempestuosos de remolinos de vientos,

A la tierra estable, al mar profundo de sal

Alrededor de las rocas eternas de edad.

Me ato hoy yo mismo

Al poder de Dios para sostener y dirigir,

A su ojo para ver, su fuerza para quedarse,

A su oído para escuchar mi necesidad.

A la sabiduría de mi Dios para enseñar,

A su mano para guiar, su escudo para proteger;

A la palabra de Dios que me da el habla,

A su ejército celestial para ser mi guardia.

Me ato a estos poderes sagrados

Contra las asechanzas del demonio del pecado,

Del vicio que le da fuerza a la tentación,

De los deseos naturales que luchan en el interior,

De los hombres hostiles que echan a perder mi curso;

Muchos o pocos, lejos o cerca,

En todo lugar y en todas las horas,

Contra su feroz hostilidad.

Contra todos los hechizos y artimañas de Satanás,

Contra las palabras falsas de la herejía,

Contra el conocimiento que contamina,

Contra la idolatría de corazones,

Contra el arte malvado del mago,

Contra la herida de muerte y la quema,

La ola de asfixia, la vara envenenada,

Protégeme, Cristo, hasta tu regreso.

Cristo conmigo, Cristo dentro de mí,

Cristo detrás de mí, Cristo delante de mí,

Cristo a mi lado, Cristo que me gana,

Cristo para consolarme y restaurarme.

Cristo debajo de mí, Cristo sobre mí,

Cristo en la quietud, Cristo en peligro,

Cristo en los corazones de todos los que me aman,

Cristo en la boca de un amigo y del desconocido.

Me ato yo mismo al nombre,

Al nombre fuerte de la Trinidad,

Por invocación de la misma,

El tres en Uno y Uno en Tres.

Por quién toda la naturaleza ha sido creada,

Padre Eterno, el Espíritu, la Palabra:

Alabado sea el Señor de mi salvación,

La salvación es de Cristo el Señor.

Notas:

1. Philip Freeman, *San Patricio de Irlanda* (Simón & Schuster, 2004), 63–64.

2. San Patricio, *Confessio*, http://www.cin.org/patrick.html
3. Mismo lugar
4. Mismo lugar
5. Nigel Reid es el Pastor principal de Mountain View Community Church, Bray County Wicklow, Irlanda.
6. Cecil F. Alexander, 1889. http://nethymnal.org/htm/s/t/stpatric.htm

CAPÍTULO DIECIOCHO

Soltando las Esferas de Autoridad Dadas por Dios
PAUL L. COX

¿*Y ahora qué?* El lado izquierdo de mi espalda había comenzado a arder y no sabía si estaba discerniendo algo nuevo o si debía ir al médico. Usualmente no lo sé, y la sensación de ardor en mi espalda me hacía preguntarme al respecto. A veces era tan doloroso que estaba empezando a preocuparme. Era único, la percepción de calor era como una línea recta bajando por mi espalda. Finalmente, en la escuela de ministerio, le dije al grupo que tenía que averiguar lo que estaba pasando con mi espalda. Me puse de pie en medio de la habitación y les pregunté lo que veían espiritualmente. La confirmación llegó. Yo tenía una vara en el lado izquierdo de la espalda.

¿Qué significaba esto? Empecé a comprobar, y a ver si otros también tenían una vara en sus espaldas. ¡Y fue increíble! Sí; todos tenían una vara. Si la persona era diestra, la vara estaba en el lado izquierdo de la espalda. Si la persona era zurda, la vara estaba en el lado derecho. Si la persona era ambidiestra, la vara estaba en el medio de la espalda. ¡Habíamos iniciado otro viaje dentro de lo sobrenatural!

Con frecuencia, el trayecto hacia una nueva oración comienza con una simple revelación de una sensación física seguida de maravillosas revelaciones dentro de la Escritura. El Señor tenía mucho que decirnos sobre la vara. Cuando Moisés tuvo un encuentro con el Señor en la zarza ardiente, el Señor le preguntó: "¿Qué es eso que tienes en tu mano?" La respuesta de Moisés fue: "Una vara". Varias palabras hebreas pueden ser traducidas como *vara*. En Éxodo 4:2, la palabra *matteh* se traduce como *vara* en la Versión Reina Valera, pero como *bastón* en la *Nueva Versión Internacional*. Hay una diferencia entre vara y bastón. La palabra *vara* significa literalmente estirar, extender, propagarse, lanzar, cambiar, estropear, inclinar, doblar, y arquearse.[1] Mientras Moisés extendía la vara en su mano, los milagros sucedían y batallas eran ganadas.[2] La vara de Moisés que habla en el versículo 2 se convierte en "la vara de Dios" que habla en Éxodo 4:20. En Éxodo 17:8-16, mientras Moisés levanta su vara, los israelitas son victoriosos contra los seguidores de Amalec. Seguido a la victoria de Israel, "Moisés edificó un altar y lo llamó El Señor Es Mi Bandera" (NTV). La traducción para la palabra *bandera* es *nes* y puede ser traducida como poste o un poste de señales. Quizás este sea otro uso de la "vara". Aquí el "poste" es un símbolo de liberación y salvación poderosa que hizo que el pueblo de Dios sea victorioso sobre sus enemigos.[3] En Números 20:8, la *Biblia de las Américas* se une a la versión Reina Valera en la traducción de la palabra *matteh* en la palabra *vara* en inglés.

Todo esto era muy interesante, pero poco satisfactorio. ¿Qué más teníamos que entender sobre la vara? Casualmente una estudiante de la escuela compartió que el Señor le había dado recientemente un pasaje bíblico. Ella nos lo compartió: 2 Corintios 10:8–18:

> *Pareciera que estoy jactándome demasiado de la autoridad que nos dio el Señor, pero nuestra autoridad los edifica a ustedes, no los destruye. Así que no me avergonzaré de usar mi autoridad. No es mi intención asustarlos con mis cartas. Pues algunos dicen: "Las cartas de Pablo son exigentes y fuertes, ¡pero él en persona es débil y sus discursos no valen nada!". Esas personas deberían darse cuenta de que nuestras acciones, cuando lleguemos en persona, serán tan enérgicas como lo que decimos en nuestras cartas, que llegan desde lejos. ¡Ah, no se*

preocupen! No nos atreveríamos a decir que somos tan maravillosos como esos hombres, que les dicen qué importantes son ellos pero solo se comparan el uno con el otro, empleándose a sí mismos como estándar de medición. ¡Qué ignorantes! Nosotros no nos jactaremos de cosas hechas fuera de nuestro campo de autoridad. Nos jactaremos solo de lo que haya sucedido dentro de los límites del trabajo que Dios nos ha dado, los cuales incluyen nuestro trabajo con ustedes. No traspasamos esos límites cuando afirmamos tener autoridad sobre ustedes, como si nunca hubiéramos ido a visitarlos. Pues fuimos los primeros en viajar hasta Corinto con la Buena Noticia de Cristo. Tampoco nos jactamos ni nos atribuimos el mérito por el trabajo que otro haya hecho. En cambio, esperamos que la fe de ustedes crezca, a fin de que se extiendan los límites de nuestro trabajo entre ustedes. Entonces podremos ir a predicar la Buena Noticia en otros lugares más allá de ustedes, donde ningún otro esté trabajando. Así nadie pensará que nos jactamos de trabajar en el territorio de otro. Como dicen las Escrituras: «Si alguien quiere jactarse, que se jacte solamente del Señor». Cuando la gente se alaba a sí misma, ese elogio no sirve de mucho. Lo importante es que los elogios provengan del Señor.

Yo no estaba seguro de cómo este pasaje pudiera estar relacionado con lo que estamos tratando de la vara, así que investigué las palabras griegas en el texto original. Me quedé asombrado con lo que encontré. La palabra inglesa *esfera* es una traducción de la palabra griega *kanon*, y significa una vara. Denota un espacio definitivamente limitado o fijo, dentro de cuyos límites la esfera de actividad o el poder de la influencia de uno están confinados. ¡Ahora yo estaba empezando a entender!

Tenemos una vara en la espalda. No es sólo un símbolo. Es real en el mundo espiritual. De alguna manera, usamos esta vara o autoridad en nuestra guerra espiritual; también la usamos cuando somos usados por el Señor para hacer señales, maravillas y milagros. En el mundo espiritual, otros pueden ver los límites de nuestra esfera de influencia. Creo que esta esfera es un área espiritual definitivamente marcada que está vinculada a la vara en la espalda.

Había más por aprender. Varias personas en el grupo que han tenido un viaje sobrenatural al cielo han visto ancianos sosteniendo varas. A menudo, han visto ancianos votar golpeando sus varas en el suelo. Me he preguntado sobre esto, así que comencé a sentir la superficie "espiritual" de la vara y encontré que podía discernir a un anciano sosteniéndola. En realidad, hay ocasiones en que la vara parece moverse de la espalda de una persona al frente. En todo momento, parece que un anciano espiritual se aferra a la vara.

Durante esta misma escuela de ministerio, comenzamos a interactuar sobre el pasaje de 2Corintios:10. En este versículo, el apóstol Pablo compara su autoridad, que ha sido establecida por Dios, a la intensión o ambición externa de los que están alardeando tratando de establecer su propia autoridad. Pablo está seguro de su autoridad y de su esfera de autoridad. Él entiende que la autoridad de otros puede cruzar su esfera de autoridad, pero él no está inseguro acerca de lo que ha sido llamado a hacer.

Después de esta discusión, parecía estar claro para todos los que estábamos en la escuela que necesitamos arrepentirnos, tanto por nosotros mismos, como por aquellos en nuestras líneas generacionales. Vimos que podríamos haber sido culpables de salir de nuestras propias esferas de autoridad a las esferas de otros, o que quizás podríamos no haber ejercido la autoridad que Dios nos dio para utilizar en nuestras esferas de autoridad. El resultado de esta revelación es la oración *Liberando las Esferas de Autoridad Dadas por Dios*.

La Oración: Soltando las Esferas de Autoridad Dadas por Dios

- Yo soy un siervo de Jesucristo, que funciono sólo

en los ámbitos de autoridad dados por Dios y bajo la autoridad de Jesucristo.

- Me arrepiento por no haber sido obediente y por no ceder ni operar en la esfera de la autoridad en la que Tú, Señor, quieres que funcione.[4]
- Me arrepiento por limitar la esfera de autoridad en la que Tú, Señor, quieres que funcione.
- Me arrepiento de ser celoso de las esferas de autoridad de otras personas.
- Me arrepiento de ser celoso y de no haberme asociado cuando las esferas de autoridad se sobreponen en el cuerpo de Cristo.
- Me arrepiento por no ayudar y servir a los demás para que tengan éxito en sus ministerios.
- Me arrepiento por no valorar las esferas de autoridad de otras personas.
- Me arrepiento por operar en las esferas de autoridad proclamadas por mí mismo y en las que el Señor no quería que yo operara.
- Me arrepiento por no confiar en Ti Señor, para ser cabeza sobre otras esferas de autoridad.
- Me arrepiento por no creer ni confiar en que tú, Señor, puedes trabajar a través de otras personas.
- Me arrepiento por no reconocer que hay un nivel de revelación que sólo puede venir a través de la unidad.
- Me arrepiento por haber caído en el temor del hombre y no funcionar en mi esfera de autoridad.
- Me arrepiento por permitir que otros exploten mi esfera de autoridad y me arrepiento de explotar por medio de esa autoridad a los demás.
- Me arrepiento por no reconocer y valorar las otras partes del cuerpo de Cristo.
- Me arrepiento como líder por todas las veces que no

solté a las personas para que se movieran con libertad en la esfera de autoridad que Dios les dio.
- Me arrepiento por no haber esperado el tiempo de Dios para que fuera Él quien me pusiera en mi esfera de la autoridad.
- Me arrepiento de hablar maldiciones y muerte en las esferas de autoridad de otras personas y por hacer juicios llenos de amargura en contra de ellas.
- Me arrepiento por operar en sospecha y juicio en lugar del don de discernimiento.
- Me arrepiento por no seguir las pautas bíblicas para la confrontación y la corrección con amor al tratar con los demás dentro de nuestras esferas de autoridad.[5]
- Me arrepiento por no desechar todo pensamiento que se levantó contra Ti Señor, y por exaltarme a mí mismo y mis dones por encima del conocimiento de Ti, Dios.
- Me arrepiento por exaltarme yo solo, considerándome a mí mismo por encima de lo que te valoro a Ti, Señor.
- Me arrepiento por operar en orgullo y en falsa humildad en lugar de en verdadera humildad.
- Me arrepiento por rechazar a otros en vez de aceptarlos.
- Me arrepiento por haber rechazado las revelaciones nuevas e inusuales sobre Ti, Dios.

Declaraciones - Proclamaciones [6]

- Declaro que glorificaré tu nombre al terminar el trabajo, que Tú, Señor, me diste para hacer en mi esfera de autoridad.[7]

- Declaro que en mi esfera de autoridad, voy a tener amor, gozo, paz, paciencia, benignidad, humildad, misericordia, mansedumbre, bondad, fidelidad, docilidad y dominio propio.
- Declaro que voy a vivir una vida digna del llamado que he recibido.[8] Declaro que siempre voy a ser humilde y amable.
- Declaro que voy a ser paciente, haciendo concesiones por mis propias faltas y por las de los demás.
- Declaro que voy a operar en la gracia de Dios y de su poder y no en mi propia fuerza y entendimiento.
- Declaro que voy a estar unido con los demás en el Espíritu Santo y unido con los demás en paz.
- Declaro la verdad que Jesucristo me ha bendecido con toda bendición espiritual y que estoy sentado en los lugares celestiales con Cristo.[9]
- Declaro que la obra que Cristo ha comenzado en mí habrá de completarse.[10]
- Declaro que tendré la mente de Cristo.[11]
- Declaro que intencionalmente evitaré la división.
- Declaro que voy a estar unido en un mismo propósito, y de pie en un solo espíritu y una sola mente con mis hermanos y hermanas en el Señor.[12]
- Declaro ante los cielos que en la medida de lo que me corresponda, voy a caminar en paz y en unidad con todos los hombres.
- Declaro que abrazo el espíritu de sabiduría y de revelación en el conocimiento de Cristo, para que los ojos de mi entendimiento sean iluminados, y pueda conocer la esperanza de su llamado y cuáles son las riquezas en gloria de su herencia entre los santos.[13]
- Declaro que no voy a rechazar la revelación inusual y nueva de Dios.
- Declaro que voy a aceptar a los demás y no tratar de

excluirlos.
- Declaro que voy a entregar y sujetar mi voluntad a la voluntad de Dios.[14]
- Declaro que deseo y anhelo tener los cielos abiertos y las visiones de Dios.[15]
- Declaro que voy a caminar en el espíritu y no en la carne.[16]

Notas:

1. James Strong, *Enhanced Strong's Lexicon 2.0* (Woodside Bible Fellowship, 1995).
2. Éxodo 14:16.
3. Bruce K. Waltke, Robert Laird Harris, y Gleason Leonard Archer, *Vocabulario Teologico del Antiguo Testamento, edicion electronica* (Chicago: Moody Press, 1999).
4. 2 Corintios 10:13`.
5. Mateo 13.
6. Gálatas 5:22; 2 Corintios 10:12–18.
7. Juan 17:4.
8. Efesios 4:1–3.
9. Efesios 1:3.
10. Filipenses 1:6.
11. Filipenses 2:2–3.
12. 1Corintios 1:10; Filipenses 1:27.
13. Efesios 1:17–18.
14. Lucas 22:42.
15. Ezequiel 1:1.
16. Gálatas 5:16,25.

CAPÍTULO DIECINUEVE

Oración por los Trastornos Físicos, Mentales y Espirituales Crónicos
PAUL L. COX

La escuela de ministerio había comenzado como cualquier otro ministerio. Yo estaba en Sugar Hill, Georgia, con más de cincuenta personas que se habían reunido para ver lo que haría el Señor. El grupo incluía a dos doctores y varios otros que estaban familiarizados con problemas médicos. ¡No teníamos idea de lo que el Señor iba a hacer!

Una señora había pedido oración por un complicado conjunto de problemas médicos personales incluyendo diabetes de azúcar, problemas respiratorios y fibromialgia. Recordé que había discernido anteriormente una araña espiritual en una persona con diabetes de azúcar. Me acerqué a la mujer y puse mi mano sobre la parte superior de su páncreas. Tal y como lo sospeché, pude sentir una araña espiritual con sus colmillos insertados en el tejido. Nos pusimos de acuerdo para orar en contra de la araña. Otros comenzaron a levantar sus manos para recibir oración y nos encontramos ministrándonos unos a otros por sanidad. ¡El trayecto había comenzado!

Casi de inmediato, los estudiantes me empezaron a bombardear con preguntas: ¿Por qué hay una araña en ese lugar en particular del cuerpo? ¿Por qué la araña tiene colmillos? ¿Qué tiene esto que ver con la diabetes? El Señor me había dado la respuesta a estas preguntas varios años atrás. El texto clave está en Isaías 59: 4–5:

A nadie le importa ser justo y honrado; las demandas legales de la gente se basan en mentiras. Conciben malas acciones y después dan a luz el pecado. Incuban serpientes mortales y tejen telas de araña. El que coma sus huevos morirá; al que los rompa le saldrán víboras.

Después de revisar estos versículos, el grupo llegó al acuerdo de que las claves, están plantadas en Isaías 59, para los aspectos de sanidad física, emocional y espiritual. El marco para una nueva oración había comenzado. Llevaría varias horas de recibir y probar revelaciones adicionales y unificarlo antes de que fuera terminado.

Isaías 59 tiene que ver con las palabras negativas de nuestras bocas. El escritor comienza declarando que el Señor tiene la capacidad de guardar y escuchar nuestras oraciones. El problema es que nosotros, como su pueblo, no sabemos cómo controlar nuestras bocas. Estos pecados son a nivel generacional. La palabra hebrea *iniquidad* en Isaías 59: 2-4[1] se representa como *torcido*, e indica una torcedura en la línea generacional. El hebreo indica claramente que *iniquidad* no es meramente una dificultad actual, se refiere a algo que ha pasado repetidamente en el pasado. "Tus labios dicen mentira; tu lengua ha murmurado perversidad".[2] La situación aquí es la lengua mentirosa. La palabra hebrea *perversidad* se traduce de la mejor manera como mentira, engaño, falsedad y decepción.[3] Estas *perversidades* murmuradas o evaluaciones negativas de los demás no tienen ninguna base en la realidad. Las palabras no tienen el apoyo de la verdad.[4] También hay un acuerdo pasivo en el fracaso de uno de pedir justicia y abogar por la verdad.[5] Estos actos verbales son tan violentos, que las agresiones verbales "derraman" sangre inocente.[6] Los individuos son literalmente destruidos por estas falsas declaraciones.

Los pecados de un individuo parecen combinarse con los pecados de los demás y empoderan la degradación de la sociedad. La injusticia y la falsedad colaboran en una espiral descendente que funciona por sí solo en una ofensa e injusticia.[7]

¿Cuáles son los resultados? Una araña espiritual híbrida es liberada. Esta araña eclosiona huevos[8] de víbora. Las serpientes que se liberan de estos huevos llevan a la muerte, – a una muerte prematura. Las palabras malvadas liberadas de la boca de una persona, tienen un efecto en cascada que conduce no sólo hacia a la destrucción de sus propias vidas, sino también a la destrucción de la vida de otros. Antes de la muerte, consecuencias físicas, mentales,[9] y espirituales, pueden llevar a una vida saludable a una en desorden, dolor y sufrimiento. Las raíces de todo esto pueden ser generacionales. Este mal se filtra en la sociedad. El engaño es provocado hasta el punto que aquellos que son condenados por sus pecados y quieren retornar a la justicia, se vuelven en víctimas de los ataques verbales de otros.[10]

No es necesario simplemente basar nuestras conclusiones bíblicas sobre las consecuencias de la falsedad oral en el Antiguo Testamento. El Nuevo Testamento también habla de los peligros de no controlar nuestras lenguas. Santiago 3:5-18 indica que el resultado de una lengua no controlada es un cuerpo[11] contaminado[12]. ¡Santiago luego dice algo increíble! "La lengua es un mal indomable[13], llena de veneno mortal". Dado que la lengua está llena de veneno (de la palabra latina *potion* o *bebida*), sus palabras tienen necesariamente un efecto sobre el cuerpo físico: una lengua malvada es un veneno para el cuerpo. Cuando examiné la palabra veneno en el griego, me quedé atónito. La palabra significa literalmente veneno como el "veneno de una víbora áspid". El lazo con Isaías 59 es completo. Las palabras malvadas de nuestra boca no son solo una emisión inocente de sonidos. Literalmente, nos dañamos a nosotros mismos y dañamos a los demás con nuestras palabras. En lugar de disfrutar y saborear de las delicias de esas palabras "de odio", sufriremos enfermedad, enfermedad mental, desorden espiritual, y finalmente la muerte. Las palabras mentirosas que esconden celos amargos y ambición personal pueden abrirnos a "toda cosa mala".[14]

En el año 2008, me invitaron a hacer un ministerio de oración y entrenar una iglesia católica romana en Ottawa, Canadá. Esta fue la primera vez que iba a ministrar en un ambiente católico, y me preguntaba cómo me ajustaría a las diferencias teológicas. Antes de ir, seguía escuchando, "¿En qué estás a favor y no en que estás en contra?" Y comencé a reflexionar sobre estas palabras, pero no fue hasta que llegué a Ottawa que me di cuenta de su significado. Mientras asistía a la cena de la noche de inauguración del domingo, el Señor me habló claramente. Este sacerdote es tu hermano. Me di cuenta de que tenía que centrarme en "lo que estábamos a favor". Mutuamente, queríamos ver que el Señor trajera libertad y sanidad a su iglesia.

El Señor quiere la unidad en su iglesia. Entiendo perfectamente que la unidad no significa "compromiso" sino que trabajar juntos por el bien del Reino de Dios. Esto también significa que no hablamos uno "contra" del otro. Nuestras palabras tienen poder y hay que tener cuidado de no dar terreno al enemigo. Dicho terreno rendido al enemigo le da el derecho para causar destrucción física, mental y espiritual. ¡El chisme, la envidia[15] y los celos no tienen lugar en el cuerpo de Cristo! Las palabras maliciosas y de descontento corrompen la unidad y nos llevan a una iglesia fragmentada. El salmo 133 es claro. Cuando los hermanos conviven en armonía, ¡la unción fluye! Esta unción es como el "rocío del (Monte) Hermón".[16] Cuando estaba en Jerusalén experimenté este rocío. Temprano en la mañana, cuando nos íbamos para el aeropuerto de Tel Aviv, vi agua corriendo por las calles. Le pregunté a nuestro guía me enteré de que este era el rocío que cae cada noche en la Ciudad de Dios. ¡Qué pensamiento! Cuando permanecemos en unidad, la unción del Señor cae en tal abundancia que fluye como arroyos. ¡Es como el agua que fluye por las calles del Monte de Zión!

Tengo un par de declaraciones favoritas. Una de ellas es: "Nada es tan simple como parece," y la otra es: "Nada es todo". Estas frases tienen un significado importante para mí. Yo soy muy cauteloso de no transmitir la idea de que si uno ora una cierta oración; entonces aparecerá algún tipo de sanidad de forma automática. La vida es demasiado compleja para este concepto ingenuo. Sin embargo, quiero ser igualmente de cauteloso de no limitar nunca a Dios, de nunca excluir la posibilidad de una sanidad, o de sugerir en alguna manera que algún tipo de sanidad no se producirá. Alabo a Dios, porque a lo largo de los años hemos visto al Señor sanar muchas veces.

Esto es lo que sucedió en Sugar Hill, Georgia.
Después de trabajar en la oración durante muchas horas de agonía, la oramos juntos como grupo. La mujer que había iniciado todo el proceso de pedir oración por la diabetes, informó más tarde que sus niveles de azúcar habían mejorado significativamente, que su respiración estaba más ligera, y que estaba con menos dolor. Otro se regocijó con la mejora de la diabetes. Desde entonces, hemos tenido muchos testimonios maravillosos de como Dios ha sanado a través de esta oración, pero otros no han visto ninguna mejoría- "Nada es tan simple como parece".

¿Así que; que es lo que estamos haciendo con esta oración? En primer lugar, queremos tomar terreno del enemigo pidiéndole a Dios que quite toda iniquidad. Le pedimos específicamente que quite la iniquidad de nuestra línea familiar, que ha sido empoderada por los males asociados con nuestras lenguas. En segundo lugar, queremos ser reposicionados, en un terreno que no le da derecho al enemigo a saquearnos, haciendo esto ya no seremos una presa del enemigo. En tercer lugar, queremos declarar nuestro compromiso de mantener seguro el territorio tomado: no volveremos a ser una presa del enemigo. Personalmente, estoy cansado de ser robado. ¿Cómo detenemos el robo? Debemos, a través de la dirección del Señor, hacer todo lo que podamos por movernos en una posición de no ser vulnerables a los ataques del enemigo. Aquí es donde Abraham se encontraba en Génesis 15. Después de que Abraham vio al Señor que pasaba por los sacrificios cortados, los "buitres" vinieron, pero Abraham los echo fuera. ¿Por qué pudo derrotarlos? Creo que fue porque el enemigo no encontró terreno para atacar. Esto es lo que quiero. Quiero estar en una posición tal que el enemigo no tenga terreno para un ataque. Finalmente, para mantener este nuevo y más alto terreno, declaramos que ahora vamos a vigilar constantemente nuestra lengua y no hablar en contra de los demás.

En esta oración, yo renuncio y me arrepiento, por la iniquidad que entró en mis generaciones pasadas a través de nuestras palabras y por mis pecados personales al ponerme de acuerdo con ellas. Pido que las bendiciones generacionales en mi línea vengan a mí, porque ahora no hay terreno para que el enemigo pueda retenerlas. Recibo la verdad de que el ataque del enemigo (buitres) puede ser echado lejos.

La Oración: Liberación de los Trastornos Físicos, Mentales y Espirituales Crónicos

- Señor, perdóname a mí y a mi línea generacional, me arrepiento y renuncio por llegar a un acuerdo con el chisme, la calumnia, el juicio crítico, la envidia, los conflictos, por retener las ofensas, las acusaciones y los celos.
- Señor, me arrepiento por mí mismo y por aquellos en mi línea generacional que se pusieron en tu contra al mentir, al negarte a Ti, al haber hecho acusaciones en contra tuya, por concebir y proferir mentiras desde el corazón, por hablar opresión y sublevaciones, y por ingresar a la brujería.
- Señor, te pido que por favor rompas toda maldición

generacional y acuerdo cuando las acusaciones entraron en mi línea generacional. Señor, rompo y renuncio a todas las asignaciones y los acuerdos realizados con cualquier espíritu de mentira y con la maldición generacional que resultó de ello. Te pido perdón Señor, y me arrepiento en nombre mío y de mis antepasados. Te pido que por favor rompas la maldición generacional y que desates tus bendiciones. Elijo y decido traer mi espíritu, alma y cuerpo en acuerdo con el Espíritu de la Verdad.

- Señor, anula, invalida y cancela cualquier refuerzo de las maldiciones y sus asignaciones en el tiempo en que fueron asignadas. Señor, por favor desconéctame de todos los lugares celestiales impíos. Ahora por favor siéntame en tus lugares celestiales.

- Señor, me arrepiento y pido perdón por operar con un espíritu independiente cada vez que llegué a un acuerdo con el chisme, la calumnia, la acusación y me alejé de Ti y del cuerpo de Cristo, provocando la desunión y el aislamiento. El día de hoy, yo escojo por tu misericordia ser reconciliado y ser restaurado en la unidad de tu cuerpo.

- Señor, me arrepiento por haber entrado en un acuerdo con la calumnia que se ha hablado en contra mía, por recibir las ofensas y por no bendecir a mis enemigos.

- Señor, te pido que no me permitas concebir problemas. Destruye por favor los huevos de víbora y de araña que se han sembrado en mí: la calumnia, el odio, el rechazo a mí mismo y el chisme. Que no haya más víboras o arañas, ni permitas que ellas se queden en mis generaciones.

- Señor, elimina todas las telarañas de falsas vestimentas y lugares de anidamiento que pudieran estar cubriendo mi cuerpo. Señor, quita también por favor las telarañas de falsa identidad de mi cuerpo y de mi alma, y retira todo el engaño que nubla mi percepción de mi verdadera identidad. Y en donde mis generaciones pasadas y yo también le he permitido al enemigo que teja en mi interior una telaraña de identidad falsa, estableciendo un acuerdo con esta enfermedad como quien soy yo, perdóname Señor por obtener mi identidad de las enfermedades y no de Ti Libérame hoy, porque Tú me formaste en el vientre de mi madre y estoy de acuerdo que son formidables y maravillosas tus obras. Señor, dame la revelación de mi verdadera identidad en Cristo, la que ahora recibo.

- Señor, restaura completamente mi capacidad de recibir todo lo que necesito de Ti como la sanidad, la revelación y la restauración de mi espíritu, alma y cuerpo.
- Señor, yo perdono a todos aquellos que siendo del cuerpo de Cristo reaccionan en juicio y rechazo contra los que están siendo heridos por la brujería y las maldiciones que están siendo habilitadas y reforzadas con el tiempo. Señor, perdóname por hacer juicios con raíz de amargura en contra de aquellos que me han perjudicado de alguna manera. Perdono al cuerpo de Cristo por no aceptarme, comprenderme y protegerme a mí y a los míos.
- Señor, elijo perdonar a aquellos que me han rechazado y que al hacerlo, le han otorgado más poderes a las maldiciones ya existentes en contra mía.
- Señor, perdóname a mí y a mi línea generacional por no tener la fuerza para resistir el asalto del enemigo en mi mente de día y noche, y por lo tanto, aceptar el sentimiento de impotencia para detener

este flujo demoníaco. Señor, renueva mi mente para que pueda tener tu mente y saber que puedo llevar cautivo todo pensamiento al Señor Jesucristo, y saber que Tú eres mi defensa segura y que estoy a salvo en el refugio de tus alas.

- Señor, te pido que levantes un estándar basado en Efesios 4:31 y elimines todos los efectos que la amargura, el enojo, la ira, las peleas, las calumnias y toda forma de malicia tuvieron en mí. Señor, rompe y anula todas las maldiciones generacionales, el refuerzo de estas maldiciones en los tiempos asignados en todos los lugares celestiales y todo castigo espiritual, mental y físico. Señor, por favor protege a los que se arrepientan y se conviertan de sus pecados generacionales, de la brujería y la idolatría.

- Señor, vuelve a alinearme con tu propósito y sana los receptores de las células que constituyen mi ser de manera que mi llamado divino y mi derecho de nacimiento sean cumplidos.

- Recibo y acepto la promesa de que ya no soy una presa del enemigo. Tú eres mi buen Pastor. Tú me alimentas y yo recibo tu pacto de paz, para que pueda habitar en forma segura. Escojo ser una bendición alrededor de tu santo monte y recibir las lluvias de bendiciones que prometes en las temporadas en que, habría fertilidad, productividad y crecimiento en mi vida. Yo sé que las cuerdas del yugo ya están rotas, y soy liberado de las manos y las palabras de aquellos que me han hecho una presa. Sé que te pertenezco a Ti, y que Tú estás conmigo. Abrazo mi restauración dentro del cuerpo de Cristo y la restauración de los sitios receptores de mi propio cuerpo.

- Señor, gracias por considerar mi causa y mi

aflicción, y liberarme a mí y a mis generaciones pasadas, presentes y futuras, porque yo no me olvido de tu ley. Señor, gracias por defender mi causa a través de las generaciones y restablecerme a mí y a mi línea familiar de acuerdo a tu Palabra. Porque confío en Ti, Señor, soy como el monte de Sión, que no se puede mover sino que permanece para siempre. Así que te doy las gracias, Señor, por liberarme a mí y a mis generaciones pasadas, presentes y futuras. Gracias por redimirme y restablecerme a mí y a mi línea familiar a través de las generaciones de acuerdo a tu Palabra. Porque así como las montañas rodean a Jerusalén, así Tú, Señor, me rodeas a mí y a mis generaciones familiares pasadas, presentes y futuras, desde ahora y para siempre.

- Gracias, Señor, que el cetro de la impiedad no reposará en la tierra asignada a los justos, porque la totalidad de tu Palabra es verdad, y cada uno de tus justos juicios dura para siempre. Señor, gracias por restaurar el Cetro de Justicia en mi vida y en mis generaciones.
- Señor, perdóname a mí y a mi línea generacional por cerrar las puertas de tu unción y bendición. Señor, por favor bendíceme ahora y abre las puertas de tu unción y bendición, y libera las bendiciones generacionales, los dones, los llamados, y la bondad que mi línea generacional no recibió.

Notas:

1. *avah* /aw · vaw /.
2. Isaías 59:3.
3. *sheqer.*
4. Bruce K. Waltke, Robert Laird Harris, Gleason Leonard Archer, *Vocabulario*

Teológico del Antiguo Testamento, edición electrónica (Chicago: Moody Press, 1999), 2461a.

5. Isaías 59:4.

6. Isaías 59:7.

7. Isaías 59:12–14.

8. *Enhanced Strong's Lexicon* – adder: *tsepha`* /tseh·fah or tsiphnaloniy tsif·o·nee. poisonous serpent. Una víbora, serpiente, o culebra.

9. Isaías 59:8–10: No hay paz cuando se indica que hay angustia mental. "Nosotros somos como hombres muertos" también denota angustia mental y física.

10. Isaías 59:15. Presa, aquí tiene la idea de haber sido robado.

11. Santiago 3:6

12. *11va. Edición Del Diccionario Merriam-Webster's* Contaminar—corromper la pureza o perfección de algo.

13. Κατάστατος *(akatastatos)* sin control, inestable, inconstante.

14. Santiago 3:14–16.

15. Envidia, en realidad significa el querer tomar lo que otros tienen y hacerlo mío.

16. Salmos 133:3.

Capítulo Veinte

Oración para Soltar la Libertad Financiera
PAUL L. COX

En el Entrenamiento de Discernimiento Avanzado y la Escuela de Exploración cerca de Perth Australia, en junio del 2006, Linda Cessano tuvo una visión sobre un hombre que sostenía un montón de dinero. En el sueño, Linda me pidió que discerniera las líneas saliendo del dinero. Yo podía sentir líneas que conectaban el dinero al corazón y la mente de la persona. También sentí líneas saliendo del dinero y conectando, los bancos, instituciones, a otras personas y a grupos de masonería. Linda entonces, le preguntó al Señor a que debería estar conectado el dinero. Su respuesta fue muy clara. Todo el dinero debería de conectarse a él, al Señor de la Creación.

El contexto para la formulación de esta oración era ¡personalmente interesante! Mi bisabuela vivió en Perth; sus padres habían sido enviados a Australia desde Inglaterra como criminales judíos gitanos. Ellos eran una familia, de entre los ciento sesenta y dos mil hombres y mujeres enviados a Australia entre 1787 y 1868. Lo más probable es que estaban en deuda y fueron desterrados como deudores. Los tiempos de aquel entonces eran muy difíciles en Australia. El país estaba lleno de pobreza y desesperanza. La población carcelaria eran típicamente esclavos, que eran gobernados por guardias de la prisión, quienes también eran pobres. La tierra en Perth es muy arenosa y no se presta para la producción de alimentos. La escasez de la comida era tan terrible que algunas mujeres se prostituían por ella. La desnutrición era tan frecuente que la estatura promedio de los hombres eran menor allí que en su tierra natal Inglesa.[1] Fue en Perth donde el Señor nos habló para llevarnos hacia la libertad financiera. La redención de la tierra de Australia, de mi línea familiar y de las líneas generacionales de los demás estaba a la mano.

La fase de descubrimiento de la oración puede ser a veces muy tediosa. Después de la palabra inicial, de la visión o de un sueño, se inicia la controversia. Como creyentes trabajamos juntos como uno, para poder escuchar al Espíritu de Dios y poder seguir su guía, es la unidad de aquellos en la escuela que da a luz la oración. Todo el proceso puede tomar más de una semana, y la construcción final de la oración misma puede tardar hasta ocho horas. Varias veces durante el proceso, el Señor envía ángeles u otros seres espirituales con mensajes que nos guían en el proceso. Dos mensajes fueron recibidos por los intercesores durante esa semana. Dale Shannon tuvo esta palabra:

(Dale nos ve a todos en un lugar celestial con los veinticuatro ancianos.)

Todo lo que te he dado, a mí me pertenece. Suelten sus tesoros. Lo veo a Él cortando las conexiones desde nuestros corazones hacia nuestros tesoros. Habrá una liberación de tesoros para ustedes cuando me suelten los tesoros. Destruyan las conexiones y las líneas a los tesoros. Luego, habrá una lluvia de tesoros que bajaran del cielo para ustedes. Es por eso que no han recibimos todas sus promesas y sus bendiciones, porque su corazón está conectado a los tesoros. Así que, corten las líneas de sus corazones y mentes para liberar los tesoros que son suyos en el cielo. Es más profundo de lo que pensaban. Por lo tanto, busquen en sus corazones y sus mentes por sus tesoros y entréguenselos al Señor. No se aferren a nada. Todo le pertenece al Señor.

Dale vio un toldo frenando las bendiciones y dones. Ellos están retenidos en el segundo cielo y Dios los liberara.

Habrá una transferencia de riqueza.)

Mimi Lowe recibió esta palabra:

¡Fornicación! ¡Fornicación! ¡La prostitución del corazón! ¿A qué has vendido tu corazón? Corta las conexiones impías entre tu corazón y lo que más valoras. ¿Qué es lo que más valoras? ¿Dinero? ¿Posesiones? ¿Posición? Estas son todas las idolatrías del corazón. Desconecta el dinero de la masonería, sociedades secretas, agendas secretas, operaciones encubiertas, administración impía de las iglesias, administración impía de las instituciones, la construcción de altares con dinero y financiación de prostitutas. Arrepiéntanse por no alimentar a los pobres y por no cuidar de la viuda y del huérfano. No veas el dinero con los ojos físicos, pero mira con ojos espirituales. El dinero es el recurso de Dios, no el tuyo. No son los dólares, ni los centavos. Todo el dinero le pertenece a Dios; viene de Dios y vuelve a Dios. ¡Suéltalo! ¡Suéltalo! ¡Suéltalo! Y Dios te lo dará a ti. Pero debes soltarlo primero, luego Dios te lo entregará a ti. ¿Dónde está tu corazón? ¿Dónde está tu corazón?

Ha sido parte de mi experiencia ver que el Señor nos habla de muchas maneras diferentes. A menudo, lo que parecen ser sueños irrelevantes se alinean con mensajes y experiencias angelicales, para formar una red, sobre la que el tapiz de una oración que puede ser tejida. Después de la escuela, de regreso a casa al sur de California, Dale Shannon tuvo este sueño que reforzó lo que se había escrito en Perth.

Tuve un sueño temprano en la mañana el diecisiete, cuando tú volabas de regreso a tu casa. Es extraño, pero creo que debo compartirlo. Yo estaba observando una situación. Un hombre (corto de estatura, de aspecto débil, con el pelo rubio) tenía dos hijas y no las estaba tratando muy bien. Probablemente estaban en sus veinte años, y él estaba usándolas para ganar dinero. Ellas vivían en una pequeña cabaña y hacían lo que él les decía. Tenían que vender su largo y hermoso pelo castaño y su pequeña cabaña, a una pareja de aspecto maligno. Yo estaba triste y enojado de que no hubiera nadie que las protegiera y proveyera para estas chicas y que ellas tuvieran que vender su cabello.

En la siguiente escena, Yo te estaba diciendo Paul, que había algo significativo en que tu regreso (a los Estados) fuera en el Día del Padre, sabiendo que eres un padre espiritual para muchos. Tu respondiste: "Hay algo de eso". Mi espíritu se agitó con respecto a la ausencia del padre en el Día del Padre, y yo estaba clamando por eso a Dios en el sueño.

Las chicas representaban los ministerios que están vendiendo su sabiduría y su gloria por dinero o ganancia financiera. Yo estaba molesto por la ausencia del padre de muchos y los problemas que eso nos trajo.

La visión original de Linda indicaba que el problema clave con las finanzas, pudieran ser los vínculos financieros con la masonería. Compartí con el grupo que algunos años atrás, se me acercó un pariente y me preguntó sobre cuestiones financieras. Mientras oraba con ella, fue claro que había masonería en su trasfondo familiar (su padre era grado 33 en la masonería). Al orar por las personas con dificultades financieras y lazos familiares con la masonería observe un patrón. Parecía que siempre que la línea familiar estaba vinculada a la masonería, el enemigo se aseguraba de que las finanzas no fueran un problema. Sin embargo, cuando un miembro de la familia decidía vivir una vida cristiana dedicada, sus finanzas pasaron a estar bajo maldición. Esa maldición fue pasada a la línea familiar.

La posibilidad de que las finanzas de la familia pudieran estar malditas a causa de un evento vinculado a la masonería, se convirtió en parte de la discusión sobre la libertad financiera. (Por supuesto, que una multitud de otros factores junto con la masonería pueden afectar las finanzas. Es esencial permitir que el Espíritu Santo guíe a cada persona y a cada familia en su propia búsqueda para encontrar toda la información necesaria, para obtener la libertad total en el ámbito de las finanzas.)

En las últimas horas de la escuela, estábamos finalmente listos para escribir la oración. Al compartir de nuevo la visión original de Linda Cessano y revisar las muchas otras palabras que habíamos recibido, el Señor comenzó a moverse en medio nuestro. Él nos trajo a memoria escritura tras escritura de la relación que debemos de tener con el dinero. El Señor nos llevó entonces a construir una oración de renuncia, para la forma en que nosotros y nuestras líneas generacionales hemos manejado y pensado sobre el dinero. Esta oración ha sido enviada a todo el mundo y muchos han reportado avances en sus finanzas después de orar la misma. Es nuestra oración que el Señor utilice esta oración para restablecer una conexión divina entre usted y su pasada, presente y sus potenciales finanzas futuras.

Seguida a esta oración hay una oración que fue escrita previamente sobre cómo romper la maldición de la pobreza en la línea familiar.

La Oración: Soltándonos a La Libertad Financiera

- Señor, me arrepiento por no haber tratado y valorado el reino de los cielos como debería y por haber cambiado el valor del reino de los cielos de acuerdo a los deseos de mi corazón, moviéndome en un reino terrenal. Señor, me arrepiento de preocuparme por las cosas de la vida como la alimentación y la ropa. Me arrepiento por acumular tesoros en la tierra donde la polilla y el orín corrompen, y donde los ladrones minan y hurtan.[2] Me arrepiento por haberte robado a Ti Señor, y por no darte libre y alegremente mis ofrendas a Ti con un corazón de amor.

- Señor, me arrepiento por amar al dinero, por servir a Mamón,³ por mi avaricia y codicia.
- Me arrepiento por la creencia de que el dinero es la respuesta a todo en mi vida. Me arrepiento por esperar que el dinero sea mi respuesta y mi amigo. Me arrepiento por renunciar a Ti como mi fuente de vida y por enfocar mis ojos en la búsqueda de la riqueza para mi propio daño y el daño a los demás. Me arrepiento por haber elegido servir a Mamón en lugar de servirte a Ti y por ello haber llenado mi vida de oscuridad. En el nombre de mis antepasados y del mío, yo renuncio a todos los acuerdos hechos con Mamón mediante el uso del dinero de manera impía y con fines impíos. Me arrepiento por ser de doble ánimo con el dinero e inestable en todos mis caminos. Yo elijo odiar a Mamón y amarte a Ti Señor, con todo mi corazón. Elijo poner mi tesoro donde está mi corazón, en el reino de los cielos, para que Tú lo utilices como lo decidas.
- Me arrepiento por creer que el dinero era mi defensa, mi seguridad y mi protección.
- Me arrepiento por creer que los cantos, los conjuros, el destino, la superstición y la suerte me proporcionarían el dinero que necesitaba.
- Me arrepiento por mí y por mi línea generacional por el uso de diversos pesos y medidas y por no pagarles a los empleados lo que se les adeuda. Me arrepiento por hacer del dinero, y no de Ti Señor, el centro de mi universo.
- Me arrepiento por el orgullo y toda ganancia de riquezas por medios deshonestos, y la vana búsqueda de la plata y el oro. Me arrepiento por mí y por mi línea familiar, por no ejercer mi responsabilidad de

pagar el dinero adeudado a los organismos gubernamentales. Me arrepiento por estafar, engañar, mentir y robar al gobierno. También me arrepiento por mantener una actitud de recelo y amargura en el pago de mis impuestos, haciéndolo de mala gana. Me arrepiento por no reconocer tu unción sobre el gobierno para atender las necesidades básicas en la vida de la comunidad. Me arrepiento por criticar, quejarme y maldecir a mi gobierno, por no proporcionar lo suficiente para la gente.

- Me arrepiento por mí y por mi línea generacional por buscar, aceptar atesorar, sacar provecho y gastar el dinero manchado de sangre. También me arrepiento por añadir dinero manchado de sangre a la herencia de mis hijos. En el nombre de mis antepasados, elijo perdonar a aquellas instituciones financieras que han embargado los bienes que respaldaban las hipotecas y robado propiedad que por derecho me correspondía a mí y a mis descendientes como herencia.

- Me arrepiento por mí y mi línea generacional por abandonar y sacrificar a mi familia, las relaciones, la tierra, la cultura e incluso mi fe en Dios para buscar oro y tesoros terrenales. Yo elijo buscar el tesoro máximo y definitivo de mi Señor Jesucristo con todo mi corazón.

- Me arrepiento en el nombre mío y de mis antepasados por creer en una mentalidad de pobreza y por ser tacaño con el cuerpo de Cristo. Yo declaro que Jesús vino a darnos vida, y vida en abundancia. Padre, en tu misericordia, libérame a mí y a mis generaciones futuras de las consecuencias que esto haya dejado en nosotros. Me arrepiento y confieso la mentira de que la santidad, la piedad o servirte a T i implica ser pobre, tener falta de necesidades básicas, vivir en la pobreza, estar siempre con necesidad y que los hijos nunca vayan a procurar su educación. Elijo creer y aceptar que Dios suplirá todas mis necesidades, que habrá herencia para mil generaciones, que mis descendientes no tendrán que mendigar por pan ni comida y que todas mis necesidades serán satisfechas.

- Me arrepiento por haber sido desconectado del río de la vida de la bendición infinita de Dios. Elijo estar conectado al río de la vida de Dios en el que Él me concederá la habilidad para adquirir riqueza para su reino. Me arrepiento de gastar el dinero en lo que no satisface, por no llegar a las aguas vivas de Dios para beber.

- Me arrepiento por mí y por mi línea generacional por endurecer mi corazón cerrando mi mano en contra de mis hermanos más pobres, sin ayudarlos en sus necesidades. Me arrepiento por no alimentar a los pobres, ni tener el cuidado de las viudas y los huérfanos. Me arrepiento por retener mis bienes y servicios para obtener precios más altos de los necesitados, especulando y perjudicándolos. Yo declaro que voy a abrir mi mano y mi corazón a los pobres, compartiendo mis recursos conforme Tú me guíes, de manera que nadie tendrá carencias, tu poder no será estorbado y tu gracia permanecerá. Me arrepiento por no traer la unidad en el cuerpo de Cristo. Elijo no retener nada de lo que me des para ayudar a los más necesitados. Jesús, rompe todas las maldiciones y el mal que han venido en contra mía y de mi línea generacional por exigir precios injustos a los necesitados. Señor, por favor libera tus bendiciones y tu gracia en mis negocios y comercio, especialmente para servir y apoyar a los más necesitados.

- Me arrepiento por mí y por mi familia por no recibir la herencia que Tú tenías para nosotros. Yo elijo ahora recibir la herencia, la abundancia y los regalos que Tú tienes para nosotros. Pido que lleguen con tanta abundancia que seremos capaces de dejar una herencia para nuestros hijos y nietos.

- Señor, te pido que por favor desconectes a mis antepasados, a mí y a mis descendientes de todo el dinero que estuvo ligado a la masonería, a sociedades secretas, a agendas secretas, a operaciones encubiertas, a la financiación impía de las iglesias e instituciones y del dinero ligado a la construcción de altares impíos o financiación de prostitutas.

- Señor, rompe la maldición del que siembra mucho y trae muy poco, de comer y no tener suficiente y la de ganar salarios sólo para ponerlos en una bolsa con agujeros.

- Señor, te pido que destruyas los conectores y limpies las líneas ley vinculados a los tesoros terrenales.

- Señor, conéctame solo contigo. Opto por no aferrarme a nada sino a Ti. Doy y entrego todo lo que tengo a Ti.

- Me arrepiento por mí mismo y por mi línea familiar por la creencia de que los dones del Espíritu Santo pueden ser comprados o vendidos. Rompo y quiebro la maldición de que el dinero en mi línea generacional y en mi vida perecerá conmigo. Me arrepiento por mi maldad y la maldad generacional y te pido que mi corazón sea restaurado a una buena relación contigo Señor.

- Señor, me arrepiento por hacer de mi dar una obligación para contigo y no un acto libre de mi amor. Señor quita la cubierta de la ley, y el toldo y el yugo que fue impuesto como una obligación en mí. Señor, permíteme vivir en tu gracia y en tu provisión.

- Te pido Espíritu Santo, que seas quien me dirija en lo que debo dar. Señor, haz que cuando esté dando y ofrendando, lo haga en una actitud de gratitud y amor. Elijo buscar y seguir tu orientación y guía en lo que doy.
- Señor, me arrepiento por no confiar en Ti y por no confiar en que Tú provees.
- En el nombre de mis antepasados y mío propio, e incluso en el de las generaciones futuras, elijo perdonar a aquellos que me han estafado, especialmente los bancos, instituciones financieras y agencias gubernamentales; perdono a los que me han cobrado a mí y a mis antepasados intereses usureros, y a los que han tratado de mantenernos en la pobreza, desheredando a nuestros hijos.
- Yo declaro que voy a estar contento en Ti y con mi salario, sean cuales fueren mis estados financieros en los que me encuentre.
- Señor, gracias por darme la creatividad para producir riqueza en semilla. Espíritu Santo, enséñame qué sembrar, qué segar y qué cosechar para tu propósito.
- Yo declaro que comeré del pan de vida con alegría y me deleitaré en tu abundancia.
- Declaro que soy uno de los muchos miembros del cuerpo de Cristo, en quien están guardados todos los tesoros escondidos de sabiduría y del conocimiento de Dios.
- Señor, por favor libera en mí la bendición y la alegría de dar libremente de acuerdo con tu voluntad para mi vida.
- Señor, ayúdame a ver el dinero con ojos espirituales,

sabiendo que es tu recurso y que te pertenece a Ti. Señor, por favor libera los tesoros que el enemigo me ha robado a mí y a mi línea familiar.

- Yo declaro lo que tu Palabra dice: Que Tú irás delante de nosotros y harás que se enderecen los lugares torcidos; que romperé en pedazos las puertas de bronce y cortaré los barrotes de hierro, que Tú nos darás los tesoros que fueron ocultados en las tinieblas y las riquezas escondidas en los lugares secretos; Tú eres el que da el poder para hacer riquezas y estableciste el pacto que juraste a nuestros padres, y yo sé que esa promesa es para el día de hoy; que es la bendición del Señor la que enriquece, y que no añades tristeza con ella; que el alma del generoso será prosperada hasta hacerse rico, y todo aquel que riega será también regado. Gracias por permitirme dejar una herencia a los hijos de mis hijos.

- Señor, dame un corazón circuncidado, de manera que Tú puedas liberar tu tesoro del cielo.[4]

Oración para Romper la Maldición de la Pobreza

- Padre, vengo en el nombre de Jesús con arrepentimiento por los pecados y las transgresiones de mis antepasados. Me arrepiento por toda la desobediencia a tus mandamientos, al darte la espalda y escuchar al enemigo o a otras personas. Padre, recibo la redención de toda maldición por la sangre de Jesús y te pido que rompas todas las maldiciones de pobreza en mi línea familiar y en mí. Declaro que la sangre de Jesús ha roto y anulado todas esas maldiciones.

- Señor, me arrepiento por cualquier persona que en mi línea familiar ofreció sacrificios que no eran favorables a Ti ni correctos. Me arrepiento por cualquier retención de los primeros frutos y de las mejores porciones, me arrepiento por todos los motivos equivocados y las actitudes erradas de sus corazones. Me arrepiento por la ira, el resentimiento y el derramamiento de sangre de mis hermanos. Señor, por favor perdona cualquier derramamiento de sangre y trae paz a la sangre derramada que clama por ella.

- Señor, rompe todas las maldiciones cananeas en mi contra, porque hoy yo digo:
¡Soy el guardián de mi hermano! Señor, por favor restitúyeme la tierra y restaura tu promesa de bendición y fecundidad. Señor, elimina cualesquiera marcas que habían en mí y rompe la maldición de vivir como errante. Padre, permítele a mi familia entrar en tu presencia otra vez como el pueblo elegido mediante tu pacto.

- Me arrepiento por todos mis antepasados que les negaron la justicia a los pobres, por todos los que se aferraron a la mala voluntad y por todos los que retuvieron el perdón a un hermano. Me arrepiento por cerrar mis oídos a los pobres, por la explotación de ellos, y por aplastarlos ante los tribunales. Me arrepiento por todos los que no perdonaron, sino que guardaron rencores y se amargaron en contra de aquellos que los trataron injustamente, explotándolos o aplastándolos.

- Señor, por favor, rompe y anula todas las maldiciones que otros hayan hablado en contra de mis antepasados o de mí mismo, debido a la culpa por nuestros pecados y transgresiones. Señor, por favor elimina cualesquiera maldiciones que hayan levantado muros de separación entre Tú y yo. Escucha mis oraciones de nuevo y por favor ábreme los ojos, los oídos y el corazón al entendimiento de todo lo tuyo.

- Me arrepiento por cualquier deshonestidad generacional, incluso la deshonestidad más pequeña, oculta, aceptada o que se haya justificado a sí misma.

- Me arrepiento por cualquiera de mis antepasados que no perdonaron o condonaron las deudas en tu tiempo Señor y que ignoraron a los pobres. Me arrepiento por toda la dureza de corazón, la tacañería y la falta de perdón. Señor, restaura la misericordia y la alegría para dar en mi línea generacional. Por favor, bendíceme tal como prometiste en tu Palabra.

- Señor, me arrepiento por la idolatría generacional, por toda desobediencia y por no seguir tus mandamientos. Me arrepiento por no servirte a Ti con alegría y con gozo en mi época de prosperidad.

- Señor, por favor rompe y anula todas las maldiciones enviadas en contra de nosotros que trajeron plagas de langostas y gusanos, Señor, rompe todos los cielos de bronce y suelos de hierro. Por favor, libera a todos mis hijos e hijas de su cautividad y detén la destrucción. Señor, por favor elimina todos los yugos de hierro, toda ceguera, opresión y espíritus de robo. Señor, por favor rompe las maldiciones del hambre, la desnudez, la pobreza extrema y la esclavitud.

- Señor, me arrepiento por cualesquiera de mis antepasados que fueron infieles, codiciosos, desobedientes, ladrones o mentirosos. Me arrepiento por romper el pacto y por codiciar o conservar las cosas de los paganos y por no destruirlas totalmente, como lo ordenaste.

- Señor, por favor rompe cualquier maldición que sobrevino a mi familia por el mal que cometió, sobre todo la maldición de la destrucción por el fuego.

- Me arrepiento por todos mis antepasados que hicieron el mal, tratando de controlar, exasperar y abusar de los pobres. Señor, me arrepiento por cualquiera en mi línea generacional que aportó fianzas o préstamos por otro. Señor, por favor perdona cualesquiera deudas incumplidas. Rompo todos los pactos impíos, los juramentos y las alianzas hechas en ese sentido. Señor, elimina todas las trampas o cepos de las palabras que han salido de mi boca. Por favor, rompe y anula todos los espíritus perezosos, vagos y adormecidos en mí, y restaura la sabiduría y la ambición por todo lo tuyo.

- Me arrepiento por todos mis antepasados que excesiva e indebidamente retuvieron el dinero de los demás y por todos los que depositaron su confianza en las riquezas, en lugar de depositarla en Dios. Me arrepiento por todos los que ignoraron la disciplina y la corrección, principalmente la de Dios. Me arrepiento por toda la codicia, los sobornos, y aun por las charlas ociosas y la jactancia. Me arrepiento por la inactividad, la inoperancia, el bajo rendimiento y por no cumplir mi palabra.

- Señor, rompe y anula todas las maldiciones de la injusticia, del alejamiento, del aislamiento y del rechazo, por favor rompe asimismo toda pared levantada entre los demás y yo, y entre Tú y yo. Por favor, devuélvele el honor a nuestra familia.

- Señor, me arrepiento por mí y por todos mis antepasados por ser mentirosos, precipitados, orgullosos, arrogantes, egoístas y amantes del mundo y sus placeres. Me arrepiento por nuestra falta de diligencia, por la opresión y la explotación de los más necesitados, y por el favoritismo. Me arrepiento por todo rechazo en contra de Dios y por cualquier maldición o blasfemia lanzada en contra de Dios.

- Señor, me arrepiento por todo el aletargamiento, la pereza, la negligencia y la falta de juicio en mi línea generacional; me arrepiento por cualquier persona en mi familia que haya cobrado intereses exorbitantes. Me arrepiento por cualquiera y todos los pecados ocultos de mi familia. Me arrepiento por el orgullo espiritual de aquellos, que pudiendo hacerlo, no se arrepintieron.

- Me arrepiento por cualquiera de mis antepasados que persiguieron fantasías porque fueron tacaños, avaros y codiciosos. Me arrepiento por todos los que no lucharon contra la injusticia, los que fueron injustos y cerraron sus oídos a los gritos de los pobres y necesitados.

- Señor, rompe y anula todas las maldiciones de pobreza, sácalas fuera de mí y cambia mi corazón.

- Señor, me arrepiento por mí y por cualquiera en mi familia que siguió las palabras engañosas y confió en su identidad social o religiosa, creyendo que obtendría la salvación. Me arrepiento por la injusticia y la opresión en contra de los extranjeros, las viudas y los huérfanos. Me arrepiento por toda la idolatría, por todos los sacrificios impíos y sus cultos y adoraciones, por todo derramamiento de sangre inocente, por el robo, el adulterio, el perjurio y el asesinato cometidos por mí mismo y por mi línea generacional. Me arrepiento por toda nuestra reincidencia, rebelión, desobediencia, orgullo y por todo orgullo espiritual. Señor, por favor rompe y anula todas las conexiones y el control que la reina del cielo tiene sobre mi familia, restaura por favor en mí una sinceridad incondicional. Por favor, haz mi corazón puro, noble, fiel y sensible a Ti.

- Señor, me arrepiento por toda nuestra idolatría generacional y te pido que retires cualquier espíritu de prostitución que haya en mi corazón. Me arrepiento por toda la corrupción, la culpa, el pecado, la arrogancia y la infidelidad. Señor, me arrepiento de toda la ilegitimidad que existió en mi línea familiar.

- Señor, por favor libérame de los enemigos espirituales de las finanzas justas: las polillas, la putrefacción, los leones, la enfermedad y las llagas. Restaura tu pacto conmigo, tal como lo prometiste.

- Señor, me arrepiento por todos mis antepasados que eran jactanciosos y orgullosos de su posición económica, de su posición social y de su autoridad. Yo renuncio a todo el amor al pecado o la iniquidad. Me arrepiento por mí y por todos los que en mi línea familiar se convirtieron en acaparadores cómodos y egoístas que confiaron solamente en sus riquezas. Me arrepiento por todos los que vendieron su justicia, y por todos los que esclavizaron a otros, así como por los que pisotearon y abusaron de los pobres. Me arrepiento por todos los que fueron mezquinos, tacaños y controladores de las riquezas.

- Señor, elimina cualquier maldición que me impidió disfrutar del fruto de mi trabajo. Por favor ponle fin, rompe en mí cualesquiera maldiciones de pobreza que se han transmitido a través de mi línea generacional, desde Adán hasta mí. Señor, por favor rompe en mí todas las maldiciones que han declarado que: "nunca habrá lo suficiente". Señor, por favor restáurame un bolso de mano o una cartera nuevos, sin ningún agujero. Rompo todas las maldiciones de carencia, escasez, reducción, robo, pérdida, desgracia, destrozo, moho y granizo.

- Señor, me arrepiento por mí y por todos aquellos en mi línea familiar que fueron controladores, engañadores, estafadores, y por poner cargas impías en los demás. Me arrepiento por tratar de agradar a los hombres más que a Dios, y por aceptar la alabanza, el honor, la adoración o la autoridad y los títulos impíos de los hombres. Yo renuncio a todos los espíritus religiosos, legalistas, a la exaltación propia y a la hipocresía. Me arrepiento por mí y por toda mi línea generacional por no entrar por la puerta del cielo y por cerrarla a los demás. Me arrepiento por ser un guía ciego, y te pido Señor que rompas todos los juramentos, pactos, compromisos, dedicatorias y las alianzas hechas con los impíos. Me arrepiento por todos los sacrificios impíos e hipócritas y por cualquier sacrificio hecho en un altar profano. Me arrepiento por ser injusto, cruel, desleal, infiel, codicioso e indulgente conmigo mismo. Me arrepiento por albergar el pecado o la maldad en mí. Me arrepiento por mí y por mi línea generacional, por rechazar, burlarse, insultar y por matar a los profetas y los mensajeros de Dios. Yo renuncio a cualquier orgullo espiritual que se rebele contra el arrepentimiento, y aplico la sangre de Jesús a todas las raíces de la iniquidad. Me arrepiento por todos mis antepasados que no creyeron o se negaron a declarar que Jesús era el Señor.

- Señor, dame la mente de Cristo en las áreas y asuntos de finanzas.

- Me arrepiento por mí y por mis antepasados que han cometido adulterio con la reina de Babilonia y que han disfrutado o se han beneficiado de su opulencia y deleites. Señor, rompe todas las ataduras y las conexiones impías con la reina de Babilonia. Me arrepiento por mí y por aquellos que en mi línea familiar no quisieron salir del dominio de la reina de Babilonia. Señor, elimina todas las consecuencias y las plagas que fueron un resultado de cualquiera de las alianzas con la reina de Babilonia. Por favor elimina todas las plagas de la muerte, del luto, del hambre y del fuego del juicio.

- Señor, guíame por medio de tu Espíritu y tu Palabra en el uso piadoso y conforme a Ti de las riquezas, y enséñame a ser un siervo fiel.[5]

Notas:

1. Para mayor información sobre la historia de Australia, favor de leer el *The Fatal Shore: The Epic of Australia's Founding* by Robert Hughes. (Sin título en español) (New York: Random House, 1986).

2. Mateo 6:19–34.

3. La riqueza material o posesiones, especialmente como tener una influencia degradante. Mateo 6:24: "Tú no puedes servir a Dios y a mamon".

4. Génesis 8:22; Deuteronomio 8:18, 10:16, 15:7–8; Salmos 62:6; Proverbios 10:22, 11:25–26, 13:10–11, 13:22,8,11, 20:13; Eclesiastés 5:10, 7:12, 10:19; Isaías 45:1–3, 55:1–2; Hageo 1:5–6; Mateo 6:21, 13:44–66, 13:19–24, 22:19–22, 27:6; Lucas 3:14, 12:22–23; Hechos 4:32–35, 8:18–24; 1 Corintios 12:12; 2 Corintios 8–9; 1 Timoteo 3:2–3, 6:10; Hebreos 13:5; Apocalipsis 3:17–18.

5. Génesis 3:1–7, Génesis 12; Deuteronomio 2:13, Deuteronomio 28; 1 de Samuel 15:22–25; Proverbios 3:5–6; Isaías 11:1–2, 14:13–14; Lucas 11:52; Juan 17:21; 1 Corintios 10:23; Colosenses 1:9, Colosenses 2; Santiago 3:1–12; 1 Juan 5:20.

Capítulo Veintiuno

Oración para Establecernos Como Piedras Vivas

PAUL L. COX

Con los años he aprendido que el discernimiento de la revelación es progresivo. A menudo, la nueva revelación comienza simplemente sintiendo algo que no entiendo. Mientras que otros sienten lo mismo, se reciben palabras y se va obteniendo un nuevo entendimiento, se establece un fundamento para el discernimiento adicional. Luego, en el transcurso de varios meses o años, Dios construye esa revelación. Así es la revelación de las "piedras vivas".

Comenzó en el comedor del Aslan's Place, hace varios años atrás, cuando me di cuenta de que el lugar estaba extremadamente frío. Fui a otras habitaciones y noté que no estaban tan frías. Un intercesor en el comedor también sintió el frío inusual. Decidí llamar a mi hijo, Brian y le pregunte que vio. No vio nada, pero a medida que escuchaba al Señor, recibió la palabra *stoicheia*. Sabíamos que otros intercesores en el Aslan's Place habían escuchado recientemente la palabra *stoicheia*, como parte de una sesión de ministerio o en una visión. ¿Que estaba tratando de enseñarnos el Señor?

La palabra en griego *stoicheia* es mencionada en cuatro pasajes del Nuevo Testamento:

Tienen que obedecer a sus tutores hasta que cumplan la edad establecida por su padre. Eso mismo sucedía con nosotros antes de que viniera Cristo. Éramos como niños; éramos esclavos de los principios (stoicheia) espirituales básicos de este mundo. (Gálatas 4:2–3)

Así que ahora que conocen a Dios (o mejor dicho, ahora que Dios los conoce a ustedes), ¿por qué quieren retroceder y convertirse otra vez en esclavos de los débiles e inútiles principios (stoicheia) espirituales de este mundo? (Gálatas 4:9)

No permitan que nadie los atrape con filosofías (stoicheia) huecas y disparates elocuentes, que nacen del pensamiento humano y de los poderes espirituales de este mundo y no de Cristo. (Colosenses 2:8)

Ustedes han muerto con Cristo, y él los ha rescatado de los poderes (stoicheia) espirituales de este mundo. Entonces, ¿por qué siguen cumpliendo las reglas del mundo? (Colosenses 2:20).

Stoicheia se define como algo ordenado en su disposición, por ejemplo, (por implicación) una serie (basal, fundamental, inicial), constitutivo (literalmente), proposición (en sentido figurado): Elementos básicos "tales como las letras del alfabeto o los elementos básicos del universo - tierra, aire, fuego y agua".[1] *Stoicheion* se usa en plural, para significar principalmente las primeras cosas, desde las cuales otros en una serie o un conjunto toman su lugar. La palabra denota "un elemento, primer principio" (de *stoichos*, una fila, rango, series)".[2]

Clinton Arnold escribe que la interpretación de *stoicheia* como entidades espirituales personales es el punto de vista más común.[3] En otras palabras *stoicheion* son seres vivos que son elementos "base" de la creación. Así que, ¿qué significa eso?

Yo ni siquiera estaba buscando la respuesta cuando llegó. En septiembre del 2006 yo estaba en Trenton, Ontario, Canadá. Acababa de terminar una conferencia en Toronto Airport Christian Fellowship con Randy Clark. La noche que terminó la conferencia, paré de dormir. Después de varias noches de no dormir, estaba desesperado por entender el por qué. Mientras hablaba con otros en los Estados Unidos, me compartieron, que ellos también estaban teniendo grandes dificultades para dormir. ¿De qué se trataba todo esto?

Durante esos días y noches sin dormir, Amybeth Brenner de Nueva Jersey había estado tratando desesperadamente de ubicarme por teléfono. Cuando finalmente pudimos hablar, yo estaba sorprendido por lo que ella me compartió.

Ella estaba teniendo problemas para dormir también, y el Señor le había puesto la impresión de que me contara sobre un sueño que había tenido el año anterior, en julio del 2005.

Era de noche y con luna llena. Podía ver la luna brillando en lo alto de las olas pequeñas. Mientras caminaba por la orilla, una mujer estaba parada a mi derecha y un hombre estaba de pie a mi izquierda. Mi padre miró a la mujer y tuve la sensación de que quería que me casara con ella. Miré a mi padre y le dije, si ella te gusta tanto, estate tú con ella. Y me fui enojada.

Alejándome de esa escena, noté remolinos de agua, como si la marea estuviera precipitándose contra la costa. Mientras caminaba a lo largo de las rocas de la costa, un brazo blanco salió por debajo de las rocas y me paralizó. Escuché la canción "Mary Jane's Last Dance" ("El Último Baile de Mary Jane) que estaba tocando.

Me di cuenta de que estaba atrapada en el tentáculo de un pulpo

de color blanco opaco. El pulpo se parecía al hombre chino de *Karate Kid*; me habló y me dijo que quería bailar conmigo. Él pensó que yo lo escogería, después de que la canción "Last Dance" paró de sonar. Yo estaba buscando una forma de escapar.

Mientras Amybeth buscaba del Señor para recibir revelación acerca el sueño, se dio cuenta de que este pulpo estaba atado a la impotencia en su vida. Vio que el pulpo estaba en la parte de atrás de su cuello y sus brazos se deslizaban hacia un conector en la base de su cabeza y estaban envueltos alrededor de su cerebro. De alguna manera, estos brazos afectaban los conflictos emocionales internos.

Mientras hablábamos por teléfono, sentí al pulpo detrás de mí. Lo discerní inmediatamente. Era un *stoicheia*, un espíritu elemental.

Previamente, el Señor me había enseñado que hay un manantial espiritual que sale de la parte posterior del cuello.[4] Parecía que este espíritu elemental, sacaba de alguna manera el poder de la gente, mientras flotaba en este manantial. El resultado de este poder "chupador de vida" fue la falta de sueño y la impotencia. También parecía que este mal estaba afectando de alguna manera los campos electromagnéticos normales, de los cuerpos físicos a los que se adhería. Era casi como si se tratara de un "sistema de electrólisis" impío.

Era el momento para la acción. Le pedí al Señor que quitara al pulpo. ¡Inmediatamente, sentí un cambio! En lugar del pulpo, sentí un espíritu elemental justo. Un intercesor que estaba conmigo en la habitación, miró al espíritu elemental justo; él dijo que tenía la apariencia de un cubo. Una oleada de poder y una unción como un electroshock cayeron sobre mí. ¡Esa noche dormí por primera vez en casi una semana! Habíamos descubierto una nueva verdad, pero ¿qué significa todo esto? Más revelación estaba por venir.

En la escuela de Ministerio de Trenton, Ontario, Canadá, el Señor envió muchos ángeles con mensajes sobre esos espíritus elementales. Intercesor tras intercesor comenzaron a hablar:

> En el centro de la sala, veo una sección de un cubo de Rubik que mide 50,8cm. x 50,8cm. Los más pequeños, los cubos individuales son de aproximadamente 40,64cm. x 40,64 cm. x 40,64cm. La gran sección está girando en sentido contrario a las agujas del reloj, en un eje en el centro de la habitación. A medida que gira, los cubos estaban girando en otro eje (plano) moviéndose en el sentido contrario a las agujas del reloj con respecto al primer eje.
>
> Cada cara de cada lado es de colores, todos diferentes.
>
> En otro plano, veo las ecuaciones de la tabla periódica.
>
> Algunos de los videntes están viendo llaves; ellos habían visto y oído antes sobre ellas en palabras proféticas previas.[5] Las llaves están en los planos restantes; entendemos que son las claves para realinear los cubos para que la tabla periódica pueda volver al orden.

Es como si todo estuviera fuera de alineación, y necesitaba ser desbloqueado para restaurar el orden, para traer de regreso todos los planos en alineación con el centro de todo.

En la superficie de los cubos hay colores-azul, rojo, amarillo. Los elementos de la tabla periódica están en el lado opuesto a la cara principal. Hay un orden correcto para la tabla. Hay una llave para esto. En el centro está la luz.

Aquí está una de las llaves. Tiene que ver con la luz natural que contiene todos los colores (sic). Estos tienen que ser reajustados, así podemos reflejar su luz.

Yo te daré las llaves de realineamiento. Voy a descargar los misterios del Reino de para soltarlos en la tierra a través de mi iglesia. Voy a soltar mi poder, mi amor y mi revelación. Voy a revelar mi poder, mi amor y mi revelación a mi iglesia. Mi revelación sobrepasará los descubrimientos más recientes de la física cuántica. Estoy a punto de abrir las puertas del Reino de los Cielos a mi iglesia de una manera que ella no lo ha visto antes.

Vengan ante mí y prepárense, porque yo tengo mucho que dar, para que el mundo pueda conocer mi amor. Así puedo traer a mi pueblo a la plenitud de mi vida. Es la vida abundante. Será completa, entera, y perfecta. Ustedes entrarán en mi descanso en esta vida y liberaran mi amor a un mundo que no lo conoce y los traerán hacia mi amor y hacia la vida.

Recibimos mucha revelación en la escuela en Trenton, pero la imagen seguía estando incompleta. Se necesitaría una sesión de oración extraordinaria en el Aslan's Place para incrementar mi entendimiento sobre esto.

Todo comenzó cuando una mujer regresó a la casa de Aslan para recibir ministración. La primera parte de la ministración con ella había sido extremadamente difícil y agotador. El nivel de demonización era grave y no entendíamos la raíz del ataque en su contra. ¿Dónde podríamos ir desde este punto?

Mientras oraba con ella, tuve la impresión repentina de que capas del mal la rodeaban. Con mi mano, percibí capas verticales del mal que irradiaban desde el centro de su cabeza lejos de su cuerpo. También discerní capas horizontales en la parte delantera de ella y más capas en una circunferencia alrededor de ella. De inmediato supe que había algún tipo de tablero de ajedrez tridimensional entre otras cosas, a su alrededor y frente a ella. Estaba sintiendo en realidad capas de diferentes series de cubos de ocho por ocho (sesenta y cuatro). Discerní que estos cuadrados o cubos en el tablero de ajedrez, se sentían como espíritus elementales y que los cubos eran alternativamente impíos y justos. Más revelación vino cuando me di cuenta que era una verdad que el Señor estaba tratando de darme sobre el número ocho. ¿Y ahora qué?

Aunque no entendía el por qué, hay una función importante del número ocho en los espíritus elementales. Un tablero de ajedrez se compone de sesenta y cuatro casillas (cubos dimensionales), que es ocho por ocho. Ocho parece ser un número clave en la Creación. Según la Gematria o alfabéticos, el número de Jesús es 888. Los ciclos del sol son de cada ocho días así que una parte diferente del sol mira a la tierra. Cada octava nota musical es similar a la primera en una serie de siete notas. Cada octavo elemento en la tabla periódica es similar al primero en una serie de siete elementos. Una supercomputadora se ejecuta en un sistema de base de ocho. Hay sesenta y cuatro capas (ocho veces ocho) en el canal de parto de una mujer. El cerebro tiene ocho secciones. El ocho es un número muy importante en la alquimia. Entre los Pitagóricos, el número ocho era estimado como el primer cubo, formado por la multiplicación continua de dos por dos por dos, y significaba amistad, prudencia, consejo y justicia. A medida que el cubo o la reduplicación del primer número par, el ocho fue hecho para referirse a la ley primitiva de la naturaleza, que supone que todos los hombres son iguales. Hay sesenta y cuatro elementos de la tierra que vibran con la atmósfera de la tierra. Estos sesenta y cuatro elementos se encuentran en la sangre humana.[6] Sesenta y cuatro es clave en la composición del ADN. En 1953, James Watson y Francis Crick desarrollaron el modelo tridimensional del código genético (por lo que recibieron el Premio Nobel en 1962). Ellos encontraron que el material genético es un código bioquímico que crea una formación de doble hélice. Esta doble hélice es como una escalera de caracol. Los escalones horizontales de la escalera llevan el material genético único. Los peldaños de la escalera helicoidal deletrean el código de ADN. Cuatro bases de nucleótidos diferentes (A, T, G, o C) se encuentran en los peldaños de esta escalera. Dado que el código del nucleótido es de veinte aminoácidos, se requiere una secuencia de al menos tres bases. Una secuencia doble sólo proporcionaría 4 veces 4 (dieciséis posibilidades) que no es suficiente. Una secuencia triple ofrece 4 veces 4 veces 4 (o sesenta y cuatro posibilidades), que es más que suficiente. Por lo tanto, hay sesenta y cuatro códigos únicos en el ADN.[7]

Sin saber qué hacer, en la ministración a aquella mujer con este tablero de ajedrez de cubos de ocho por ocho, le pregunté al Señor por dirección. Tuve una fuerte sensación de que estos espíritus elementales eran neutrales; que estaban contaminados por el mal o no contaminados por el mismo. Entonces, le pedí al Señor que limpiara el mal en los espíritus elementales contaminados. Yo no estaba preparado para lo que sucedió después. De repente, la señora por la que estábamos orando recordó algo nuevo, ¡algo que no se había acordado antes! Con esta oración, el Señor abrió algo importante para nosotros. Desde entonces, muchos otros que han hecho esta oración han experimentado recuerdos claves que han estado completamente perdidos en la conciencia.

Aprendiendo sobre las piedras vivas continuaba. ¡Yo estaba sobresaltado por el siguiente nivel de revelación! Parecía ser cierto. Los espíritus elementales que son un cubo en un cubo, en un cubo (como el cubo de Rubik) son en realidad los elementos de la tabla periódica. Esto tiene mucho sentido. Si usted recuerda la definición de *stoicheia*, establece que estos elementos son seres y que estos seres son los bloques básicos de edificación de la Creación. ¡Ahora tenía sentido! Los bloques de construcción de la Creación, los elementos de la tabla periódica son entidades vivientes y constituyen los bloques de construcción de toda materia. ¿Podría ser? Si esto fuera cierto, entonces tal vez el Señor, nos estaba dando una nueva clave para la sanidad. Si los bloques básicos de construcción de la Creación pueden ser limpiados, entonces tal vez un nuevo nivel de sanidad y de libertad será hecho manifiesto.

Habíamos recÍdemo y discernido muchas piezas de revelación sobre piedras vivas, pero no se unieron en oración hasta octubre del 2006. Más de setenta de nosotros nos habíamos reunido para ver lo que el Señor nos diría en la mayor escuela avanzada en la historia del Aslan's Place. Fue en esta escuela que el Señor nos dio la Oración para Establecernos como Piedras Vivas.

Desde entonces, el Señor nos ha dado más y más revelación. A menudo, en las sesiones de oración, el Señor revela elementos de la tabla periódica que están contaminados y necesitan ser limpiados por su poder. Al seguir su dirección, hemos visto a muchos ser sanados. Él continúa diciéndonos que hay más revelación acerca de esto por venir.

En junio de 2007, volvimos a Trenton, Ontario, Canadá, y el Señor inició algo de la revelación adicional acerca de estos espíritus elementales. A menudo, durante alguna de estas escuelas, los ángeles (la palabra *ángel* significa *mensajero*) se presentan y un mensaje es recÍdemo por un intercesor. Mimi Lowe de Toronto, Canadá, recibió esta palabra.

> Somos espíritus elementales. Somos cubos dentro de un cubo. Somos el cubo dentro del cubo, dentro de un cubo y en el centro está una fuerza de vida. Es esa luz la que ha sido contaminada. No se olviden el color elemental dentro del cubo, dentro del cubo, dentro del cubo. En el centro de todo esto hay colores, que son llaves. Ahí es donde ustedes obtienen sus colores primarios. Hay una ecuación que aún no se ha descubierto.

Persis Tiner de Los Ángeles, California, recibió esta palabra:
Luz, Alineamiento, Movimiento, Poder, Autoridad. Continúa excavando. Hay una llave. Hay más. Hay una llave, hay más.

Dos meses después de que el Señor nos dio la Oración para Establecernos como Piedras Vivas, yo estaba con Patricia King y varias otras personas proféticas en Mariposa, Arizona. Me quedé muy sorprendido cuando Stacy Campbell dio la siguiente palabra. ¡Qué tremenda confirmación de lo que el Señor nos había estado hablando!

Y cuando Juan el Bautista dijo: "He aquí el Cordero de Dios", todas las estructuras – fueron rotas. Se vinieron abajo -se cayeron- literalmente se cayeron. Primero en su cuerpo, luego en lo natural en el año 70 DC. Todo lo que sabían, se vino abajo. Porque somos piedras vivas. ¡Piedras vivas! ¡Piedras vivas! La vida no está en la forma. La vida está en la piedra. El ADN está en el ladrillo. Dios está edificando su iglesia y la revelación final de la iglesia en el cielo no es ni siquiera la novia, es una ciudad, una ciudad hecha de piedras. La iglesia, como ya sabes ¡nunca será la misma! Y esta es la llave - la vida está en los ladrillos. Las piedras vivas. ¡Ellas están vivas! ¡Ellas están vivas! ¡Ellas están vivas! ¡Ellas están vivas y contienen su Espíritu! Así que la clave no es discernir la forma, la clave es discernir el ladrillo.

La Oración: Estableciéndonos Como Piedras Vivas

- Padre, en el nombre de Jesús, vengo ante tu trono. Me arrepiento por estar tan pegado y enfocado en el pasado, que he sido incapaz de ver tu llamado para mí.

- Me arrepiento porque no supe discernir correctamente tu presencia.
- Me arrepiento por no reconocer tu presencia cuando Tú has reconocido la mía.
- Me arrepiento de pedirte cosas que Tú ya has hecho o que estás haciendo.
- Señor, me arrepiento por no usar las llaves que me has dado para abrir los misterios del Reino de los Cielos.
- Padre, me arrepiento de recurrir al hombre por sabiduría, por conocimiento, por comprensión y consejo, y por buscar en mi carne el poder, la fuerza y habilidad. Perdóname por ser arrogante, irrespetuoso, y por no honrar tu Espíritu, incluso cuando sale y se manifiesta a través de otros. Así como Tú me perdonas, te pido Señor. que restaures en mí el temor reverencial y obediente al Dios poderoso.[8]
- Señor, quiero arrepentirme por mí y por cualquier persona de mis generaciones pasadas que hablaron con dureza contra tu cuerpo, la iglesia, y en contra de los hermanos. Señor, me arrepiento por haber entrado en acuerdo con cualquiera que habló en contra del cuerpo de Cristo. Señor, elijo hoy bendecir a todo tu cuerpo y hablar salud e integridad a esas cosas que aun no entiendo de tu cuerpo.
- Jesús, me arrepiento por estar de acuerdo con el espíritu de esclavitud, por la elección de estar sometido a la ley y por no optar por ser libre como le corresponde a un hijo o una hija tuya. Elijo dar a luz en lo sucesivo a todas las promesas de Dios y su herencia en mí. Declaro que este es el tiempo

establecido por el Señor y que voy a estar alineado con la Nueva Jerusalén.

- Señor, me arrepiento por aferrarme al mundo en lugar de aferrarme a Ti Señor, me arrepiento de quedar atrapado en las adicciones generacionales más que en tus bendiciones generacionales. Pido tu perdón y tu redención para el resto de mis días.

- Padre, me arrepiento por mí y por mi línea generacional, por ser con frecuencia personas que agradan a la gente en vez de agradarte a Ti, Dios. Declaro por mí y por mi familia, que el día de hoy, en estos momentos, estamos atravesando esa línea para servirte. A partir de este día y en adelante, soy y voy a seguir siendo una persona que busca agradar a Dios en lugar de complacer al hombre.

- Señor, te pido que me perdones por no confiar en Ti. Señor, te pido que desenredes mis pies atados. Te pido que me perdones por no ser capaz de saltar las cercas de las ofensas, los delitos y transgresiones. Te pido que sigas mostrándonos nuestra herencia, para que podamos recibir todo lo que Tú ya nos has dado.

- Yo elijo arrepentirme y perdonar a todos aquellos que en mi línea familiar han estado involucrados en el satanismo y en el control de la mente colectivo, esforzándose por pervertir y abortar los planes y promesas de Dios para nuestras vidas.

- Padre, yo perdono todos las ofensas que me han traumatizado tanto a mí como a mis generaciones pasadas. Te doy gracias por limpiar todos los senderos y los lugares celestiales impíos, para que yo pueda estar sentado con Cristo en los lugares celestiales.

- Te doy las gracias por redimirme de mi pasado. El pasado no es mi identidad. Dejo el pasado a tus pies

y opto por seguir la vocación, el llamado y la herencia que tienes para mí.
- Elijo ahora tomar la llave de la fe para desatar mi herencia y que pueda dar un paso adelante en mi derecho de nacimiento, mi llamado y mi unción. Elijo ser un restaurador de todas las cosas.
- Quiero tener fe como Abraham, que buscó diligentemente la ciudad cuyo arquitecto y constructor es Dios. Ayúdame a fijar mis ojos en tu propósito, tu voluntad y tu plan para mi vida.[9]
- Te doy gracias porque me has hecho tu hijo.
- Señor, desconéctame de las cosas de la tierra y quita el pecado y las trampas que tan fácilmente me han enredado[10] y estorbado, evitando que corra la carrera que tengo por delante.
- Padre, te pido que establezcas tu gloria en mí, sé mi retaguardia.[11] Señor, por favor, establece tu plomada entre mi hombre interior y tu trono.
- Señor, recuerdo tu cuerpo que fue quebrantado y traspasado por mí, y tu sangre que fue derramada por mí. Acepto el sacrificio que hiciste por mí en la cruz.
- Señor, elimina toda la contaminación de los espíritus elementales.[12] Reconozco que esta contaminación proviene de las tradiciones humanas y de los principios básicos del mundo y no de Cristo.[13]
- Señor, vuelve a alinear mi espíritu, alma y cuerpo a tu plomada.[14]
- Señor, así como creaste a Adán del polvo de la tierra y soplaste en él tu aliento de vida, de esa manera sopla en los elementos de mi vida.
- Yo elijo morir a mí mismo y morir para el mundo, y pongo mi vida como un sacrificio vivo para Cristo.[15]
- Declaro que mi corazón no solo será animado y

entrelazado en amor con otros creyentes, sino que va a alcanzar toda la riqueza que proviene de la plena seguridad del entendimiento que da como resultado el verdadero conocimiento del misterio de Dios, que es Cristo mismo.[16]

- Declaro que soy una piedra viva que funcionará en unidad con el cuerpo de Cristo.

Notas:

1. James Strong, *La Concordancia Exhaustiva de la Biblia: Mostrando Cada Palabra del Texto de la Versión Común del inglés de los Libros Canónicos, y de Cada Palabra en El Orden Original, edición electrónica.* (Ontario: Woodside Bible Fellowship, 1996).

2. W. E. Vine, Merrill F. Unger y William White, Jr., *Diccionario Vine Expositivo del Antiguo y del Nuevo Testamento.* (Nashville: Thomas Nelson, 1996).

3. Clinton E. Arnold, *Poderes de la Oscuridad.* (Downers Grove, IL: Intervarsity Press, 1992).

4. Eclesiastés 12:6.

5. La palabra profética viene a menudo como información que se va desplegando debido a que la revelación futura es necesaria para entender las palabras del pasado.

6. http://www.bibliotecapleyades.net/scalar_tech/esp_scalartech04.htm

7. *Wikipedia.* s.v. "DNA," http://en.wikipedia.org/wiki/DNA.

8. Isaías 11:2.

9. Hebreos 11:10.

10. Hebreos 12:1.

11. Isaías 58:8.

12. Gálatas 4:3–5 , 9; Colosenses 2:8, 20.

13. Colosenses 2:2.

14. Zacarías 4:10; Amós 7:8.

15. Romanos 12:1–2.

16. Colosenses 2:2.

CAPÍTULO VEINTIDÓS

Oración para Soltar la Intimidad con el Señor
PAUL L. COX

En la "Oración para Establecernos como Piedras Vivas", cité las escrituras de Gálatas y Colosenses acerca de los espíritus elementales. En Gálatas, el Apóstol Pablo liga su discusión de los espíritus elementales con ataduras a la ley, el pensamiento religioso del hombre en las tradiciones farisaicas. En Colosenses, donde la palabra *stoicheia* o espíritus elementales es a menudo traducida como filosofía, aquí de nuevo Pablo relaciona estos espíritus elementales con el pensamiento humano, lo que él llama las tradiciones engañosas de los hombres.

El siguiente pensamiento quizás se le haya ocurrido: ¿Qué tiene que ver esto de los espíritus elementales con la filosofía y el pensamiento vacío? ¿Hay una conexión entre estos "espíritus elementales vivos" y el pensamiento griego?

Debido a que los filósofos griegos (incluyendo Platón) enseñaron que *stoicheia* eran los primeros cuatro componentes del mundo, Pablo habría vinculado estos espíritus elementales a la filosofía griega, pero la conexión va más profundo. Para entender esto, debemos mirar el pensamiento griego. En la cultura occidental, nosotros asumimos que la ciencia y las matemáticas están basadas en el pensamiento lógico. Esto no es necesariamente correcto. Los griegos tenían una visión totalmente diferente de la realidad.

E, irónicamente, lo específico, la ciencia occidental lógica, incluyendo la física, tiene sus raíces en el primer período de la filosofía griega en el siglo VI AC, en una cultura donde la ciencia, la filosofía y la religión no estaban separadas. El objetivo de la filosofía griega era descubrir la naturaleza esencial o la verdadera construcción de las cosas, que ellos llamaron *physis*. La palabra *physis* se deriva de esta palabra griega y originalmente significaba ver la naturaleza esencial de todas las cosas. Los griegos creían que la materia estaba viva; y no veían ninguna distinción entre lo animado y lo inanimado, entre el espíritu y la materia. De hecho, ni siquiera tenían una palabra para la materia, ya que veían todas las formas de existencia como manifestaciones de la *physis*, dotados de vida y espiritualidad. Thales declaró que todas las cosas estaban llenas de dioses.[1] La ciencia y las matemáticas se estudiaban de manera que uno pudiera entender el mundo espiritual. Los griegos estaban muy influenciados por su creencia en el chamanismo y la capacidad del chamán de conectarse con el mundo espiritual. WKC Guthrie en su *Orfeo y Religión Griega* discute las creencias chamánicas sobre cómo podían viajar y recibir información e influencia. Guthrie escribió que Orfeo fue el fundador de religiones misteriosas y "el primero en revelar a los hombres el significado de los ritos de iniciación".[2] La enseñanza órfica impregnó el pensamiento griego; influyó a los filósofos griegos y fue utilizada para entrenar la adoración a Dionisio.

Pitágoras, un matemático y geómetra que vivió alrededor de los 570 AC a los 500 AC, fue también una figura religiosa y un místico. Parecía estar muy influenciado por el culto de la religión órfica. Su práctica religiosa mística no estaba separada de su práctica de la ciencia material. Él fue el primer filósofo occidental en enseñar que las matemáticas, o los números, son la clave del universo. Esto sentó las bases de la ciencia como la conocemos hoy en día.

Los aspectos místicos de las enseñanzas de Pitágoras incluyen la reencarnación, el vegetarianismo (porque las almas humanas pueden reencarnarse en animales), el ascetismo, la meditación y las prácticas rituales diseñadas, para facilitar la experiencia de la revelación y la unión con lo divino.

Debido a que el antiguo mundo griego un filósofo griego era también científico, los filósofos siempre tenían algo que decir acerca de la naturaleza del "ser" y el origen del mundo material. Para muchos de los filósofos griegos, el mundo material estaba "vivo", dotado de una vida interior y una sensibilidad propia.

El último de los grandes maestros pre-socráticos fue Empédocles de Ácratas. Un "creyente en los misterios órficos como así también un pensador científico," Empédocles es el creador de la teoría de los cuatro elementos: tierra, agua, aire y fuego. Este concepto sigue siendo una opinión generalizada en el pensamiento esotérico occidental. Los espíritus elementales pueden ser traducidos como los elementos básicos del universo, tales como tierra, agua, aire y fuego. Según ER Dodds, estos filósofos[3] eran chamanes y magos, quienes a través de la magia filosófica, querían encontrar la inmortalidad y una conexión con lo divino a través de rituales, iniciaciones, o técnicas de viajes internos. Todo esto debía hacerse en un sistema racional.[4]

Por lo tanto, cuando el apóstol Pablo escribe de una conexión entre los espíritus elementales, la filosofía y el pensamiento vacío, él entiende claramente la forma del pensamiento griego. El entendió que los griegos realmente ven como seres vivos a los espíritus elementales, como los fundamentos para la ciencia, las matemáticas y la filosofía.

Este tipo de pensamiento no comenzó con los griegos. Su fuente está más atrás en la antigüedad. Todo pensamiento impío comenzó al pie del árbol de la ciencia del bien y del mal, donde el hombre se apartó del árbol de la vida, la verdadera fuente del conocimiento de Dios. Comenzó cuando el hombre dirigió su atención al árbol de la ciencia del bien y del mal y trató de capturar la naturaleza del universo a través de la mente natural. En ese momento, el hombre trató de entender el mundo natural a través de su propio pensamiento, descontando cualquier participación del Dios Todopoderoso. Por primera vez, el hombre descuenta a Dios de la ecuación de la existencia.

La mentalidad griega no sólo ha permeado nuestro pensamiento occidental en el ámbito de la ciencia, las matemáticas y las artes, sino que también ha impregnado nuestro sistema de creencias cristianas. Nuestras prácticas religiosas y algunas interpretaciones de la Escritura se basan en este pensamiento. La siguiente oración es un arrepentimiento de este tipo de pensamiento equivocado y una petición al Señor de que nos alinee de nuevo con su pensamiento y sus caminos.

La Oración: Soltando la Intimidad con el Señor

- Señor, me arrepiento y renuncio al pecado de transgredir tu voluntad y dominio al tomar parte del árbol del conocimiento del bien y del mal.
- Me arrepiento de mi desobediencia a pesar de conocer tu voluntad, lo que me ha impedido ser fructífero y llenar la tierra, sometiéndola y dominándola tal como tú pretendías. Me arrepiento por haber entregado la autoridad que me delegaste.
- Me arrepiento por la concupiscencia de mis ojos, los deseos de mi carne y la vanagloria de mi vida. Me arrepiento por el deseo de hacerme sabio y por tomar del fruto del árbol del conocimiento del bien y del mal.
- Yo renuncio y me arrepiento por haberle permitido a

mis sentidos que se pervirtieran por el engaño del enemigo. Me arrepiento por la entrega de mis sentidos al ver, oír, gustar, tocar y oler el fruto del árbol del conocimiento del bien y del mal.

- Me arrepiento por creer que Tú me estabas reteniendo lo bueno. Me arrepiento por creer las mentiras del enemigo acerca de tu carácter. Me arrepiento por no confiar en tu amor y en tu perdón al no someterme a Ti.
- Me arrepiento por el miedo y las mentiras que me llevaron a separarme de Ti al ocultar y encubrir mis transgresiones en contra tuya.
- Me arrepiento por hacer de mi vida un festín del conocimiento humano más que anhelar enfocarme en tu vida.
- Me arrepiento por un espíritu rebelde en contra de tu mandamiento de no comer del fruto del árbol del conocimiento del bien y del mal.
- Me arrepiento de escuchar otra voz y no confiar en la voz del Señor.
- Me arrepiento por cambiar la verdad de Dios por la mentira del enemigo.
- Me arrepiento por tomar y aceptar cualquier semilla de duda del enemigo, por lo que te pido Señor, que aplastes todas las semillas de la duda, y destruyas cualquier crecimiento a partir de ellas, de manera que ahora pueda sustituir todas las dudas con la Palabra de Dios implantada en mí.
- Me arrepiento por tratar de ser como Tú, Dios, y por tratar de robar tu gloria.
- Me arrepiento por y renuncio a abdicar a mi responsabilidad y culpar a otros, tratando de ocultar y encubrir mi pecado.
- Me arrepiento por haber rechazado mi herencia como hijo de Dios.

- Me arrepiento por escuchar la voz del enemigo, por abrazar la sabiduría del hombre y por creer, estar de acuerdo y aceptar las mentiras del enemigo.
- Me arrepiento por el pecado de mi independencia de Dios en búsqueda de la sabiduría del hombre, poniendo al margen a Dios.
- Me arrepiento por el pecado de la codicia.
- Me arrepiento por el pecado de mi independencia de Dios en mis responsabilidades en mis relaciones con los demás.
- Me arrepiento por el pecado de mi independencia de Dios en relación a mi responsabilidad como cuidador y guardador de la creación.
- Me arrepiento de la elección de mi independencia de Dios para la exaltación de mi propio conocimiento, sabiduría y entendimiento, por encima y aparte de la vida de Dios.
- Me arrepiento por mí y por todos aquellos de mi línea familiar que permitimos que Satanás nos engañara por medio de filosofías y huecas sutilezas, permitiéndole que capturara e influyera en nuestra manera de pensar de acuerdo a las tradiciones de los hombres y los principios básicos del mundo.
- Me arrepiento por actuar como un experto en la ley, por quitar la llave del conocimiento de Dios y cerrar el reino de los cielos a los hombres.
- Me arrepiento por no entrar en el reino de los cielos y por impedir que otros entren en él.
- Yo renuncio al pecado de la jactancia de cosas grandes y por permitirle a mi lengua que maldiga en lugar de bendecir. Me arrepiento del chisme, la murmuración, la malicia, la calumnia, la mentira y de toda maldad hablada, incluidas las detracciones que salieron de mí. Me arrepiento por juzgar a los demás. Me arrepiento

por el uso de mi lengua para prender fuego en el curso de la naturaleza.

- Me arrepiento por tratar de caminar en el mundo y en el reino de Dios al mismo tiempo.
- Me arrepiento por permitir que los demás me defraudaran del precio de mi llamado completo y mi herencia en Cristo. Señor, me arrepiento por no estar sujeto a Ti como la Cabeza de tu cuerpo, la iglesia.
- Me arrepiento por estar de acuerdo con las doctrinas de los hombres de legalismo y ascetismo, y por no caminar en la plenitud de la vida.
- Me arrepiento por mí mismo y por todos aquellos en mi familia que escogieron servir a otros dioses y rompieron todos los pactos contigo.
- Padre, te pido el séptuplo Espíritu del Señor. Pido que sea liberado el Espíritu del Señor, el Espíritu de Sabiduría, el Espíritu de Entendimiento, el Espíritu de Consejo y el Espíritu de Poder, el Espíritu de Conocimiento y el Espíritu de temor del Señor.
- Señor, declaro que Tú eres el camino, Tú eres la vida. Tú eres la brillantez de la luz que brilla y penetra a través de la oscuridad. Tú eres la puerta y el centro de todo. Tú eres la llave y la clave.[5]
- Yo declaro, en el nombre de Jesús, que me voy a levantar y a tomar mi lugar. Declaro mi autoridad en Cristo. Declaro que nadie puede venir en contra mía. Pelearé y prevaleceré. Declaro que soy la cabeza y no la cola.[6]
- Declaro que el enemigo está aplastado debajo de mis pies y que estoy sentado con Cristo a la derecha del Padre.[7]
- Concédeme, de acuerdo a tus riquezas en gloria, ser fortalecido con poder a través de tu Espíritu en mi hombre interno.[8]

- Yo tomo mi lugar y autoridad, el lugar y autoridad que me has dado en Cristo, y decido este día estar firme y ser fuerte de manera que nadie pueda venir en mi contra.[9]
- Señor, en todas mis relaciones, por favor restaura las asociaciones masculinas y femeninas de acuerdo a tu diseño perfecto.
- Señor, por favor limpia mis sentidos de toda contaminación y enriquécelos para la gloria de Dios.
- Señor, por favor restaura mi relación contigo, hazla como era la relación de Adán en el Jardín del Edén antes de la caída, de manera que pueda entrar contigo en esa intimidad que siempre tuviste planeada que tuviéramos.
- Declaro que en Ti habita la plenitud de la deidad y que en Ti he sido hecho completo. Tú eres la cabeza sobre todo reino y autoridad.[10]
- Señor, por favor restaura la sabiduría del temor a Ti.[11]
- Declaro que te voy a escuchar a Ti por encima de las demás voces.[12]
- Declaro que te voy a reconocer en todos mis caminos.
- Señor, por favor quita de mí todas las maldiciones que aparecen en Deuteronomio 28. Señor, elimina tu ira en contra de la tierra. Señor, por favor, sana la tierra.
- Declaro que las cosas secretas te pertenecen a Ti, Señor mi Dios, y que Tú vas a revelarnos lo que quieras revelar a mí, a mis hijos e hijas para siempre.[13]
- Escojo ser circuncidado, enterrado con Jesús en el bautismo y levantado con Él a través de la fe en la obra de Dios, quien lo levantó de la muerte. Señor, escojo estar animado, escojo que mi corazón se mantenga unido con el de otros en Cristo a través del amor, que alcance plena confianza y entendimiento en el conocimiento y misterio de Dios, del Padre y de Cristo,

en quien están escondidos todos los tesoros de la sabiduría y el conocimiento. Decido hacer todo el esfuerzo para mantener la unidad del Espíritu a través del vínculo de la paz.[14]

- Declaro que yo te conoceré, Jesús, como el Hijo de Dios que has venido a darme entendimiento para que pueda conocerte. Declaro que Tú eres la verdad y que yo estoy en Ti.
- Te pido Señor que por favor me traigas a la unidad contigo y con el Padre, de la misma manera en que Tú eres uno en el Padre.

Notas:

1. Franz Capra, "Mystical Eastern Philosophies Connection with the Scientific Knowledge of Physics," http://www.unique-design.net/library/god/psyche/capra.html
2. W. K. C. Guthrie, Orpheus and Greek Religion (Princeton, NJ: Princeton University Press, 1993). Cortesía de Amazon.com.
3. Wikipedia. s.v. "Empedocles," http://en.wikipedia.org/wiki/Empedocles.
4. Hannah M. G. Shapero, "Ancient Greek Mysticism", http://www.eocto.org/article/103
5. 2 Corintios 4:6.
6. Deuteronomio 28:13.
7. Romanos 16:20.
8. 2 Corintios 4:16.
9. Filipenses 4:19.
10. Colosenses 2:9–10.
11. Salmos 111:10.
12. John 10:27.
13. Deuteronomio 29:29
14. Colosenses 2:2

CAPÍTULO VEINTITRÉS

La Rueda de Influencia
PAUL L. COX Y PATTI VELOTTA

Hace varios años durante una sesión de ministración, el Señor me reveló una rueda espiritual alrededor de cada persona. El texto que me dio fue un pasaje donde habla de lo que sucede en la muerte. Eclesiastés 12: 6 donde dice lo siguiente:

> *Sí, acuérdate de tu Creador ahora que eres joven, antes de que se rompa el cordón de plata de la vida y se quiebre la vasija de oro. No esperes hasta que la jarra de agua se haga pedazos contra la fuente y la rueda se rompa en el pozo.*

¿Qué es esta rueda?

Mientras estaba parado al lado de una persona, percibí que él estaba sentado en una rueda espiritual. Los que pudieron ver en el espíritu describieron una rueda de madera con un borde de metal y radios como una rueda de carreta. Una persona vio al Señor Jesús como el centro de la rueda. Después de discernir ruedas alrededor de numerosas personas, vino la idea de que la rueda era una esfera de influencia que el Señor ha asignado a cada persona. Fue increíble para mí, que varias veces, después de preguntarles a los presentes lo que vieron en el espíritu, y sin saber lo que otros habían visto y como lo describieron, ellos describieron las mismas ruedas de madera con radios de madera rotando paralelamente al suelo alrededor de la persona. Recientemente muchos han visto otra rueda, una rueda dentro de una rueda, que gira verticalmente al suelo.

Parece ser que el Señor nos asigna un cierto grado de influencia para extenderla en un área determinada alrededor de nosotros. Hemos notado que cuando un esposo y una esposa se paran uno junto al otro, su influencia es mucho mayor que si estuvieran solos. Además, si varios cristianos se mantienen juntos en unidad, su influencia que es la rueda, es aún mayor, a veces alcanza cientos de millas.

El diccionario Webster aclara la palabra *influencia*. *Influencia* es "una emanación de fuerza espiritual o moral" o "el acto o poder de producir un efecto sin ningún esfuerzo aparente de fuerza o el ejercicio directo de una orden" Hay una influencia que el Señor quiere que tengamos. Desafortunadamente, debido a problemas generacionales o restricciones de la vida puestas en nosotros, no siempre operamos en nuestra área de influencia dada por Dios. En otras palabras, hemos estado restringidos por otros a cumplir con nuestro propósito dado por Dios. Un ejemplo de esto es la forma en que las restricciones impuestas a las mujeres han negado y / o limitado la influencia que Dios quiere para ellas.

¿Puede una Mujer tener Influencia en el Ministerio?

PATTI VELOTTA

Jesús regresa por una novia sin mancha y sin arruga. Entre las cosas a ser sanadas antes de su regreso es el problema de género en la iglesia. La verdadera raíz de la "situación de la mujer" es la desobediencia compartida hacia Dios. Por la desobediencia, los hombres y mujeres juntos han abierto la puerta a un ataque satánico, los hombres y las mujeres, ambos han soportado las consecuencias. Le evidencia del ataque se ve en los modos de pensar, elecciones y acciones de ambos géneros.

La decepción sobre el papel de las mujeres en el ministerio y la desobediencia a la intención de Dios están incrustados en la mala interpretación de la escritura. Las mujeres pueden esconderse detrás de la mala interpretación, por su propia resistencia a liderar-negando sus propios dones y su llamado. Además de negarse a sí mismas, las mujeres también niegan el liderazgo y el llamado de otras mujeres. Esta falta de estar de acuerdo con la intención de Jesús para las mujeres, suele tener su raíz en las ideas de preferencia natural o humana, o simplemente celos antiguos. Por otro lado, los hombres, motivados por la tradición, la superioridad histórica o el miedo a las mujeres, han mantenido a las mujeres fuera de los roles de liderazgo.

En el principio, Dios creó a Adán[1] a su imagen; los creó, hombre y mujer. Entonces Dios los bendijo y les dio dos trabajos que hacer: en primer lugar, debían ser fructíferos y multiplicarse, llenar la tierra; y segundo, someterla. Ellos iban a tener dominio sobre los peces, las aves, y sobre todo ser viviente que se mueve en la tierra. Él no les dijo que tengan dominio uno sobre otro. Echando un vistazo más cercano a su creación, la Biblia explica que Adán fue puesto en el Jardín del Edén, lo cultivó y lo mantuvo. Pero Dios le dijo: "No es bueno que el hombre esté solo; le haré ayuda idónea para él". La palabra hebrea traducida como ayudante, *ezer*, es una palabra de uso común en el Antiguo Testamento como "una fuerza superior", como "Dios es mi ayuda". La palabra hebrea traducida como idónea, *kenegdwo*, significa "apto para él" o "socio" o "iguales". Luego Dios creó a todos los seres vivos desde la misma tierra y Adán les dio nombre, demostrando su dominio sobre ellos. Ninguno de ellos resultó ser el socio que Dios quería para Adán. Así que Dios puso a Adán en un profundo sueño y retiró de su lado el material para moldear su igual. Esta creación íntima y única de la mujer es muy diferente a la de los seres vivos. La mujer salió del hombre, por lo tanto ella es su igual. Pablo dice: "Sin embargo, en el Señor, ni la mujer es independiente del hombre, ni el hombre independiente de la mujer. Porque así como la mujer procede del hombre, también el hombre tiene su nacimiento a través de la mujer; y todas las cosas se originan de Dios".[2]

Sin embargo, el hombre y la mujer desobedecieron juntos el mandato de Dios y comieron del árbol del conocimiento del bien y del mal. Lo "muy bueno" de Dios fue fracturado. El dominio de la tierra fue transferido a Satanás. La relación amorosa entre el hombre y la mujer se convirtió en una guerra. ¡Ella lo hizo! Dios describe así el futuro: habrá odio entre Satanás y la mujer, pero su semilla derrotará a Satanás. La mujer tendrá dolor en el parto, y el hombre va a trabajar con el sudor de su frente en la tierra que ahora está maldecida. La relación entre hombre y mujer será una constante batalla por el dominio de uno sobre otro. En Génesis 3:16, la palabra hebrea traducida como deseo, *tshuqah*, significa "deseo o apetito". Esta palabra aparece sólo tres veces en el Antiguo Testamento. Muchos han interpretado el significado como el deseo sexual por su uso en el Cantar de los Cantares. El razonamiento es que las mujeres serán gobernadas por los hombres, porque las mujeres querrán satisfacción sexual y van a dejar que los hombres las gobiernen. Sin embargo, los puntos importantes sobre el significado de esta palabra se pueden encontrar en Génesis 4:7. Allí la palabra deseo describe la lucha que el pecado está trayendo por el control, de Caín. El deseo no es para el sexo, pero para el control y el dominio. Competencia, no cooperación mutua, se vuelve en la norma entre hombres y mujeres en este mundo caído. Y en este estado fragmentado, los hombres gobernarán sobre mujeres.[3] En el primer hecho seguido a la profecía de parte de Dios de cómo serían las cosas (en oposición a como Él las había planeado), Adán toma posesión de su mujer y le da su nombre.

La enemistad entre Satanás y la mujer se ha plasmado en casi todas las culturas. Las mujeres, el sexo débil, son en general más débiles en fuerza, pero no en resistencia, inteligencia, tolerancia al dolor durante el parto o espiritualmente. Esta debilidad física ha dejado a las mujeres vulnerables al dominio y a la limitación. Los hombres han poseído, resistido, y silenciado a las mujeres; las mujeres han manipulado, controlado y dominado a los hombres. El lamentable resultado se ha visto tanto en el matrimonio como en el ministerio.

¡Jesucristo vino a vencer la obra del diablo! Una vez más, a través del Espíritu Santo, los sexos pueden someterse uno al otro. Una vez más, una mujer puede ser una ayuda idónea para su marido, y el marido puede dar su vida por su esposa. En Jesús, somos libres de descubrir que no hay ni judío ni griego, ni esclavo ni hombre libre, ni hombre ni mujer, porque todos somos uno en Cristo Jesús. "A medida que cada uno ha recídemo un don especial, úsenlo para servirse unos a otros como buenos administradores de la multiforme gracia de Dios".[4]

Entonces ¿por qué, en los círculos cristianos, las mujeres son, a pesar de sus dones y habilidades de manera rutinaria, relegadas por sí mismas u otros, a papeles secundarios o roles de apoyo? A menudo, la respuesta viene al citar al apóstol Pablo. "Pero yo no permito a la mujer enseñar, ni ejercer dominio sobre el hombre, sino estar en silencio".[5] Si Pablo está colocando una ley eterna prohibiendo que las mujeres tengan autoridad o que enseñen a los hombres en la iglesia, ¿por qué él alaba a muchas mujeres líderes de la iglesia de Roma que están haciendo precisamente eso? Romanos 16 es un capítulo de honor y gratitud de Pablo a sus colaboradores en Roma, y un tercio de ellos eran mujeres. En Romanos 16:1-2, Febe, se la describe como una sierva, *diakonos*, que significa "diácono o ministro," probablemente pastoreaba en Cencrea. Ella también es descripta como una ayudante, *prostatis*, que significa "ayudador a" o, en forma verbal, *proistemi*, que significa "puesto sobre muchos", ¡incluyendo al propio Pablo! Ella es responsable no sólo por la entrega, sino también probablemente por la enseñanza de los contenidos de la carta de Pablo a la iglesia de Roma; ella emprendió un viaje peligroso y le fue dada una asignación prestigiosa, una digna del honor y la ayuda de los romanos. Priscila, en Romanos 16: 3-5a, quien era una compañera de trabajo junto a Pablo, fue mencionada de forma poco convencional, primera antes que su esposo Aquila, para indicar su prominencia y liderazgo en el ministerio. Su enseñanza de la doctrina a Apolos la califica como una maestra, y su iglesia en su casa la califica como una pastora. En el versículo 7, se da el nombre Junias. Los primeros comentaristas[6] asumieron que Junias era una mujer. Pero no fue hasta que Aegidus de Roma[7], que Junias fue referida como un hombre. Junias era una mujer apóstol, quien junto con su colega masculino, Andrónico, eran sobresalientes entre los apóstoles. Ellos eran la contraparte de Pablo en Roma.[8] "Como un apóstol enviado por Dios para dar testimonio de la resurrección de Jesús, Pablo sentaría las bases para una iglesia. Ciertamente su predicación autoritativa tendría que ser parte de esa comprensión. Junias y Andrónico, al parecer, sentaron esas bases en las iglesias en Roma: Pablo escribe de ellos, 'ellos vinieron antes de mí en Cristo.' "[9]

Febe, Priscila, Junias, Estéfanas, Trifena y Trifosa son todas líderes elogiadas por Pablo por su trabajo en la iglesia. Por lo tanto, su prohibición expresada en 1Timoteo 2:12 parecería tener un significado temporal y específico. ¿Podría ser que las mujeres en Éfeso en ese tiempo no tenían estudios en la Palabra del Señor y tenían que aprender antes de que se les permitiera enseñar y/o ejercer dominio sobre el hombre? El tiempo del verbo para permitir se puede traducir. "Yo no lo permito ahora" De hecho, el único imperativo en 1Timoteo 2 es: "Las mujeres deben aprender en silencio y sumisión".[10] Esta es una descripción de la educación rabínica. El aliento de Pablo a las mujeres en roles de liderazgo es consistente. En 1 Timoteo, él les está encomendando a las mujeres que aprendan, así podían tomar posiciones adecuadas en la ministración del evangelio. El principio, detrás del pasaje, no es una cuestión de género sino de educación.

La misma falta de aprendizaje parecía ser la raíz del problema en 1Corintios 14:34, "Las mujeres deben guardar silencio durante las reuniones de la iglesia. No es apropiado que hablen". Este pasaje ha sido citado para limitar el púlpito a los hombres, pero si Pablo quiso decir que las mujeres no deberían tener una contribución significativa o incluso hablar en la iglesia, ¿por qué les dio pautas a las mujeres para orar y profetizar en algunos capítulos anteriores, como en 1Corintios 11:5-6, 10, 13, 15? Si en 1Corintios 14:34 es una prohibición absoluta, a las mujeres no se les debería permitir cantar o tocar el órgano, ni tampoco compartir, predicar o enseñar. Dado que a las mujeres en la cultura judía se les prohibía la formación religiosa, tal vez la restricción surgió porque tenían muchas preguntas y estaban interrumpiendo bruscamente la predicación de la Palabra. La palabra para *hablar* es el presente infinitivo que se puede traducir como "hablar continuamente" e implica un discurso destructivo, molesto y vergonzoso. Esto era para otra situación desordenada en la iglesia de Corinto, que Pablo necesitaba enderezar. Su mandato fue que las mujeres les preguntaran a sus propios esposos en casa, porque era inadecuado que los interrumpieran continuamente durante el servicio. En cuanto a que oraran o profetizaran en la iglesia, está disponible para ambos, tanto para mujeres como hombres por igual.

Los dones de Dios y llamados son para quien Él quiera sin tener en cuenta el género. La Biblia informa de muchas mujeres en el liderazgo en ambos Testamentos. Algunas de mis favoritas son: Débora, la juez y profetisa; Hulda la profetisa, la única que dio testimonio de la Palabra de Dios; Esther, la reina Hebrea de Persia y de Media que salvó a su nación; la hija de Jefté, que murió por Dios, su padre, y su nación; Miriam, una profetisa; la esposa de Isaías, profetisa; María, la madre de Jesús; María, la discípulo de Jesús; Lydia, la primera convertida en Europa, tal vez pastora de una iglesia en su casa; Ana, profetisa y madre obediente de Samuel; las hijas de Zelofehad, que conocieron y confiaron en Dios para justicia; Jael, que mató al enemigo de Israel; Sara, Rebeca y Raquel, tres madres de Israel; Rahab, cuya creencia salvó a su familia; Rut, la mujer fiel, quien está en la línea del Mesías; la reina de Saba, una estudiante inteligente y creyente; Ana, una profetisa intercesora; las cuatro hijas de Felipe, profetisas. La historia de la iglesia cristiana también registra a mujeres que ocuparon cargos de liderazgo, muchas de las cuales han dado su vida para la gloria de Dios.

Para los maridos, eso significa: ame cada uno a su esposa tal como Cristo amó a la iglesia. Él entregó su vida por ella a fin de hacerla santa y limpia al lavarla mediante la purificación de la palabra de Dios. Lo hizo para presentársela a sí mismo como una iglesia gloriosa, sin mancha ni arruga ni ningún otro defecto. Será, en cambio, santa e intachable. (Efesios 5:25–27)

Antes de la venida de Jesús, necesitamos un verdadero entendimiento de la palabra, vestiduras limpias. Hombres y mujeres deben volver a su asignación original y trabajar juntos de acuerdo a su gusto.

La Oración

PAUL L. COX

Recientemente en nuestra Escuela Avanzada de Discernimiento en Trenton, Ontario, Canadá, el Señor comenzó a hablarnos acerca de su deseo de soltarnos a la plenitud de la influencia espiritual que él ha diseñado para nosotros. La siguiente oración fue el resultado de nuestros tiempos juntos.

Que el Señor use esta oración para que sea liberado a la plenitud del llamado que está sobre su vida.

La Oración: Liberación a La Influencia que Dios nos ha Dado

- Elijo perdonar a aquellos que han venido en contra de mi autoridad espiritual e influencia. Yo perdono a los que declararon que yo no estaba operando en el Espíritu porque me querían limitar a la dimensión de su comprensión en el ámbito natural. Yo los perdono por haber venido en contra de la influencia que Dios eligió que tenga.
- Elijo perdonar a los que han reprimido y discriminado a las mujeres y los niños limitando su potencial de crecimiento. Yo perdono a aquellos que han silenciado a las mujeres y los niños colocando barreras sobre ellos que les han impedido que tomen posesión de su derecho de nacimiento como hijos de Dios. Señor, perdóname a mí y a mis ancestros por reprimir, limitar, silenciar y obstaculizar a las mujeres y los niños de que posean su derecho de nacimiento.
- Me arrepiento por mí y por aquellos en mi línea generacional que han limitado la autoridad a quienes se expresan de manera lógica y que han excluido a aquellos que se expresan emocionalmente, intuitivamente y a través de sus dones espirituales.
- Te pido ahora Jesús, que lleves mi rueda de influencia en el equilibrio adecuado, que pongas los radios en su lugar, que repares la llanta y todas las abolladuras y daños. Señor, elimina de mí toda influencia de los ancianos, líderes o pastores impíos.
- Señor, pon el núcleo en el lugar correcto, alineado y centrado en Jesucristo. Elijo estar en el centro de la voluntad de Jesús y tener sólo la influencia que Jesús

quiere que yo tenga. Señor, elimina cualquier ataque malvado en contra de la rueda y alinéala para los propósitos de tu reino.

- Señor, coloca la unción que deseas que yo tenga en el núcleo. Señor, destruye por favor cualquier tipo de aves, especialmente cuervos, que traten de atacar la rueda y la influencia que quieres que yo tenga.
- Señor, por favor regresa la velocidad de la rueda hacia su equilibrio.
- Señor, por favor regresa la rueda a la alineación correcta dentro de las dimensiones y del tiempo. Le exijo al tiempo Kronos que salga de mi rueda. Señor, libera tu poder en esta rueda.
- Señor, que la rueda sólo opere bajo tu poder, no bajo el mío o el del enemigo. Obtengo fortaleza solo de Ti Elijo que mi influencia este totalmente guiada por Ti y sea afectada por Ti Señor, si de alguna manera la rueda está fuera de control u otras personas están tratando de controlar mi rueda, Señor, por favor rompe eso. Declaro una vez más que mi influencia piadosa sólo se verá afectada por Ti Pido y ordeno a todos los espíritus temerosos del hombre que salgan, toda codependencia que salga, toda manipulación que salga y todo control que se vaya.

Notas:
1. Humanidad.
2. 1 Corintios 11:11–12 (NTV).
3. Génesis 3:16.
4. 1 Pedro 4:10 (NTV).
5. 1 Timoteo 2:12 (NTV).
6. Origen, Crisóstomo, Jerónimo.

7. AD 1245–1316.
8. Romanos 16:7.
9. Aida Besan con Spencer, *Mas Alla de la Maldición: Mujeres llamadas a Ministrar* (Peabody, MA: Hendrickson Publishers, 1989), 102.
10. 1 Timoteo 2:11 (NTV).

Capítulo Veinticuatro

Oración de Restauración y Regeneración
Paul L. Cox

¡La oración generacional nunca es aburrida! Una sesión parece ser típica, pero después, ¡el Señor nos sorprende! Eso ocurrió hace varios años mientras yo estaba ministrando con un equipo en Orefield, Pensilvania.

Una mujer que había sido diagnosticada con trastorno de identidad disociativo, había llegado para ser ministrada una vez más. A menudo, después de orar por alguien varias veces, me doy cuenta de que no tengo nada más que ofrecer. *¿Qué íbamos a hacer? ¿Hasta dónde el Señor nos llevaría?* Me quedé asombrado con lo que el Señor me mostró.

Mientras oraba por ella, de repente noté un tabernáculo impío. *¿Cómo era esto posible? ¿Qué derecho obtuvo el enemigo para construir un tabernáculo impío?* Compartí esto con el equipo y mientras orábamos, nos dimos cuenta de que ella estaba dentro de este tabernáculo impío; y no sólo eso, sino que algunas de sus partes quedaron atrapadas en el arca de la alianza impía dentro de un impío lugar santísimo. Cuando empecé a hablar en voz alta, uno de sus altares me miró sorprendido y dijo: "¿Cómo sabías sobre esto? ¿Quién te dijo acerca de esto? ¡Nadie sabe de esto!" Ignorando sus cuestionamientos, seguimos buscando al Señor para ver qué derecho tenía el enemigo de hacer esto. El Señor nos llevó de vuelta al Antiguo Testamento.

En 1Samuel 4–6 [1] se relaciona el relato de los israelitas tomando el arca del pacto fuera del Lugar Santísimo y llevándola a la batalla contra los filisteos. Lo que no está claro es cómo Eli permitió a sus hijos mover el arca. Sólo el sumo sacerdote tenía el derecho a entrar en el Lugar Santísimo, y ¡sólo un día al año! A Israel no le fue bien en la batalla. Los ejércitos de Israel fueron derrotados y el arca fue robada. Luego fue llevada a la ciudad de Ashdod[2] y colocada en el templo pagano de Dagón. ¡Conocemos la historia! Al día siguiente los filisteos vinieron al templo y encontraron que la estatua de Dagón había caído sobre su rostro delante del templo. El ídolo fue puesto de nuevo en su lugar, pero a la mañana siguiente, el ídolo fue encontrado caído nuevamente, pero esta vez su cabeza y las palmas de sus manos estaban quebradas. Después, el arca fue trasladada a Gat. Mientras meditaba en este evento, sentí que tenía un nuevo entendimiento acerca de lo que pudo haber sucedido cuando el arca estuvo en Ashdod.

Cuando pensamos en la idolatría en nuestro mundo moderno, nos olvidamos de que el antiguo concepto de idolatría involucraba mucho más que una simple inclinación de adoración hacia los ídolos. Las primeras civilizaciones en realidad ofrecían sacrificios humanos, a veces cientos de sacrificios en un año. Su adoración impía también incluía todo tipo de perversión sexual, incluyendo la prostitución del templo. Con este entendimiento, comencé a darme cuenta de lo que había sucedido cuando los hijos de Eli tomaron el arca. Cuando el arca fue tomada por los filisteos, en esencia, los sacerdotes del Señor pusieron el arca del pacto en manos de los enemigos de Dios. Si efectivamente esto realmente ocurrió, y yo creo personalmente que eso paso, entonces una de las consecuencias de esta desobediencia le habría dado a Lucifer el derecho legal de construir un arca y un tabernáculo "espiritual" impío en el segundo cielo. Creo que también es muy posible que los sacrificios humanos e incluso la prostitución del templo pudieran haber tenido lugar en el arca. Si es así, una profanación completa del arca habría tenido lugar.

Pero, ¿hay alguna evidencia de que los filisteos hubieran manipulado el arca? ¡Sí! Recuerde que el arca debía contener tres elementos: la vara de Aarón que reverdeció, las dos tablas del testimonio de Dios, y la copa de maná.³ Sin embargo, cuando Salomón dedicó el templo del Señor, el único contenido del arca del pacto eran las tablas.⁴

> *Luego los sacerdotes llevaron el arca del pacto del Señor al santuario interior del templo —el Lugar Santísimo— y la colocaron bajo las alas de los querubines. Los querubines extendían sus alas por encima del arca y formaban una especie de cubierta sobre el arca y las varas para transportarla. Estas varas eran tan largas que los extremos podían verse desde el Lugar Santo, que está delante del Lugar Santísimo, pero no desde afuera; y allí permanecen hasta el día de hoy. Lo único que había dentro del arca eran las dos tablas de piedra que Moisés había colocado en ella en el monte Sinaí, donde el Señor hizo un pacto con los israelitas cuando partieron de Egipto. (2 Crónicas 5:7–10)*

Entonces, ¿qué pasó con la vara de Aarón y la copa del maná? ¿Quizá fueron eliminados durante el cautiverio del arca? 5 Es probable.

Si efectivamente esto sucedió, la corrupción del arca y del tabernáculo, podría tener implicaciones espirituales incalculables. Ya que nosotros estamos para morar en el verdadero tabernáculo de Dios, el enemigo trata de falsificar las intenciones de Dios de alguna manera atrapando a las personas, o incluso partes (altares) de las personas, en un arca y un tabernáculo impío. Esto es exactamente lo que encontramos cuando oramos por la señora en Orefield. Mientras ella oraba y se arrepentía de lo que sus antepasados habían hecho, ella le pidió al Señor que quitara sus partes del arca impía. Un nuevo nivel de libertad vino a ella.

Pero, usted podría preguntarse "¿Qué significan todas esas

acciones que hicieron los hijos de Elí y que tienen que ver conmigo?" ¡Después de todo, eso fue hace varios siglos! Nótese desde el relato bíblico, que no sólo los hijos de Elí fueron culpables. Todo el ejército de Israel entró en un acuerdo con ellos, tomando el arca del pacto a la batalla. Ahora bien, esto es un hecho increíble. Es más probable, o más bien que los hijos de Elí, o al menos uno de esos guerreros fuera ¡un antepasado suyo! ¿Cómo es esto posible? Un artículo asombroso por el reportero Matt Crenson, explica cómo.

Estudios Rastrean las Raíces de la Humanidad hasta Un Solo Individuo

MATT CRENSON[6][†]

El que haya vivido hace unos miles de años, probablemente en algún lugar del este de Asia -Taiwán, Malasia y Siberia, son todas posibles ubicaciones. Él-o ella-no hicieron nada notable, más que nacer, vivir, tener hijos y morir.

Sin embargo, esta persona desconocida fue el antepasado de todas las personas que ahora viven en la Tierra, la última persona en la historia cuyas 3 ramas del árbol genealógico alcanzan a todos los 6.5 billones de personas que hay en el planeta hoy.

Eso significa que todo el mundo en la tierra desciende de alguien que estuvo cerca en el reinado de Tutankamón o tal vez incluso durante la edad de oro de la antigua Grecia

. Hay incluso una posibilidad de que nuestro último ancestro compartido vivió en la época de Cristo.

"Es una certeza matemática que esa persona existió", dijo Steve Olson, cuyo libro del 2002, el *Trazado de Mapas de la Historia Humana*, rastrea la historia de la especie desde sus orígenes en África, más de cien mil años atrás.

Es parte de la naturaleza humana el preguntarse acerca de nuestros antepasados- quiénes eran, dónde vivían, y cómo eran. Las personas rastrean su genealogía, coleccionan antigüedades y visitan lugares de interés histórico con la esperanza de capturar sólo una idea de los que estuvieron antes, para ubicarse en el recorrido de la historia y posicionarse en la red de la existencia humana.

Pero pocas personas se dan cuenta de qué tan intrínsecamente esta red los conecta no sólo con las personas que viven en el planeta hoy, pero con todos aquellos que vivieron alguna vez.

Con la ayuda de una persona que hace estadísticas, un científico en computadoras, y una supercomputadora, Olson ha calculado cuán interconectado está el árbol genealógico humano. Usted tendría que ir atrás en el tiempo sólo dos mil o hasta cinco mil años -y probablemente en la parte baja de ese rango- para encontrar a alguien que pudiera contar a cada persona viva de hoy, como descendiente.

Por otra parte, Olson y sus colegas han descubierto que si nos remontamos un poco más lejos -entre cinco mil y hasta siete mil años atrás- todos los que viven hoy en día tiene exactamente el mismo conjunto de antepasados. En otras palabras, toda persona que estaba viva en ese momento es un antepasado de los seis mil millones de personas que viven hoy en día, o bien su línea se extinguió y no tienen descendientes restantes.

Esa revelación es "especialmente sorprendente", Jotun Hein de la Universidad inglesa de Oxford en estadísticas, escribió en un comentario sobre el estudio publicado por la revista *Nature*.

"Si hubiera entrado en cualquier pueblo en la Tierra hace alrededor del tres mil AC, la primera persona que hubiera conocido probablemente sería su antepasado". Hein se maravilló.

Esto también significa que todos tenemos antepasados de todos colores y credos. Cada bombardero suicida palestino tiene judíos en su pasado. Todo musulmán sunita en Irak es descendiente de al menos un chiita. Y cada miembro de la familia Klansman tiene raíces africanas.

¿Cómo es esto posible?

Es pura matemática. Cada persona tiene dos padres, cuatro abuelos, y ocho bisabuelos. Mantenga doblando hacia atrás a través de las generaciones, dieciséis, treinta y dos, sesenta y cuatro, ciento veintiocho y dentro de unos pocos cientos de años usted tendrá miles de antepasados.

Crecimiento Exponencial

No es nada más que el crecimiento exponencial combinado con los hechos de la vida. Para el siglo XV ya tiene un millón de antepasados. Para el siglo trece tiene mil millones. Alrededor del siglo noveno -sólo cuarenta generaciones atrás- el número supera a un trillón.

Pero espere. ¿Cómo puede alguien -mucho menos todo el mundo- que está vivo hoy haber tenido un trillón de antepasados, que vivieron en el siglo IX?

La respuesta es que ellos no lo hicieron. Imagínese que había un hombre viviendo hace mil doscientos años atrás, cuya hija fue la trigésima sexta bisabuela de su madre, y cuyo hijo fuel el trigésimo sexto bisabuelo de su padre. Eso lo pondría en dos ramas de su árbol genealógico, una en el lado de su madre y otro el de su padre.

De hecho, la mayoría de las personas que vivieron hace 1.200 años no aparecen solo dos veces, sino miles de veces en nuestros árboles genealógicos, porque sólo había 200 millones de personas en la Tierra en aquel entonces. Una simple división -un trillón dividido por 200 millones- muestra que en promedio, cada persona en ese entonces aparecería cinco mil veces en el árbol genealógico de cada persona que vive hoy.

Pero las cosas nunca son promedio. Muchas de las personas que estaban vivas en el año ochocientos nunca tuvieron hijos; ellos no aparecen ningún árbol familiar. Mientras que, los miembros más prolíficos de la sociedad aparecerían muchas más de cinco mil veces en muchos de los árboles genealógicos de las personas.

Siga retrocediendo en el tiempo y hay cada vez menos gente disponible para poner en más y más ramas dentro los 6.5 mil millones de árboles genealógicos de las personas que viven hoy en día. Es matemáticamente inevitable que en algún momento, habrá una persona que aparece al menos una vez en el árbol de todos.

Pero no se detenga allí; siga yendo hacia atrás. Como el número de antepasados potenciales disminuye y el número de ramas explota, hay un momento en que cada persona de la Tierra es un antepasado de todos nosotros, excepto los que nunca tuvieron hijos o cuyas líneas ocasionalmente se extinguieron.

Y no fue hace tanto tiempo. Cuando usted caminaba a través de una exposición de arte del Antiguo Egipto de la época de las pirámides, todo lo que había fue probablemente creado por uno de sus antepasados -cada estatua, jeroglífico, cada collar de oro. Si hay una momia acostada en el centro de la habitación, esa persona era casi seguro un ancestro suyo también.

Cruciales Asuntos Migratorios

Esto significa que cuando los musulmanes, judíos o cristianos afirman ser hijos de Abraham, todos ellos están en lo cierto.

"No importa el idioma o el color de nuestra piel, compartimos ancestros que plantaron arroz en las orillas del Yangtsé, con el primero que domesticó caballos en las estepas de Ucrania, con quien cazaba osos perezosos gigantes en los bosques de Norteamérica y Sudamérica, y con quienes trabajaron para construir la Gran Pirámide de Keops", Olson y sus colegas escribieron en la revista *Nature*.

¿Cómo pueden ellos estar tan seguros?

Siete años atrás, uno de los colegas de Olson de la

Universidad de Yale llamado José Chang que estudiaba las estadísticas, comenzó a pensar en cómo estimar cuando vivió el último ancestro común a todas las personas en la Tierra que viven hoy. En un artículo publicado por la revista "Avances en Probabilidad Aplicada," Chang demostró que existe una relación matemática entre el tamaño de una población y el número de generaciones hacia un antepasado común.

Unos años más tarde Chang fue contactado por Olson, quien había comenzado a pensar en la interrelación del mundo mientras escribía su libro. Comenzaron comunicándose por medio de correo electrónico y pronto incluyeron en sus deliberaciones a Douglas Rohde, un neurocientífico y experto en computación, del Instituto de Tecnología de Massachusetts, y que ahora trabaja para Google.

Rohde creó un programa informático, que puso una población inicial en un mapa del mundo en una fecha en el pasado, en un rango de siete mil a veinte mil años atrás. Luego, el programa permitía que esos habitantes iniciales pudieran irse por su propio lado. Les permitió ampliarse en número, de acuerdo a las estimaciones aceptables, de crecimiento de la población anterior.

El modelo también tuvo que permitir la migración, basada en lo que los historiadores, antropólogos y arqueólogos saben acerca de cuan frecuente se movían estas poblaciones pasadas, tanto dentro como entre los continentes. Rohde, Chang, y Olson eligieron un rango de tasas de migración, desde un nivel bajo en el que casi nadie dejaba su tierra natal a un nivel más alto, donde hasta un veinte por ciento de la población se reproduce en una ciudad distinta a la que los vio nacer, y una persona de entre cuatrocientas se mudó a un país extranjero.

Permitiendo una muy pequeña migración, la simulación de Rohde produjo una fecha de alrededor del 5000 AC para el ancestro común más reciente de la humanidad. Suponiendo una superior, pero aún realista tasa de migración, produce una fecha sorprendentemente reciente de alrededor del año 1 DC.

Algunas personas incluso sospechan que el ancestro común más reciente podría haber vivido más tarde que eso.

¡El impacto de lo que lo hicieron los israelitas hace muchos siglos atrás podría fácilmente haber tenido un impacto en usted! Tal vez es hora de recuperar lo que se perdió en ese evento de hace tanto tiempo.

La Oración: Restauración y Regeneración

❖ Yo renuncio y me arrepiento por mí y por todos aquellos de mi línea generacional, y como miembro del cuerpo de Cristo por:
- No interceder por la justicia.
- La rebelión, la traición, la mentira, la murmuración de cosas malvadas, la desunión, la burla, no valorar la verdad.
- Los que maldijeron o aplastaron a los hijos de Dios más débiles, heridos, o inmaduros. Yo los bendigo hoy y oro para que entren en el pleno conocimiento de Cristo.
- Toda la participación que he tenido, causando que sea dañado el Cuerpo de Cristo.
- Resistir al reino del Señor, expulsando a los sacerdotes del Señor, a los hijos de Aarón y a los levitas, levantando nuestra propia gente como sacerdotes como lo hacen en otras tierras.
- Quitar el Arca del Pacto del lugar que le corresponde, sometiéndola a la impureza, otorgándole el nombre de Icabod, "la gloria se ha ido".
- Los que se robaron el maná y la vara de Aarón del Arca de Dios, por lo cual recayó maldición a nuestra provisión y a nuestra autoridad.
- Dar el acceso y derecho legal al enemigo para usurpar

el arca y su contenido provocando la contaminación del arca.
- Todos mis pecados contra el santuario, el pecado de la abominación que nos conduce a la desolación.
- Profanar mi cuerpo que es el templo del Espíritu Santo.
- Todo culto impío, despreciando y desdeñando el culto divino.
- Tratar de conectar la adoración de Dios con la adoración impía.
- Adorar a los cuerpos celestes y cualquier forma de luz falsa.
- Cualquier culto generacional a cualquier deidad falsa que se estableció en contra del verdadero orden sacerdotal de Melquisedec.
- Profanar el pacto de nuestros padres, al romper la fe el uno con el otro.
- Enseñar falsa doctrina no estando de acuerdo con la instrucción sana de nuestro Señor Jesucristo y su enseñanza divina. Me arrepiento por un interés malsano en las controversias y disputas acerca de palabras que dan lugar a la envidia, la discordia, la lengua maliciosa, la sospecha, y la constante fricción.
- Los sacrificios impíos y la perversión sexual que profanaron los lugares santos del Señor.
- Todas las alianzas profanas que mezclaron la semilla de Dios con la semilla de Satanás.
- Cooperar con la perversión de nuestro ADN y todos sus componentes genéticos y espirituales, incluyendo el nivel celular y subcelular.
- Creer que tengo el derecho de crear, alterar o destruir la vida.
- El pecado de pasividad. Por no haberme puesto de pie y hablar en contra del pecado de tratar de crear vida, manipularla o destruirla.
- Sacrificar a nuestros hijos y aun a los hijos no nacidos,

en el fuego de Moloc y por todo derramamiento de sangre inocente.
- Intercambiar tu luz divina y verdadera por la falsa luz de Satanás.
- No estar en mi posición o esfera de influencia como vigía de la creación de Dios. Me arrepiento por haber renunciado a mi posición de mayordomía de la creación, no sometiéndola de acuerdo a los principios de Dios.
- Hablar en contra del Altísimo oprimiendo a sus santos, y tratando de cambiar los tiempos previstos y las leyes.

❖ Señor, vuélvenos a Ti, nuestra Cabeza y Fuente verdadera, y corta cualquier conexión impura que pudiera causar impulsos eléctricos impíos. Señor por favor, equilibra todos los campos electromagnéticos que pudieran engañar, contaminar y corromper nuestros espíritus, almas y cuerpos.

❖ Desconéctame Señor de todos los lugares celestiales impíos.

❖ Completa Señor nuestra regeneración.

❖ Limpia y vuelve a conectar el ADN de nuestras líneas de sangre con las del cuerpo de Cristo y suelda los fragmentos con el fuego y la gloria de Dios.

❖ Dame discernimiento en cuanto a los recuerdos de mi mente y mis células. Permíteme saber si son verdaderos o falsos, si son del pasado o del presente, si son de mi línea ancestral o míos. Por favor, dame tu sabiduría y dirección para saber qué hacer con tu respuesta.

❖ Declaro que como todo creyente está llamado al sacerdocio del Señor, llevo sobre mí la iniquidad de los pecados en contra del santuario.

❖ Oh Señor, Dios grande y temible que mantienes tu pacto de amor con todos los que aman y obedecen tus mandamientos, hemos pecado y hecho lo malo delante de Ti. Hemos cometido iniquidad. Hemos hecho lo malo y nos rebelamos, y aun nos hemos apartado de tus mandamientos y tus juicios. Tampoco hemos hecho caso a tus siervos, los profetas, que hablaron en

tu nombre a nuestros reyes y príncipes, a nuestros padres y a toda la gente de la tierra.
- ❖ Declaro que Tú Cristo, eres la cabeza y el instaurador de la verdadera línea sacerdotal de Melquisedec.
- ❖ Declaro que Tú eres el que nos establece como piedras vivas que están siendo construidas en una casa espiritual como un sacerdocio santo, para ofrecer sacrificios espirituales, aceptos a Ti Padre, por medio de Jesucristo.
- ❖ Declaro que soy parte de un pueblo escogido, de un real sacerdocio, de una nación santa; que soy pueblo adquirido por Dios y que reinaremos en la tierra contigo.[7]
- ❖ Ahora pues, oh Dios, escucha la oración de tus siervos y nuestras súplicas. Por amor al Señor, pedimos que tu rostro brille en tu santuario que está desolado. Oh Señor, inclina tu oído y oye; abre tus ojos y mira nuestras desolaciones. Ve Señor, la ciudad que es llamada por tu nombre, porque no elevamos nuestros ruegos ante Ti a causa de nuestras buenas obras, sino debido a tu gran misericordia. ¡Oh Señor, escucha! ¡Oh Señor, perdona! ¡Oh, Señor, escucha y actúa! No te demores por tu propio bien, oh Dios, porque tu ciudad y tu pueblo son llamados por tu nombre.[8]

Notas:
1. 1 Samuel 4.
2. 1 Samuel 5.
3. Deuteronomio 31:26; Éxodo 16:33; Números 17:10.
4. 1 Reyes 8:9.
5. Punto de Vista apoyado por *la Biblia de Estudio NVI de Zondervan*, gen. Ed. Kenneth L. Barker (Grand Rapids, MI: Zondervan, 2002), 627, nota tomada de 2 Crónicas 5:10.
6. Matt Crenson, "Roots of Human Family Tree are Shallow," *The Associated Press*, 1 de Julio, 2006. Usada con permiso de La Asociación de Derechos de Autor© 2010. Todos los Derechos Reservados.

7. 1 Pedro 2:9.
8. Isaías 59; Números 18; 2 Crónicas 13:8–9; Apocalipsis 1:5–6; Daniel 9; 1Samuel 4–5; 1Corintios 6:18–20; Hebreos 5:8; Malaquías 2:10; 1 Timoteo 6:3–5; Génesis 1:28; Salmos 41:1; 1 de Pedro 2:5, 9; Daniel 7:25.

CAPÍTULO VEINTICINCO

Oración para Soltar la Sanidad Evangelística
PAUL L. COX

¡Mi espalda me había estado dando comezón durante días! ¿Era este un nuevo tipo de discernimiento o necesitaba ir al médico? No lo sabía. Todo lo que sabía era que mi espalda me picaba.

Yo estaba en Dallas, Texas, en enero de 2006, liderando una Escuela Superior de Formación de Discernimiento, cuando ya había aguantado la picazón tanto como pude. Les dije a los participantes de la escuela que mi espalda me había estado picando. Otros de inmediato informaron que también sus espaldas les habían estado picando. Entonces, *¿de qué se trataba todo esto?* Le pregunté a los videntes que habían estado observando y vieron lo que parecía una zarza en mi espalda. Comenzamos la búsqueda a través de la Palabra de Dios, tratando de entender qué relación pudiera tener una zarza con los problemas en nuestras vidas y en nuestras líneas generacionales. Incluimos todas las referencias de zarzas, espinos, cardos y ortigas en nuestra búsqueda. Esto es lo que encontramos:

Te producirá espinos y cardos, aunque comerás de sus granos. *(Génesis 3:18)*
Sin embargo, ahora, los que son más jóvenes que yo se burlan de mí, jóvenes cuyos padres no son dignos de correr con mis perros ovejeros. *(Job 30:1)*
Suenan como animales aullando entre los arbustos, apiñados debajo de las ortigas. *(Job 30:7)*
Pasé por el campo de un perezoso, por el viñedo de uno que carece de sentido común. Vi que habían crecido espinos por todas partes. Estaba cubierto de maleza, y sus muros destruidos. Entonces, mien-

tras miraba y pensaba en lo que veía, aprendí esta lección: *(Proverbios 24:30–32)*

Son un pueblo terco y duro de corazón. Ahora te envío a decirles: "¡Esto dice el Señor Soberano!". Ya sea que te escuchen o se nieguen a escuchar —pues recuerda que son rebeldes—, al menos sabrán que han tenido un profeta entre ellos. Hijo de hombre, no tengas miedo ni de ellos ni de sus palabras. No temas aunque sus amenazas te rodeen como ortigas, zarzas y escorpiones venenosos. No te desanimes por sus ceños fruncidos, por muy rebeldes que ellos sean. *(Ezequiel 2:4–6)*

Cuando Jotam se enteró, subió a la cima del monte Gerizim y gritó: ¡Escúchenme, ciudadanos de Siquem! ¡Escúchenme a mí si quieren que Dios los escuche a ustedes! Cierta vez los árboles decidieron elegir un rey. Primero le dijeron al olivo: "¡Reina sobre nosotros!" Pero el olivo se negó diciendo: "¿Dejaría yo de producir el aceite de oliva que bendice a Dios y a la gente, solo para mecerme por encima de los árboles?". Entonces le dijeron a la higuera: "¡Reina sobre nosotros!". Pero la higuera también se negó diciendo "¿Dejaría yo de producir mi dulce fruto, solo para mecerme por encima de los árboles?" Entonces le dijeron a la vid: "¡Reina sobre nosotros!". Pero la vid también se negó diciendo: "¿Dejaría yo de producir el vino que alegra a Dios y a la gente, solo para mecerme por encima de los árboles?". Finalmente todos los árboles le dijeron al espino: "¡Reina sobre nosotros!". Y el espino les respondió a los árboles: "Si realmente quieren que yo sea su rey, vengan a refugiarse bajo mi sombra. Si no, que salga fuego de mí y consuma los cedros del Líbano". *(Jueces 9:7–15)*

Puedes identificarlos por su fruto, es decir, por la manera en que se comportan. ¿Acaso puedes recoger uvas de los espinos o higos de los cardos? Un buen árbol produce frutos buenos y un árbol malo produce frutos malos. Un buen árbol no puede producir frutos malos y un árbol malo no puede producir frutos buenos. *(Mateo 7:16–18)*

Empezamos a atar algunos pensamientos juntos mientras leíamos los versos y esperábamos en el Señor. Parecía claro que si las zarzas y espinas

detenían la reproducción física en la tierra, entonces las zarzas y las espinas espirituales inhibirían la reproducción espiritual. *¿Había una conexión aquí entre nosotros y la tierra física?* En el pasado, hemos observado conexiones entre nosotros y la tierra. Romanos 8:22 dice que a causa del pecado de la humanidad, toda la creación gime. "Pues sabemos que, hasta el día de hoy, toda la creación gime de angustia como si tuviera dolores de parto". La resolución de este gemido vendrá con la manifestación de los hijos de Dios.[1] Cuando esta revelación tome lugar, la tierra será redimida- "libertada de la esclavitud de la corrupción" (Romanos 5:21, NTV). Esto sugiere no sólo un aumento de la producción física en la tierra, sino también de la reproducción espiritual.

¿Cómo empieza esta reproducción espiritual? Es a través de la evangelización. Cuando se eliminan todas las restricciones de la evangelización, la reproducción espiritual se llevará a cabo de forma natural. A pesar de que la reproducción física de la tierra se lleva a cabo con facilidad y naturalidad, la reproducción espiritual también se llevará a cabo de forma natural y sencilla cuando se eliminan las restricciones de la reproducción.

La manera que todo esto suceda es en el reposo. Cuando descansamos en el Dios trino, después, Él obra con poder a través nuestro. El evangelismo es sin esfuerzo cuando confiamos en Él para hacer el ministerio a través de nosotros.

Luego dijo Jesús: Vengan a mí todos los que están cansados y llevan cargas pesadas, y yo les daré descanso. Pónganse mi yugo. Déjenme enseñarles, porque yo soy humilde y tierno de corazón, y encontrarán descanso para el alma. *(Mateo 11:28–29, NTV)*
Ahora bien, si Josué hubiera logrado darles ese descanso, Dios no habría hablado de otro día de descanso aún por venir. Así que todavía hay un descanso especial en espera para el pueblo de Dios. *(Hebreos 4:8–9)*

A medida que el Señor nos reveló estas verdades, le pedimos que eliminara las zarzas de nuestras espaldas. Yo no estaba preparado para lo que sucedió después. A medida que las zarzas cayeron, varios vieron lo que parecían alas, [2] ¡en la espalda! Yo ya había sido llevado a expandirme espiritualmente antes, ¡pero esto estaba mucho más allá de mi zona de confort! Cuando puse mis manos en estas alas, podía sentirlas, también me di cuenta de que podía discernir sanidad en las alas. Entonces recordé Malaquías 4: 2: "Sin embargo, para ustedes que temen mi nombre, se levantará el Sol de

Justicia[3] con sanidad en sus alas. Saldrán libres, saltando de alegría como becerros sueltos en medio de los pastos". No sabíamos si había una conexión entre el ser espiritual, el Sol de justicia, y las alas en nuestras espaldas, pero yo estaba seguro de que las alas tenían que ver algo con la sanidad y la evangelización.

Quizás el Señor nos estaba llevando a descubrir una nueva forma de hacer evangelismo. Permita que el Señor utilice la siguiente oración para reposicionarlo y llevarlo a un lugar de reposo, un lugar donde su poder fluirá a través de usted para cumplir su voluntad.

La Oración: Soltando la Sanidad Evangelística

- Padre Celestial, levanto ante Ti toda la tierra. Me levanto como un guardián y labrador de la tierra. Me levanto como un empleado y un empleador. Quiero pedirte perdón Padre, por no darle a la tierra su descanso sabático. Perdóname por no haberme dado yo mismo un descanso sabático. Perdóname por no dar a nuestros empleados un descanso sabático. Perdóname, porque en la desobediencia a tus órdenes de descansar, he rechazado tus principios sagrados y ordenanzas. Te he dado la espalda y he hecho las cosas a mi manera. He hecho lo recto delante de mis propios ojos. Perdóname por la injusticia que cometí y hazme volver de manera que sea llevado de nuevo a Ti. Señor, rompe todas las consecuencias que recayeron sobre mí y sobre la tierra debido a las maldiciones relacionadas con no tomar un descanso sabático y no darle descanso a la tierra.
- Padre Celestial, perdóname por no entrar en tu reposo. Perdóname por no permitir que mis dones y mi llamado entren en tu descanso. Perdóname por no permitir que tus dones de sanidad, tal como habías planeado

originalmente que fueran expresados a través mío, entren en tu descanso. Yo reconozco que das estos dones de sanidad para que la obra de evangelización funcione en tu descanso. Reconozco que tus caminos son más altos que mis caminos. Perdóname por no elegir tus caminos y tu descanso, ya que Tú has dado los dones de sanidad para que la obra de evangelización se pueda hacer sin esfuerzo, de modo que no sea realizada por mi poder ni por mi fuerza, sino por tu Espíritu. Lamento que en vez de recibir tu dirección y tu camino, me he apoyado en mi propio entendimiento. Hoy opto por formalizar e institucionalizar tanto la sanidad como la evangelización. Soy culpable de haber decidido que la evangelización y la sanidad se realizaran de acuerdo a los métodos del hombre. Perdóname Padre por ello. Permite que el Espíritu de arrepentimiento venga a mí para que yo pueda llorar y gemir y clamar por la inquietud de mi tierra, por la intranquilidad de mí mismo, por la inquietud de mis hermanos y hermanas, por la inquietud de los ministros del Evangelio, de manera que tu plan y tus propósitos, que se habían descarrilado por mi injusticia, puedan ser restaurados en el lugar de prominencia en tu mundo.

- Padre, quita de mí todo lo que absorbe tu Espíritu y todo lo que me aísla de tu Espíritu. Yo renuncio a los espíritus elementales[4] que absorben y bloquean la obra de tu Espíritu Santo en y a través de mí. Retira cualquier y todas las contaminaciones de los espíritus elementales y devuélvelos a la neutralidad.
- Padre, me arrepiento con toda humildad y renuncio a convertir la evangelización y la sanidad en métodos y fórmulas humanas, y me arrepiento por no permitir que tu poder fluya a través de mí según tu voluntad. Perdóname, Dios poderoso. Te pido que te coloques en el lugar más

alto, porque Tú eres el Señor, mi Dios. Tú y sólo Tú puedes lograr la verdadera evangelización y sanidad. Deseo que Tú traigas esa realidad a mi vida, de manera que tu santo, digno y maravilloso nombre sea glorificado.

- Padre, te pido estar abierto a recibir plenamente tu gracia y tu descanso. Padre, en nombre de Jesús, dame la capacidad de ya no trabajar en la carne ni apoyarme en el brazo de la carne. Muchas gracias.

- Padre, me arrepiento y renuncio a cualquier forma en la que yo o mis generaciones pasadas hayamos manifestado un don impío de sanidad o hayamos apoyado o llamado a cualquier poder de las tinieblas para curar de manera distinta a la tuya. Me arrepiento y renuncio a cualquier rechazo de tus dones auténticos de sanidad hecho por mí mismo o por cualquier persona en mi línea familiar, incluyendo la familia de todos mis antepasados. Señor, quita de mí y de mi línea familiar, todas las maldiciones y la iniquidad en contra del don de sanidad. Elimina de nosotros Señor, todas las espinas y ortigas.

- Padre, recibo tu llamado y tus dones, incluso los que he negado previamente, porque los dones y el llamamiento de Dios son irrevocables. Acepto que no es necesario confiar en mis propios métodos. No necesito saber cómo hacer que esto funcione. Sólo tengo que decir "Sí" a tus dones y a tus llamamientos.

- Estoy de acuerdo con la Palabra que dice: " Pero los que esperan a Jehová tendrán nuevas fuerzas; levantarán sus alas como las águilas, correrán y no se cansarán, caminarán y no se fatigarán".[5]

- Señor, quiero volar como las águilas, tomar las ráfagas de aire caliente y volar, y tener un ojo de águila para ver a lo lejos. Quiero saber a dónde ir después de alimentarme. Te doy gracias porque puedo correr y no cansarme.

- Señor, yo declaro que este es el momento de correr y de renovar mis fuerzas. Quiero hacer discípulos para la próxima generación, que puedan volar más alto de lo que yo puedo volar. No me voy a cerrar a escucharlos en la forma en que se cerraron a escucharme. Los voy a discipular en tu poder y tu fuerza. Ellos se adentrarán en lo inusual y extraordinario, lo que va más allá, y lo que era inusual para mí será normal para ellos.
- Ayúdame a hacer todo lo posible para entrar en tu descanso. Padre, en el séptimo día Tú descansaste. Ahora me pides descansar a mí. Tú me pides que me separe un día a la semana de todo lo que es profano, para que nos apartemos y seamos santos, centrándonos en Ti y reuniéndonos con los que son santos. Tú eres mi Dios, que hace una distinción entre lo santo y lo profano, entre lo sagrado y lo vil, entre lo puro y lo impuro.[6]
- Cuando entraste en el mundo, como debías oh Señor Jesús, separaste y marcaste lo santo de lo profano. Solo Tú puedes perdonar mis pecados y transgresiones, grandes y pequeñas. Multiplicas mi simiente como la arena. Por ello hoy hago un llamado a Ti para que suplas todas mis necesidades.
- Hazme entrar en tu descanso, que tu nombre sea glorificado. No permitas que regresen mis enemigos para que tu nombre no sea burlado. Que nadie diga: "¿Dónde está el Dios que te creó?". Despierta en mí tu amor para salvar a un pueblo que viva en tu descanso.
- Trae tus dones de sanidad, trae una vez más vida para resucitar a los muertos. Haz que la evangelización y tu gloria cubran la tierra. Haz que tu reino venga y que tu voluntad sea hecha. Y en todos estos asuntos, que pueda avanzar en el poder de tu descanso.
- Yo declaro la verdad de tu Palabra: Porque como los cielos son más altos que la tierra, así son mis caminos

más altos que vuestros caminos, y mis pensamientos más que vuestros pensamientos, y así como la lluvia cae, y también la nieve del cielo, y no regresan a él, sino que riega la tierra, y la hace germinar y producir, dando semilla al que siembra y pan al que come, así será mi palabra que sale de mi boca, no volverá a mí vacía, más hará lo que yo quiero, y será prosperada en aquello para lo que la envié, saldrá con alegría, y se llevara a cabo con paz. Las montañas y los collados levantarán canción delante de vosotros, y todos los árboles del campo darán palmadas con las manos; en lugar de la zarza crecerá el ciprés, y en lugar de la ortiga crecerá el arrayán; y será a Jehová por nombre, por señal eterna que no será cortada.

- Padre Celestial, te amo. Señor Jesús, te amo. Espíritu Santo del Dios viviente, te amo. Señor Yahvé, te debo tener a Ti en el centro de todo.

- Te pido ahora que tomes todo lo que es agradable a Ti y que me fortalezcas, contigo como el centro y conmigo dentro de tus confines. Te pido que tomes luego todo lo que quede y hagas lo que quieras con eso. Llévalo tan lejos como el oriente está del occidente, porque yo sólo quiero lo que te agrada a Ti.

- Señor Jesús, yo renuncio y me arrepiento por todos aquellos en mi línea familiar, retrocediendo hasta Adán y Eva, quienes, a causa de su pecado, liberaron espinas y cardos en el suelo, en la tierra, poniendo una maldición sobre la reproducción: la reproducción de la tierra, la reproducción de los negocios, la reproducción espiritual y la reproducción humana.

- Como padre, yo renuncio y me arrepiento por mí mismo y por mi familia, por haber provocado a mis hijos a la ira y por no bendecir su caminar. Ahora los pongo en libertad para caminar en la herencia bíblica, en autoridad y como hijos que han sido bien colocados dentro del árbol de una familia redimida por Cristo. Como hijo, yo renuncio y me arrepiento por mí y por mi línea generacional por no haber honrado a mis padres. Te pido ahora tu realineamiento de nuestro árbol de familia redimida. Recibo la bendición paterna y avanzo en la libertad de Cristo.

En cuanto a mí y a mi familia:

- Me arrepiento y renuncio por aquellos que se centraron en la luna, el miedo de la luna, por adorar a la luna en lugar de al Hijo de Dios. Señor, rompe y anula todas las maldiciones relacionadas con el culto lunar.
- Señor me arrepiento por aquellos quienes negaron el don de la sanidad, hablaron en contra del don y maldijeron el don de sanidad. Rompe por favor con todas y cada una de las maldiciones que vinieron en contra mía. Señor, destruye el reflejo impío del Sol de Justicia que trae sanidad en sus alas —destruye ese reflejo impío, a ese impostor, que es como el arbusto espinoso de la zarza, que trae el don falso de la sanidad y el que trae enfermedades y dolencias— el anti sanador.
- Señor por favor, sana todo el daño hecho a mis espaldas. Rompe todas las maldiciones sobre la reproducción que han surgido en mi contra. Señor, desconéctame a mí y a mi familia de todos los cultos a la fertilidad y los sacrificios que han traído maldiciones, esterilidad y espinas en nuestras vidas y en nuestra tierra.
- Padre, me arrepiento por y renuncio a mi elección a beber el agua de la aflicción en lugar de beber del Río de la Vida. Padre, me arrepiento y renuncio a silenciar a la semilla, a cerrar la verdad dentro de mis entrañas, a permitir que las lunas de la injusticia ensombrezcan la justicia dentro de mí.

- Señor, por mí y por mi línea familiar, me arrepiento, renuncio y desato a cualquiera que haya derramado su semilla en el suelo o causado que la semilla de otros sea derramada en el suelo. Señor, me arrepiento y renuncio a bloquear la semilla de la evangelización.
- Padre, perdóname a mí y a mi línea familiar por cubrir tu luz y por no ponerla de manera que todos la vean. Perdóname por ocultar tu luz debajo de un almud. Oro ahora para que tu luz brille a través de mí, para que otros puedan verte y lleguen a conocerte.
- Señor, quema por favor la zarza espinosa, esa distorsión impía de la evangelización y sanidad que Tú deseas llevar a cabo. En nombre mío y de mi línea familiar, me arrepiento y renuncio a ocultar mi luz debajo de un arbusto. Me arrepiento por aquellos en mis generaciones que escondieron sus luces de alguna manera. Nos sometemos a Jesús, la zarza ardiente, el fuego que lo consume todo. Señor quema y llévate lejos las cosas que me han enredado, y libérame para volar en la plenitud de mi herencia.
- Señor, por favor cambia el desierto y el páramo en arroyos en el desierto y la tierra reseca en una piscina. Recibo la sanación de mi tierra y de mi cuerpo. Señor, abre los ojos ciegos, destapa los oídos sordos, sana a los cojos y libera del silencio a los mudos para que puedan gritar de alegría.[7]
- Yo quiero ser como el árbol plantado junto a corrientes de agua que producen el fruto de la temporada.[8]
- Además, la luz de la luna será como la luz del sol y la luz del sol será siete veces mayor, como la luz de siete días, el día en el que el Señor vende a los heridos de su pueblo y sane los golpes de sus heridas.[9]
- Me arrepiento y renuncio al espíritu de Rahab, ese espíritu inerte de "no hacer nada".

- Yo renuncio y me arrepiento, en nombre mío y de mi línea generacional, por todas las plantaciones impías de enseñanzas, por no estar fundadas y enraizadas en el amor, y por recibir el alimento y la fuerza de la tierra y no de Ti. Yo renuncio y me arrepiento por recibir y confiar en el fruto impío que se produjo a partir de la siembra impía. En nombre mío y de mi línea generacional, yo renuncio y me arrepiento de toda dependencia impía de la tierra. Yo renuncio y me arrepiento por todo culto de la tierra. Rompo todas las ataduras impías que me ataron a mí y a mi línea generacional con la tierra.
- Padre, yo renuncio y me arrepiento por tratar de obtener frutos de los espinos y de las zarzas. Hazme ver y discernir los árboles de los que debo recoger el fruto. Quiero sólo el fruto de tu mano, de lo que Tú hayas determinado y de quién Tú hayas ordenado que me sean entregados a mí, no de los impostores. Yo reconozco que el fruto bueno proviene sólo de buenos árboles. Los espinos y las zarzas producirán sólo frutos malos y desolación.
- Llega a lo profundo, limpia y lava las cisternas de nuestros corazones y de nuestras vidas.
- Padre, yo renuncio y me arrepiento de todos los dones falsos de sanidades en los que caí. Me arrepiento y renuncio por mí y por cualquier persona en mis generaciones que haya declarado que la sanidad no era de Dios, sino que provenía del enemigo. Me arrepiento y renuncio a cualquier don falso de sanidad o al uso indebido de los dones de sanidad tanto en mí como en mis antepasados. Me arrepiento y renuncio por alejarme o desacreditar los dones de sanidad.
- Señor, rompe la maldición de la tierra. Sana la tierra, por favor. Rompe la maldición que haya en el don de sanidad. Rompe por favor la maldición que haya en mí.

Aprópiate de tu sangre derramada sobre la tierra y sobre mí, y aun sobre los dones de sanidad en estas cuestiones específicas.

- Ahora acepto y recibo tu sanidad, tus dones de sanidad, tu llamamiento y tus mantos. Ayúdame a no mirarme a mí mismo para hacer que estos dones funcionen. Concédeme la fe que va a hacer todo lo que necesita ser hecho. Sólo Tú eres Dios.
- Pido que toda sanidad y los dones de sanidad y los mantos que Tú me diste salgan para que la evangelización avance. Así como el Sol de Justicia, que trae la sanidad en sus alas, vuela y se mueve por medio de ellas, así propaga y haz avanzar la evangelización a través de la sanidad, deja que despliegue las alas y levante el vuelo, de acuerdo a tu voluntad. Glorifico tu nombre. Cubre la tierra con tu gloria Señor.[10]

Notas:

1. Romanos 8:19.
2. ¡Estas no son las alas del ángel! Los seres humanos no son ángeles y no se conviertan en ángeles cuando morimos.
3. De hecho el artículo hebreo es femenino.
4. Ver el capítulo 21, Oración para Establecernos Como Piedras Vivas.
5. Isaías 40:31.
6. Levítico 10:10; Ezequiel 22:26; 44:23.
7. Isaías 35.
8. Salmos 1:3.
9. Isaías 30:26.
10. Isaías 41:18; 2 de Pedro 2:21; Mateo 5:14–15; Salmos 129:1–4; Génesis 3; Hebreos 12:11; Romanos 8:18–23; Salmos 124:7; Salmos 91:3; Malaquías 4:1–3; Marcos 5:25–27; Jueces 9:1–15; Lucas 6:43–45; 2 de Crónicas 7:14; Proverbios 24:30–34.

CAPÍTULO VEINTISÉIS

Rompiendo Ataduras con Espíritus Íncubos y Súcubos

ANNEMIE-JOY MUNNIK

Incubo es un ser espiritual que llega a tener relaciones íntimas con las mujeres mientras están dormidas, mientras *súcubo* es un ser espiritual que llega a tener relaciones con hombres en su sueño. Estas experiencias nocturnas son a veces llamados encuentros con los esposos espirituales y esposas espirituales. En África occidental los llaman visitantes del sueño "esposos de la noche y esposas de la noche".

Cuando una pesadilla tiene contenido sexual, la palabra *íncubo* se utiliza a menudo como sinónimo de la Mare o demonio *mara*. Mara es "un término anglosajón y nórdico antiguo para un demonio que se sentó en el pecho de los durmientes, haciendo que tengan malos sueños",[1] de hecho, la palabra latina para pesadilla es *incubo* (mentir sobre eso). Los hechizos nocturnos son encantos o hechizos utilizados por las brujas y brujos durante la noche. El íncubo puede asumir una forma masculina o femenina; a veces aparecen como adultos mayores.

Muchas veces espíritus íncubo y súcubo operan dentro de la vida de una persona a causa de las maldiciones generacionales transmitidas a través de la línea familiar. Los antepasados pueden haber ido a visitar a una bruja o brujo para hacer una brujería de amor. Las brujas y brujos conjuran y luego venden o dan a la gente sus pociones; donde llevan a cabo los rituales, ofrecen invocaciones, usan baños, lavados, amuletos y oraciones psíquicas. Lo que no le dicen a la persona que está buscando el amor es que están soltando un demonio en forma de lujuria, en la vida de la persona, y no sólo sobre esa persona, sino en cada generación sucesiva hasta que es quebrado de esa línea familiar por medio del arrepentimiento y la oración.

De acuerdo con muchos líderes de las iglesias, un íncubo es un ángel que cayó a causa de la lujuria. Según las leyendas hebreas, los *íncubos* (en plural) son demonios lascivos hijos de Lilith que buscan relaciones sexuales con hombres y mujeres, y pueden asumir uno u otro sexo para tener relaciones sexuales con los humanos. También se les conoce como follet,[2] alp,[3] duendes[4] y folletto.[5]

Como se mencionó anteriormente, el demonio Mare trabaja con los demonios íncubo y súcubo. Este demonio se presume provoca sueños de contenido sexual unido a los malos espíritus. Causa malos sueños o pesadillas. También se manifiesta durante la noche, sentado en el pecho de una persona y causando sensaciones de ahogo y asfixia. Provoca una sensación de estar paralizado y como un peso aplasta la respiración de una persona.

Esos espíritus pueden entrar a través de muchas puertas:
Ellos pueden ser transmitidos de generación en generación.
La sanidad sexual generacional y la liberación tienen que tener lugar si existen patrones de adulterio, incesto, pornografía, adicción sexual u homosexualidad.

Pueden venir a través de hechizos, amuletos, y otras formas de brujería.

Ellos pueden venir a través de una violación, adulterio, fornicación, homosexualidad, o cualquier tipo de contacto sexual impío con otros hombres, mujeres o animales.

Los que experimentan encuentros sexuales en sus sueños pueden cumplir con numerosas frustraciones si tratan de casarse; si se casan, están propensos a tener dificultades en sus matrimonios. Muchos hogares rotos e infelices son el resultado de las manipulaciones malignas de estos espíritus celosos. El efecto final de maldad de la presencia de un espíritu esposa y/o espíritu esposo será el problema para tener hijos. Estos espíritus introducen diferentes enfermedades en el sistema reproductivo de la mujer, por lo que es difícil o imposible para que ella conciba. A menudo no hay ninguna razón física por qué no puede concebir hijos.

Estos demonios pueden alojarse en lo profundo de los órganos sexuales, en la lengua, en las manos y los dedos del cuerpo de los individuos que habitan. Los íncubos y súcubos también se alojan dentro de la esfera del alma de la persona. Estos espíritus tienen la capacidad de reducir y controlar la voluntad del individuo que habitan, en alguna manera.

He aquí un recuento de uno que fue liberado.

Estábamos jugando y sus brazos estaban fuertes cuando me recogió y me tiró en el aire. Y entonces algo sucedió...

Yo tenía tres años cuando el abuso sexual comenzó y continuó durante nueve años. A la edad de doce años, me di cuenta de que esto no era normal y que yo podía decir que no. Desde que yo recuerdo, los sueños sexuales nocturnos eran mis compañeros. Al igual que el abuso, pensé que era sólo una parte normal de la vida. Ahora sé que los sueños no eran normales.

En 2003, un amigo y yo comenzamos un ministerio para trabajar con jóvenes de las zonas de asentamientos informales en Sudáfrica así como otras regiones de África.

Mientras íbamos construyendo relaciones con estos jóvenes, nos iban tomando confianza y nos contaron sobre los sueños sexuales que estaban teniendo en la noche. Algunos de ellos podían ver estos espíritus ir de cama en cama, y se los podía escuchar corriendo sobre los techos yendo de casa en casa. Algunas personas creen que si uno levanta la cama del piso con ladrillos o latas, estos espíritus, llamados *Thokholosh,* no los pueden alcanzar. En África estos fenómenos no son nada nuevo ni extraño. A menudo se perciben como una parte normal de la vida diaria.

En el 2007, el Señor puso una impresión en mi espíritu para escribir una oración sobre estos temas.

Para ser abierta y honesta acerca de lo que me estaba pasando, era parte de la respuesta y de la sanidad que encontré. En mi caso, la puerta abierta para que estas cosas hayan sucedido era generacional. ¡Jesús vino a liberar a los cautivos! [6]

No hay una respuesta a esto, ¡hay una salida! Quiero animarte a pararte y decir no a este tipo de abuso. Lo tenemos permitido.

La Oración: Rompiendo Ataduras de Espíritus Íncubos y Súcubos

- Padre, en el nombre de Jesús, me arrepiento en mi nombre y en el de todos aquellos en mi línea familiar que tuvieron relaciones sexuales con espíritus malignos, espíritus familiares, con espíritus íncubos o súcubos y con el demonio Mare. Yo renuncio y rompo cualquier pacto o dedicación a los nefilitas,[7] a Baal o a Belial.
- Me arrepiento por cualquier persona en mi línea familiar que hayan tenido conexiones, lazos, pactos o lealtades con el espíritu de la ramera y la reina del cielo.[8] Me arrepiento por todos los que participaron en los ritos de fertilidad o rituales similares, y por quienes sacrificaron, adoraron, bailaron o dieron ofrendas a

otros dioses o diosas.

- Señor, me arrepiento por mí mismo y por todos aquellos que en mi línea familiar tenían maridos nocturnos o en espíritu, o esposas nocturnas o en espíritu. Señor, perdónanos por haberte rechazado a Ti como nuestro esposo, perdónanos por nuestra infidelidad hacia Ti. Perdónanos por encontrar consuelo en estos espíritus y por recurrir a ellos para que satisfagan nuestros deseos y necesidades. Elijo depender de Ti Señor, confiar en Ti para todo lo que necesito. Por favor, restaura mi alegría y mi fidelidad hacia Jesucristo, el Esposo fiel.

- Señor, me arrepiento de todo contacto, personal y generacional, con todo espíritu de la noche y renuncio a todos los "esposos nocturnos" y a las "esposas nocturnas" que han sido asignados específicamente para que funcionen dentro de mi familia. Me arrepiento de los pactos de sangre por los que se abrieron las puertas a esta familia de la noche (al marido y la esposa nocturnos). Yo corto todos los lazos del alma con estos espíritus familiares. Me arrepiento del engaño adoptado por mis antepasados que la poligamia es aceptable y por cualquier engaño que ella trajo a mi familia, ya que esa fue una de las formas en que se abrieron las puertas a los espíritus íncubos y súcubos y a mare.

- Me arrepiento por aquellos en mi línea familiar que participaron en viajes astrales, prácticas oscuras, tales como el ocultismo y las prácticas de la nueva era. Me arrepiento por cualquier implicación con brujos, hechiceros, magos o espíritus familiares. Yo renuncio a todos los hechizos de la noche, los encantos, los encantamientos o seducciones utilizados por las brujas y los brujos de la noche.

- Renuncio a cualquier posición, posesiones, poderes o a cualquier conocimiento secreto que hayan venido de la oscuridad. Señor, cierra todos los caminos y las entradas impías, toda puerta, portal, grieta, unión o costura de los reinos malvados e impíos o del inframundo. Retira toda contaminación, corrupción e impureza en mi vida, y como tu hijo, restaura mis sueños piadosos en los lugares celestiales.

- Me arrepiento por mí o por cualquiera de mis antepasados que han visitado curanderos,[9] yerberos, brujas o brujos buscando su "brujería de amor". Me arrepiento de comprar, aceptar y usar sus pociones de amor. Me arrepiento por todos los rituales realizados, las invocaciones ofrecidas y por cualquier uso de baños, lavaderos, encantos y oraciones psíquicas. Me arrepiento que mi cuerpo haya sido frotado con líquidos ceremoniales impíos o por permitir que los líquidos ceremoniales impíos o los líquidos comerciales sean derramados sobre mi cuerpo.

- Me arrepiento por la ruptura de matrimonios, divorcios, convenios, pactos y las relaciones que resultaron destruidas por tener relaciones con estos espíritus familiares. Pido que se desprendan de mí y de mi familia todo el falso amor, la lujuria, el odio, la impotencia, la frigidez, la dolencia y la enfermedad que hayan sido causadas por estos espíritus.

- Me arrepiento en mi nombre y en el de toda mi línea familiar por toda fornicación, adulterio, incesto, orgías, sodomía, homosexualidad y adicción sexual. Me arrepiento por toda la pornografía, la violación, el abuso, la masturbación, la lujuria y la fantasía lujuriosa, y por cualquier contacto sexual impío con otras personas, por la bestialidad, y toda perversión sexual y relaciones sexuales realizadas por dinero.

- Me arrepiento en mi nombre y por toda mi línea familiar, por derramar sangre inocente a través del aborto y los sacrificios humanos. Me arrepiento del asesinato, el orgullo, la avaricia, la ira, el odio, los celos, el disimulo, la falsedad, la maldición y la mentira.

- Padre, en nombre mío y de mi línea familiar, me arrepiento de haber participado en actos que mostraron adoración y obediencia a Satanás y sus demonios a través de tener relaciones sexuales fuera del matrimonio. Señor, perdóname por no seguir tus órdenes.
- En el Nombre de Jesús, yo renuncio a todas las ligaduras impías del alma con cada persona con la que he estado involucrado(a) sexualmente, física o espiritualmente. Padre te pido que rompas estas ataduras del alma, de mi espíritu, mi mente y mi cuerpo en el Nombre de Jesús. Ahora aplico la Sangre de Jesucristo sobre todas las ataduras impías y me libero de ellas.
- Padre, me arrepiento por permitir que estos espíritus malignos hayan reducido y controlado mi voluntad. Yo elijo ahora, poner mi espíritu, mi voluntad, mis emociones, mi mente y mi cuerpo bajo el señorío de Jesucristo.[10]
- Ahora, en el nombre de Jesucristo yo renuncio y les exijo a los espíritus íncubos y súcubos, a los demonios Íncubo, Súcubo, Eldonna y Mare que salgan de mi cuerpo y de mi consciente físico y espiritual, de mi subconsciente y de mi mente inconsciente. Ordeno a estos espíritus que se desprendan de mi lengua, manos, dedos, los senos, los órganos sexuales o cualquier otra parte de mi cuerpo.
- Ya no voy a servir a estos espíritus demoníacos. Yo renuncio a Satanás y a todas sus obras. Yo estoy firme y parado en la autoridad que tengo como creyente, y en el nombre de Jesús, echo fuera todos los espíritus que han estado residiendo en mi cuerpo.
- Mando a toda confusión que salga y llamo de nuevo a todas las piezas de mi alma que hayan sido esparcidas o

fragmentadas a que se unan.

- Padre, te pido que me perdones, que me laves, me limpies y que restaures mi inocencia. Aumenta Señor mi amor por Ti y dame la habilidad de ser verdaderamente fiel e íntimo contigo.[11]

Notas:
1. D. L. Ashliman, "Pesadillas" http://www.pitt.edu/~dash/nightmare.html
2. Francés.
3. Alemán.
4. Español.
5. Italiano.
6. Isaías 61:1.
7. Génesis 6:1–6.
8. Nahúm 3:5; Apocalipsis 17:1–5.
9. Curanderos Sudafricanos.
10. Romanos 13:14.
11. Oración escrita por Annemie-Joy Munnik.

CAPÍTULO VEINTISIETE

Intervención Divina y Soltando su Derecho de Nacimiento

Paul L. Cox

La esencia de cada oración que se nombra en este libro es el arrepentimiento de la iniquidad generacional. La razón de cada oración es la necesidad de arrepentimiento; el propósito de cada oración es liberarnos a nosotros mismos y a los demás hacia nuestro derecho de nacimiento. La Oración por la Intervención Divina y Liberación de tu Derecho de Nacimiento es una oración que fue específicamente dada por el Señor para reclamar la devolución de todos los tesoros que se han perdido en la línea familiar por el pecado generacional. El siguiente artículo, que Kelsey Budd me permitió utilizar aquí, trata algunos de los problemas que rodean la iniquidad generacional.

¿Qué es esto de Cosas "Generacionales"?

KELSEY BUDD

No te inclines ante ellos ni les rindas culto, porque yo, el Señor tu Dios, soy Dios celoso, quien no tolerará que entregues tu corazón a otros dioses. Extiendo los pecados de los padres sobre sus hijos; toda la familia de los que me rechazan queda afectada, hasta los hijos de la tercera y la cuarta generación. Pero derramo amor inagotable por mil generaciones sobre los que me aman y obedecen mis mandatos. (Éxodo 20: 5-6)

Creemos que el problema de la iniquidad generacional se ilustra mejor en la conocida historia de Caín. Repasémosla. Caín y su hermano Abel trajeron un sacrificio al Señor; el sacrificio de Abel fue encontrado digno a los ojos de Dios, mientras que el sacrificio de Caín no lo fue. Esta historia marca una diferencia importante entre el pecado, la rebelión y la iniquidad. Cuando Caín se volvió molesto, triste y abatido, el Señor le dijo: Caín: "el pecado está a la puerta; deseoso por controlarte, pero tú debes dominarlo y ser su amo". En respuesta a esto, Caín hizo tres cosas. En primer lugar, y quizás lo más profundo, se alejó de la presencia del Señor. Después, él convenció a su hermano para salir al campo, donde lo mató. Por último, cuando el Señor le preguntó dónde estaba su hermano, Caín contestó: "¿Acaso soy yo el guardián de mi hermano?" Y después de esta respuesta, el Señor lo maldijo.[1]

Podemos definir el pecado simplemente como la separación de Dios, y que Caín se apartara de la presencia del Señor, ilustra esto. La ley del Antiguo Testamento requiere sacrificios por el pecado que son intencionales y, a veces, por actos ineludibles como entrar en contacto con un cadáver de un animal o un cuerpo muerto. La separación de Dios no implica necesariamente una intención maliciosa. Se produce a partir de acciones tan sencillas como apartar nuestros ojos de Dios y desviarnos. La rebelión, por el contrario, se produce cuando a sabiendas hacemos algo que Dios nos mandó a no hacerlo y lo "hacemos de todos modos".

Por cuestiones generacionales, sin embargo, la iniquidad se ha convertido en nuestra principal preocupación, y la respuesta de Caín hacia Dios demuestra la iniquidad. El Señor le pregunta a Caín: "¿Dónde está tu hermano?" y Caín no dice: "Señor, he pecado demasiado, porque he cometido un asesinato contra mi propio hermano". Es más, ni siquiera respondió con rebeldía, "Escucha, sé que es contra las reglas, pero maté a Abel, por lo que ¿podríamos terminar de una vez con esto del castigo, Señor?" En cambio, él responde: "¿Acaso soy yo el guardián de mi hermano?" Caín da una respuesta que distorsiona la verdad; él no elige confesar la verdad con arrepentimiento, ni reconocer la verdad sin remordimiento (como el segundo ejemplo de respuesta). En cambio, su respuesta es para cubrir su pecado y rebelión, y trata de eludir las consecuencias por completo.

Por lo tanto, podemos definir la iniquidad como una respuesta retorcida hacia Dios. La palabra hebrea *avown* se traduce aquí como ídolos. Esta palabra viene de la palabra raíz *avah*, lo que el Diccionario Strong lo traduce como "hacer mal, inclinarse, torcerse, pervertido".[2] Dios maldice a Caín por sus acciones, y Caín responde de esta manera: "¡Mi castigo es demasiado grande!" La palabra traducida como castigo es en realidad *avown*; Caín está literalmente, diciendo: "Mi perversidad es demasiado grande". La *perversidad*, puede referirse tanto para sus propios caminos torcidos, el castigo que viene con los caminos torcidos o para ambos. Por lo tanto, es bastante literal esta perversidad, esta torsión del pecado de Caín, que es repetido en sus descendientes, no sólo en el sentido de la maldición, del castigo, pero también en el sentido de la respuesta distorsionada de Caín.

Veámoslo desde otra perspectiva. El Padre envió a su Hijo, Jesús, para expiar una vez por todas, nuestros pecados en la cruz. Él llevó el peso de todos nuestros pecados, y él se convirtió en una maldición por nosotros, para que podamos tener libertad. Él ha vencido el pecado de una vez por todas. Sólo él podía soportarlo. La victoria es suya. Si pudiéramos llegar a ser como Pablo lo describió: "ya no soy yo quien vive, es Cristo quien vive en mí"[3], luego podemos llevar su victoria en nosotros. Creemos que, "el Padre visita la iniquidad de los padres sobre los hijos"[4] no porque tenga en el corazón darnos una carga, sino para confrontarnos con este desvío de la verdad y darnos la oportunidad de aceptar el reto y superarlo, no a través de nuestra propia justicia, sino a través del sacrificio de justicia de aquel que vive en nosotros, Jesús. Creemos que esto ocurre para que nosotros, los hijos, podamos enfrentar esta respuesta equivocada, la percibamos como pecado, y aprovechemos la oportunidad para "dominar" lo que nuestros padres derrocharon. Apocalipsis 3:5 dice lo siguiente:

Todos los que salgan vencedores serán vestidos de blanco. Nunca borraré sus nombres del libro de la vida, sino que anunciaré delante de mi Padre y de sus ángeles que ellos me pertenecen.

La recompensa promete ser grandiosa para aquellos que perseveran y aprender a vencer. ¡Esto es típico del Antiguo Testamento! Sí. Ahí es exactamente donde está.

Piensa en esta pregunta: ¿Qué es un *testamento*? El *Diccionario de Herencia Americana* lo define de esta manera: "Un *testamento* sirve como una prueba tangible de evidencia". Viene de la palabra latina *testis*, que puede traducirse más o menos en el sentido de *testigo*. ¿De quién o de qué da el Antiguo Testamento evidencia? ¿Quién o qué es un testigo? Puede revolear sus ojos, porque, por supuesto, es de Jesús de quien el Antiguo Testamento da testimonio. Pero no se encoja de hombros; esta es la razón por la que todavía llevamos todas esas páginas en nuestras Biblias. El testamento puede ser viejo, pero el Jesús del que da testimonio sigue siendo el mismo. Él no cambia. Si todavía persiste la duda sobre la relevancia del Antiguo Testamento, considere Lucas 16:31, donde Jesús nos da algunas palabras impresionantes en su parábola del hombre rico y el mendigo, Lázaro. "Pero él le dijo: 'Si no oyen a Moisés y a los profetas, tampoco se persuadirán aunque alguno se levantare de los muertos.'" Aquellas probablemente no son particularmente palabras reconfortantes.

Los que se encuentran haciendo eco de la objeción sobre que la iniquidad generacional se limita al Antiguo Testamento probablemente considera Gálatas 5:3–4: que dice *"Lo repito: si pretenden lograr el favor de Dios mediante la circuncisión, entonces están obligados a obedecer cada una de las ordenanzas de la ley de Moisés. Pues, si ustedes pretenden hacerse justos ante Dios por cumplir la ley, ¡han quedado separados de Cristo! Han caído de la gracia de Dios".*

Gran parte del Antiguo Testamento, en otras palabras, la ley, describe los mandatos de Dios hacia los israelitas. Pablo nos exhorta aquí a no tratar de trabajar por nuestra salvación a través de la ley. Pero incluso en el Antiguo Testamento, cuando la actitud de la gente estaba mal, Dios expresa desprecio y rechaza los cantos, ofrendas y festivales que estaban de acuerdo con la ley. El Señor casi mata a Balaam por su actitud equivocada y la insensibilidad espiritual, a pesar de que estaba siguiendo el mandato del Señor.

La ley fue creada para dar testimonio de Dios, a su santidad. Fue creada para protegernos del pecado antes de poner nuestra fe en Jesús. También se creó para producir convicción en nosotros, lo que, a su vez, nos revela nuestra incapacidad para lograr estar firmes con Dios a través de nuestros propios esfuerzos. Por eso, necesitamos un salvador. Jesús vivió su vida en perfecta sumisión a la ley para que no pongamos nuestra fe en la ley, siendo en el que la cumplió. Una vez más, dijo, "No he venido a destruir (la ley), sino para cumplir (la)" [5] A través de él, podemos vivir en armonía como lo describe Pablo en Efesios 2:20: *"Juntos constituimos su casa, la cual está edificada sobre el fundamento de los apóstoles y los profetas. Y la piedra principal es Cristo Jesús mismo"*.

Dios puede cambiar y ha cambiado sus órdenes de acuerdo con su tiempo o temporada. Hechos 11 describe cómo él derogó las órdenes de comer sólo la carne de ciertos animales como una forma de dejarle saber a Pedro que no era inmundo llevar el mensaje de arrepentimiento y la fe en Jesús a los gentiles. En el mismo capítulo, Pablo exhorta fervientemente a sus hermanos judíos a ir más allá del legalismo judío acerca de la circuncisión y a aceptar gentiles incircuncisos que fueron llenos del Espíritu Santo.

Reexaminemos Éxodo 20:5, este versículo, está describiendo una iniquidad generacional, donde no tiene el mando. No es la ley. No es ni siquiera una descripción impersonal, categórica de cómo funciona el sistema legal de Dios, tal como por ejemplo, "La paga del pecado es muerte". Éxodo 20: 5-6 describe a Dios. Léalo de nuevo:

No te inclines ante ellos ni les rindas culto, porque yo, el Señor tu Dios, soy Dios celoso, quien no tolerará que entregues tu corazón a otros dioses. Extiendo los pecados de los padres sobre sus hijos; toda la familia de los que me rechazan queda afectada, hasta los hijos de la tercera y la cuarta generación. Pero derramo amor inagotable por mil generaciones sobre los que me aman y obedecen mis mandatos.

Esto no describe la ley, pero una característica de los caminos de Dios y su justicia. El Señor ama la justicia ahora mismo, hoy, tanto como lo hizo en los días de Adán. Él nunca desprecia los que tienen un corazón y un espíritu quebrantado.[6] Y aunque él envió a Jesús para ser amigo de los pecadores y para liberarnos de la esclavitud, él todavía odia el pecado. Lo que él nos dice que hagamos puede variar según el contexto, pero su carácter no cambia.

Para que no haya confusión sobre el tema del pecado generacional en nuestros "tiempos del nuevo pacto", considere las palabras del Señor en Lucas 11:47–50.

¡Qué aflicción les espera! Pues levantan monumentos a los profetas que sus propios antepasados mataron tiempo atrás. Por lo cual, ustedes quedan como testigos que aprueban lo que hicieron sus antepasados. Ellos mataron a los profetas, ¡y ustedes se convierten en cómplices al edificar los monumentos! Esto es lo que Dios en su sabiduría dijo acerca de ustedes: "Les enviaré profetas y apóstoles, pero ellos matarán a unos y perseguirán a otros". »Como consecuencia, a esta generación se le hará responsable del asesinato de todos los profetas de Dios desde la creación del mundo,

Claramente, Jesús está diciendo explícitamente que debido a que estos hombres heredaron los pecados de sus padres, podrían ser responsables de ellos porque sancionaron sus pecados generacionales, se identificaron con ellos y los repitieron. Los fariseos decidieron honrar a los profetas de la misma manera que honraron a Jesús; lo honraron de labios, pero sus corazones estaban lejos de él. La palabra hipocresía viene de la palabra "actor" o "juego de acción".[7] El honor de los fariseos era un acto. Realizaron este acto para que pudieran ser vistos honrando a Jesús y los profetas. Estaban cortejando el favor de la gente y buscando ser estimados por los que amaban a Jesús y a los profetas. Ellos amaban la honra de los hombres, y amaban que los hombres se inclinaran ante ellos en público. Esta profunda iniquidad generacional estaba siendo transmitida desde sus padres. Ellos mantuvieron la misma actitud de sus padres. En el exterior se comportaban como si fueran respetuosos, pero por dentro, despreciaban a los profetas. Jesús les llamó la atención sobre esto diciéndoles que ellos estaban simplemente cubriendo su pecado con una capa gruesa de cal.

Así que, nosotros sabemos que la iniquidad se puede pasar de generación en generación; de ahí el término "iniquidad generacional". Tenemos una idea muy vaga de cómo se ve la iniquidad generacional. Podemos concebir un número aparentemente infinito de escenarios que podrían indicar la presencia de la iniquidad generacional. En general, sin embargo, buscamos patrones de destrucción y devoradores que ocurren de manera generalizada y reiteradamente en una familia. Después de identificar este patrón, hacemos algo que nosotros llamamos "el arrepentimiento identificativo", que significa simplemente:

Nosotros percibimos, por medio del Espíritu, la presencia de lo retorcido, la iniquidad.

Nos identificamos con los de nuestro linaje familiar que cayeron en este pecado (como en Daniel 9).

Lo confesamos como pecado.

Ponemos ese pecado en las manos de Jesús en la cruz.

Nos apartamos del pecado y volvemos a Dios (arrepentimiento).

También le pedimos al Señor que quite las maldiciones y las consecuencias que resultaron de esa iniquidad. En otras palabras, el proceso es el mismo proceso de arrepentimiento descripto en forma repetida por los profetas y para el mismo caso, por Jesús. La única línea del arrepentimiento identificativo es que intencionalmente elegimos identificarnos con los de nuestra línea familiar, en lugar de ser como el fariseo que dijo: "Gracias, Dios, que no me hiciste pecador". Dios expresa su corazón por este arrepentimiento claramente en Levítico 26:40–42.

Sin embargo, al fin mi pueblo confesará sus pecados y los pecados de sus antepasados por traicionarme y por ser hostiles hacia mí. Cuando yo haga que su hostilidad se vuelva contra ellos y los lleve a la tierra de sus enemigos, entonces, por fin, su obstinado corazón será humillado y pagarán por sus pecados. Entonces me acordaré de mi pacto con Jacob, de mi pacto con Isaac y de mi pacto con Abraham, y me acordaré de la tierra.

De esta manera, podemos "trabajar (nuestra) propia salvación con temor y temblor".[8]

Debemos tener cuidado, sin embargo, a medida que caminamos a través de este proceso, en confiar en la guía del Espíritu Santo. No podemos conquistar la iniquidad a través de nuestro propio poder o fuerza, pero solo por el poder del Espíritu Santo de Dios,[9] quien es soltado a nosotros a través de nuestra fe en Jesús. Te imploro que entiendas esto. Es la primera y la advertencia más importante de todas. Haz lo que tengas que hacer para que esto se te quede grabado. Imagina a un sargento de instrucción, e imagina también el sonido de un trueno sonando a través de estas palabras mientras los relees. Te advierto, te prevengo, te ruego que confíes en el Espíritu Santo. El arrepentimiento identificativo, es identificarse con los que cometieron el pecado y arrepentirse de sus pecados.

Hago hincapié en esto de nuevo porque no podemos manipular a Dios. Él es *Jehová Rapha*, el Dios que sana. Él es el libertador que buscamos. Pero no podemos obligarlo por nuestras acciones, nuestras fórmulas, nuestros procedimientos o nuestros protocolos; nunca podemos empujarlo a actuar de una manera particular. Él perdona porque quiere, porque él es nuestro Padre, y nos ama tanto que envió a Jesús a soportar todo el peso que nosotros no podemos. Él no actúa porque hemos encontrado la fórmula secreta para forzar su mano o por nuestros propios méritos, sino que actúa en nuestro favor por ser quien es.[10]

La Oración: Intervención Divina y Liberando su Derecho de Nacimiento

❖ En cuanto a mí y a mi línea familiar, me arrepiento y renuncio a:

- Haberme olvidado de Ti, Señor, y haberme exaltado a mí mismo como señor de mi vida.

- Hacer mal uso de los suministros divinos de finanzas y dinero.

- Por adorar tus dones en lugar de adorarte a Ti Dios, dador de los dones y talentos.
- No guardar mi corazón hacia Ti, Señor, con toda diligencia.
- Por no leer ni actuar sobre la Palabra de Dios.
- Por no pasar tiempo contigo Señor.
- Por no sembrar con una actitud de justicia y por lo tanto no cosechar el fruto de la misericordia y el amor infalible.
- Por no romper mi tierra dejándola sin arar, lo que ha dado lugar a la dureza del corazón.
- Por no extender y recibir la misericordia hacia mí mismo y hacia los demás.
- Por andar arando en la maldad y cosechar injusticia.
- Por comer el fruto de las mentiras y el engaño.
- Por confiar en mis propios caminos y en mis propias fuerzas.

❖ En cuanto a mí y a mi línea familiar, me arrepiento y renuncio a que continuemos llevando una corona de orgullo.
❖ Elijo cambiar mi corona de orgullo por tu corona de gloria y una diadema de belleza.
❖ En cuanto a mí y a mi familia, me arrepiento y renuncio a ser apático(a) y pasivo(a) frente a nuestra herencia gubernamental, por no aceptar ni cubrir a las autoridades que Tú nos has dado, y por no ser partícipes ni buenos mayordomos de oración por el gobierno y las batallas que se pelean en las puertas. Elijo ahora ser un portero y

un vigilante de oración por el gobierno de mi casa, mi vecindario, mi ciudad, mi condado o municipio, mi estado, mi país y el mundo. Tengo un anhelo de justicia y de rectitud. Recibo tu sabiduría para conocer las estrategias que traerán la victoria a tu reino en la tierra.

❖ En cuanto a mí y a mi familia, me arrepiento por y renuncio a no haber aprovechado la oportunidad de orar y hablar en el ámbito de influencia en el que nos pusiste. Yo elijo ahora ser obediente y redimir el tiempo. Por favor sácame ahora del tiempo del hombre e introdúceme en tu tiempo *kayros*, en el momento presente de tu presencia y voluntad, y por favor, establece tu autoridad en mí en la tierra como en el cielo.

❖ En cuanto a mí y a mi familia me arrepiento por los sacerdotes, profetas y líderes que han cometido errores en su visión y tropezando en el juicio, que fueron partícipes de adicciones generacionales. Me arrepiento por y renuncio a aquellos maestros que no enseñaron los preceptos divinos, ni se dedicaron a compartir y enseñar línea por línea tu palabra, sino que dieron leche en lugar de un verdadero discernimiento. Me arrepiento por no recibir con el corazón abierto tus preceptos divinos Señor, y por cerrar la puerta a las bendiciones. Yo renuncio y me arrepiento por la dureza de mi corazón y por permitir que mi corazón se volviese desanimado.

❖ En cuanto a mí y a mi familia me arrepiento y renuncio a crear más muros que nos impidan oír y recibir tu Palabra. Te pido que remuevas los muros que me impiden oír y recibir tus mandamientos divinos. Te pido Señor, que rompas la maldición de oír pero no comprender, y de ver pero no percibir.[11]

❖ En cuanto a mí y a mi familia, me arrepiento y renuncio a no oír tu llamado a entrar en tu reposo. Me arrepiento por mí y por todos aquellos en mi línea generacional que lucharon en un intento de ministrar a la grey. Me arrepiento por los líderes de mi línea familiar que no ofrecieron el agua viva, sino que ofrecieron la sabiduría y el conocimiento humano como respuesta a los asuntos espirituales. Me arrepiento por los líderes de mi línea familiar que eligieron aguantar el pecado de la gente en lugar de permitir que Cristo sea el sacrificio único y verdadero.

❖ En cuanto a mí y a mi familia, me arrepiento por aquellos que estaban en posiciones de liderazgo espiritual y no pastorearon ni alimentaron a las ovejas, sino que las trasquilaron. Me arrepiento por mí y por aquellos en mi línea generacional que gobernaron por la fuerza y con dureza despiadada de corazón, que no fortalecieron a los dolidos y a los débiles, que no curaron a los enfermos, que no quisieron vendar los heridos, y que no trajeron a los perdidos que se habían descarriado. Me arrepiento por recibir y retener ofensas en contra de los pastores impíos. Señor, te pido que restaures las ovejas dispersas. Te pido que devuelvas el corazón de pastor piadoso y enseñado por Ti a esta línea generacional. Señor, rompe y anula todas las consecuencias que surgieron como resultado de ser líderes débiles, exhaustos y mentirosos, lo que causó que tus ovejas se pierdan.

❖ En cuanto a mí y a mi línea familiar, me arrepiento y renuncio a todos los intentos de satisfacer nuestra sed espiritual yendo a cisternas rotas y sacar de pozos y estanques envenenados en lugar de ir a la fuente de agua viva, que eres Tú mismo. Me arrepiento por el uso de métodos humanos para lograr los propósitos del Espíritu.

❖ Por mí y por todos en mi línea familiar, me arrepiento por renunciar a Ti, el Señor de los Ejércitos, a través de mi debilidad y de mis reincidencias. Yo no consideré ni pude darme cuenta de lo malo y amargo que es el abandonarte a Ti Señor. Ahora me doy cuenta que yo no te temía Señor, por lo que me arrepiento de corazón.

- ❖ En cuanto a mí y a mi línea familiar, me arrepiento y renuncio por ser imprudente, impaciente y estar yendo de aquí para allá, con el fin de aumentar mi conocimiento en lugar de buscarte a Ti en primer lugar.

- ❖ Señor, por favor lléname de tu Espíritu Santo para que pueda moverme en tu amor, ilumíname con tu revelación. Libérame como líder para caminar en la plenitud de tu sabiduría y para brillar como las estrellas del cielo, llevando a muchos a la justicia.

- ❖ En cuanto a mí y a mi línea familiar, yo renuncio y me arrepiento por llamarte a Ti "Señor", pero no obedecer tus palabras. Me arrepiento por no curar a los enfermos, por no echar fuera demonios y por no resucitar a los muertos, como Tú mandaste a tus seguidores y discípulos a hacer. Te invito a hacer estas obras a través mío por medio de tu Espíritu Santo. Yo elijo hoy obedecer tus órdenes.

- ❖ En cuanto a mí y a mi línea familiar, me arrepiento y renuncio por la construcción de un refugio para las mentiras, los pecados ocultos y los engaños, por estar de acuerdo con el dios de la muerte, tratando de evitar la tumba y mi destrucción venidera. Señor, anula este pacto con la muerte y rompe la maldición que recayó sobre mí. Elijo construir y edificar en Ti Señor Jesús, el verdadero fundamento, la piedra viva y angular en quien nunca voy a ser sacudido.

- ❖ En cuanto a mí y a mi línea familiar, yo renuncio y me arrepiento por estar intoxicado con el mundo en lugar de ser lleno del Espíritu Santo.

- ❖ En cuanto a mí y a mi línea familiar, me arrepiento y renunciar a no seguir tus órdenes de someterme al Padre y los unos a los otros.

❖ En cuanto a mí y a mi línea familiar, me arrepiento y renuncio a no permanecer en tu luz y seguir participando en las obras infructuosas de las tinieblas. Señor, libérame para despertarme y levantarme a hacer tu voluntad.

❖ En cuanto a mí y a mi línea familiar, me arrepiento y renuncio a todos los pecados ocultos y te pido que los reveles a la luz de tu presencia. Ayúdame a discernir mi error y el error de mi línea generacional. Líbrame y purifícame de los vicios ocultos, descubre cualesquiera mentiras en las que se esconden mis pecados y los engaños que las han ocultado de mí mismo y de los demás.

❖ Señor, ayúdame a confesar mis faltas a los demás y orar por ellos, de manera que yo pueda ser sanado y presentado sin mancha delante de la presencia de tu gloria.

❖ En cuanto a mí y a mi línea familiar, me arrepiento y renuncio por desobedecerte a Ti y no guardar tus mandamientos. Señor, por favor elimina y anula todas las consecuencias que han venido a mí vida y a mi línea generacional por esa causa: la enfermedad, la depresión, la desesperación, la opresión, la enfermedad mental, toda pérdida, deuda, carencia, hambre, esclavitud, miedo, aridez, esterilidad y los matrimonios fallidos.

❖ Señor, elijo obedecerte. Espíritu Santo, ayúdame a obedecer al Padre. Por favor manda que todas tus bendiciones vengan y me rebasen a mí y a mi línea generacional: la fecundidad, fertilidad, salud divina, el aumento de los depósitos de las finanzas y los bienes, las cosechas, las bendiciones en todos mis caminos, la lluvia a la tierra en las estaciones adecuadas, una forma de gobierno y autoridad conforme a Dios, obtener la victoria siete veces sobre mis enemigos y el establecimiento como parte de tu pueblo santo.

- ❖ En cuanto a mí y a mi línea familiar, me arrepiento y renuncio a todo egoísmo, al egocentrismo, a la autoprotección y la decisión de no amarme a mí mismo y a los demás. Elijo ahora vivir en toda la plenitud del amor, que me llevará a mi derecho de nacimiento ordenado por Jesucristo. Señor, desconecta de mí el árbol de la ciencia del bien y del mal y conéctame con el árbol de la vida para que tu amor fluya a través de mí y pueda tocar a otras personas.
- ❖ Confieso que en Cristo estoy libre del espíritu de esclavitud y que he sido adoptado como tu hijo. Estoy de acuerdo contigo Señor en que yo soy tu hijo y tu heredero conforme a tu promesa. Oro por tu intervención divina en mi vida. También te pido que reveles tu gloria en mí, para que así pueda tomar mi lugar como un hijo de Dios; por lo que voy a gobernar sobre la creación de acuerdo a tu llamado original.
- ❖ Señor, rompe el sello de la revelación de Daniel en mi vida y lánzame a la plenitud de mi derecho de nacimiento como hijo tuyo.
- ❖ Señor, elijo volverme hacia Ti Te pido que quites de mi rostro el velo que me separa de Ti. Señor, elimina por favor todas las estratagemas impías y los espíritus religiosos y desconéctame de todos los lugares celestiales impíos que me alejan de tu gloria. Te pido que se manifieste tu gloria en mí. Recibo la libertad de tu Espíritu Santo y te pido que por favor me transformes a la imagen de tu gloria cada vez mayor.

Yo declaro:

- Que recordaré todas tus bendiciones y tu fidelidad, Dios, con un corazón agradecido.
- Que seré un buen administrador de todo lo que Tú me das, obrando como Tú me dirijas.

- Que voy a mantener mis ojos en tu rostro y no en tus manos.

- Que voy a guardar mi corazón con toda diligencia teniendo cuidado de proteger la puerta de mi ojo, la puerta de mi oído y la puerta de mi corazón.

- Que te buscaré.

- Que voy a extenderme en misericordia hacia los demás y que recibiré misericordia para mí.

- Que sembraré justicia y obtendré la justicia y el fruto del amor inagotable.

- Que comeré del fruto del Árbol de la Vida que es Jesucristo.

- Que confiaré en tu palabra, en tus caminos y en tu fuerza-

- Que seré un vencedor a través de tu gracia y que recuperaré el dominio sobre la tierra y sobre toda la creación.

❖ Declaro que voy a entrar en tu gloria. Yo declaro que ya no permitiré que el pecado me separe de tu gloria. Declaro que quiero y anhelo venir a cenar contigo Señor. Yo declaro que quiero que Tú develes su rostro para mí. Yo declaro que ya no me esconderé de Ti Declaro que esta es la hora de moverme en tu reino de gloria. Declaro que esta es una época nueva, un nuevo período y una nueva temporada. Declaro que este es el momento de un cambio de dirección en el derecho de nacimiento que Tú tienes para mí.[12]

Notas:
1. Génesis 4:1–16.
2. James Strong, *Concordancia Exhaustiva Strong de la Biblia*, (McLean, VA: Publicación McDonald), 86.

3. Gálatas 2:20.
4. Éxodo 34:7.
5. Mateo 5:17.
6. Salmos 51:17.
7. Michael Agnes, ed., *El Nueve Diccionario y Tesauro Mundial Webeter*, (Publicaciones Wiley, 2002).
8. Filipenses 2:12.
9. Zacarías 4:6.
10. Véase el índice de la palabra clave para orar por situaciones generacionales específicas.
11. Mateo 13:13; Marcos 4:12; Lucas 8:10.
12. Salmos 19:12; 90:8; Deuteronomio 8; 28; Isaías 25:7–8; 28; Jeremías 2:13, 19; Ezequiel 34:1–5; Daniel 12:3–4; Oseas 10:12–13; Mateo 13:14–16; 27:45–52; Lucas 6:46; Romanos 8; 2 Corintios 3; Efesios 5; Santiago 5:16; Judas 1:24. Oración construida por la Escuela de Discernimiento y Exploración Avanzada, Hesperia, CA, el 16 de agosto, 2007.

CAPÍTULO VEINTIOCHO

Soltando el Año Favorable del Señor
PAUL L. COX

Singapur es una ciudad increíble con gente maravillosa. Después de cuatro viajes a esta ciudad/país, todavía estoy impresionado por la amabilidad y gentileza de la gente. Si usted no ha experimentado la hospitalidad de Singapur, ¡no ha experimentado la verdadera hospitalidad!

Singapur fue el escenario de la formulación de la Oración para Liberar el Favor Sobrenatural y Anunciar el Año Agradable del Señor. Fue un contexto apropiado para la oración. En el corazón de la ciudad está la fuente más grande del mundo. The Suntec City Mall Fountain of Wealth según dicen los maestros de feng shui y geomantes chinos[1], que está bien posicionada para traer buena fortuna a aquellos que tocan sus aguas. Parece que en la cultura china todo tiene que ver con la buena fortuna y la buena suerte. Se hacen todos los esfuerzos para maximizar la posibilidad de esta buena suerte a través de cualquier medio posible, excepto el confiar en el Señor.

El inicio de esta buena suerte es la transición hacia el nuevo año. La celebración del Año Nuevo Chino es diferente a cualquier celebración de año con la que los occidentales están familiarizados. El modelo europeo del Año Nuevo es "desear" a alguien un buen año en el futuro, la idea china es asegurar la buena fortuna y prosperidad para nuevo año.

La celebración del Año Nuevo chino es una manera de atraer suerte a la vida de los chinos. Esta buena suerte se consigue realizando ciertos rituales con la creencia de que esto asegurará que el próximo año sea próspero.[2] Cada esfuerzo es hecho para regular lo que comen, visten y lo que dicen durante ese día. Si tienen éxito, entonces la buena fortuna les dará prosperidad, buenas calificaciones, hijos, salud y empleo durante el próximo año. La siguiente es una lista de algunas de las creencias supersticiosas sobre el día de Año Nuevo:

- Conseguir nuevos billetes de a dólar del banco. Meter los nuevos billetes de dólar dentro de un sobre rojo, llamado *lee see* o sobre del dinero de la suerte. Esto pasará buena suerte a la próxima generación.
- Rendir homenaje a los antepasados y a los dioses del hogar. Reconocer la presencia de los antepasados, ya que son responsables de la suerte de las generaciones futuras.
- Decorar la casa con símbolos de la buena fortuna. He aquí algunas sugerencias: el rojo brillante significa felicidad; oro/naranja significa riqueza y felicidad.
- Comer fruta: naranjas y mandarinas simbolizan buena salud y larga vida; las mandarinas con hojas simbolizan relaciones duraderas, fecundidad y multiplicación al tener hijos; los caquis representan la felicidad y la riqueza.
- Respetar los signos y presagios. Por ejemplo, si las flores se abren el día de Año Nuevo, saben que tendrán un año próspero.
- Comer *jai*, es un alimento que representa la buena fortuna. *Jai* se compone de nueces de ginkgo, musgo

negro, cuajada de habichuelas secas, brotes de bambú, fideos, y cebollines.
- Comer pescado y pollo, que representan prosperidad. Siempre el pescado fresco y el pollo entero. No cortarlos en trozos. La cabeza, la cola y los pies (para el pollo) deben estar presentes para simbolizar integridad.
- Comer fideos; que representan la longevidad.
- Saludar a otros con "gung hey fat choy", que significa "deseándole prosperidad y riqueza".
- Usar ropa nueva y de buena marca, preferiblemente rojo. Los niños deben usar ropa nueva y zapatos nuevos.
- No lavarse el cabello.
- No barrer el piso.
- No decir el número "cuatro" (un homónimo[3] chino para la *muerte*) o mencionar la muerte.
- No pedir prestado o prestar dinero.
- Consultar a los que conocen el zodíaco chino para saber qué clase de año tendrá, y obtener sus recetas de los principios del feng shui para remediar cualquier dificultad.

En la búsqueda china de la buena fortuna, también se destaca la creencia supersticiosa del poder de los números. Por ejemplo, un cero puede representar la nada, terminación y dios. Se cree que el número tres atrae la buena suerte y el éxito. El número nueve está ligado a la longevidad. El número seis, *liú*, se considera que es un número muy favorable porque es un homónimo de la palabra "fluir" o "suave". Es por esto que el siniestro número bíblico 666 no le molesta a los chinos. Las secuencias de números hechos de diferentes números pueden tener connotaciones positivas o negativas. Por ejemplo, 168, *yāo liù bā*, puede ser traducido como "querer prosperidad sin problemas" o "camino a la prosperidad". Quinientos dieciocho años puede leerse como: "Voy a prosperar". El número más afortunado en el lenguaje mandarín, el idioma chino oficial, es el ocho, que significa "prosperidad", "fortuna" o "riqueza". Es por esto que comenzar los Juegos Olímpicos de Beijing el 8/8/08 fue significativo para los chinos. El número de más mala suerte en la cultura china es el número cuatro, ya que está estrechamente ligado a la pronunciación de la palabra muerte.

Feng Shui [4]

Un "nuevo" fenómeno que afecta a los Estados Unidos, es en realidad parte de una filosofía antigua china de la naturaleza. El *feng shui* es ahora una influencia tal, que muchos agentes de bienes raíces toman cursos para poder entenderlo, para que puedan vender casas más fácilmente. Empresas y hoteles utilizan este tipo de diseño para atraer clientes.

Feng shui[5] (se pronuncia "fung schwee" y el significado literal es "viento-agua") es parte de una antigua filosofía china sobre la naturaleza. El feng shui se identifica a menudo como una forma de geomancia, adivinación por sus características geográficas, pero se centra principalmente en la comprensión de las relaciones entre la naturaleza y nosotros mismos para que podamos vivir en armonía dentro de nuestro medio ambiente.

Feng shui está relacionado a la muy sensible noción de que vivir "con" en lugar de "en contra de" la naturaleza, beneficia a ambos, a los seres humanos y a nuestro medio ambiente. También se relaciona con el concepto igualmente razonable de que nuestras vidas se ven profundamente afectadas por nuestro entorno físico y emocional. Si nos rodeamos de símbolos de muerte, el desprecio e indiferencia hacia la vida y la naturaleza, con el ruido y las diversas formas de la fealdad, corromperá nuestra ser durante el proceso. Si nos rodeamos de belleza, dulzura, bondad, simpatía, música y de diversas expresiones de la dulzura de la vida, nos engrandecemos a nosotros mismos, así como a nuestro entorno.

Algunos presuntos maestros del feng shui, aquellos que entienden los cinco elementos y las dos energías, como *chi*[6] y *sha*,[7] se supone que son capaces de detectar energías metafísicas y dar instrucciones para lograr un flujo óptimo. El feng shui se ha convertido en una especie de acupuntura arquitectónica: Brujos y magos entran en los edificios y paisajes y utilizan sus sensores metafísicos para detectar la fluidez de "energía" buena y mala. Estos maestros son contratados, para decir donde deberían estar los baños, hacia qué lado deberían de mirar las puertas, donde deberían ir colgados los espejos, que habitación necesita plantas verdes y cuales necesitan flores rojas, en qué dirección debe estar la cabecera de la cama, etc. Ellos deciden estas cosas en base a como ellos sienten el fluir de *chi*, los campos electromagnéticos o cualquier otra forma de energía que al cliente le preocupe.

En resumen, el feng shui se ha convertido en un aspecto de la decoración de interiores en el mundo occidental, y los presuntos maestros del feng shui ahora son contratados por grandes sumas de dinero para decirle a la gente como Donald Trump, de qué manera sus puertas y otras cosas deben ser colgadas y colocadas en su casa. El Feng shui también se ha convertido en otra "energía" estafa de la Nueva Era, con matrices de productos de la metafísica, desde figuras en papel de medias lunas y planetas a espejos octogonales y flautas de madera; por supuesto, estos productos son todos ofrecidos a la venta para ayudarlo a mejorar su salud, maximizar su potencial, y garantizar el cumplimientos de alguna filosofía de "galleta de la fortuna".

Feng shui significa literalmente "viento y agua", y sus orígenes se remontan a más de cuatro mil años. Se basa en una interpretación china del mundo natural y el estudio de los cuerpos celestes para determinar el paso del tiempo. Tiene sus orígenes en el Taoísmo. A través de los siglos, la interpretación del feng shui se hizo más compleja y fue removida de su propósito original. El único factor que aparta al feng shui de otros sistemas filosóficos, es que tiene la capacidad del cambio construida dentro de él. Soportando la prueba del tiempo, el feng shui se ha mantenido como una filosofía que se puede utilizar en cualquier cultura y junto a cualquier sistema de creencias.

En el libro *Los Secretos Revelados del Feng Shui*, se nos dice cómo el feng shui nos puede ayudar. Este es un ejemplo de lo que promete el feng shui:

- Aprenda a evitar la "mala energía" que se manifiesta en males, como situaciones de dinero y problemas en las relaciónes.
- Descubra las diez cosas que pueden crear la prosperidad y las ocho cosas que lo pueden poner en pobreza.
- Aprenda seis cosas increíbles que pueden mejorar las relaciones y las seis cosas sorprendentes que pueden interrumpirlas.
- Aprenda a organizar su espacio de modo que al *chi* (buena energía) se le permita fluir libremente a través de su vida.
- Aprender a diseñar casas y lugares de trabajo que armonicen con el entorno en lugar de chocar con él.
- Aprenda los pasos que puede tomar para diagnosticar su espacio y ver si hay problemas y tratar de mejorar el "ambiente" en general de su entorno.
- Descubra las cinco cosas que pueden aumentar su talento y sabiduría.
- Conozca las cinco cosas sorprendentes que pueden aumentar sus posibilidades de concepción.
- Aprenda cómo lograr un balance entre los

elementos de *yin* y el *yang*.
- Comprender los ciclos de los cinco elementos para determinar la forma de organizar su vivienda.
- Aprenda los secretos sobre cómo organizar su habitación para mejorar su vida amorosa.
- Aprenda cómo arreglar su habitación para aumentar su prosperidad.
- Aprenda cómo arreglar su casa para mejorar su salud.
- Aprenda a identificar las colocaciones destructivas en su casa que podrían estar causando estragos en su vida en cuanto a su reputación, su vida amorosa, sus finanzas, su salud, etc.
- ¡Aprenda las seis curas secretas del feng shui!

¿Cuál debería ser la respuesta cristiana al feng shui? ¿Cuáles son algunos de los conceptos bíblicos que se relacionan con el feng shui?

El Señor nos llamó a tomar dominio sobre nuestro mundo (Génesis 1:26-28) y él es el Señor sobre todo (Filipenses 2:9-11).

Jesús es el camino, la verdad y la vida (Juan 14:6)

Debemos buscarlo a él por sabiduría (Colosenses 1:9; Santiago 1:5) y guía (Juan 16:13) y no buscar maestros del feng shui, libros, plantillas, etc.

Dios habla muy claro acerca de los ídolos: "No tendrás dioses delante de mi" (Éxodo 20:1–17).

Buscar a otros para obtener sabiduría en lugar de buscar a Dios nos abre las puertas a influencias impías (Colosenses 2:2–4).

El Feng shui tiene su origen en el Taoísmo e incluye Nueva Era, ocultismo, e influencias de brujería (Hechos 19:18–20).

Tai Chi

Tai chi [8] es una forma de arte marcial chino que se caracteriza por rutinas en cámara lenta, que las personas practican cada mañana en los parques a través de China y otras partes del mundo. Hay diferentes estilos de tai chi basadas en las tradiciones y prácticas de las familias chinas que desarrollaron varias técnicas. Se practica principalmente por sus beneficios para la salud, especialmente para tratar con la tensión y el estrés.

Estos beneficios para la salud se basan en el taoísmo y son vistos por muchos como una parte esencial de la práctica taoísta. En China, las esferas espirituales y físicas no son tradicionalmente vistos como algo separado: por lo tanto, en el taoísmo, el cultivo y el ejercicio del cuerpo suele ser visto como una parte esencial del desarrollo religioso y espiritual del individuo.

Hay dos tipos básicos en las artes marciales: "duro", por ejemplo, el *karate* y *kung fu*, utilizan un grado de tensión en los músculos, y el estilo "suave", incluyendo el *tai chi,* en el que la musculatura se mantiene en una relajación profunda y/o suavidad. El tai chi es conocido por exhibir movimientos suaves y lentos coordinados, que se ejecutan con precisión. Al hacer hincapié en la relajación, el tai chi es esencialmente una forma de meditación.

Como una forma de meditación, se dice que el tai chi tiene beneficios tanto psicológicos como físicos. Su intención es ayudar a comprenderse a sí mismo y por lo tanto, ayudarlo a lidiar con los demás de manera más eficaz, sobre todo, a través del aprendizaje del control de sí mismo. Como base de esta filosofía está el principio taoísta fundamental del *yin* y el *yang*. Se cree que estos dos principios son opuestos, con una fusión uno dentro del otro, creando así el equilibrio natural del ser y del mundo. El Tai chi está destinado a permitirle a uno traer los principios de regreso a su armonía natural. De acuerdo con el taoísmo y el tai chi, el efecto final de esta armonía es el bienestar físico y espiritual de uno.

Aunque la historia del tai chi es difícil de rastrear, sus raíces se remontan a la práctica del yoga en la dos mil años antes de Cristo. En el siglo XIII DC, un monje taoísta de la China desarrolló lo que se ha llegado a conocer como el tai chi. Los principios de flexibilidad, suavidad, centralidad, lentitud, equilibrio, la flexibilidad y el arraigo, son todos estos elementos de la filosofía taoísta en la cual el tai chi se ha basado en su comprensión del movimiento, tanto en relación con la salud, como también en sus aplicaciones marciales. Hoy en día, aunque la mayoría de estilos de tai chi no son formas de práctica taoísta, todos ellos tienen sus orígenes basados en esta tradición religiosa china y han mantenido un vínculo tenue con las facetas más espirituales o religiosas encontradas en el entrenamiento taoísta. Por lo tanto, si un creyente cristiano practica tai chi o yoga, está entrando en las raíces espirituales del Taoísmo.[9]

Entonces la pregunta debe hacerse: ¿Por qué hay un problema con todas estas supersticiones y prácticas? La respuesta es, ¡la gente está mirando a la fuente equivocada! Está muy claro en Proverbios 3:5-6: "Confía en el Señor con todo tu corazón; no dependas de tu propio entendimiento. Busca su voluntad en todo lo que hagas, y él te mostrará cuál camino tomar". Siempre que buscamos una forma de obtener prosperidad, favor, y salud que no venga del Señor, nos ponemos en condiciones de ser atacados por el enemigo. El Señor es la única fuente de lo que es bueno y beneficioso en la vida.

La Oración: Soltando el Favor Sobrenatural y Proclamando el Año Favorable del Señor [10]

- ❖ Dios Padre, me arrepiento por mí y por aquellos de mi línea generacional que anduvieron en búsqueda de la fortuna, la riqueza, la salud y la prosperidad poniéndose de acuerdo con las fuerzas y poderes del mal, como son el *feng shui*, la adivinación, la quiromancia, la lectura de la cartas, el sortilegio la astrología, la numerología, la tabla Ouija, el I Ching, el calendario chino, las cartas del tarot y todas las prácticas supersticiosas.
- ❖ Me arrepiento por mí y por aquellos de mi línea generacional que anduvieron en la búsqueda de destinos falsos, curaciones mágicas y de la buena suerte.
- ❖ Me arrepiento por mí y por aquellos de mi línea generacional que financiaron la adoración de ídolos y la construcción de templos. Me arrepiento por toda falsa creencia en la quema de velas, lámparas de aceite, palos de incienso[11], papel moneda, papel de los bienes materiales y el incienso.
- ❖ Me arrepiento por mí y por aquellos de mi línea generacional que participaron en la práctica de limpiezas y purificación espiritual falsa con flores y agua bendecida por seres malvados.
- ❖ Me arrepiento por mí y por aquellos de mi línea generacional que participaron en la adoración de dioses falsos y por cualquier alianza con los demonios. Me arrepiento por todos los intentos para comunicarse con los falsos ídolos con el propósito de obtener prosperidad, fertilidad, longevidad, salud, protección y por tratar de conocer el destino.
- ❖ Me arrepiento por mí y por aquellos de mi línea generacional que utilizaron y consultaron a médiums, médi-

cos brujos, chamanes, curanderos y adivinos falsos.

❖ Me arrepiento por mí y por toda mi línea generacional por la dedicación de las familias, sus posesiones, sus tierras, y aun de nosotros mismos a otros dioses e ídolos de la tierra y del agua.

❖ Me arrepiento por mí y por aquellos de mi línea generacional que recibieron los nombres de los hijos de los líderes de las religiones falsas. Me arrepiento por mí y por mi línea generacional por la dedicación y la asociación de nuestros nombres al dragón y otras deidades impías.

❖ Me arrepiento por mí y por aquellos de mi línea generacional que se casaron y comunicaron con los muertos.[12]

❖ Me arrepiento por mí y por aquellos de mi línea generacional que adoraron a falsos dioses y diosas del sol, la luna, el cielo y las estrellas.

❖ Me arrepiento por mí y por aquellos de mi línea generacional que se basaron en los ciclos de la luna para participar en los festivales y actividades religiosas impías.

❖ Me arrepiento por mí y por aquellos de mi línea generacional que renegaron y hablaron en contra de tu Palabra, ofreciendo holocaustos, sacrificios quemados y flores para la reina del cielo.[13]

❖ Me arrepiento por mí y por aquellos de mi línea generacional que te desacreditamos, basándonos en nuestra propia prosperidad, fuerza y capacidad, asumiendo que no nos faltaba nada.[14]

❖ Me arrepiento por mí y por los de mi línea generacional por la prostitución en el templo, la inmoralidad sexual, la bestialidad, el libertinaje, y sus vicios asociados.

❖ Me arrepiento por mí y por aquellos de mi línea generacional que se dedicaron al culto y la manipulación de los cinco elementos: los metales, la madera, el agua, el fuego y la tierra.

- ❖ Me arrepiento por mí y por aquellos de mi línea generacional que se dedicaron a la práctica de otras formas de religión, en conjunto con la fe cristiana.

- ❖ Me arrepiento por mí y por aquellos de mi línea generacional que se dedicaron a todo culto y adoración ancestral, y por toda creencia en la reencarnación.

- ❖ Me arrepiento por mí y por aquellos de mi línea generacional que se dedicaron a la práctica y el culto del budismo, el hinduismo, el taoísmo, el confucionismo, el islamismo y el sintoísmo.

- ❖ Me arrepiento por mí y por aquellos de mi línea generacional que cambiaron nuestro derecho de nacimiento por ganancias impías.

- ❖ Me arrepiento por mí y por aquellos de mi línea generacional que renunciaron a Ti Señor y a tu Santo Monte, estableciendo una mesa de sacrificios y ofrendas para la fortuna, llenando vasos con vino mezclado con el fin de conocer el destino.[15] Señor, elimina la maldición de la espada y la masacre que recayó sobre nosotros.[16]

- ❖ Me arrepiento por mí y por aquellos de mi línea generacional por el mal uso y la manipulación de los dones proféticos para beneficio propio, siguiendo los caminos de Balaam.

- ❖ Me arrepiento por mí y por aquellos de mi línea generacional, por toda participación en las artes marciales, el tai chi, la meditación, el yoga y el qigong.

- ❖ Me arrepiento por mí y por aquellos de mi línea generacional que optaron por inclinarse y honrar a nuestros antepasados, e inclinarse y honrar a todos los que se llamaban a sí mismos maestros o gurús, exaltándose a sí mismos por encima de Ti Dios, en lugar de honrarte e inclinarse ante Ti Señor.

- ❖ Me arrepiento por mí y por aquellos de mi línea generacional que rindieron culto a los animales de acuerdo a los signos del zodíaco chino y por tratar de asumir el espíritu, la personalidad y las características de los animales.

❖ Me arrepiento por mí y por aquellos de mi línea generacional por atar a nuestros hijos a animales y dioses falsos.

❖ Me arrepiento por mí y por aquellos de mi línea generacional que recibieron impartición de destrezas y conocimientos de poder de una falsa fuente impía.

❖ Me arrepiento por mí y por aquellos de mi línea generacional que anhelaron las expresiones de animales impíos en su cuerpo.

❖ Me arrepiento por mí y por aquellos de mi línea generacional, quienes ataron sus monedas y billetes a los signos del zodíaco y por lo tanto causaron que sus fondos fueran profanados y contaminados.

❖ Me arrepiento por mí y por aquellos de mi línea generacional que se basaron en las prácticas médicas impías establecidas en el zodíaco y el reino espiritual de las tinieblas.

❖ Me arrepiento por mí y por aquellos de mi línea generacional que, a pesar de que conocíamos los atributos invisibles de Dios y su poder divino, no le glorificamos ni le dimos gracias. En nombre de mi línea generacional, me arrepiento por el intercambio de la verdad de Dios por la mentira por adorar y servir a la creación antes que al Creador. Me arrepiento de que me volví vano en mis especulaciones y mi necio corazón fuese entenebrecido. Me arrepiento de que en lugar de ser sabio, me convertí en un necio. Me arrepiento por cambiar la gloria del Dios incorruptible por imágenes en forma de hombres, aves, reptiles y animales corruptibles, y me arrepiento por todos aquellos en mi línea generacional que los adoraron.[17]

❖ Me arrepiento por mí y por aquellos de mi línea generacional que le dieron un mal uso a los colores, sonidos, objetos, símbolos, números y fragancias para atraer poderes sobrenaturales, la prosperidad y el control sobre la gente, la naturaleza y las personas.

❖ Me arrepiento por mí y por aquellos de mi línea generacional que permitieron las costumbres impías de cantar, bailar, participar en las ruedas de oración y trances paganos.

❖ Me arrepiento por mí y por aquellos de mi línea generacional que creyeron que podíamos tener vida eterna por otros medios distintos a Jesucristo.

❖ Me arrepiento por mí y por aquellos de mi línea generacional que pusieron nuestro derecho de nacimiento bajo los juramentos y pactos impíos en amistades, relaciones familiares, y las relaciones con la autoridad y con nuestro país.

❖ Me arrepiento por mí y por aquellos de mi línea generacional, por todos los hechos comprometedores realizados en la casa del Señor, por pervertir la palabra del Señor y manipular a las personas en la casa del Señor con el fin de construir un reino personal, más que el reino de Dios.

❖ Me arrepiento por mí y por aquellos de mi línea generacional que mantuvieron a la gente manipulada y controlada con el fin de construir con ladrillos y cemento en lugar de permitir que Cristo edificara su iglesia con piedras vivas.

❖ Me arrepiento por mí y por aquellos de mi línea generacional que fueron líderes, quienes se jactaban de que ellos sí trabajaban, cuando era realmente el trabajo de otros y el del Señor.[18]

❖ Me arrepiento por mí y por aquellos de mi línea generacional que eligieron escuchar la voz del enemigo y decir que eran las palabras de Dios.

❖ Me arrepiento por mí y por aquellos de mi línea generacional que adoraron a los espíritus del agua, y por pedirles que hagan un camino en el agua para pasar por ella.

❖ Me arrepiento por mí y por aquellos de mi línea generacional que participaron en todas las formas de adoración al fuego, incluyendo los sacrificios de fuego y caminar en el fuego.

❖ Me arrepiento por mí y por aquellos de mi línea generacional que se asociaron con los impíos en busca de las riquezas, usando el agua como medio, y por el uso y la adquisición injusta de riquezas.

❖ Me arrepiento por mí y por aquellos de mi línea generacional que mezclaron impíamente la creación de Dios en la esfera física y espiritual.[19]

❖ Me arrepiento por mí y por aquellos de mi línea generacional que basaron sus decisiones en el honor al hombre y no en la Palabra de Dios.

❖ Me arrepiento por mí y por aquellos de mi línea generacional que se realizaron abortos y por el rechazo de los fetos y los bebés, especialmente los bebés de sexo femenino.

❖ Me arrepiento por mí y por aquellos de mi línea generacional que exaltaron al mal.

❖ Me arrepiento por mí y por aquellos de mi línea generacional que no pensaron en Ti, Señor, o por no darme cuenta de lo que estás haciendo. Me arrepiento de llamar a lo malo bueno y a lo bueno malo, a la oscuridad luz y a la luz oscuridad, a lo amargo dulce y a lo dulce amargo, y por burlarme de Ti, Santo de Israel, diciendo: «Date prisa y haz algo rápidamente. Muéstranos lo que puedes hacer. Queremos ver lo que has planeado». Me arrepiento de mis pecados, los cuales he venido arrastrando detrás de mí y por atarme con cuerdas de falsedad. Me arrepiento por aceptar sobornos para pervertir la justicia y dejar que los impíos salgan libres, y por castigar a los inocentes.[20]

- ❖ Me arrepiento por mí y por aquellos de mi línea generacional, por todos los pactos de sangre y juramentos impíos realizados, por todos los sacrificios de sangre, por beber sangre y las unciones de sangre hechas para alcanzar la fama, la prosperidad y el éxito.
- ❖ Me arrepiento por mí y por aquellos de mi línea generacional que rechazaron y despreciaron tu ley y el trabajo.
- ❖ Me arrepiento por mí y por aquellos de mi línea generacional que idolatraron la iglesia y el liderazgo ministerial en vez de a Ti, Jesucristo, como el constructor y la piedra angular de nuestra fe.
- ❖ Me arrepiento por mí y por todos aquellos de mi línea generacional que apoyaron a los líderes religiosos que obstaculizaron y criticaron la adoración verdadera, libre y generosa de Ti, Jesús.[21]
- ❖ Me arrepiento por mí y por aquellos de mi línea generacional que, comportándose como líderes religiosos, fueron piedras de tropiezo, dejando fuera el reino de los cielos a los demás.[22]
- ❖ Me arrepiento por mí y por aquellos de mi línea generacional que mostraron actitudes de orgullo y rebelión contra las autoridades rectas elegidas por Dios, y por llamar a lo que era santo, profano.
- ❖ Me arrepiento por mí y por aquellos de mi línea generacional que no buscaron tu corazón, Señor, por nuestra familia, iglesia y nación. Me arrepiento por no haber buscado la voluntad de tu reino, Señor.[23]
- ❖ Me arrepiento por mí, por mis líderes religiosos y por todos aquellos de mi línea generacional que manifestaron el espíritu del antisemitismo y por la ignorancia de tus propósitos para la nación de Israel. Hoy decido bendecir y orar por la paz de Jerusalén, de acuerdo con tu Palabra.
- ❖ Yo declaro que mis líderes conducirán al pueblo de Dios en la adoración verdadera e íntima del Dios Viviente.

- ❖ Yo declaro que el Señor me conoce por mi nombre y que tengo su gracia, y que El me ve con sus ojos de amor y misericordia.[24]
- ❖ Yo declaro que el Señor Jesucristo es el único líder verdadero de mi iglesia y el que maneja mi ministerio.
- ❖ Yo declaro que sólo tengo propósito en Ti, Cristo Jesús, por lo tanto voy a andar en tus propósitos.
- ❖ Yo declaro que Tú Jesús, eres el Alfa y la Omega, el principio y el fin, el primero y el último. Yo elijo obedecer tus mandamientos. Yo declaro que voy a tener el derecho al árbol de la vida y que entraré por las puertas en la Ciudad de Dios.[25]
- ❖ Yo declaro que ya no me llamarán abandonado, ni a mi tierra la llamarán desolada. Desde ahora me llamarán Hefzi-bá[26] y Beula.[27]
- ❖ Yo declaro que siempre voy a dar gracias por todos los santos que vas perfeccionando Señor y que están aumentando más y más en el amor y en el poder de la fe.[28]
- ❖ Yo declaro que voy a mirar hacia el Señor Dios Todopoderoso y quedaré radiante, y mi rostro nunca se cubrirá de vergüenza.[29]
- ❖ Yo declaro que venceré por el Espíritu de Dios, y el nombre que recibo es el nombre conectado a mi Dios. Señor, dame mi nuevo nombre que está escrito en la piedra blanca.[30]
- ❖ Yo declaro que mi deseo es comprar tu oro, aquel que es refinado en el fuego, porque esa es la verdadera riqueza del reino de Dios.
- ❖ Yo declaro que Tú, oh Dios, me vas a llamar por mi nombre y que voy a seguir tu voz y tu dirección. No voy a seguir la voz del enemigo o de un extraño, más voy a seguir al Buen Pastor, aquel que transformó mi vida.[31]
- ❖ Yo declaro que oraré por los santos y por mis líderes

para que vayan a predicar el evangelio en las regiones más allá de mi nación, y que seguiré creciendo en toda actividad conforme a Dios de mi congregación, permitiendo que Tú Señor, produzcas tu fruto en mí.[32]

- ❖ Yo declaro mi lealtad y sumisión al señorío de Jesucristo de Nazaret, la raíz y el linaje de David, la estrella resplandeciente de la mañana.[33]
- ❖ Yo declaro que seré un loco por tu amor sabiendo que esta es tu sabiduría.
- ❖ Declaro que aunque soy débil, en Ti Cristo Jesús, soy fuerte.[34]
- ❖ Yo declaro que clamaré por sabiduría y entendimiento. Voy a buscar la sabiduría y el entendimiento como si fueran plata o un tesoro escondido. Voy a buscarte a Ti, Señor para que me des sabiduría.
- ❖ Yo declaro que de tu boca viene la sabiduría y el entendimiento.
- ❖ Yo declaro que estoy en Ti, Cristo Jesús, y que soy una nueva criatura. Las cosas viejas pasaron y las nuevas han llegado.[35]
- ❖ Yo declaro que mi voluntad se alinea con tu voluntad para mi vida.
- ❖ Yo declaro que Tú Señor, has guardado tu mejor vino para el último tiempo y que se manifestará tu gloria.[36] Declaro que yo y mi familia, vamos a creer en Ti, y te temeremos y te serviremos Señor, con sinceridad y en verdad.[37]
- ❖ Yo declaro que yo, y los hijos que Tú me has dado Señor, tendrán nombres que revelen tus planes y tus propósitos, Señor Todopoderoso.[38]
- ❖ Yo declaro que voy a aceptar la verdad profética, que es como una antorcha que alumbra en lugar oscuro y como asciende la Estrella de la Mañana y el comienzo de un nuevo día.
- ❖ Yo declaro que Tú Señor Todopoderoso, has redimido y

restablecido la salvación a tu creación y has establecido tu trono en los cielos. Declaro que tu soberanía gobierna sobre toda la tierra y todo cuanto ella contiene.[39]

❖ Señor Jesús, te honro y exalto a Ti porque reinas en mi nación. Te pido el día de hoy que establezcas tu línea de plomada de justicia y santidad en mi nación.

❖ Señor Jesús, pastorea a tu pueblo, el rebaño de tu heredad, con tu vara. ¿Quién es como Tú, Dios, que perdonas la maldad y olvidas las transgresiones del remanente de tu heredad? Señor, Tú no conservas tu ira para siempre, porque te deleitas en la misericordia. Oro por que tengas otra vez compasión de mí y me ayudes a someter mis iniquidades. Oro que eches todos mis pecados a las profundidades del mar. Señor, por favor dale verdad y misericordia a todas las naciones. Extiende sobre mí la misericordia que has jurado a mis padres desde tiempos antiguos.[40]

Notas:

1. La adivinación por medio del significado de figuras líneas o características geográficas.
2. http://www.familyculture.com/holidays/chinese_new_year.htm
3. Una de dos o más palabras deletreadas y pronunciadas de igual manera, pero diferente en su significado, como *codorniz* sustantivo y el verbo *codorniz*.
4. Esta sección fue escrita por Mary Upham.
5. Robert Todd Carroll. *Skeptics Dictionary*, http://www.SkepDic.com
6. Fuerza en la Vida universal
7. Fuerza dura, lo opuesto al *chi*.
8. La sección del Tai Chi fue escrita por Mary Upham.
9. Recursos y búsqueda en base a *Wikipedia. Tai Chi and Taoism, Tai Chi Chuan* por J. Purcell, Del linaje Taoísta de la Sociedad International Taoísta, Tai Chi, Tai Chi Chuan, http://en.wikipedia.org/wiki/Tai_chi_chuan
10. Oración construida durante el entrenamiento de formación avanzado de discernimiento de la Escuela de Exploración - Singapur, enero de 2008.

11. *Joss sticks* (*Varitas de incienso*) son un tipo de incienso que se utilizan en muchos países de Asia oriental, tradicionalmente quemados antes de una imagen religiosa china, ídolo, o santuario. También pueden ser quemados delante de una puerta o ventana abierta como una ofrenda al cielo o devas (son deidades benévolas de las religiones hinduista y budista)

12. En la tradición china, un *matrimonio fantasma*, también es conocido como un *matrimonio espiritual*, es un matrimonio en el que una o ambas partes han fallecido. Otras formas de matrimonio fantasma se practican en todo el mundo, desde Sudán, hasta la India, a la post-PRIMERA GUERRA MUNDIAL DE FRANCIA (véase levirato en el matrimonio, el matrimonio fantasma, el matrimonio póstumo). Los orígenes del matrimonio fantasma chino son en gran parte desconocidos, y los informes que se practican hoy en día todavía se puede encontrar.

13. Jeremías 44:17.

14. Jeremías 44:18; Apocalipsis 3:17.

15. *Destino* significa fortuna, suerte.

16. Isaías 65:11.

17. Romanos 1:20–23.

18. 2 Corintios 10:15.

19. Levítico 19:19.

20. Isaías 5:11–25.

21. Marcos 14:3–6

22. Mateo 23:13.

23. Mateo 6:33.

24. Éxodo 33:12.

25. Apocalipsis 22:13–14 .

26. Mi deleite está en ella.

27. Isaías 62:4. *Beulah* significa casado.

28. 2 Tesalonicenses 1:3–4

29. Salmos 34:5.

30. Apocalipsis 2:17.

31. Juan 10:3–5.

32. 2 Corintios 10:15–16.

33. Apocalipsis 22:6–16.

34. 2 Corintios 4:10.

35. 2 Corintios 5:17.

36. Juan 2:10–11.

37. Josué 24:14–15.

38. Isaías 8:18.
39. Salmos 24:1; 85:4; 103:19.
40. Miqueas 7:14–20.

CAPÍTULO VEINTINUEVE

Anulando los Males del Budismo
PAUL L. COX

No hace mucho tiempo, fuimos invitados a la India. Después de mucha oración y de varias palabras, sentimos que el Señor nos estaba guiando allí. Varios de nuestros intercesores estaban de acuerdo, pero un par de estos guerreros de oración estaban muy preocupados. Uno tuvo una visión de mí en la India con un elefante blanco a mi lado. El elefante llevaba puesto lo que parecían ser unas cuentas de oración. Yo estaba ignorando al elefante blanco, y esto preocupaba enormemente al intercesor. En ese momento, no teníamos ni idea de lo que significaba esa visión. Después de haberlo considerado en oración, decidimos que no era el momento indicado para ir a la India.

Tiempo después, yo estaba ministrando a una señora de Hong Kong y recibimos una palabra del Señor, que toda la tradición de celibato, además de que ella era descendiente de Rahula, el hijo de Buda; el mismo Buda estaba en su línea generacional. Empecé a leer sobre Buda y encontré la tradición de que la madre de Buda creía que fue concebido por un elefante blanco. Este elefante blanco es a menudo retratado llevando cuentas de oración. Esto realmente me sorprendió, ya que era exactamente lo que el intercesor había visto.

Pensando en mi viaje a la India, me había centrado en investigar sobre el hinduismo y los cientos de dioses asociados con esa religión. Yo había tenido una conversación con Sarah Víctor, quien finalmente desarrollo una oración de renuncia al hinduismo. Nunca consideré estudiar acerca de Buda, pero ahora, gracias a aquella visión y a la palabra del Señor durante el tiempo de ministerio, empecé a hacer una investigación sobre Buda y ¡me sorprendí de los resultados!

El budismo es uno de los más insidiosos, de todos los sistemas de creencias del mundo. La mayoría de las religiones no cristianas adoran a otros dioses, pero el budismo cree que los seres humanos son dioses en sí mismos, o pueden llegar a ser dioses.

Esta es una de las dos grandes mentiras de Lucifer en la caída de la humanidad. La primera fue: "No vas a morir", y la segunda, "Serás como Dios". Estas dos mentiras son la base de todo el movimiento de la Nueva Era.

Al ver esto, me di cuenta de por qué el intercesor se turbó cuando ignoré al elefante blanco en la visión. Yo había estado enfocado en el Hinduismo e ignorado las peligrosas creencias del Budismo y el mal asociado con esa religión.

Era el momento de investigar más sobre esto.

Encontré que Buda nació en el año 563 AC. Fue como que un rayo me golpeó. Buda nació justo después de la cautividad de Babilonia en el año 586 AC. Daniel vivió durante ese cautiverio (Se cree que el libro de Daniel se completó alrededor de 530 AC) y durante ese cautiverio Daniel había recÍdemo la visión de las setenta semanas, que finalmente hizo "públicamente" claro el plan de la venida del Mesías. *¿Es posible que Lucifer, en ese momento, comenzara a entender lo que Dios estaba haciendo, y como reacción, él inició un plan para establecer una religión centrada en la gran mentira de que los "humanos" son dioses?* Si es así, el tiempo fue estratégico, para que el plan estuviera bien establecido al momento de la venida del Mesías.

Seguí con mi investigación y encontré un plan de estudios para los iniciados budistas. Al final de esta escuela, el maestro budista conduce a los iniciados a hacer una serie de proclamaciones. Yo estaba asombrado de lo que leía. Los iniciados no sólo declararon que eran un "dios", pero también asumieron los mismos nombres de Dios que figuran en la Escritura.

Con toda esta información en la mano, ahora estaba preparado para orar con eficacia por la mujer con budismo en su línea generacional. Cuando la llevé a renunciar a todas las declaraciones de divinidad y la apropiación impía de los nombres de Dios realizadas por sus antepasados budistas, los resultados fueron profundos. A pesar de que ella había estado en varias sesiones de oración, ¡un cambio dramático tuvo lugar en su vida!

Me vinieron nuevas revelaciones. Me acordé de que se creía que los gitanos habían sido tomados desde la India a Persia alrededor del año 900 DC. Después de un tiempo, se mudaron al oeste desde Persia hacia Europa y desde allí a todas partes del mundo. Es muy posible que muchos, sino todos ellos, fueran budistas. Si es así, esto significa que el budismo puede estar en muchos, sino en la mayoría, de nuestras líneas familiares. ¡Sé que esto es verdad para mí! Descubrí recientemente que soy descendiente de judíos gitanos.

Una extensa y detallada oración de renuncia ha surgido a partir de mi investigación. Dado que los detalles de muchas prácticas budistas son desconocidos para los no budistas, explico la oración en las notas siguientes. Sin embargo, no es necesaria la comprensión de esta renuncia para ser eficaz. Es mi oración que te conduzca a una mayor libertad en el Señor.

La Oración: Revocar los Males Asociados con el Budismo[1]

- ❖ En el nombre de Jesucristo, me arrepiento por mí mismo y por aquellos de mi línea generacional que pidieron participar en el proceso de ascensión[2] de acuerdo al rito budista de iniciación. Me arrepiento por aquellos que convocaron a su alma a descender plenamente en su conciencia y en el sistema de cuatro cuerpos.[3]

- ❖ Me arrepiento por mí y por cualquier persona de mi línea familiar que proclamaron y declararon que ellos mismos eran el gran "Yo Soy".

- ❖ Me arrepiento por mí y por aquellos en mi línea familiar que hablaron y entonaron el sonido *om*[4], como si se tratara de un sonido sagrado.

- ❖ Me arrepiento por mí y por mi familia por convocar a nuestro presunto "cuerpo de luz"[5] glorificado para descender en nuestra conciencia y al sistema de cuatro cuerpos.

- ❖ Me arrepiento por mí y por mi línea familiar por convocar a la "llama de la ascensión"[6] para descender y entrar en nuestra conciencia y en todo el sistema de cuatro cuerpos.

- ❖ Me arrepiento por mí y por mi línea familiar por convocar la activación completa de nuestros chakras "alfa y omega".[7]

- ❖ Me arrepiento por mí y por mi familia por convocar a la Amrita,[8] a las geometrías sagradas[9], letras de fuego y a los códigos en clave de las "claves de Enoc"[10] y así llegar a ser plenamente activados.

- ❖ Me arrepiento por mí y por mi línea familiar por convocar la activación completa y la creación de las doce hebras potenciales de ADN dentro de nuestro cuerpo físico.

- ❖ Me arrepiento por mí y por mi línea familiar por convocar la activación completa de nuestra glándula pituitaria para crear la hormona de la vida y dejar de producir la hormona de la muerte.

- ❖ Me arrepiento por mí y por mi línea familiar por convocar la activación de los planes divinos monádicos[11] en nuestra mente consciente, subconsciente y súper consciente, y creer en el sistema de cuatro cuerpos.

❖ Me arrepiento por mí y por mi línea familiar por convocar y tratar de activar completamente la energía kundalini[12] para guiar nuestra mónada y la presencia poderosa "Yo Soy".

❖ Me arrepiento por mí y por mi línea familiar por convocar la chispa del tamaño de un fósforo del "fuego cósmico" de la presencia de "dios mismo" para iluminar y transformar todo nuestro ser a la luz de dios.

❖ Me arrepiento por mí y por mi línea familiar por convocar la alineación axiatonal[13] completa como se describe en "Las Claves de Enoc", para alinear perfectamente todos nuestros flujos meridianos[14] dentro de la conciencia y del sistema de cuatro cuerpos.

❖ Me arrepiento por mí y por cualquier persona de mi línea familiar que convocaron y reclamaron totalmente nuestra inmortalidad física y el cese total del proceso de envejecimiento y de la muerte.

❖ Me arrepiento por mí y por mi línea familiar por confesar y proclamar que estábamos "rejuveneciendo"[15] y volviéndonos más jóvenes todos los días.

❖ Me arrepiento por mí y por mi línea familiar por convocar la apertura total de nuestro tercer ojo y de todas nuestras capacidades psíquicas y de canalización, para usarlas para la gloria y el servicio de un falso dios más alto, y de sus hermanos y hermanas en el falso Cristo en la tierra.

❖ Me arrepiento por mí y por mi línea familiar por convocar una salud radiante y perfecta creyendo que se manifestaría dentro de nuestros cuerpos físico, emocional, mental, etérico[16] y espiritual.

❖ Me arrepiento por mí y por mi familia por pedir y ordenar que nuestros cuerpos manifiesten ahora la salud y la perfección del falso Cristo.

- ❖ Me arrepiento por mí y por mi línea familiar por convocar a nuestro dieciseisavo chakra[17] a descender y mover nuestros chakras, haciendo bajar nuestra columna chakra hasta que el chakra dieciseisavo resida en nuestro séptimo chakra, o el de la coronilla.
- ❖ Me arrepiento por mí y por mi línea familiar por convocar nuestro quinceavo chakra a descender y entrar al sexto chakra, o el chakra del tercer ojo.
- ❖ Me arrepiento por mí y por mi línea familiar por convocar al catorceavo chakra a descender y entrar al chakra de la garganta.
- ❖ Me arrepiento por mí y por mi línea familiar por convocar al treceavo chakra a descender y entrar, y residir en el chakra del corazón.
- ❖ Me arrepiento por mí y por mi línea familiar por convocar al doceavo chakra a descender y entrar, y residir en el chakra del plexo solar.
- ❖ Me arrepiento por mí y por mi línea familiar por convocar al onceavo chakra a descender y entrar, y residir en el segundo chakra.
- ❖ Me arrepiento por mí y por mi línea familiar por convocar al décimo chakra a descender y entrar, y residir en nuestro primer chakra.
- ❖ Me arrepiento por mí y por mi línea familiar por convocar al resto de sus chakras, del noveno al primero, a descender por las piernas y penetrar en la tierra de una manera correspondiente. Rompo todas las ataduras impías con la tierra que se hicieron a causa de este mal.
- ❖ Me arrepiento por mí y por mi línea familiar por convocar a la estabilización completa de nuestro sistema de red de chakras de la quinta dimensión nueva[18], dentro de la conciencia y del sistema de cuatro cuerpos.

- ❖ Me arrepiento por mí y por mi línea familiar por convocar a nuestra columna de chakras a encenderse como árbol de Navidad con nuestro primer chakra, convirtiéndose en una gran bola de luz de color blanco perla.[19]
- ❖ Me arrepiento por mí y por mi línea familiar por convocar a nuestro segundo chakra a volverse como una gran bola de luz color rosa naranja.
- ❖ Me arrepiento por mí y por mi línea de la familia por convocar al tercer chakra a convertirse en una brillante bola de luz dorada.
- ❖ Me arrepiento por mí y por mi línea familiar por convocar al cuarto chakra de nuestro corazón a que ilumine con una luz pálida violeta rosa.
- ❖ Me arrepiento por mí y por mi línea familiar por convocar a nuestro quinto chakra a iluminar con una luz color azul oscuro y violeta.
- ❖ Me arrepiento por mí y por mi línea familiar por convocar a nuestro chakra del tercer ojo a iluminar con una gran bola de luz color oro blanco.
- ❖ Me arrepiento por mí y por mi línea familiar por convocar a nuestro chakra de la coronilla a iluminar con una luz violeta blanca.
- ❖ Me arrepiento por mí y por mi línea familiar por declarar que nuestra columna de chakras entera se ha encendido ahora con la frecuencia de la ascensión de la quinta dimensión.
- ❖ Me arrepiento por mí y por mi línea familiar por convocar con todo su corazón, alma, mente y fuerza la ayuda colectiva de las otras once[20] extensiones de alma[21], en nuestro proceso de ascensión.
- ❖ Me arrepiento por mí y por mi línea familiar por convocar la ayuda combinada y colectiva de las otras ciento cuarenta y tres[22] extensiones de alma de nuestro grupo monádico[23] en su proceso de ascensión.

- ❖ Me arrepiento por mí y por mi línea familiar por convocar el completo descenso y la integración completa en nuestro ser de la nube de lluvia de las cosas conocibles.[24]
- ❖ Me arrepiento por mí y por mi línea familiar por convocar a la trinidad de Isis, Osiris y Horus, y todas las energías piramidales que fueron alineados con la "fuente" para descender en nuestra conciencia y acceder al sistema de cuatro cuerpos y llegar a estar plenamente activado.[25]
- ❖ Me arrepiento por mí y por mi línea familiar por convocar al "Maestro Ascendido Serapis Bey"[26] y sus energías al templo de ascensión de Luxor para descender y llegar a estar plenamente activado dentro de su conciencia y del sistema de cuatro cuerpos.
- ❖ Me arrepiento por mí y por mi línea familiar por convocar a nuestra columna de ascensión de la luz para que rodee todo nuestro ser.
- ❖ Me arrepiento por mí y por mi línea familiar por convocar al equilibrio total de nuestro karma[27] de todas nuestras supuestas vidas pasadas y futuras.
- ❖ Me arrepiento por mí y por mi línea familiar por convocar a la elevación de la frecuencia de vibración dentro de nuestro cuerpo físico, astral, mental, esotérico y espiritual, tratando de unirlo a las frecuencias de la quinta dimensión.
- ❖ Me arrepiento por mí y por mi línea familiar por convocar la luz de mil soles a descender en nuestro ser y elevar nuestras frecuencias de vibración mil veces.
- ❖ Me arrepiento por mí y por mi línea familiar por convocar el sonido sagrado de "om" a descender y reverberar a través de nuestra conciencia y del sistema de cuatro cuerpos.
- ❖ Me arrepiento por mí y por mi familia por convocar un bautismo completo y pleno del espíritu santo impío.

❖ Me arrepiento por mí y por mi línea familiar por convocar la sintonía perfecta y la terminación de nuestro dharma[28], propósito y misión en nuestro servicio al plan de los impíos.

❖ Me arrepiento por mí y por mi línea familiar por convocar la capacidad de descender a nuestro cuerpo de "cristo superior".

❖ Me arrepiento por mí y por mi línea familiar por convocar a nuestro yo ascendido de la quinta dimensión. Me arrepiento por creer que ya habíamos ascendido dentro de la comprensión del tiempo simultáneo, de fusionar ahora nuestra conciencia con nuestro campo unificado y el aura.

❖ Me arrepiento por mí y por mi línea familiar por convocar a cualquier maestro espiritual a descender a través de nuestro chakra de la coronilla y fundir su conciencia y luz ascendida dentro de nuestra conciencia y en el sistema de cuatro cuerpos.

❖ Me arrepiento por mí y por mi línea familiar por convocar a la gran "llama de Dios" a descender e integrar y combinar su llama más grande dentro de nuestra llama menor en la tierra.

❖ Me arrepiento por mí y por mi línea familiar por convocar a la mónada, la «presencia y espíritu del "yo soy" poderosa e impía a descender plenamente en la conciencia y en el sistema de cuatro cuerpos y transformarlos en luz. Me arrepiento por todos aquellos que dijeron que eran el "maestro ascendido".

❖ Me arrepiento por mí y por mi línea familiar por declarar:

- ¡Quédate quieto y reconoce que yo soy de dios!

- ¡Yo soy la resurrección y la vida!

- Yo soy la poderosa «presencia "yo soy" en la tierra para siempre.
- Yo soy el "maestro ascendido".
- Yo soy dios viviendo en este cuerpo.
- La poderosa presencia "Yo soy" es ahora mi verdadero yo.
- Yo soy la "ascensión en la luz".
- Yo soy la "verdad, el camino, y la luz".
- Yo soy la "puerta abierta que ningún hombre puede cerrar".
- Yo soy la "perfección divina que se manifiesta ahora".
- Yo soy la revelación de Dios.
- Yo soy la luz que ilumina a todo hombre que viene al mundo.
- Yo soy la llama cósmica de la victoria cósmica.
- Yo soy el ser ascendido que quiero ser ahora.
- Yo soy la vibración elevada de mi potencial de Cristo y "Yo soy" completo.
- Yo soy el "om", que se manifiesta en el mundo.
- Yo soy un miembro completo de la "gran jerarquía espiritual y de hermandad blanca".
- Yo soy la manifestación realizada del yo eterno.
- Yo soy la encarnación del amor divino en acción.

- Yo vivo en todos los seres y todos los seres viven dentro de mí.

- Yo soy ahora uno con el plano monádico de conciencia en la tierra.

- Yo estoy viviendo ahora en mi cuerpo glorificado de luz en la tierra.

❖ Me arrepiento por mí y por mi línea familiar por afirmar nuestra capacidad de transformar nuestros cuatro cuerpos en luz y viajar a cualquier lugar en el universo infinito de Dios.

❖ Me arrepiento por mí y por mi línea familiar por convocar a Helios, el «logos solar» a enviar dentro de nuestra conciencia, a través del chakra de la coronilla, las sesenta y cuatro " claves de Enoc"[29] en las cinco lenguas sagradas, de manera que estén totalmente integradas en nuestro ser en la tierra.

❖ Me arrepiento por mí y por mi línea familiar por afirmar nuestra identidad como el "yo eterno", "el Cristo", "el Buda", "el atma"[30], la mónada, la "presencia yo soy" en la tierra al servicio de la humanidad.

❖ Me arrepiento por mí y por mi línea familiar por la afirmación de que podría permanecer en la tierra de forma indefinida sin envejecer.

❖ Me arrepiento por mí y por mi línea familiar por ver a cada persona, animal y planta como la encarnación del "ser eterno".

❖ Me arrepiento por mí y por mi línea familiar por creer que éramos la perfecta integración de la mónada, el alma y la personalidad en la tierra.

❖ Me arrepiento por mí y por mi línea familiar por declarar que la salvación ha llegado a nuestras vidas por causa de lo que hemos hecho.

- ❖ Me arrepiento por mí y por mi línea familiar por decir que estábamos unidos con el "creador" debido a nuestro propio esfuerzo.
- ❖ Me arrepiento por mí y por mi línea familiar por decir que éramos la "luz del mundo" debido a nuestros propios esfuerzos.
- ❖ Me arrepiento por mí y por mi línea familiar por decir que fui un ser totalmente ascendente que había optado por permanecer en la tierra para estar al servicio de todos los seres sensibles.[31]
- ❖ Yo perdono a todos los que hayan hecho alguna de estas proclamas sobre mí o sobre cualquier miembro de mi familia y rompo en el nombre de Jesús todo poder impío liberado por medio de estas proclamas sobre nosotros, y envío todo lo malo, lo impío y lo dañino de esta creencia a los pies del verdadero Hijo de Dios, Jesús de Nazaret.

Notas:

1. *Nota Importante*: Todas las notas son citas de aquellos que son budistas y creen en lo que están diciendo. Las notas al pie NO SON afirmaciones de estas creencias, pero son explicaciones.

2. En el plano individual, la ascensión es el proceso de cambiar la conciencia de una realidad, basada en un conjunto de creencias, a otra. En un grupo o nivel planetario, la ascensión es la expansión colectiva de un estado de conciencia- un conjunto de creencias- hasta el punto en que la conciencia crea una nueva realidad-un nuevo estado de ser o dimensión. "Ascensión" es usada para describir la posibilidad real de que puedes, dentro de una vida, transformar tu densa forma física tridimensional en una más liviana, en una forma más invisible, de quinta dimensión.

3. Física, mental, espiritual, emocional

4. Los budistas colocan el *om* al comienzo de su Vidya - Sadaksari o formulario místico en seis sílabas. Como una sílaba semilla, también es considerada sagrada

en el budismo esotérico. Con la evolución del Budismo y rompiendo con la tradición Védica /Hindú, *om* y otra simbología / cosmología / filosofías son compartidas con la tradición
Hindú.

5. Los budistas creen que el cuerpo de luz es la parte eterna de un ser humano que nunca muere, el ser superior, el cual no depende del cuerpo de uno o de la mente para existir. Es lo que una persona acarrea de encarnación en encarnación, descendiendo en el proceso de nacimiento para activar la mente del cuerpo con inteligencia y nuestras historias kármicas.

6. Existe la creencia de que hay tres principales llamas de ascensión, que son la "llama trina" que existe en el altar del corazón de cada persona: llama triple de amor, sabiduría y poder. La creencia es que el poder es la llama de dios, el amor es la llama de cristo, y la sabiduría es la llama del espíritu santo.

7. Los chakras alfa / omega, situados a 8 pulgadas por encima y 8 pulgadas por debajo de la espina dorsal respectivamente, forman entre ellos las ondas de Metatron de la función eléctrica, magnética y gravitacional. Ellas actúan como anclas, el alfa conecta los cuerpos inferiores con sus contrapartes dimensionales superiores y el omega ancla los cuerpos inferiores a través de su rejilla holográfica de encarnaciones.

8. Amrita, bajo el nombre tibetano de Dutsi, también en la mitología budista tibetana, donde se vincula con el asesinato del monstruo Rahu por Vairapani. La sangre goteaba sobre la superficie de la tierra, causando que crecieran todo tipo de plantas medicinales. Dutsi también se refiere a un medicamento a base de hierbas hecho durante las ceremonias que involucran muchos altos lamas en el Budismo Tibetano, conocido como Drubchens. Por lo general toma la forma de pequeños granos marrón oscuro, que se toman con agua o se disuelven en soluciones muy bajas de alcohol.

9. La geometría sagrada puede ser entendida como una visión del mundo, de reconocimiento de patrones, un complejo sistema de atribución santificada y el significado que pueden subsumir los valores religiosos y culturales de las estructuras y relaciones tan complejos como el espacio, el tiempo y las formas. De acuerdo con esta disciplina, los patrones básicos de la existencia son percídemos como algo sagrado, por cuanto por la contemplación y comunión con ellos, uno está contemplando con ello el mysterium magnum (el gran misterio), las relaciones moldeadas del gran diseño. Mediante el estudio de la naturaleza de estos patrones, formas y relaciones, y su colector intra y la interconectividad, uno puede profundizar en los aspectos científicos,

filosóficos, psicológicos, estéticos y mystical continuum (continuidad mística), que son las leyes y el saber del universo.

10. *The Keys of Enoch* ("Las Claves de Enoc" sin título en español) es un libro que indica los problemas del futuro en la prosa espiritual y científica. "Las Claves" examina los rompecabezas de la vida y dan una explicación espiritual como el por qué existimos en esta realidad. En esencia provee dos, el escenario de un pasado continuo / presente / futuro, cosmología y un modelo para una nueva dirección en la evolución de la humanidad hacia un estado de conciencia superior.

11. Monádica es una singular entidad metafísica de la que se dice derivan las propiedades materiales.

12. Kundalini según diversas enseñanzas es un tipo de "energía corporal". Kundalini en sánscrito significa literalmente "enrollado" o "enroscándose como una serpiente". Hay numerosas interpretaciones en inglés del término, como "el poder de la serpiente". Kundalini se concibe como una serpiente enroscada en la base de la columna vertebral.

13. El libro *The Keys of Enoch* habla de un quinto sistema circulatorio, que es la quinta dimensión en la naturaleza y trabaja a través de disposición axial. Se dice que permite que el yo superior y la hermandad de la luz equilibren las anormalidades en el cuerpo, regeneran tejidos y órganos, y que evolucione el sistema actual de continua división celular.

14. Los meridianos energéticos son los caminos de energía interna a través de todo el cuerpo físico que energéticamente conectan los órganos de una persona y sus muchos subsistemas (por ejemplo, circulatorio, endocrino, nervioso, digestivo, etc.). Estos meridianos de energía y puntos específicos de estos meridianos son usados en ciertas modalidades de sanidad como la acupuntura y la acupresión.

15. No envejecimiento

16. El cuerpo etéreo, éter-cuerpo, el cuerpo de éter, o cuerpo vital es uno de los cuerpos sutiles en filosofías esotéricas, en algunas enseñanzas religiosas, y en el pensamiento de la Nueva Era. Se entiende como una especie de fuerza corporal vital o aura que constituye el "modelo" del cuerpo físico y que sostiene al cuerpo físico.

17. La palabra viene del sánscrito chakra que significa "rueda, círculo," y algunas veces se refiere a la "rueda de la vida".

El chakra corona se dice que es el chakra de la conciencia, el chakra maestro que controla todos los demás. Su papel sería muy similar al de la glándula pituitaria, que segrega hormonas para controlar el resto del sistema endocrino y también se conecta con el sistema nervioso central a través del hipotálamo. El tálamo se cree que tiene un papel clave en la base física de la conciencia.

El chakra Ajna, o tercer ojo, está relacionado con la glándula pineal. Ajna es el chakra del tiempo, de la conciencia y de la luz. La glándula pineal es una glándula sensible a la luz, que produce la hormona melatonina, que regula los instintos de ir a dormir y despertarse. También produce pequeñas cantidades de la dimetiltriptamina química psicodélica.

El chakra de la garganta, Vishuddha, se dice que está relacionado con la comunicación y el crecimiento; el crecimiento como una forma de expresión. Este chakra es paralelo a la tiroides, una glándula que también está en la garganta, y que produce la hormona tiroidea, responsable del crecimiento y la maduración.

El chakra del corazón, Anahata, se relaciona con el amor, equilibrio y bienestar. Está relacionado al timo, ubicado en el pecho. Este órgano es parte del sistema inmunológico, así como del sistema endocrino. Produce células T responsables de la lucha contra la enfermedad y se ve afectada negativamente por el estrés.

El chacra del plexo solar, Manipura, está relacionado con la energía, la asimilación y la digestión, y se dice que corresponde a las funciones desempeñadas por el páncreas y las glándulas suprarrenales externas, la corteza suprarrenal. Ésta desempeña un papel importante en la digestión y la conversión de los alimentos en energía para el cuerpo.

El chakra sacro, Swadhisthanna, se encuentra en la ingle, y se relaciona con las emociones, la sexualidad y la creatividad. Este chakra se dice que corresponde a los testículos o los ovarios, los productores de las diversas hormonas sexuales implicadas en el ciclo reproductivo, que pueden causar cambios drásticos de humor.

El chakra base o raíz, Muludhara, está relacionado con la seguridad, supervivencia y también con la potencialidad humana básica. Se dice que Kundalini reposa aquí, listo para desenrollarse y llevar al hombre a su más alto potencial espiritual en la chakra corona. Este centro está situado en la región entre los genitales y del ano. Aunque ningún órgano endocrino se coloca aquí, se dice que se relacionan con las glándulas adrenales internas, la médula suprarrenal, responsables por la pelea y la respuesta a la pelea cuando la supervivencia está bajo amenaza. En esta región se encuentra un músculo que controla la eyaculación en el acto sexual.

18. La conciencia de la quinta dimensión, es una manera de vivir en el mundo donde se percibe y entiende el universo físico, tanto dentro como más allá de las limitaciones de tiempo lineal y donde también se mueve por la compasión y el sentido de ser uno con todo. Aunque reconoce el derecho de cada uno para determinar su propio destino, también ve cómo todos somos interdependientes en términos de recursos naturales y en términos de profunda mente empática vinculada entre los seres.

19. Nótese cómo los colores y las siguientes son muy similares al espectro de luz del arco iris.

20. Posiblemente los once ancianos impíos.

21. Existe la creencia de una presencia del "Yo Soy", una unidad de energía, una parte de la fuente de él / ella misma. Aquí hay una cita de una fuente de la Internet. "No existe el ser joven" "Yo Soy" Presencia o viejo "Yo Soy" Presencias. Ellos simplemente son. Algunos seres humanos pueden juzgar y decir: "'Esta es un alma joven; esta es un alma vieja", no hay tal cosa. Todos fueron creados al mismo tiempo, en la misma efusión de la Fuente, en el mismo momento de esta ronda de creación. Así que su presencia "yo soy" es usted, su Ser Superior. No confunda esto con su alma. Muchos podrían pensar que el alma es el Ser Superior. Esto no es correcto. Esto es un pensamiento erróneo y desinformación. El alma es algo muy diferente. Cada Presencia "yo soy" tiene la capacidad de expandirse a sí misma en doce almas. Esto hace sentir a algunos seres humanos un tanto inestables, porque pensaban que eran un individuo, el único. En el nivel de presencia "Yo Soy" es un individuo, usted es el único, pero la presencia "yo soy" tiene la capacidad de expresarse a través de doce almas, y estas doce almas también tienen la capacidad de cada una crear otras doce almas, o extensiones del alma. Así que podría haber 144 de usted.

22. Posible antítesis del Salmo 143 y también podrían ser comparados con el número 144.

23. Mónada fue un término usado por el filósofo Epicuro para describir las unidades más pequeñas de la materia, similar a la noción del átomo de Demócrito.

24. La "nube de lluvia del conocimiento de las cosas" es inminente, influyente y un depósito revelador de energía, que es la causa inmediata de todos los acontecimientos en la tierra y que indica la aparición de lo nuevo y lo mejor y progresivamente correcto. Los acontecimientos y sucesos así precipitados demuestran el movimiento hacia adelante de la conciencia humana hacia una luz mayor. Estos "conocimientos de las cosas" son las fuentes de toda

revelación y de todas las realizaciones culturales humanas y que conducen a lo que llamamos civilización. Su "condensación" (si puedo usar esa palabra) es provocada por el llamado invocador masivo de toda la familia humana en cualquier período. Este llamamiento ha sido, en su conjunto, proyectado inconscientemente, pero cada vez más será expresado conscientemente. Los resultados, por lo tanto, se puede esperar más rápidamente y probar ser más efectivos. Esta nube de lluvia se forma a través de la acción conjunta del sol espiritual central, trabajando a través de Shamballa y la humanidad misma, trabajando hasta ahora a través de la apelación a la jerarquía, pero haciendo cada vez más su propia apelación directa.

25. Dioses Egipcios

26. Serapis Bey es considerado en la Teosofía como uno de los maestros ascendidos, también llamados los Maestros de la Sabiduría Antigua o la Gran Hermandad Blanca. Él es considerado como el Maestro del Cuarto Rayo. Se cree que Serapis Bey fue encarnado como sumo sacerdote en uno de los "Templos del Fuego Sagrado" en la Atlántida, quienes emigraron a Egipto en el momento de la destrucción de la Atlántida. También se cree que estuvo encarnado como el faraón egipcio Amenhotep III (quien construyó el Templo de Luxor al dios Amón). Los partidarios de las Enseñanzas de los Maestros Ascendidos creen que Serapis Bey se convirtió en un Maestro Ascendido alrededor del 400 AC. Él ha sido identificado por los teósofos con el dios Serapis, que era un dios Egipcio/Helenista.

27. Karma en la filosofía India es la influencia de las acciones pasadas de un individuo en sus vidas futuras, o reencarnaciones. La doctrina del karma se refleja en la convicción hindú, que esta vida no es más que una en una cadena de vidas y que está determinada por las acciones del hombre en una vida anterior. Esto es aceptado como una ley de la naturaleza, no abierto a discusión. El Budismo incorpora doctrinas del karma como parte de su legado indio. Los budistas lo interpretan estrictamente en términos éticos de causa y efecto.

28. En el budismo, el dharma es la doctrina, la verdad universal común en todos los individuos de todos los tiempos, proclamada por el Buda. Dharma, el Buda y la Sangha (comunidad de creyentes) conforman el triratna, o "tres joyas", a la que los budistas van por refugio. En la metafísica Budista, el término en plural (dharmas) se utiliza para describir los elementos interrelacionados que hacen al mundo empírico.

29. Note que este es el mismo número en el tablero de ajedrez y está ligado al

del ADN. Las Claves de Enoc es un "libro de códigos" parasíquico, escrito en 1973 por el Dr. JJ Hurtak. Es un texto de mayor experiencia de la conciencia, que explica cómo la raza humana está relacionada con una más avanzada estructura evolutiva de la inteligencia universal. Este libro, está destinado a prepararlo a uno para el cambio de paradigma, que afectará a todos los aspectos de las dimensiones sociales, psicológicas y espirituales de la vida.

30. *Ātman* es sánscrito; literalmente significa "yo", pero a veces se traduce como "alma" o "ego". En el budismo, la creencia errónea o inapropiada en el ātman es la primera consecuencia de la ignorancia, que es en sí misma la causa de toda la miseria.

31. Según el Budismo, un ser sensible es aquel que es capaz de experimentar el sufrimiento.

CAPÍTULO TREINTA

Oración de Liberación de Ser un Sacrificio
PAUL L. COX

Mi viaje como líder comenzó en la escuela secundaria, cuando fui invitado a dirigir una clase de escuela dominical. Mientras asistía a la universidad, fui responsable del departamento de procesamiento de datos en Signal Oil Company (Compañía de Petróleo). Después de la universidad, trabajé como consejero en el campamento de jóvenes Green Oak Ranch. Durante los siguientes años, fui profesor de octavo grado en una escuela pública durante tres años, trabajé tiempo completo con los jóvenes durante seis años, fui pastor durante veinte años, y maestro de escuela en la sala de psiquiatría de niños y adolescentes de un hospital por seis meses. Por los últimos diez años, he servido con mi esposa como codirector de Aslan's Place (Aslan's Place).

En cada posición de liderazgo, me di cuenta de que algunas personas tienen la inclinación de culpar a otros por sus pecados y sus defectos, especialmente a sus líderes. Esto se hizo más visible cuando era pastor. Hace más de veinte años, el Señor plantó una semilla en mi mente para hacer un manuscrito titulado *Sacrifice the Pastor* (Sacrifiquen al Pastor). Como pastor Bautista, había notado una tendencia; las personas que me mencionaban asuntos confidenciales, era ya sea para volverse contra mí o para dejar la iglesia en unos meses. Me di cuenta de que, de alguna manera, me habían convertido en el sacrificio por sus pecados, en lugar del Señor Jesús.

Ahora, más de veinte años después, veo aún más claramente que esta práctica no se limita a las personas y a sus pastores. Cualquier cristiano compasivo, que escucha las heridas de los demás, se puede colocar en esa posición de convertirse en un sacrificio. Esto les sucede a los hombres de negocios, terapeutas, maestros, directores, líderes de grupos pequeños, y profesionales del personal de la iglesia; también esto sucede entre amigos que escuchan con un corazón compasivo.

Debido a esto, puedo ser útil para aclarar un término que utilizamos a menudo en la iglesia. Es la palabra *ministro*. Hemos definido incorrectamente al ministro como cualquiera que haya cumplido con los requisitos de una denominación y ha sido ordenado. Esta no es la definición bíblica de un ministro. Efesios 4:11-12 dice: *Ahora bien, Cristo dio los siguientes dones a la iglesia: los apóstoles, los profetas, los evangelistas, y los pastores y maestros. Ellos tienen la responsabilidad de preparar al pueblo de Dios para que lleve a cabo la obra de Dios y edifique la iglesia, es decir, el cuerpo de Cristo.* Aquí define a un ministro como alguien que ha sido equipado por apóstoles, profetas, evangelistas, pastores y maestros para hacer la obra del ministerio. Por lo tanto todo seguidor de Jesucristo es un ministro. Cualquier líder que es cristiano, es un ministro. Por esa razón, cada vez que uso el término ministro, me refiero a todos los creyentes, con el enfoque en los creyentes en el liderazgo. Nuestro ministerio puede estar en una iglesia, una organización religiosa, en el ámbito comercial, en el ámbito educativo, en el gobierno, en la comunidad médica, o en la casa. No importa. Esté donde estés, usted es un ministro. Dondequiera que usted ministre, puede encontrarse haciendo consejería. Cada vez que usted aconseja, podrá encontrarse así mismo siendo posicionado para ser un sacrificio.

Necesitamos recordar el mantener nuestro enfoque en Jesús: Él es nuestro único sacrificio. Al recordar poner nuestros pecados en

Jesús, permanecemos en unidad para que la obra del Reino de Dios progrese aquí en la tierra.[1]

La Oración: Liberación de Ser un Sacrificio

- ❖ Padre, perdóname a mí y a mi línea generacional por haber colocado nuestros pecados sobre otros y por ahuyentarlos o hacerlos chivos expiatorios.
- ❖ Me arrepiento por mí y por mi familia por recibir a sabiendas o no, los pecados de otros o permitir que yo sea el sacrificio o el chivo expiatorio. Perdóname y límpiame de toda cesión o entrega a los demás del pecado por el cual Jesús murió por salvarnos, o por la ofensa de tomar sobre mí mismo y recibir cualquier pecado, desconociendo que Jesús murió por todos.
- ❖ Confieso que yo ya no estoy dispuesto a ser el sacrificio. Ya no estoy dispuesto a ser el chivo expiatorio. Pido que todos los pecados de los demás que han sido puestos sobre mí ser, sean eliminados. Rómpelos y deshazlos Señor. No voy a soportarlos. Los rechazo.
- ❖ Padre, elimina ahora las consecuencias de estos pecados de mí ser y de mi línea generacional. Pido que la cosecha de las consecuencias y todas las maldiciones relacionadas conmigo de ahora en adelante sean rotas, canceladas y anuladas. Te pido que sea rota toda consecuencia en mi línea familiar por todas las generaciones futuras. Te pido que sean removidas de mí y retiradas de mis hijos, basado de tu justicia, la que Tú me has atribuido a través de la sangre de Jesús. Te pido que también se retiren todas las consecuencias de todos mis nietos, mis futuros nietos, y todas las generaciones futuras, de

ahora en adelante y por la eternidad.

❖ Padre, ahora mismo en el nombre de Jesús, quita el ser un chivo expiatorio tanto de mí como de mis hijos, y por favor elimina de mi línea generacional todo el mal relacionado con ser usado como sacrificios impíos.

❖ Señor, sustituye estas zonas abandonadas de mi ser con tu Espíritu Santo y con tus bendiciones. Gracias por verter tu Espíritu en mí y en mis descendientes.

Notas:

1. Paul L. Cox, *Sacrifice the Leader* (sin título en español) Lake Mary, FL: Creation House, 2008).

CAPÍTULO TREINTA Y UNO

Arrepentimiento por una Intercesión Impía
PAUL L. COX

Mientras me encontraba ministrando en Asheville, Carolina del Norte, una mujer se quejó de un dolor en la rodilla. Como intercesor, oré por su rodilla, se hizo evidente que esta mujer estaba delineando su identidad como intercesora. Estuvo de acuerdo en que esto era cierto y dijo que sentía mucha ansiedad al orar por su hijo descarriado. Ella sentía como que tenía que estar en constante oración y ayuno por él, a menudo durante veinte horas seguidas.

Durante una sesión de oración con un intercesor de Aslan's Place, el Señor la llevó de regreso a una época en la que había sido violada cuando era niña. La niña de cuatro años de edad, estaba escondida, con miedo a los hombres, y no estaba interesada en conocer a Jesús. Finalmente la niña, se dio cuenta de que Jesús era seguro, y que ella lo podía invitar a su escondite. Y así como lo hizo, Jesús vino, la sanó, y la limpió.

El momento crucial se produjo cuando la niña y Jesús jugaron juntos. Cuando ella estaba dispuesta a dejar que Jesús sostuviera su muñeca, ella se dio cuenta de que así como podía confiar en Jesús para que cuidara de su muñeca, ella también podía confiar en él para cuidar de su hijo. Ella comprendió que el Señor ama a su hijo, incluso más que ella. Le entregó su hijo al Señor y las demás cargas de la oración que había estado llevando.

Le pedimos al Señor que rompiera todas las ataduras malignas que se encontraban en sus rodillas asociadas con la intercesión impía, basada en el esfuerzo y en las obras. El dolor de su rodilla se fue cuando entró en el reposo de Dios y confió en él todas sus preocupaciones. Fue fuera de esta experiencia, que la Oración de Arrepentimiento por una Intercesión Impía nació.

En la superficie, parece que no hay nada menos peligroso que orar al Señor. Entonces, ¿cómo podría cualquier oración estar mal? Como pastor bautista, enseñé mucho acerca de la oración. Tuvimos reuniones de oración y seminarios de oración. He organizado conferencias regionales sobre la oración. Alentamos y fuimos alentados a pasar tiempo en oración. Nuestro único problema con la oración estaba en la creencia de que ¡quizás no hemos estado orado lo suficiente! El concepto de que la oración podría estar mal no estaba dentro de mis posibilidades. ¡Tendría que aprender por las malas! He aprendido lecciones difíciles durante los últimos años.

En 1989, justo antes de empezar a aprender acerca de liberación, el Señor trajo a Jackie Douglas-Thomas a nuestra iglesia. Ella me dijo que el Señor la había llamado a convertirse en intercesora por mi vida. No tenía ni idea de lo que ella estaba hablando. Ella ayunaba y oraba por mí cada semana; a veces ella ayunaba dos o tres veces a la semana. No sabía cómo responder a este tipo de oración. *¿Debía hacer algo?* Una vez, ella vino a mí y me dijo que el Señor le habló que mi esposa Donna, tenía que dejar de trabajar. Donna tenía un buen sueldo en ese entonces. Mi respuesta fue: "¡El Señor no me ha dicho que tiene que dejar de trabajar!" En ese preciso momento, sonó el teléfono. Contesté el teléfono y Donna después de responder a mi saludo, me dijo que había renunciado a su trabajo debido a la actitud y el lenguaje inadecuado de su jefe. Lo único que pude decir fue: "Creo que esta es la voluntad de Dios".

Con los años, he tenido el honor de tener muchos intercesores maravillosos que invierten horas de oración por mí y por Donna.

Nuestras vidas han sido ricamente bendecidas por su sacrificada oración. Sin embargo, esta no es toda la historia. También he sido objeto de ataques graves y sufrido pérdidas debido a la naturaleza impía de algunos intercesores con agendas secretas detrás de sus oraciones. Motivos y agendas personales pueden y afectan los resultados de las oraciones. Estas oraciones impías le dan al enemigo el derecho de interferir en la vida de aquellos por los que se está orando. Aunque no entiendo por completo cómo sucede, yo puedo testificar de que cuando yo me pongo de acuerdo con estas oraciones, los efectos son a menudo devastadores.

Hace algunos años, tuvimos una mujer que estuvo muy cerca de Donna y de mí. Sus dones eran extraordinarios, a menudo profetizaba sobre nosotros. Con frecuencia, hablaba de cosas que sólo Donna y yo sabíamos. A causa de su supuesta exactitud en estos asuntos, confiamos en ella. Mientras ella hablaba de estas cosas, habló de verse a sí misma como parte del ministerio que nos había sido dado a Donna y a mí. A pesar de que otras personas que nos rodeaban nos advirtieron acerca de ella, nunca sentimos por completo que deberíamos preocuparnos. Todo estaba por cambiar. Una serie de eventos que se desarrollaron nos causaron una gran aprensión acerca de sus motivaciones. Cuando hubo una ruptura en la relación, por supuesto, ella declaró que nosotros fuimos los culpables. Donna y yo seguimos el asunto de cerca, pero el Señor iba a revelar su corazón. En cuestión de un par días, un intercesor, que había conocido a esta mujer en un viaje de ministerio y que no sabía nada de lo que había sucedido, llamó y me dijo que acababa de tener una visión de una serpiente que salía de la boca de esta mujer; y que golpeó a Donna, mi billetera y mi carro. Supe al instante lo que esto significaba. Sus palabras estaban tratando de destruir a mi esposa, mi ministerio y mis finanzas. Me enteré un día después de que ella le había dicho a cinco de mis amigos más cercanos que yo estaba en un error, porque yo no la había empleado en el ministerio, a pesar de que, en ese momento, Donna y yo aún no estábamos recibiendo un sueldo de tiempo completo ni para nosotros mismos.

¿Qué había ocurrido? Esta mujer quería desesperadamente ser parte de un ministerio próspero. Sus dones increíbles en la intercesión profética le dieron la habilidad de realmente "leer" el llamado profético en nuestras vidas. Ella podía ver cosas maravillosas que el Señor quería hacer con nosotros. Y debido a que ella quería y necesitaba ser parte de algo como esto, se insertaría a sí misma en el "llamado" que estaba sobre nuestras vidas. Su oración se había convertido en una intercesión manipuladora y controladora.

Me gustaría decir que esto nunca volvió a pasar; por desgracia, no puedo decirlo. Muchas personas han tratado de acercarse a nosotros debido a sus agendas personales. Cuando esto sucedió, sus oraciones tuvieron un efecto impactante sobre nosotros.

¿Cómo te proteges a ti mismo contra la intercesión impía? He aprendido de la manera difícil que mi primera línea de defensa es mi esposa. Si ella tiene dificultades con alguien que está a mi alrededor, entonces yo tengo que escucharla. Al principio de nuestro ministerio, el Señor me dijo varias veces: "Escucha primero a tu esposa y luego a tus hijos". Lo puse en práctica; desde entonces he añadido los cónyuges de nuestros hijos y ahora a nuestros nietos. Donna y yo también tenemos un grupo muy pequeño que nos rodea con los que tenemos una historia de intercesión santa. Este equipo es clave en limitar que seamos víctimas a causa de las oraciones egoístas de los demás.

La siguiente oración se explica por sí misma; está bien documentada con las Escrituras. Usted se dará cuenta, de que creemos que los efectos de la intercesión impía en líneas familiares se pueden pasar a través de las generaciones hasta la presente y pueden influir en nuestras vidas y las vidas de los que nos rodean. El objetivo de esta oración es limpiar a los creyentes de la contaminación generacional en la intercesión. Solo cuando las intenciones de nuestros corazones sean puras y busquemos orar al

Señor a través de la completa guía del Espíritu Santo, nuestras oraciones avanzaran en el Reino de Dios.

La Oración: Arrepentimiento por una Intercesión Impía

- ❖ En cuanto a mí y a mi línea generacional me arrepiento y renuncio a todas las oraciones impías pronunciadas, incluyendo las oraciones de brujería controladora que hubieren nacido del miedo en lugar de mi fe en Jesucristo. Señor, por favor elimina todo ese mal de mi vida y de mi ADN, y por favor restaura tu presencia y el poder de tu Espíritu Santo en mi vida.
- ❖ Señor, perdóname por malinterpretar la alta vocación y el privilegio de la intercesión.
- ❖ Me arrepiento por mí y por aquellos de mi línea generacional que dejaron su guardia, su turno y su puesto y no esperaron en Ti. Yo escojo ahora estar posicionado en la muralla, para esperarte a Ti y oír lo que me dirás. Esperaré hasta que me corrijas.[1] Señor, yo elijo ahora escribir la visión, de modo que las generaciones futuras puedan correr con ella. Puedo elegir y elijo tu tiempo, de manera que la visión no será demorada.[2]
- ❖ Por mí y mi línea generacional, me arrepiento y renuncio a confiar en nuestro propio entendimiento en vez del tuyo Señor. Me arrepiento por todas las oraciones en las que prevaleció nuestra voluntad en lugar de tu voluntad. Yo renuncio y me arrepiento por no confiar en tu Palabra viva y por hablar muerte a mis seres queridos en lugar de vida, que Tú tan ricamente nos das.
- ❖ En cuanto a mí y a mi línea generacional, me arrepiento por buscar y orar por nuestra propia voluntad y de-

seos y no los tuyos. Señor, me arrepiento y renuncio a limitarte a Ti y todo lo que es posible a través de Ti. Me arrepiento por y renuncio a no recibir tus sueños, y orar que se hagan realidad porque son tan grandes. Por favor suelta y desata el don de la fe y la esperanza en mí, para saber con certeza que eres capaz de hacer más de lo que puedo pensar o imaginar.[3] Opto por recibir los sueños y deseos que me has dado y creer que todo es posible contigo,[4] Señor.

- ❖ Señor, me arrepiento y renuncio a no reconocerte a Ti, a tu poder, y el tiempo de tu visitación; me arrepiento por no conocerte a Ti y por no orar lo que está en tu corazón, sino en el mío. Señor, quiero conocerte y orar lo que está en tu corazón y recibir tus bendiciones.

- ❖ Me arrepiento y renuncio por abandonar mi propia esfera de autoridad y librar batallas que nunca me dijiste que luchara.

- ❖ En cuanto a mí y a mi línea generacional, me arrepiento y renuncio por mirar mis propias circunstancias, orando desde un punto de vista anímico y del alma, y un punto de vista mundano. Señor, perdóname por haber sido engañado y por confiar en un sistema que me ha fallado, porque no se basó en la verdad o la relación contigo. Tú ya pagaste el precio de mi pecado en su totalidad, y ahora soy libre.

- ❖ En cuanto a mí y a mi línea generacional me arrepiento y renuncio a toda oración sustentada en la duda, la incredulidad, la justicia propia, el orgullo, los celos, la envidia, el miedo, la dureza de corazón, la lucha, la ambición egoísta, el juicio, y el engaño. Señor, quita todos los juicios con raíz de amargura con los que estuve de acuerdo. Quita toda intercesión impía basada en estos pecados. Yo pido por la intervención del ángel de Dios, quien se pone a la brecha, para romper, destituir, disolver y destruir toda la intercesión impía, todas las oraciones impías, todas las oraciones basadas en la justicia propia, así como todas las oraciones del alma, y las oraciones irracionales. Elijo caminar en el poder, el amor y la mente sana de Cristo.

❖ Me arrepiento y renuncio, por mí y por mi línea generacional, a todos los celos, la envidia y el intento de robar los dones y el llamamiento de los demás. Me arrepiento de cerrar la puerta a los hijos de Dios de modo que renunciaron a sus llamamientos. Señor, reconozco que estas cosas han interferido en mi intimidad contigo y mi intercesión por otros. Elijo perdonar por completo a aquellos que han tenido celos de mí o han intentado robar mis dones y el llamamiento que me diste, o que trataron de cerrar las puertas a mi derecho de nacimiento o de interferir con mi intimidad contigo y mi intercesión por los demás. Señor, ahora escojo dar libremente lo que Tú me has dado, para que Tú puedas reprender al ladrón en mi vida y en las vidas de otros en mi línea generacional. Decido hoy rendir mi vida para que Tú la puedas levantar de nuevo.

❖ En cuanto a mí y a mi línea generacional, me arrepiento y renuncio a realizar oraciones manipuladoras y controladoras, por una motivación egoísta con el propósito de controlar a los demás para satisfacer mis propios fines egoístas.[5] Padre, por favor elimina y cancela los efectos de todas las oraciones dirigidas por el alma, de las intercesiones impías, profecías y declaraciones que han lanzado maldiciones contra mí, mi familia y otros. Yo perdono a los que han lanzado a sabiendas o sin saberlo, maldiciones sobre mi familia, orando de acuerdo a su voluntad en vez de la tuya.

❖ En cuanto a mí y a mi línea generacional, me arrepiento por aquellos que rechazaron la identidad de su condición de hijos tuyos, rechazaron el espíritu de adopción y caminaron de acuerdo con la vanidad de su mente. Señor, he recibido el espíritu de adopción, gritando: "¡Abba, Padre!".[6] Elijo caminar y orar por fe y no por vista.[7] Entro en un acuerdo con la verdad de que como tu hijo tengo acceso directo a Ti, y puedo acercarme a tu trono por la fe en la sangre de Jesús.[8]

❖ En cuanto a mí y a mi línea generacional, me arrepiento y renuncio a hacer oraciones afanosas, compulsivas, en un estado de ansiedad y de inquietud en lugar de orar a partir de un estado de reposo, estando sentado contigo en los lugares celestiales. Señor, yo elijo tener mis ojos enfocados en la victoria que Tú determinaste que tuviera.[9,10]

❖ En cuanto a mí y a mi línea generacional, me arrepiento y renuncio a asumir el yugo de la intercesión religiosa, organizativa y hecha por el hombre en lugar de asumir tu carga de intercesión. Te pido que rompas todos los yugos impíos y las cargas falsas de la intercesión que recayeron sobre mí y sobre mi línea familiar. Yo rompo todos los acuerdos realizados con las autoridades religiosas y gubernamentales impías.

❖ Señor, te pido que se terminen, se desprendan de mí y de mi familia las consecuencias de la ausencia paterna, el abandono, el rechazo y las consecuencias de permitir que un falso espíritu de Elías tenga poder sobre mi intercesión y mi oración.

❖ En cuanto a mí y a mi línea generacional, me arrepiento y renuncio a las oraciones y la intercesión retentiva que liberaría a los hijos e hijas de Dios.

❖ En cuanto a mí y a mi línea generacional, me arrepiento y renuncio a toda intercesión impía dirigida a ídolos, dioses, diosas, objetos, cuerpos celestes y terrestres, y a los muertos. Padre, por favor rompe las consecuencias de la intercesión impía que impedía tus respuestas a mi oración desde tu trono.

❖ En cuanto a mí y a mi línea generacional, me arrepiento y renuncio a toda oración impía cantada monótonamente, ritualista y repetitiva. Señor, por favor elimina las maldiciones que se activaron y todas las fuerzas espirituales impías que fueron habilitadas por estas oraciones injustas. En cuanto a mí y a mi línea generacional nos arrepentimos y renunciamos a confiar en esas fórmulas artificiales hechas por el hombre. Señor, me arrepiento por no rendirme al Espíritu Santo, y no permitirle interceder a través de mí de acuerdo a la mente y la voluntad de Dios.[11]

❖ Padre, por favor elimina de mi corazón, mi mente, y voluntad todo el engaño y las motivaciones injustas y las intenciones que me hacen realizar oraciones equivocadas.

❖ Padre, elimina el cielo de bronce que hay sobre mí.[12] Padre, por favor libera un cielo abierto para mí y mi descendencia, y derrama todo lo tuyo en las copas de las oraciones de los santos de acuerdo a tu voluntad.

❖ Por mí y por mis antepasados, me arrepiento por no honrar a los sacerdotes y sacerdotisas que han orado de acuerdo a tu corazón, Señor, nuestro Dios. Por favor vierte Señor, las copas divinas de la intercesión oradas por los santos delante de mí.

❖ Señor, me arrepiento por no buscar tu reino en primer lugar, y por no confiar en que Tú ya sabes y suplirás mis necesidades. Recibo tu promesa de que cuando busque tu reino en primer lugar, todas estas cosas serán añadidas para mí.[13]

❖ Señor, me arrepiento por no pedir y buscar de Ti como me lo has mandado, para que pueda recibir de Ti y mi gozo sea cumplido.[14]

❖ Señor, me arrepiento por no continuar orando con dolores de parto, como hizo Elías, hasta que tus propósitos se hayan cumplido con alegría, y hasta que el cielo envíe la lluvia y la tierra produzca su fruto.[15] Señor, establéceme como árbol plantado junto a los ríos de agua que dan fruto en la temporada, de manera que cualquier cosa que haga, prospere.[16]

❖ Señor, tanto yo como mis antepasados, me arrepiento y renuncio a orar oraciones sin fe y no tener fe en Ti para sanar a los enfermos.[17] Señor, deseo complacerte al orar con fe, creyendo que todas las cosas son posibles para aquellos que creen. Yo creo que Tú eres bueno y todos los dones buenos y perfectos proceden de Ti, Padre de las Luces.[18]

❖ Me arrepiento y renuncio, por mí y por mi línea generacional, a cualquier acuerdo con el engaño del enemigo o a las argucias engañosas que me hicieron entregar mi autoridad dada por Dios afectando así mis oraciones, decretos, proclamaciones y a mí mismo. Gracias Señor por traer la revelación de tu verdad, así que puedo arrepentirme y recuperar mi autoridad en Ti.

❖ En cuanto a mí y a mi línea generacional me arrepiento y renuncio a escuchar o a usar la adulación que hace que venga el engaño y la ruina, para tergiversar las verdades de Dios con el fin de controlar a los demás para mi beneficio personal.[19]

❖ Señor, me arrepiento y renuncio por mí y mis antepasados, a cualquier incursión en altares de incienso antes de ser limpiados y confesar todos nuestros pecados, faltas y ofensas cometidos de los unos contra los otros.[20]

- En nombre mío y de mis antepasados, me arrepiento de no buscarte todos los días y de no deleitarme con conocer tus caminos; me arrepiento de haber hecho lo que me plació en el día de oración y ayuno. Por mí y por mis antepasados, me arrepiento de creer que las obras externas de ayuno y oración darían resultados cuando internamente nos aferrábamos a la lucha y la discordia que dieron lugar a insultos, golpes, y a la explotación de tus hijos. Señor, acepto el ayuno que Tú has elegido para poder romper las cadenas de la injusticia, quebrar los yugos de los oprimidos, alimentar a los que tienen hambre, proporcionar un lugar adecuado para las personas sin hogar y para vestir al desnudo.[21] Decido hacer lo correcto, buscar la justicia, alentar a los oprimidos, defender la causa del huérfano, y abogar por la causa de la viuda.[22]

- Me arrepiento por mí mismo y por las mujeres de mi línea generacional que asumieron actuar como si fueran el Espíritu Santo, tomando su lugar con el fin de manipular a los hombres. Me arrepiento en nombre de aquellas mujeres que no permitieron a los hombres ser los líderes espirituales en su matrimonio, sino que trataron de adjudicarse esa posición.[23]

- En cuanto a mí, y los hombres de mi línea generacional, me arrepiento de toda desconsideración, de toda deshonra y de no reconocer a nuestras esposas como coherederas de la gracia de Dios. Decido vivir teniendo consideración con mi cónyuge y honrarla como coheredera de la gracia de Dios.

- Me arrepiento por mí mismo y por los hombres de mi línea familiar que, a causa del miedo y la pasividad, renunciaron a sus responsabilidades como líderes. Yo renuncio y rompo todos los acuerdos con el espíritu de Jezabel y Acab en mí mismo y en mi línea generacional.[24]

- ❖ Me arrepiento por mí y por aquellos de mi línea familiar que no conocieron y no prestaron atención para entender su responsabilidad respecto a la intercesión.[25] En cuanto a mí y mi línea generacional, me arrepiento por los que no valoraron la intercesión, pensaron que era orar por otros y decidieron no hacerlo. Padre, perdónanos por la falta de oración.

- ❖ Señor, te pido perdón por no reconocer las artes creativas como intercesión. Me arrepiento de restringir la danza, la pintura, la música y las artes visuales como forma de adoración e intercesión para Ti. Señor, rompe las consecuencias en mi línea familiar de burla legalista, limitación y restricción de adoración apasionada e intercesión a través de la danza y las artes.

- ❖ Decido perdonar a todos aquellos del cuerpo de Cristo, que cerraron y limitaron la creatividad en mí como adorador e intercesor. Decido reconocer y bendecir las artes creativas en otros, como la palabra de Dios en la unción de la verdad.[26]

- ❖ Señor, decido entrar a tus atrios con alabanza y adorarte por quien Tú eres en Espíritu y en verdad.

- ❖ En cuanto a mí y mi línea generacional, me arrepiento y renuncio a ser de mente estrecha y no abrazar todo lo tuyo y de tu reino. Me arrepiento de tener una visión estrecha de tu reino. Te pido que quites de mí todas las limitaciones con las que estuve de acuerdo y las reemplaces con tu sabiduría, tu conocimiento, tu comprensión, y la plenitud de Quien Tú eres.

- ❖ Me arrepiento por mí y mi línea generacional de no orar por los líderes y por aquellos a quienes has puesto como autoridad sobre nosotros.[27] En cuanto a mí y mi línea generacional, me arrepiento y renuncio a no someterme a las autoridades gubernamentales, también me arrepiento y renuncio a cualquier oración en contra del presidente de mi nación y otros funcionarios del gobierno que han sido establecidos por Dios. Me arrepiento por el uso de la libertad como pretexto para maldecir y hablar mal en mis oraciones en contra del gobierno establecido. Me arrepiento de no honrar a los líderes de mi nación. Me arrepiento de no orar y buscar la paz de la ciudad, estado y nación en la que me has puesto a vivir.

❖ Me arrepiento por dejar que falsos profetas, adivinos, y medios de comunicación me engañaran causando que trajera oraciones negativas delante de Ti. Me arrepiento por no haber buscado tu perspectiva divina. Declaro hoy que renuncio al terrorismo generacional, a la traición, a la insurrección y al asesinato. Señor, elimina todos los juicios que he acarreado en mi contra, en contra de mi familia, y de tu pueblo a través de oraciones injustas y malvadas.[28]

❖ Señor, ve delante de mí como mi Rey, ve frente a mí con tu unción para que yo pueda pasar a través de la puerta, atravesar el vientre y salir, estallando en la multiplicación y propagación en todas direcciones.[29]

❖ En cuanto a mí y mi línea generacional, me arrepiento y renuncio a creer mentiras, a caminar en desánimo, en dolor, en sufrimiento, en decepción, en desesperanza, y me niego a permitir que estas circunstancias afecten negativamente mi intercesión.

❖ En cuanto a mí y mi línea generacional, me arrepiento y renuncio a decir oraciones que busquen sonar justas o espirituales frente a los demás, en vez de orar en la humildad de una verdadera relación y entrar a tu presencia estando en contacto contigo Señor.[30]

❖ En cuanto a mí y mi línea generacional, me arrepiento y renuncio a o r a r y doblar rodilla ante cualquier hombre, ángel, ídolo, o imagen, en lugar de Ti, Señor Dios. Me arrepiento por no confiar en que fortalecerías mis rodillas endebles. Me arrepiento por las oraciones confusas, sin fe y quejumbrosas durante el tiempo en el que me estabas disciplinando. Reconozco que tu deseo era fortalecer mis rodillas débiles, pero mi actitud y oraciones me obstaculizaron de recibir y aceptar tu corrección. Señor, te pido que me perdones por no haberte exaltado en la oración, y reconocido como el Señor ante quien toda rodilla se debe doblar.

❖ Me arrepiento por mí y por mis antepasados por permanecer arrodillados por mucho tiempo, por la auto-degradación, flagelación, y esfuerzo personal en la oración yendo más allá de la guía de tu Espíritu Santo para así poder presumir de nuestras oraciones.[31] Me arrepiento por no fortalecer las manos y las rodillas débiles de otros.[32]

❖ En cuanto a mí y mi línea generacional, me arrepiento y renuncio a orar en desunión con tu cuerpo y con el corazón lleno de deseos egoístas, envidia y celos. Esto me ha llevado a pecar. Perdóname por cada vez que me he salido de curso, ya sea por el enemigo o por mi propia voluntad no sujeta a Ti. Perdóname por querer promoverme a mí mismo en vez de promocionarte a Ti. Me arrepiento y renuncio a la idolatría. Decido postrar mi rostro en tierra para saber de Ti y tu corazón de misericordia y compasión; oraré conforme a tu corazón y no conforme al mío.

❖ Señor, suelta tu sonido como un grito de guerra en mí y en los demás para que podamos adorar de acuerdo con tu Espíritu de tal manera que podamos atravesar las paredes, abrirnos camino en el cielo de bronce, y perforar la bóveda que contiene las bendiciones generacionales.[33]

❖ Señor, en nombre mío y de mis antepasados, me arrepiento y renuncio a todo lo que le ha permitido al enemigo robar mis oraciones. Señor, elimina todas las maldiciones generacionales y las maquinaciones de los malos en contra de mi intercesión.

❖ Padre, en el nombre de Jesús, decido echar fuera de mí las emociones y los deseos carnales y te pido que Tú, oh Jehová, me llenes con tu mente, tu corazón y tu voluntad.

❖ Señor, te pido que me perdones a mí y a mi línea generacional por no percibir con precisión quién eres y por no acercarme a Ti en intercesión verdadera, aquella que viene de adorarte a Ti en la totalidad de quien eres.

❖ Me arrepiento y renuncio, por mí y mi línea generacional, a entrar en tu presencia con ofrendas sin sentido; me arrepiento de haber hecho asambleas y reuniones para el mal. Me arrepiento por tener las manos sucias, los corazones no arrepentidos, orgullo, y por hacer el mal.

❖ Señor, te pido que elimines todos los poderes impíos, las autoridades, los gobernantes, los ancianos, y todos los dispositivos espirituales de maldad que llegaron a mí como consecuencia de la intercesión impía.

❖ Señor, te pido que quites de mí toda culpa y condenación por no interceder correctamente. Decido perdonarme a mí mismo por esta culpa falsa. Señor, ahora recibo la intercesión verdadera y todos los mantos divinos de intercesión que decidas darme.

❖ Señor, elimina todo engaño de mí y de mi familia. Me arrepiento y renuncio, por mí y por aquellos de mi línea generacional que desperdiciaron sus talentos, dones, recursos y dinero desde el principio de los tiempos hasta el presente.

❖ Declaro que no voy a apoyarme en mi propio entendimiento,[34] sino que te reconoceré en la intercesión.

❖ Señor, yo declaro que conforme estoy sentado en los lugares celestiales contigo, soltaré tus decretos y saldrán a la luz por tu promesa.[35]

❖ Yo declaro Señor, que voy a permitirte que me enseñes a orar.

Notas:
1. Habacuc 1:17–2:3.
2. Habacuc 2:2–3.
3. Efesios 3:20.
4. Mateo 19:26; Marcos 9:23.
5. Isaías 54:17.
6. Romanos 8:15.
7. 2 Corintios 5:7.
8. Hebreos 10:19.
9. Filipenses 4:6.
10. Efesios 2:6.
11. Romanos 8:26–27.
12. Deuteronomio 28:23.
13. Mateo 6:31–34.
14. Mateo 7:9–11; Juan 16:24.
15. Juan 16:21; Santiago 5:17–18.
16. Salmos 1:3.
17. Santiago 5:14–15.
18. Santiago 1:17.
19. Salmos 12:2; Proverbios 26:28; Romanos 16:17–18.
20 Mateo 5:23–24; Santiago 5:16.
21. Isaías 58.
22. Isaías 1:12–20.
23. 1 de Juan 2:27; Génesis 3:16.
24. 1 de Reyes 21:7–15.

25. Génesis 3:12.
26. Salmos 150.
27. 1 de Timoteo 2:1–2.
28. 1 de Pedro 2:13–17; Romanos 13:1–2; Jeremías 29:7.
29. Miqueas 2:13.
30. Mateo 6:5–13; Proverbios 29:25.
31. Romanos 11:4; Isaías 45:23; Filipenses 2:10; Hebreos 12:7–13; Efesios 2:8–9.
32. Isaías 35:3.
33. Deuteronomio 28:33; Josué 6:20.
34. Proverbios 3:5
35. Efesios 2:6; Isaías 48:6; 42:9.

CAPÍTULO TREINTA Y DOS

Restaurando la Compasión y el Temor de Dios
PAUL L. COX

"¡Sube más alto!" La primera vez que recuerdo el haber escuchado estas palabras en una declaración profética fue el 17 de agosto del 2004. Mientras Mimi Lowe de Toronto-Canadá, se paró frente a un ángel, ella recibió este mensaje:

Sí, el Establecedor está aquí para establecer lo que él quiere establecer. Él va a agrandar nuestro espíritu para recibir todo lo que tiene para nosotros; reinos más y más altos, más allá de donde nunca hemos estado, y dimensiones aún no descubiertas. Te acercarás al reino de la gloria; prepárate para el despegue, porque estás yendo para arriba. Ven arriba. No estás lo suficientemente alto. Los ángeles están esperando para recibirte, vamos, vamos, vamos.

Desde entonces, hemos recibido estas palabras muchas veces. A menudo, el Señor dijo que no estábamos lo suficientemente alto. A veces él fue muy específico.

Viaje en el espacio, viaje en el espacio, viaje en el tiempo, para llevarte a otras dimensiones, para llevarte más alto, más alto, más alto, exploración, exploración, ven y explora con nosotros. Puedes elevarte, puedes volar, ven arriba, ven arriba, vuela con nosotros, vuela con nosotros.

Pero ¿por qué debemos ir más alto? Desde esa primera

revelación de ir más alto, el Señor ha enviado a muchos de sus siervos espirituales para hablarnos sobre eso. Una y otra vez, él ha dicho: "Sube más alto". Y cada vez él nos revelaba más sobre esos lugares altos y lo que se ha conseguido yendo allí. El Señor quiere que vayamos a nuevos esferas de revelación. Él quiere que recuperemos herencias que estaban perdidas. Él quiere que "descansemos" en él, para que él pueda lograr lo que él quiere cumplir. Él quiere que recibamos nuevos dones, nuevos corazones y nuevas mentes. Él quiere mostrarnos nuevos tesoros, nuevas unciones, y nuevos lugares en el espíritu. Él desea que recibamos nuevas gemas, nuevas perlas y nuevos mantos de sabiduría, nueva perspectiva, nuevo maná y una nueva armadura. Él quiere revelarnos secretos del Reino. Él quiere llevarnos a nuevos lugares de niveles de intimidad, nuevos niveles de protección, y nuevos niveles de sanidad, milagros y maravillas. Estos nuevos lugares son lugares de revelación de los hijos de Dios y el monte de Jehová. Cuando vamos con él a estos nuevos lugares, hay una limpieza profunda de la tierra y una profunda sanidad generacional. En estos reinos superiores, podemos cavar pozos más profundos, encontrar nuevas puertas de impartición, ganar nueva autoridad, y desarrollar nuevos niveles de libertad, nuevas ideas, nuevas obras de teatro, nuevas canciones y nuevas pinturas.

¡Me gustó lo que dijo el Señor un día!

"No has visto nada todavía. ¡Sal de la caja! Expándete, expándete. Yo soy un gran Dios. ¿Qué deseas? ¿Qué deseas? Este es el momento de pedir. Lo recibirás. Busca y encontraras. Toca y la puerta se abrirá. Salta dentro. Salta dentro. El río está aquí. Salta. Aguas sanadoras. Aguas sanadoras. El ángel está moviendo las aguas. Recibe sanidad. Recibe tu sanidad. Todos los que están cojos y lisiados, reciban sanidad. El momento es ahora. ¡Cosecha! Ven arriba y nos divertiremos en el descubrimiento, la provisión, la revelación de los misterios de Dios. ¡Es divertido!"

¡El Señor estaba resonando con su palabra! Apocalipsis 4:1 dice:

Entonces, mientras miraba, vi una puerta abierta en el cielo, y la misma voz que había escuchado antes me habló como un toque de trompeta. La voz dijo: «Sube aquí, y te mostraré lo que tiene que suceder después de esto».

Durante las escuelas en agosto del 2008, el Señor fue muy específico. Él dijo que todavía era hora de ir más alto. En obediencia nosotros dijimos: "Sí, Señor, vamos a ir más alto". Yo no estaba preparado para lo que pasaría. Varios jóvenes se habían acercado a nosotros para el Advanced Discernment Training and Exploration School (Entrenamiento para el Discernimiento Avanzado y Escuela de Exploración). Uno de los jóvenes dijo: "Hay una carroza espiritual aquí y Pablo tú te subirás en el carro, y dos de nosotros seremos los caballos". Subí en el carro invisible, y el poder de Dios cayó en la habitación de una manera que nunca la había experimentado. De repente, el temor tangible del Señor se manifestó en la habitación. Nos quedamos abrumados con la santidad de Dios, y muchos de nosotros literalmente temblamos ante su presencia. Él había revelado un aspecto de sí mismo que yo nunca había experimentado.

Dale Shannon habló proféticamente estas palabras:
La batalla es feroz. Estoy creando mi reinado y mi justicia en esta tierra. No va a ser frustrado! Estoy llevando a cada uno de ustedes más alto, a un nuevo nivel. Este es el corazón de la cuestión. El Señor dice: "Te amo. Mi amor es más grande de lo que tú puedes entender. Estoy rodeando tu corazón con un nuevo revestimiento, una nueva protección y un nuevo escudo. Estoy poniendo un escudo alrededor de tu corazón-en torno a cada uno de sus corazones. El enemigo ha estado tirando y tironeando el corazón de cada persona tratando de conseguir que no creas en mi amor, que no conozcas mi amor y que dudes de mi amor. Pero te estoy pidiendo que subas más alto, que camines el camino más alto y que sepas que mi amor es más

grande de lo que puedes entender, y nada puede separarte de mi amor. Echa tus preguntas, dudas e incredulidad. Incluso tu enojo, no dejes que se interponga entre nosotros."

La imagen que veo es una rueda de la fortuna yendo al corazón del Señor. Cada vez que vamos a una nueva esfera celestial, el Señor pone algo nuevo en la rueda, como el aceite, la abundancia, el amor y el perdón.

Él dice: "Tienes que perdonar a los demás, porque yo te he perdonado. Esta es mi manera de subir más alto. Esta es la forma de vencer, caminando en el amor, caminando en el perdón y en la fe. Yo estoy extendiendo mi mano, dones, y autoridad. Los gobernantes te han dado nueva autoridad. Te has preguntado de qué se trata todo esto. Es una nueva autoridad; estás caminando en una nueva autoridad. Debes saberlo así no vuelves a las viejas formas. Has sido llamado a dominar la tierra y tienes la autoridad ahora. Tienes la vara. Debes conocer mi corazón. Debes conocer mi corazón por los perdidos. Conocer mi corazón por el abatido. Conocer mi corazón por los oprimidos. Este es el temor del Señor, el conocer mi corazón. Permíteme traspasar tu corazón con compasión y misericordia, una misericordia no santificada, sino la misericordia dada por Dios. Te acerco a mí; como un imán te sientes atraído hacia mí. Este es el temor del Señor. Te atraigo. Te sientes obligado a venir a mí. Sí, hay terror en mi santidad. Te doy gracia para acercarte, para venir más alto, para conocerme, conocer mis caminos, mi corazón, a conocerme íntimamente".

Él nos atrae, sin embargo, tenemos miedo de acercarnos. Es tan abrumador. ¿Cómo podemos acercarnos a Dios en nuestra debilidad y en nuestra carne? ¿Cómo podemos acercarnos a Dios? Sólo con un corazón contrito, humildad de mente, con corazones por los perdidos, y sólo a través de su gracia. Su amor nos obliga a acercarnos, a no darnos por vencidos. Es un imán que nos atrae hacia él, por su amor, su inmenso amor. Él nos dice: "Acercaos, quítense los zapatos, porque esta es tierra santa. Circunciden su corazón."

Mantente siempre consciente de la santidad de Dios. No se acerquen a él a la ligera. Debes tener el temor del Señor.

Él dice: "Misericordia quiero más que sacrificio. Deseo justicia para los pobres, los débiles y oprimidos, pero los has pasado de largo. ¿Dónde está el temor del Señor? ¿Has estado demasiado ocupado como para mostrar compasión? ¿Has notado a aquellos que sufrían cuando estabas en la tienda, o solo pasaste de largo? Mírame, yo te mostraré por quien detenerte. Yo te mostraré a quien acercarte. Pídeme, y yo te mostraré. Te daré un corazón de discernimiento, de modo que sabrás. Yo deseo justicia, deseo misericordia y deseo compasión. Pídeme y llenaré tu corazón hasta rebosar por los débiles, por los oprimidos, por los que están solos, por los humildes, por los rechazados, porque yo fui rechazado. Rasga tu corazón. Pídeme y yo te daré misericordia y compasión hasta rebosar."

Persis Tiner luego recibió esta palabra profética:
Compasión. Mi pueblo, los que están llenos de compasión, alegra mi corazón. Si te vas de aquí esta semana con más compasión, habrá alcanzado grandes cosas. Pasaré entre ustedes y pondré compasión en su corazón. Podrás ver y sentir de manera diferente. Atestiguarás a la gente como nunca antes. Compasión, compasión, no juicio, no prejuicio.

Palabra tras palabra vino. Habíamos comenzado el día sin saber dónde nos iba a llevar el Señor. Lo seguimos como los israelitas siguieron la columna de fuego y la nube de su presencia. En obediencia, escuchamos y seguimos. Él nos estaba llevando a un lugar más alto. Él nos estaba instruyendo en lo que él quería que hiciéramos. Esto no tenía nada que ver pastorear una congregación local. Mientras pastoreaba, yo armé mi agenda. El Señor nos estaba diciendo que en su verdadera Iglesia, él establece la agenda. Él ordena nuestros pasos. Él nos instruye y nos dice qué hacer. Cuando el temor del Señor está presente, entonces la obediencia es la única opción.

Jane Green recibió la siguiente palabra. A través de ella el Señor dijo que habría otra oración. Sería una oración sobre el temor del Señor y la compasión.

> Los tronos son posiciones. Ustedes son reyes y reinas. No es sólo posición; es protección. Comienza con el temor del Señor. Es el principio del conocimiento. Porque su deleite está en el temor del Señor.[1] Es el dosel. El trono es la cobertura. Yo siento águilas con trompetas y águilas con trompetas. Tú eres la trompeta del temor del Señor. Escribe la oración acerca del temor del Señor. Cambiará a esta nación y a otras naciones. Sanará familias. Te dará descanso de todos lados. Tu nueva autoridad comienza con el temor del Señor. No hay ojos que hayan visto, ni oídos que hayan escuchado todo lo que Dios tiene. Hay nueva esperanza en tu nueva posición de temor a Dios. Es la revelación, tu nueva posición en relación al trono de Dios. Es su esencia misma, su misma presencia. Es su aliento. Él soplara sobre ti. Es el *ruaj,* el aliento de Dios. Te darás cuenta que el temor del Señor no es lo que piensas. Hay gozo en ello. Declúralo, toca la trompeta, corre con ello y escríbelo. Se trata de una nueva esperanza, un nuevo comienzo. Pon tu confianza en el Señor, y él lo hará.

¡Qué combinación tremenda de pensamientos ¡compasión y el temor del Señor! Sin embargo, la Escritura indica que cuando tememos al Señor, entonces ¡seremos obedientes! *El Nuevo Diccionario Internacional de Teología del Nuevo Testamento* aclara la palabra del Antiguo Testamento para el temor, es *phobos*:

> Los israelitas pueden estar ante Dios en temor y en amor. Dios es grande, fuerte y terrible. Sin embargo, él es clemente para con el hombre. Así podemos entender la forma frecuente en que se dirige al hombre que ocurre en el Nuevo Testamento: "No tengas temor". La gracia y el favor de Dios no anulan la solemnidad con la que nos dirigimos a él. Demanda total obediencia de parte del hombre. Tiene que ser aprobado en la acción, así como el amor de Dios es

probado. Sin embargo, el motivo de temor predomina. El temor de Dios es el primer motivo esencial en las leyes del Pentateuco. Es el factor religioso decisivo en el Antiguo Testamento.[2]

Cuando un creyente verdaderamente teme al Señor, fuera de esa obediencia amorosa, la compasión fluirá. Por desgracia, la compasión no ha sido una característica de muchos en nuestras líneas generacionales, y a menudo hemos nos hemos quedado cortos en la compasión que el Señor desea que nosotros expresemos. La falta de compasión ha causado que una dureza de corazón descienda a través de nuestras líneas familiares. Es hora de arrepentirnos de todo lo que ha bloqueado nuestro verdadero temor del Señor y nuestras expresiones de compasión, y de nuevo alinearnos a la voluntad revelada de Dios.

La Oración: Restaurando la Compasión y el Temor de Dios

- ❖ Señor, me arrepiento por mí y por todos los que en mi línea familiar no tuvieron compasión piadosa con otras personas.
- ❖ Me arrepiento por mí y por mi línea familiar por ser impaciente o enojarme contigo Señor, y por culparte a Ti por nuestro sufrimiento y el sufrimiento de nuestros seres queridos.
- ❖ Por mí y por mi línea familiar, yo renuncio y me arrepiento de todos los actos falsos de compasión y todos los actos sustitutivos de compasión.
- ❖ Por mí mismo y por mi línea familiar, yo renuncio y me arrepiento por condenar y juzgar a los demás en vez de

mostrar misericordia y compasión por ellos.

❖ Por mí y por mi línea familiar, me arrepiento por todos aquellos que no prestaron atención a la voz de compasión del Señor sino que silenciaron los gritos de los que estaban enfermos, heridos, lastimados, o sufriendo.

❖ Por mí y por mi línea familiar, yo renuncio y me arrepiento por haber confundido la compasión con la debilidad. Perdono a los que han interpretado mi compasión como debilidad.

❖ Por mí y por mi línea familiar, yo renuncio y me arrepiento por no mostrar compasión con personas doloridas. Perdono a los que no mostraron compasión conmigo cuando yo estaba sufriendo.

❖ Por mí y por mi línea familiar, yo renuncio y me arrepiento por haber aceptado cualquier autoridad impía que nos obligó a no tener misericordia ni compasión para con los demás.

❖ Por mí y por mi línea familiar, yo renuncio y me arrepiento por no tener temor del Señor y hacer caso omiso de sus indicaciones de mostrar misericordia y compasión hacia el menor [3] de sus hijos porque me era demasiado molesto, incómodo o costoso. Señor, perdóname por descartar voluntariamente tus palabras y contristar a tu Espíritu Santo.

❖ Señor, por favor perdóname por no mostrar misericordia y compasión con los demás así como Tú has tenido misericordia y compasión conmigo.

❖ Por mí y por mi línea familiar, yo renuncio y me arrepiento de no admitir y reconocer que Tú ya has borrado nuestros pecados y las transgresiones de los demás a través de tu gran compasión.[4]

❖ Por mí y por mi línea familiar, renuncio y me arrepiento por rechazar a aquellos que no fueron sanados después de la oración. Yo renuncio y me arrepiento por creer la mentira de que a Dios no le importa cuando el dolor permanece, y otros no muestran misericordia y compasión.

- ❖ Por mí y por mi línea familiar, yo renuncio y me arrepiento por permitir estar atrapados en nuestro propio dolor o manera de pensar, y por no esperar actos de compasión y misericordia del Señor para aquellos que sufren.
- ❖ Por mí y por mi línea familiar, yo renuncio y me arrepiento por ser impaciente y crítico. Me arrepiento por frustrarme y enojarme con los que no se sanan, y con aquellos que no buscan ser sanados sino que encuentran su identidad en sus problemas o enfermedades.
- ❖ Por mí y por mi línea familiar, yo renuncio y me arrepiento por abrazar la idea de que puedo ser justo por mis propias acciones. Me arrepiento también por el legalismo, por negar el temor del Señor y por no reconocer nuestra necesidad de compasión.
- ❖ Por mí y por mi línea familiar, yo renuncio y me arrepiento de no mostrar misericordia y compasión por estar convencido de que la enfermedad o la dolencia era un juicio enviado por Dios, que era por el bien de la persona y Dios estaba tratando de enseñarle algo.
- ❖ Por mí y por mi línea familiar, me arrepiento por aceptar las enfermedades y aflicciones como la voluntad de dios para nuestras vidas.
- ❖ Por mí y por mi línea familiar me arrepiento y renuncio a la dureza de corazón, habiendo ignorado a los más necesitados. Señor, quítame el corazón de piedra, y dame un corazón de carne para que yo pueda sentir lo que sientes y ser un portador de tu corazón.[5]
- ❖ En cuanto a mí y a mi línea familiar yo renuncio y me arrepiento de amar nuestra propia comodidad, de tener una vida egoísta y descansada en vez de ser compasivos con los demás.

- En cuanto a mí y a mi línea familiar, yo renuncio y me arrepiento por creer que una salud excelente y una provisión abundante son signos de la bendición de Dios, y que el dolor y el sufrimiento son indicios de su alejamiento y desaprobación.
- Yo renuncio y me arrepiento de pensar que el dolor y el sufrimiento pueden ser por culpa de las personas y tal vez una señal de que ni siquiera son salvas.
- Por mí y por mi línea familiar, yo renuncio al egoísmo, y me arrepiento por poner el dinero y el costo de cuidar a otros por encima de su curación y bienestar. Señor, por favor perdóname si me he detenido de ser caritativo porque no confiaba en que recibiría la provisión en el momento oportuno.
- Por mí y por mi línea familiar, yo renuncio y me arrepiento de haber tenido miedo de abrir un espacio para la curación compasiva en la iglesia debido a que podría alterar el status quo.
- En cuanto a mí y mi línea familiar, yo renuncio y me arrepiento de no mostrar compasión y evitar que otros la mostrasen. Me arrepiento por detener expresiones emocionales de compasión, actos de compasión, y por bloquear cualquier demostración de empatía.
- En cuanto a mí y a mi línea familiar, yo renuncio y me arrepiento por no permitirnos a nosotros mismos hacernos vulnerables por medio de actos de compasión porque creíamos que eso perjudicaría nuestro estatus social en la iglesia.
- Yo perdono a todos los que no mostraron interés y me dieron consejo en lugar de oración.
- Yo perdono a todos aquellos que, en lugar de mostrar misericordia y compasión, querían vendernos CD, DVD, suplementos nutricionales y otros productos para mí y para mi familia cuando estábamos necesitados.

- ❖ Yo perdono a todos aquellos que fueron egoísta
- ❖ s y tacaños con sus recursos, compasión y misericordia en mi momento de necesidad.
- ❖ Pido perdón por condenar y acusar a otros de falta de fe por haber continuado enfermos. Señor, perdóname por haberme puesto de acuerdo con el acusador de mis hermanos.
- ❖ Decido perdonar a aquellos que no han escuchado mis suaves palabras cuando les he compartido acerca del corazón compasivo del Señor.
- ❖ Ahora rechazo la mentira de que el sufrimiento de Job provenía de Dios.
- ❖ Te pido Señor, que derribes los muros que he levantado que me impiden experimentar el dolor a mi alrededor y conocer tu corazón.
- ❖ Por mí y por mi línea familiar, yo renuncio y me arrepiento por no creer ni confiar en que Tú, Dios, nos sacarías de los tiempos desérticos de nuestras vidas.
- ❖ Por mí y por mi línea familiar, yo renuncio y me arrepiento por rechazar, enterrar o poner en peligro nuestra identidad como el pueblo compasivo de Dios, y agentes de sanidad divina en la tierra.
- ❖ Por mí y por mi línea familiar, yo renuncio y me arrepiento de no estar dispuesto a continuar mostrando compasión por tiempo prolongado a quienes están profundamente heridos.[6]
- ❖ Por mí y por mi línea familiar, yo renuncio y me arrepiento por preocuparme más por el decoro, los horarios y los programas, en vez de detenerme a ayudar a los necesitados.
- ❖ Por mí y por mi línea familiar, yo renuncio y me arrepiento de llevar cargas que no eran provenientes de tu compasión Señor, y de no devolverte a Ti las cargas de oración que nos diste. Me arrepiento y renuncio a llevar

las cargas falsas y yugos pesados en lugar de tu yugo que es ligero y fácil.

❖ Por mí y por mi línea familiar, yo renuncio y me arrepiento por permitir que otros caminaran en su pecado sin establecer los límites piadosos y correctos como lo hizo Jesús, asumiendo el papel de "salvador" que solo Jesucristo puede tener.

❖ Por mí y por mi línea familiar, yo renuncio y me arrepiento por abrazar la creencia de que "debo consumirme" en compasión para el Señor. Me arrepiento por no tener tiempos de descanso después de ministrar y por no buscar al Señor para descansar y refrescarme.

❖ Por mí y por mi línea familiar, yo renuncio y me arrepiento por los que respondieron a la compasión asumiendo responsabilidades fuera de su esfera de autoridad.

❖ Por mí y por los de mi línea generacional, yo renuncio y me arrepiento por abusar de las personas que tienen el don de misericordia y compasión hasta el punto de agotarlas.

❖ Por mí y por mi línea familiar, yo renuncio y me arrepiento de ver y escuchar a través de los ojos y oídos naturales, y no a través de los ojos y oídos compasivos de Cristo.

❖ Por mí y por los de mi línea generacional, yo renuncio y me arrepiento por despreciar la verdadera sabiduría y disciplina,[7] y por haber endurecido nuestros corazones[8] y abandonado el temor de Dios, que es el principio de la sabiduría.[9]

❖ Por mí y por mi línea familiar, yo renuncio y me arrepiento por no haber sido motivado por el amor de Cristo y por creer que los actos de misericordia eran un deber y una obligación que cumplir. Yo renuncio y me arrepiento de enseñar obligación y ley, en lugar de compasión y temor del Señor.

- ❖ Por mí y por mi línea familiar, yo renuncio y me arrepiento por ignorar el daño hecho a otros y por estar demasiado ocupado como para ser compasivo.
- ❖ Por mí y por mi línea familiar, yo renuncio y me arrepiento por no ser misericordioso, justo y compasivo con los pobres, los débiles, los oprimidos, los desalentados y los rechazados. Te pido Señor, que me muestres a quién ministrar y cuándo. Señor, te pido que perfores mi corazón con tu amor, compasión, gracia y misericordia.
- ❖ En cuanto a mí y a mi línea familiar, yo renuncio y me arrepiento por dar diezmos y ofrendas y cumplir con mis obligaciones cristianas, careciendo del temor de Dios en los asuntos más importantes como lo son la santidad, el carácter, la rectitud, la justicia, la misericordia y la fidelidad.[10]
- ❖ En cuanto a mí y a mi línea familiar, yo renuncio y me arrepiento por no guardar los mandamientos, estatutos y juicios que se nos han mandado. Señor, yo deseo temer tu nombre y te pido que me prosperes como tu siervo y me concedas la misericordia que necesito para poder llevar a cabo el trabajo que has preparado para mí.[11]
- ❖ Por mí mismo y por mi línea familiar, yo renuncio y me arrepiento por recibir la misericordia del Señor sin extenderla a los demás.
- ❖ Declaro que la misericordia y la compasión del Señor están con los que le temen y con los hijos de sus hijos.[12]
- ❖ En cuanto a mí y mi línea familiar, me arrepiento por aquellos que no optaron por aprender el temor del Señor. Decido deleitarme en el temor del Señor y tener más entendimiento, para poder operar en misericordia y compasión verdaderas.
- ❖ En cuanto a mí y mi línea familiar, yo renuncio y me

arrepiento por aquellos que aborrecieron el conocimiento verdadero[13] que proviene del temor del Señor, y buscaron conocimiento, sabiduría y entendimiento falsos, provenientes de fuentes impuras.

- ❖ En cuanto a mí y a mi línea familiar, yo renuncio y me arrepiento por los que no temieron al Señor ni aborrecieron el mal, sino que practicaron la maldad, siendo orgullosos, prepotentes y perversos en su hablar.[14]

- ❖ En cuanto a mí y a mi línea familiar, yo renuncio y me arrepiento por los que no anduvieron en integridad, sino que despreciaron al Señor caminando por caminos tortuosos.[15] Me arrepiento por todos aquellos que no se apartaron del mal, sino que fueron necios, impulsivos e imprudentes.[16]

- ❖ En cuanto a mí y a mi línea familiar, yo renuncio y me arrepiento por los que tuvieron temor del hombre en lugar de temor de Dios, lo que los llevó a cautiverio de maldad.[17]

- ❖ Decido honrarte a Ti Dios, y ser como Daniel, que temía al Señor y no obedeció una ley injusta, confiándote a Ti su vida misma.[18] Confío en que eres mi ayuda y mi escudo.[19]

- ❖ Decido ser como Sadrac, Mesac y Abed-nego, que temieron al Señor sobre el decreto del hombre, y no adoraron a un dios falso, sino que estuvieron dispuestos a morir en el horno de fuego. Sin embargo, confiaron en la capacidad de Dios para rescatarlos.[20]

- ❖ Elijo temerte a Ti Señor, seguir tus preceptos,[21] y deleitarme en tus mandamientos.[22]

- ❖ Declaro que el que teme al Señor no endurecerá su corazón hacia aquellos que están necesitados.[23]

- ❖ Decido perseverar con entusiasmo en el temor del Señor.[24]

- ❖ Declaro que seré impulsado por Dios y no por la necesidad. Declaro que seré guiado por el temor del Señor y no

por el temor del hombre.
- ❖ Declaro que mi deleite está en el temor del Señor, y por lo tanto, confío en que el Señor me enseñará a ser compasivo.
- ❖ Yo declaro que voy a tener compasión de los miembros de la iglesia tradicional conforme aprenden a caminar en el verdadero temor del Señor, conforme aprenden a reconocer y aceptar la manifestación de la misericordia y la compasión del Señor, y permiten a Dios ser Dios en Su Iglesia.
- ❖ Declaro que yo me acercaré a Ti Señor, con un corazón contrito, una mente humilde y un corazón dispuesto para los perdidos.
- ❖ Declaro que no voy a vivir cumpliendo las reglas para ser un cristiano, sino que viviré en el temor del Señor y en su compasión.
- ❖ Declaro que el temor de Dios me impulsa a mostrar compasión hacia los demás. Señor, recibo tu gracia para amar a otros como Tú los amas. Recibo tu lluvia de misericordia para correr la carrera que tengo por delante.

Notas:
1. Proverbios 1:7.
2. Colín Brown, ed, *El Nuevo e Internacional Diccionario Teológico del Nuevo Testamento* (Grand Rapids, MI: Zondervan, 1986), 622.
3. Mateo 25:40.
4. Isaías 43:25.
5. Ezequiel 36:26.
6. Santiago 5:11.
7. Proverbios 1:7.
8. Proverbios 28:14.
9. Salmos 111:10; Proverbios 1:7, Proverbios 9:10.
10. Mateo 23:23.
11. Nehemías 1.
12. Salmos 103:17.

13. Proverbios 1:29.
14. Proverbios 8:13, NIV.
15. Proverbios 14:2, NIV.
16. Proverbios 14:16, NTV.
17. Proverbios 29:25. Esta oración fue construida por la Escuela Hesperia de Discernimiento Avanzado, agosto 2008.
18. Daniel 6:26.
19. Salmos 115:11.
20. Daniel 3:17–18.
21. Salmos 111:10, NIV.
22. Salmos 112:1.
23. Proverbios 28:14.
24. Proverbios 23:17.

CAPÍTULO TREINTA Y TRES

Libre para recibir una Vida Abundante

PAUL L. COX

Fue un sueño muy corto. Cuando me desperté, recordé vívidamente lo que había visto. Yo estaba de pie mirando a alguien. *¿Era el Señor?* Una voz me dijo: "Tu presión arterial es 197" Yo le respondí: "Pero yo no estoy bajo estrés." La voz respondió: "Se trata de tu pensamiento." ¡Yo no tenía absolutamente ninguna idea de lo que eso significaba!

Durante las próximas semanas, el recuerdo del sueño regresaba muy a menudo y les pregunté a las personas con las que yo estaba. "¿Sabes lo que significa este sueño?" Pero no tuve ninguna respuesta satisfactoria.

En octubre del 2008 hice mi tercer viaje ministerial a Australia. Nos alojaron en una iglesia fuera de Sidney y disfrutamos de dos semanas maravillosas de escuelas. De repente, impresiones espirituales comenzaron a llegar, ¡y una vez más me sorprendió lo que pasó!

Antes de la escuela, el Señor me había enseñado como estar detrás de alguien y sentir su línea de tiempo. Cerca de la espalda de la persona yo podía sentir los primeros eventos en su línea generacional; cuanto más lejos me paraba de la persona, podía sentir más atrás en su línea generacional. Hubo un punto detrás de ellos en el que yo podía llegar a sentir un cambio notable, y me di cuenta de que estaba discerniendo la gloria del Señor y la eternidad. Desde entonces, muchos otros han confirmado mi experiencia al también sentir ellos una fuerte unción de la presencia del Señor en un punto específico detrás de alguien. Una nueva revelación estaba viniendo.

Mientras estaba cerca de este punto de la eternidad, yo pude discernir el óvulo y el espermatozoide que formaron a la persona. Luego pude sentir el cigoto, la primera división en dos células, y la segunda división en cuatro células. Más allá de la sensación de "eternidad", distinguí un pergamino, que parecía ser la primogenitura por escrito de la persona. También pude sentir muchos seres espirituales que fueron asignados a la persona. Justo después de la segunda división, me sorprendió el mal que percibía. Parecía ser algún tipo de puerta. Así como discerní la puerta, les pedí a otros que describieran lo que vieron. Hubo confirmación de que el mal había sido insertado en la vida de la persona, justo después de la concepción. Así como buscamos al Señor acerca de esto, le sentimos decir que este era el lugar de entrada para el mal generacional de la línea familiar.

¿Estaba yo discerniendo "el pecado original?" Después de esto, recordé mi sueño.

"Se trata de tu pensamiento." *¿Qué pensamiento?* Mi presión arterial estaba en 197. ¿Había alguna clave aquí? La revelación llegó. Pensé, "Mira Job 19:7."

Yo clamo: ¡Socorro! pero nadie me responde; protesto, pero no hay justicia.

¿Era esto una pista? Luego pensé, "Mira Salmos 19:7."

Las enseñanzas del Señor son perfectas, reavivan el alma. Los decretos del Señor son confiables, hacen sabio al sencillo.

¡Allí estaba! Todo se trata de nuestro pensamiento. *¿Cuál es nuestra perspectiva de Dios?* Generalmente, el mundo lo culpa por todas las dificultades de la vida.[1] Supuestamente, él es la fuente de todo el mal en el mundo. Estamos programados para preguntar: "¿Por qué él no interviene en mi vida? ¡Él es todopoderoso! ¿Dónde está él cuando las cosas de la vida van mal? ¿Por qué no me ayuda en mi necesidad? Tal vez él está haciendo todo esto en contra mía, porque me lo merezco. Pero, ¿qué he hecho para hacer que él me odie tanto?" Así, una y otra vez nuestro pensamiento continúa. Escuchamos a otros que se quejan de Dios y estamos de acuerdo con ellos. Nuestro dolor es inmenso y debemos encontrar a alguien a quien culpar. "¡Tiene que ser Dios quien está haciendo todo esto en mi contra!" Es una mentalidad establecida desde generaciones anteriores, por cierto, originada en el Jardín del Edén. La raíz no está en el árbol de la vida, sino en el árbol de la ciencia del bien y del mal. ¡Nos hemos "comprado" la mentalidad equivocada! ¡Hemos creído la mentira de que Dios no es bueno! Nuestras presunciones están todas mal. ¡Nuestros sistemas de creencias se han basado en una mentira! ¡Todo tiene que ver con nuestra manera de pensar!

¡Job había sufrido mucho! La agonía lo dominó. Su dolor era inmenso. ¿A quién culpó él? ¿Es Dios quien debería ser culpado por todo el mal que ha sucedido? ¡No! Es mi forma de pensar la que está totalmente errada. 2 Crónicas 5:13 nos da el punto de partida correcto para nuestro pensamiento. Este es el requisito previo para todo lo que creemos. Los trompetistas y los cantores se unieron para alabar y dar gracias al Señor. Al son de trompetas, címbalos y otros instrumentos, elevaron sus voces y alabaron al Señor con las siguientes palabras: "¡Él es bueno! ¡Su fiel amor perdura para siempre!". ¡Aquí es donde empiezo! ¡Él es bueno! Si esto es cierto, entonces la culpa debe irse a otro lugar. Aquí es donde el pensamiento humano debe ser corregido. El enemigo nos ha engañado haciéndonos creer una mentira acerca de quién es Dios. Nuestro propio pensamiento pervertido, mentalidad y sistemas de creencias nos han provocado tener una visión incorrecta de Dios.

Durante los últimos años, el Señor nos ha dicho en repetidas ocasiones, "Regresen al origen." *¿Qué significa esto?* El origen es el Jardín del Edén. Es el lugar donde se originó el pensamiento incorrecto. La "caída" nunca fue la intención del Señor. Hemos elegido el camino equivocado, el camino incorrecto. Hemos tomado un giro equivocado y nos hemos ido por nuestro propio camino. Tenemos que volver al origen. *¿Cómo?* La muerte de Jesucristo en la cruz ha proporcionado la única manera. A través de su sangre derramada en la cruz, tenemos la provisión, a través de la aceptación de ese sacrificio, para regresar a la senda antigua. Así dice el Señor: "Deténganse en el camino, vean y pregunten por las sendas antiguas, donde está el buen camino y anden en él; y entonces encontrarán descanso para sus almas.". Tenemos que recuperar la tierra, nuestro derecho de nacimiento, entregado al enemigo. Debemos venir en contra de las fortalezas en la tierra de nuestra herencia y recuperar lo que el enemigo nos ha robado.

Durante la escuela de Sidney, se recibieron muchas palabras del Señor que ayudaron a establecer las bases de esta oración. Estas palabras serán útiles para ayudarlo a entender la importancia de esta oración.

> Un amigo habló sobre Australia: "En este momento, siento ángeles muy poderosos a tu alrededor y alrededor de nosotros. Uno de ellos está diciendo: 'Este viaje es muy diferente a los demás, Paul. Busca las diferencias; habrá muchas. Ellas son la clave para el nuevo camino, del camino que vas a caminar. Yo te lo mostraré. En este camino, hay cosas nuevas, más visión, más entendimiento, y cosas más profundas. Serás equipado para la guerra que está por delante. ¡La batalla continúa, pero tú tiene las llaves! Hemos estado esperando por este momento. Hemos sido enviados para ayudarte a encontrar el camino. ¡Victoriosa victoria! ¡Este es el momento! Victoria."
>
> Otro amigo dijo: "Ánimo, ánimo hijo mío, porque los tiempos y temporadas comenzaran a desarrollarse a medida

que mi gloria se levanta desde el pozo. Tú todavía tienes que explotar los pozos y tienes que cavar pozos profundos. De hecho, todos ustedes deben tener sus pozos excavados. Deben desear el trabajo de excavación del Espíritu en sus vidas, pues en el fondo del pozo hay un pergamino y un camino que va más profundo. Incluso mientras explotas el pozo y más allá, hay otro corredor una senda antigua. Mi pueblo no ha recorrido este camino antes. Estás viajando en tierra santa. Debes tomar el suelo debajo de ti. Redime la tierra".

Mimi: "Elabora una oración para establecer la libertad de mi pueblo. Elabora una oración para pasar por la puerta, porque el Señor es tu cabeza. El Señor va delante de ti. Cambia el derecho de nacimiento del hombre para Australia. Establece el derecho de nacimiento de Dios para esta tierra, este pueblo, para todas las generaciones futuras. La tierra fue establecida para estar desolada y abandonada. Ese no es mi corazón y no es mi voluntad. Establece mi voluntad y mi propósito para Australia. Llama al Reino aquí para que la voluntad de Dios sea hecha."

Otra mujer dijo: "Este no es un plan nuevo. Este plan ha estado en mi corazón desde la fundación del mundo. El paso del tiempo se ha estado moviendo hacia esto desde el comienzo de la historia. Cuidadosamente, he puesto cada pieza en su lugar y he construido una cosa sobre otra porque nada es por casualidad, y he llamado a mi pueblo a que oren. Las oraciones de mis fieles han sentado las bases. Los antiguos caminos están fluyendo con agua. Hay ríos de agua viva siguiendo las sendas antiguas. El río de Dios está fluyendo bajo la tierra en las profundidades de esta, a la espera de que emerja trayendo nueva vida. Los caminos antiguos son puros. Llevan agua pura. Bebe profundamente de esta agua, el río de Dios que fluye desde mi trono dando vida a todo lo que toca. Bebe profundamente de este pozo. Cava los pozos para liberar el agua".

Un amigo diferente dijo: "Ponte tu armadura. Necesitas equipos de protección para cavar tus pozos. Te llevaré a zonas donde nunca has estado antes. Has subido, y ahora tienes que bajar, abajo a las profundidades donde fuiste secretamente hecho. Retrocede al tiempo de la concepción, en el que fuiste íntimamente hecho y formado. Ve allí y recupera. Recupera lo que es tuyo, y yo te daré los secretos, los misterios que se esconden en las profundidades. Pero debes estar totalmente armado y cubiertos, ya que es un lugar oscuro, pero yo estaré contigo."

Otro amigo dijo: "El fuego debe fluir desde las sendas antiguas. Quemen para limpiar la paja. Las paredes se derrumbarán, y el camino se hará nuevo, así mi pueblo caminará en las palabras de vida, para que puedan ver la gloria de mi sol que se eleva por encima de la tierra, de modo que puedan tomar mi mano y caminar conmigo en lo fresco del día, en el nacimiento del sol y la salida de la luna. Se inclinarán nuevamente hacia mí, y la tierra gritará: 'Santo, Santo, Santo soy yo' Todos mis caminos son grandes. ¿Quién me cuestionara sobre los diseños de mi creación? ¿Quién me dirá dónde ir y donde descansar y donde subir y donde caer? Porque yo soy el Señor; Mi palabra es para siempre, y sostengo todas las cosas juntas. La esencia misma de mis pensamientos la he modelado para que me puedas conocer y puedas conocerte a ti mismo, así podrás conocer el amor y caminar sin miedo, y te sea posible quebrar los muros de la prisión y la vida fluirá de ellos. He oído su clamor y hoy les responderé. Estoy haciendo un camino y cortando el árbol. Pasen por encima y vengan a mí."

Una mujer dijo: "desentierren los pozos antiguos. En esos pozos antiguos fueron enterrados tesoros del cielo. Retira la manera diabólica de pensar sobre los pozos antiguos. Los antiguos pozos fueron puestos en su lugar y las sendas antiguas fueron contaminadas y se detuvieron porque yo fui rechazado. La Palabra de Dios fue rechazada, por lo que estos pozos antiguos se taparon. Ve profundo, profundo, profundo en los pozos antiguos, porque ahí es donde mi gloria quiere brotar, levantarse y venir a la superficie."

Una pareja dijo: "Las minas son mías. Una gran riqueza está llegando. No es la riqueza del hombre; es su provisión, su tesoro. La riqueza está en el pueblo. Baja; baja; póstrate delante de mí. Busca. Busca mi luz, mi camino. Sólo los humildes entrarán, pero el justo por la fe vivirá. Abre los ojos de tu espíritu. Búscame con todo tu corazón."

Otro amigo: "Desde que comenzó el tiempo, mi corazón ha anhelado a aquellos que me busquen por estas verdades. Mi corazón ha anhelado el día en que yo pudiera restaurar a mi pueblo la intimidad de mi corazón. He llorado por los obstáculos que permanecen entre mi corazón y mis hijos, porque yo soy en verdad tu Abba Padre y anhelo abrazarles de una manera que nunca han conocido y de una manera que nunca han alcanzado. Los caminos antiguos los llevaran a un lugar secreto, un lugar de intimidad y gozo y conexión. Mi corazón se aflige por mis hijos que, a pesar de que me conocen, se han mantenido lejos de mí. Irrumpan a través de la puerta por medio de sus palabras, de la sabiduría y de las declaraciones que vienen del trono de Dios. Yo envío mis testigos. Yo envío mi autoridad. Yo envío a mi Hijo, por las palabras que envío delante de este día, los caminos cambiaran. Es el tiempo."

¡Es el tiempo de cambiar nuestra forma de pensar!

La Oración: Libre para una Vida Abundante

- ❖ Me arrepiento por mí y por mi línea generacional por culpar a Dios de ser injusto con nosotros.
- ❖ Por mí y por mi línea generacional, me arrepiento de culpar a Dios de habernos traído vergüenza y quitado nuestra gloria, despojándonos de las coronas de nuestras cabezas.
- ❖ Por mí y por mi línea generacional, me arrepiento de culpar a Dios de rodearnos con su red, de destruirnos y derribarnos por todas partes, acabando así con nuestra esperanza.[2]

❖ Me arrepiento por mí y por mi línea generacional por culpar a Dios de ser nuestro enemigo y de estar furioso con nosotros, pensando que enviaba tropas en contra nuestra. Me arrepiento de creer también que mandaba tropas para construir vías de ataque contra nosotros y rodearnos. Me arrepiento por mí y por mi línea generacional de culpar a Dios de bloquear y obstruir nuestro camino y llevarlo a la oscuridad.

❖ Me arrepiento por mí y por todos aquellos de mi línea generacional que tenían corazones miedosos e incrédulos, lo cual causó que nos apartáramos del camino de la santidad. Te pido Señor, que restaures los antiguos caminos en los que la alegría y el gozo nos llenaban. Acepto y abrazo mi derecho legítimo de caminar conociendo al Señor.

❖ Por mí y por todos aquellos de mi línea generacional, me arrepiento de usar sabiduría malvada y de obrar basado en una mentalidad tonta y necia. Me arrepiento de tratar de resolver las cosas por nosotros mismos. Seño, decido actuar basándome en tu manera de pensar, en tu sabiduría y discernimiento. Decido trabajar contigo Señor, cambiar mi manera de actuar y de pensar para andar en las sendas antiguas establecidas antes de la Caída del hombre. Decido caminar en tu sanidad y tu fuerza que fluyen de tu agua viva.[3]

❖ Por mí y por todos aquellos de mi línea generacional, me arrepiento de usar los sentidos físicos y espirituales que Dios nos ha dado, de una manera impía y de elegir operar con la mente natural. Señor, rompe y anula toda la maldad que emanaba de esas decisiones al ignorar tu mente, corazón y voluntad. Señor, por favor quítanos toda iniquidad que vino a través de los sentidos que nos diste.

❖ Te pido Señor, que restaures mi capacidad de utilizar todos mis sentidos para discernir tu mente, tu corazón y tu voluntad.

❖ Por mí y por todos aquellos de mi línea generacional, me arrepiento de culpar a Dios por la pérdida de amigos, familiares y empleados nuestros. Me arrepiento también de culpar a Dios cuando la gente se volvió en contra de nosotros, llegando a despreciarnos y a odiarnos hasta el punto de desearnos la muerte.

❖ Por mí y por todos aquellos de mi línea generacional, me arrepiento por culpar a la mano de Dios de golpearnos y perseguirnos.

❖ Por mí y por todos aquellos de mi línea generacional, me arrepiento por desear que todas nuestras acusaciones en contra de Dios y nuestro sufrimiento pudieran quedar grabados en piedra para siempre.

❖ Señor, por mí y por todos aquellos de mi línea generacional, me arrepiento por no buscar tu senda y tu dirección. Me arrepiento por no estar dispuesto a caminar por tu camino y hallar descanso para mi alma.[4]

❖ Por mí y por todos aquellos de mi línea generacional, me arrepiento por creer que Dios estaba reteniendo el bien de nuestras vidas y por creer que podíamos llegar a ser como Dios, conocedores del bien y el mal.

❖ Por mí y por todos aquellos de mi línea generacional, me arrepiento por haber rechazado la ley del Señor y el testimonio de su Espíritu, por apartarme de su sabiduría y su verdad y por entrar al reino de nuestra propia alma.[5]

❖ En cuanto a mí y mi línea familiar, yo renuncio y me arrepiento por confiar en el conocimiento del Árbol del Conocimiento del Bien y del Mal. Me arrepiento por apoyarme en mi propio entendimiento.

❖ Por mí y por todos aquellos de mi línea generacional, yo renuncio y me arrepiento de abandonar al Señor, fuente de agua viva, y de crear para nosotros mismos cisternas rotas que no podían retener el agua.[6]

- ❖ En mi nombre y en el de mis antepasados, rechazo recibir la semilla de Satanás, que fue admitida en nuestras mentes con la caída del hombre. Rechazo y me arrepiento de creer la mentira de que podemos llegar a ser como Dios.

- ❖ En mi nombre y en el de mis antepasados, renuncio y me arrepiento de haber rechazado nuestro derecho legítimo de ser llamados hijos del Dios Altísimo, y depender de Él.

- ❖ En mi nombre y en el de mis antepasados, yo renuncio y me arrepiento por recibir la semilla de maldad de Satanás, por concebir jugarretas y problemas. Me arrepiento por tener vientre que engendra engaño y da a luz a iniquidad y a decisiones malvadas en nuestra línea generacional.[7]

- ❖ Señor, elimina y sella todos los accesos dentro de mi vientre, y de los vientres de mis antepasados que el enemigo ganó, con el fin de tomar a otros y conducirlos hacia lugares celestiales impíos.

- ❖ Señor, elimina y restaura por la sangre de Jesús, las partes elementales de mi ser, incluyendo mi herencia y mi derecho de nacimiento, que se encuentran atrapados en el segundo cielo, o en los lugares celestiales. Señor, por favor cierra las puertas impuras de acceso al segundo cielo.

- ❖ Me arrepiento por mí y por todos aquellos de mi línea familiar que se apoyaron en la sabiduría natural del hombre y rechazaron al Espíritu de Dios.[8] Decido apoyarme en los preceptos de la verdad y del Espíritu de Dios para que me otorguen la mente de Cristo y dirijan mi mente en su camino justo.

- ❖ Yo rechazo la sabiduría del hombre, y me arrepiento por el orgullo en mi línea familiar que vio la sabiduría de Dios como una locura. Yo declaro que voy a nacer del Espíritu y del agua a través de Jesucristo, quien me llama, me justifica y me santifica. Declaro que la verdad del renacimiento por el Espíritu de Dios se estableció antes de la fundación de la tierra y antes de que los espíritus elementales fueran creados.

❖ Afirmo mi derecho de nacimiento espiritual de ser concebido en amor, [9] de que me sea dado el Espíritu de Dios quien me revela sabiduría, [10] y de que me sean dados ojos espirituales en mi corazón para ver las riquezas de la herencia gloriosa de Dios.[11] Yo declaro que estoy siendo formado a la imagen de su Hijo glorioso. Yo rechazo toda semilla de Satanás y rechazo mi posición como hijo del padre de mentira y asesinato.[12] Te pido, Abba Padre, que cierres los ojos impíos que fueron abiertos cuando el primer hombre y mujer comieron del fruto del árbol del conocimiento del bien y el mal.

❖ Rechazo y renuncio a todos los derechos impíos o autoridades dadas a mi alma para dirigir mi mente en caminos malos.

❖ Estoy de acuerdo con el plan original de Dios de que toda la sabiduría espiritual sobre el bien y el mal proceden de su trono y son reveladas al espíritu de los hombres mediante su Espíritu. Recibo la semilla del Espíritu Santo en mi espíritu, y por su poder clamo: ¡Abba, Padre! Doy permiso al Espíritu Santo de dirigir mi espíritu, guiar mi alma y mi cuerpo.

❖ Señor, en nombre mío y de mi línea familiar, me arrepiento por cuestionar tu Palabra y por lo tanto invitar a la influencia de Leviatán, el rey del orgullo, a entrar a mi vida.[13]

❖ Señor, elijo ser dirigido por tus mandamientos para que puedas ensanchar mi corazón.[14]

❖ Declaro que mi Redentor vive, y que mientras yo viva, voy a ver a Dios por mí mismo con mis propios ojos.[15]

❖ Declaro que mi esperanza está en Ti, mi Redentor. Te pido

ahora que restaures los antiguos caminos y hagas brillar tu luz sobre mí, para que pueda verte con mis ojos. Te pido que me restituyas lo robado, mi derecho de nacimiento, mi gloria y mi corona.

❖ Padre, te doy gracias de que antes de que me formaras en el vientre de mi madre, tú ya habías predeterminado mi derecho de nacimiento, el camino de gloria por el que debía andar.

❖ En mi nombre y en el de aquellos de mi línea generacional, me arrepiento y renuncio a rechazar la verdad de que Tú nos formaste en lo más profundo de nuestro ser, y de que antes de venir a nacer, ya habías escrito en tu libro todos los días previamente ordenados para nosotros.

❖ Padre, en mi nombre y en el de los de mi línea generacional, me arrepiento y renuncio a rechazar las antiguas sendas que elegiste para que anduviéramos en ellas.[16]

❖ Padre, en mi nombre y en el de los de mi línea generacional, me arrepiento y renuncio a escuchar y a alinearme al pensamiento de los malos. Señor, los rechazo a ellos y a su sed de sangre.[17]

❖ Padre, yo declaro que he sido formidable y maravillosamente formado,[18] y que Tú me llevarás por el camino de la eternidad.[19] Yo declaro que todas tus obras son maravillosas.[20]

❖ Señor, estoy de acuerdo con tu Palabra, que dice que las armas de mi guerra no son carnales, sino poderosas en Ti para la destrucción de fortalezas. Decido derribar todo argumento y toda altivez que se levante en contra del conocimiento de Dios, y llevar cautivos todos mis pensamientos a la obediencia de Cristo.[21]

❖ Señor, libera el poder de resurrección del Espíritu Santo para que yo sea restablecido en la senda de tu santidad. Señor, haz que tu perfecto amor corra por todo mi ser echando fuera todo temor.[22] Te pido Señor, que repares o reemplaces cualquier parte de mi cerebro o vías nerviosas que lo necesiten para que establezcas tus lazos puros con mi Padre Celestial y mi prójimo.

❖ Señor, hazme vivir en el lugar secreto del Altísimo. Declaro que parte de mi derecho de nacimiento es caminar con mi Abba Padre en sus jardines, donde puedo escuchar su voz y disfrutar de una íntima comunión con Él. Yo creo que Jesucristo ganó esa intimidad para mí cuando entregó su espíritu en la cruz y el velo del Lugar Santísimo se rasgó en dos.[23] Señor, me arrepiento por todos aquellos de mi línea generacional que tratamos de ganar por medio de nuestras obras, aquello que Tú ya habías ganado y dado gratuitamente por gracia. Señor, guíame ahora a ese lugar de descanso y perfecta paz.[24]

Notas:
1. Ver los dos libros de Gregory A. Boyd, *God at War* (Downers Grove, IL: Intervarsity, 1997) and *Is God to Blame?* (Downers Grove, IL: Intervarsity, 2003). (Gracias a Amazon.com.)
2. Job 19:6–26.
3. Isaías 35.
4. Jeremías 6:16.
5. Salmos 19:7.
6. Jeremías 2:13.
7. Job 15:35.
8. 1 de Corintios 2:15.
9. Efesios 1:4.
10. 1 de Corintios 2:10.
11. Efesios 1:7–8.
12. Juan 8:44.
13. Job 41:34.
14. Salmos 119:32.

15. Job 19:25–26.
16. Jeremías 18:15.
17. Proverbios 4:14.
18. Salmos 139:14.
19. Salmos 139:24.
20. Salmos 107:8.
21. 2 de Corintios 10:4–6.
22. 1 de Juan 4:18.
23. Mateo 27:50–51; Marcos 15:37–38; Lucas 23:45–46.
24. Oración escrita en Australia, octubre 2008.

CAPÍTULO TREINTA Y CUATRO

Oración para Sintonizar y Realinear el Corazón
PAUL L. COX

Yo no había estado durmiendo, ¡otra vez! Comenzó gradualmente en la noche del solsticio de invierno en el 2008. Para finales de enero del 2009 me despertaba en medio de la noche y no podía volver a dormir. Pasaron las semanas y aumentó mi cansancio. Otros tampoco estaban durmiendo. Nos estábamos despertando constantemente alrededor de la 1:30 am, sin poder regresar a dormir. Luego, todos cambiamos a despertarnos a las 4:00 am, luego a las 5:00 am todavía sin poder volver a dormir. Llamé a los intercesores y clame al Señor para que nos diera entendimiento acerca de lo que estaba sucediendo.

A finales de febrero de 2009, tuvimos una semana de entrenamiento interno en Aslan's Place en Hesperia, California. Mientras oraba por un varón que estaba buscando desesperadamente la libertad en su vida, el Señor reveló lo que parecía ser una señal de alto frente a él. Yo estaba intrigado porque no podía sentirla a medida que me alejaba de él; era claramente discernible frente a él. Moviendo mi mano hacia él, le pregunté si él sintió como si hubiera sido detenido para poder avanzar; él inmediatamente respondió, ¡Sí! Oramos por él y le pedimos al Señor que quitara la señal de alto. Yo sentí que habíamos terminado hasta que mi hija, Christy Lisle, informó que había visto algo malo en frente de ese hombre. Le aseguré que la señal de alto se había ido,

¡pero ella fue insistente! Siguiéndole la corriente, puse mi mano cerca de su cuerpo y de hecho, sentí algo así como un par de pulmones "espirituales". El Señor me estaba llevando a un viaje diferente.

Al día siguiente comenzamos a perseguir con firmeza lo que el Señor nos había mostrado. Cuando aquellos que tenían los dones espirituales visuales nos miraron a cada uno de nosotros, comenzaron a ver, la visión que yo había tenido sobre los pulmones, en realidad eran alas de murciélago. Mientras sentía las alas, me di cuenta de que estas alas estaban atadas a un gobernante espiritual impío, que parecía estar tocando una trompeta, anunciando un decreto impío contra el derecho de nacimiento de cada persona. Estos decretos impíos, tenían su raíz en la idolatría, establecían y mantenían una señal de alto en la vida de la persona, causándole ceguera y sordera espiritual. Una trompeta apuntaba hacia el corazón y al cuello de cada de cada individuo. Parece que el decreto es una vibración inaudible, más allá del alcance de la percepción humana, con longitudes de onda que causan discordia. La señal de alto parecía magnificar las vibraciones procedentes del gobernante impío.

Mientras le preguntábamos al Señor acerca de esta vibración, nos dijo que la vibración suelta duda, y así los creyentes no caminan en fe. El miedo es una consecuencia de esta falta de fe. Es el tipo de miedo sobre el que Lucas escribe, acerca de "La gente quedará aterrada de lo que verá venir sobre la tierra, porque los poderes de los cielos serán sacudidos".[1]

Esta vibración impía también parece alterar las vibraciones normales del ADN.[2] Mientras sentía la dirección de la vibración, podía discernirla afectando el ventrículo inferior derecho del corazón. Me quedé sorprendido al descubrir, por medio de un doctor, que la sangre de ese ventrículo va directamente a los pulmones. Hay un lazo entre la interrupción del flujo sanguíneo desde el ventrículo y que la apnea del sueño. ¡El Señor estaba conectando los puntos!

Entonces, el Señor reveló que la raíz generacional que permitía esa vibración era una falta de amor que fomentó la desunión, especialmente la falta de unidad dentro de una familia. Le preguntamos a la persona por la que estábamos orando por si había una historia de desunión en su familia. Él respondió que había sido un problema importante, tanto en su propia vida como en su línea generacional, especialmente de hermano contra hermano. Entonces el Señor nos dio una Escritura, 1 Juan 4: 7-16.

> *Queridos hermanos, amémonos los unos a los otros, porque el amor viene de Dios, y todo el que ama ha nacido de él y lo conoce. El que no ama no conoce a Dios, porque Dios es amor. Así manifestó Dios su amor entre nosotros: en que envió a su Hijo unigénito al mundo para que vivamos por medio de él. En esto consiste el amor: no en que nosotros hayamos amado a Dios, sino en que él nos amó y envió a su Hijo para que fuera ofrecido como sacrificio por el perdón de nuestros pecados. Queridos hermanos, ya que Dios nos ha amado así, también nosotros debemos amarnos los unos a los otros. Nadie ha visto jamás a Dios, pero si nos amamos los unos a los otros, Dios permanece entre nosotros, y entre nosotros su amor se ha manifestado plenamente. ¿Cómo sabemos que permanecemos en él, y que él permanece en nosotros? Porque nos ha dado de su Espíritu. Y nosotros hemos visto y declaramos que el Padre envió a su Hijo para ser el Salvador del mundo. Si alguien reconoce que Jesús es el Hijo de Dios, Dios permanece en él, y él en Dios. Y nosotros hemos llegado a saber y creer que Dios nos ama. Dios es amor. El que permanece en amor, permanece en Dios, y Dios en él.*

Mientras estábamos hablando entre nosotros y escuchando de parte del Señor, Ann Smith de Collingwood, Canadá, compartió un sueño que había tenido algunos meses atrás. Ann sufre de un ritmo cardíaco irregular que afecta seriamente su respiración. Aquí está el sueño de Ann:

> Yo estaba fuera de una casa en Canadá y estaba discerniendo algo muy malo. Paul Cox estaba allí. Recibí una clave musical y en este momento me volví con un enojo santo. Mientras Paul entró en la casa, yo empecé a cantar; sostuve una nota continua hasta que toda mi respiración se

había ido.

Me pareció como si esta clave musical, esta vibración, iba a ser de alguna manera la solución para su sanidad.

De repente, un súbito entendimiento me vino. ¡Los murciélagos están despiertos por la noche! Si hay murciélagos espirituales unidos a nosotros, entonces estarían activos durante la noche y ¡podrían interrumpir el sueño! Tal vez había encontrado la clave de por qué yo no estaba durmiendo.

Pero, ¿por qué yo no siento a este murciélago en frente mío? El Señor lo dejó muy claro. Estamos ciegos ante lo que viene en contra de nosotros. En 1 Juan 2:11 dice: "pero el que odia a otro creyente todavía vive y camina en la oscuridad. No sabe por dónde ir, pues la oscuridad lo ha cegado". Todo parecía tan obvio ahora. ¡Los murciélagos operan en la oscuridad! Una vibración les permite navegar por la noche. ¿No es interesante como utilizamos el término "ciego como un murciélago"?

Recordé que en Isaías 34:14, la palabra hebrea *Lilith* se traduce como "criatura nocturna" en la Nueva Versión Internacional. En la tradición, Lilith se dice que es la hija de Drácula y se manifiesta como un lobo o un murciélago. ¡Lilith no duerme por la noche! He tenido un sentir por un largo tiempo de que este espíritu maligno está ligado a los terrores nocturnos.

Una visión más clara llegó al mes siguiente. En marzo del 2009, llevamos a cabo dos semanas de la escuela en Hesperia, California. Un par de personas que estaban involucradas en la industria del entretenimiento en Hollywood asistieron a la escuela. Como ya comentamos la revelación sobre el murciélago, muchos sintieron que la reciente película de Batman, *The Dark Knight*, fue útil para poder entender, lo que el enemigo soltó sobre la tierra a través de los medios de comunicación. También nos dimos cuenta de que las palabras claves en las Escrituras se aplicaban a la película y a la oración: noche, miedo, ceguera, oscuridad, las cosas secretas, luz, los ojos (siendo los que perciben la oscuridad y la luz), y el corazón.

Por fin ¡"La Oración para volver a Sintonizar y Realinear el Corazón" estaba lista para ser escrita!

Después del primer período de internado en enero y de conseguir revelación acerca de la señal de alto y del murciélago, mi sueño fue mejorando gradualmente. Después de escribir y orar la oración durante la escuela en marzo, mi sueño mejoró considerablemente. La misma noche del equinoccio de primavera, mi patrón de sueño por fin volvió a la normalidad. No había dormido bien desde el solsticio de invierno (el punto en el año en que el sol está más lejos del Ecuador celeste) hasta el equinoccio de primavera (el punto en el año en que el sol cruza el Ecuador celeste; los días y las noches son casi iguales en duración). El Señor me había revelado los planes del enemigo y una vez más, ¡él se mostró victorioso!

La Oración: Sintonizar y Realinear el Corazón

- ❖ En mi nombre y en el de mi línea generacional, me arrepiento y renuncio a ver imágenes impías, a escuchar sonidos impuros en los medios de comunicación ya estar de acuerdo con espectáculos y ruidos sucios. Me arrepiento por no haber llevado cautivos todos mis pensamientos y meditar en las cosas que son verdaderas, nobles, justas, puras, amables, de buen testimonio, excelentes y dignas de alabanza.[2]
- ❖ En mi nombre y en el de mi línea generacional, me arrepiento y renuncio a todo acuerdo satánico y demoníaco con cualquier película diabólica o su producción, o con cualquier medio de comunicación.

Señor, perdóname por regocijarme en el triunfo del mal como lo representan en las películas y en los libros. Me arrepiento por la lectura de libros y tiras cómicas demoniacas y por ver cualquier película que exaltaba la oscuridad o la idolatría. Me arrepiento de idolatrar y aceptar la cultura y los diseños artísticos de murciélagos y otras criaturas que habitan en el segundo cielo. Señor, corta todos los lazos impíos que tenga con estas imágenes oscuras y personajes de películas.

- En mi nombre y en el de mi línea generacional, me arrepiento y renuncio a la adoración de murciélagos. Renuncio a la creencia de que la adoración de murciélagos evitará desastres y nos traerá abundancia y larga vida. También me arrepiento por todo vampirismo generacional. Señor, perdóname a mí y a mi línea generacional por abrir la puerta al espíritu de muerte, a la apnea del sueño y a los terrores nocturnos. Me arrepiento y renuncio a la puerta que le dio acceso a Lilith, el espíritu de los terrores nocturnos, y ordeno en el nombre de Jesús, que Lilith y el espíritu de muerte dejen ahora libre a mi línea generacional. Me arrepiento por toda la brujería generacional, por la anarquía y la rebelión. Señor, desconéctame y hazme libre de las rondas nocturnas de las brujas.

- En mi nombre y en el de mi línea generacional, me arrepiento y renuncio a estar irritado, enojado y celoso de mi familia, de mis hermanos en Cristo, y de los que todavía no han adoptado el camino de Cristo. Por la gracia y capacidad que Tú, Espíritu Santo me has dado, decido responder con tu Espíritu de amor y proporcionar tu Agua Viva.

- Declaro que Tú suplirás todas mis necesidades de acuerdo a tus riquezas en gloria. Declaro que el lugar que has elegido para que ocupe dentro de tu cuerpo es el mejor lugar para mí. Yo me alegraré en el éxito de los demás.

❖ En mi nombre y en el de mi línea generacional, me arrepiento y renuncio a dar lugar al diablo al estar de acuerdo con sus maneras y alinearme a sus caminos. Me arrepiento y renuncio a abrazar al impuro espíritu justiciero y a tratar de corregir las injusticias por medios humanistas. Señor, me arrepiento de toda perversión de la justicia por la aplicación injusta de la misma. Reconozco que Tú has dicho, "Mía es la venganza".[4] Yo declaro que voy a esperar tu justicia, tu restauración y tu recompensa por todas las injusticias cometidas en contra de mi familia y de mí.

❖ En mi nombre y en el de mi línea generacional, renuncio y me arrepiento por llegar a acuerdos con gobernantes espirituales impíos que han utilizado la mentira y el miedo para detenerme de andar en tus caminos. Señor, rompe toda conexión y hazme libre de las consecuencias de creer estas mentiras y este miedo. Declaro que el fin no justifica los medios. Declaro que la verdadera justicia sólo se encuentra en Ti Señor. Tu cruz, Señor Jesús, nos da la respuesta a todos los traumas y a todas las injusticias cometidas en nuestra contra.

❖ Padre Celestial, por favor sintonízame con tu vibración, sonido, frecuencia y ritmo cardíaco, para que mi corazón lata conforme al tuyo. Que todos los sonidos que salgan de mi boca estén en armonía con tu sonido. Señor, quítame el temor que me consume la vida, al cual el enemigo me ató, y cámbialo por paz, descanso y confianza en tu inquebrantable amor eterno. Señor, por favor restaura el sonido de tu justicia en toda la creación.

❖ En mi nombre y en el de mi línea generacional, me arrepiento por tratar de controlar a los demás y por no soltarlos para que Tú trataras con ellos, Señor. Me arrepiento por causar desconfianza, desunión y miedo, y por traer oscuridad a otros por mis decisiones. Me arrepiento por actuar en complicidad con el espíritu de Jezabel. Me arrepiento por no confiar en que otros recibían revelación del Espíritu Santo. Me arrepiento por la intercesión errónea motivada por miedo, celos, inseguridad y envidia.

❖ Me arrepiento por todo falso discernimiento originado por mi falta de amor. Me arrepiento por mis duras palabras que hicieron subir el furor, y por las palabras necias que se oponen a la verdadera sabiduría; también me arrepiento por no utilizar una lengua sana, que es árbol de vida.[5] Me arrepiento por hablar perversidad, distorsión e insensatez en lugar de sabiduría.[6] Renuncio y me arrepiento en nombre mío y en el de mi línea familiar por todo discurso negativo y por todo el resentimiento que albergamos en nuestros corazones.

❖ Señor, en mi nombre y en el de mi línea generacional, te pido perdón por la murmuración y el reproche hacia nuestros amigos. Me arrepiento por no honrar a aquellos que tienen temor del Señor.[7] Señor, cuando nuestros hermanos pudieron haber pecado contra nosotros, me arrepiento porque tomamos acción basados en nuestra sospecha sin revisar los hechos y sin ir a Ti antes de hacer cualquier cosa. Por todos aquellos que nos han hecho mal, me arrepiento porque no hemos sido fieles y leales con ellos de acuerdo al amor que depositaste en nosotros, para mostrarles sus errores en privado. Pido perdón porque haciendo caso omiso de tus órdenes, hemos tomado medidas en contra de ellos antes de darles la oportunidad de arrepentirse.[8] Me arrepiento por permitir que los espíritus religiosos y legalistas vinieran contra mí y detuvieran los propósitos que habías diseñado. Me arrepiento por no confiar en Ti y en mis hermanos.

- ❖ Señor, en mi nombre y en el de mi línea generacional, me arrepiento y renuncio a criticar, a murmurar, a quejarme, a hablar y a escuchar los chismes y las mentiras del enemigo. Me arrepiento de escuchar el susurro impío de los seres humanos y de los seres demoníacos que los guían, permitiendo que la murmuración sea causa de división. Señor, expulsa los espíritus de murmuración, queja y crítica.[9]
- ❖ Señor, perdono a todos aquellos que han hablado mal en contra mía y de mi familia y los dejo en libertad para que te rindan cuentas a Ti. Te pido que rompas todos los lazos impíos y las conexiones entre yo y los que vienen en contra mía. Señor, yo perdono a los que me han ofendido y decido no retener ninguna ofensa. Te pido que me des un corazón como de niño y que no sea susceptible a la ofensa.
- ❖ Señor, en mi nombre y en el de mi línea generacional, me arrepiento por haber aceptado las mentiras del enemigo y por no ser un amante de la verdad.[10] Me arrepiento por no escuchar el discernimiento de los demás. Me arrepiento por no humillarme a escuchar lo que otros me estaban diciendo y por no estar dispuesto a someterme a ellos. Reconozco que muchas veces estaba tratando de ayudar, pero estaba engañado y no tuve discernimiento. Pido que me liberes del engaño para que pueda interceder apropiadamente. Señor, me arrepiento por no amar a los demás de la manera como tú me amas.
- ❖ Yo renuncio y me arrepiento por entregar mi cuerpo a la oscuridad y a la lujuria, por estar fascinado con la oscuridad, y por preocuparme y no confiar en Ti Señor. Me arrepiento y renuncio a reaccionar a la violencia basado en mis miedos y sospechas.
- ❖ Por mí y por mis antepasados, yo renuncio y me arrepiento por el odio, la discordia, la amargura, el rencor,

los celos, la envidia, la división, la duda y la incredulidad.

❖ Por mí y por mis antepasados, me arrepiento y renuncio a la vanagloria de la vida, a los deseos de los ojos y a los deseos de la carne que han dado poder a la dureza de mi corazón, y han producido miedo, duda e incredulidad.

❖ Por mí y por mis antepasados, yo renuncio y me arrepiento de hacer oídos sordos e ignorar a los pobres.[11] Señor, decido entregarme a tu voluntad y honrar a las viudas y a los huérfanos.

❖ Por mí y por mis antepasados, yo renuncio y me arrepiento por no ministrar con un corazón puro de amor. Me arrepiento por dar y recibir revelación carnal.[12] Señor, me someto y me deleito en tu Espíritu de temor a Dios y te pido que me corrijas antes de hablar. Te pido Señor que me des el don de discernimiento. También te pido que me des tu Espíritu de Consejo, Poder, Sabiduría, Entendimiento y Conocimiento para que yo sepa, tanto las palabras como el momento apropiado, de cuándo hablar y si debo hacerlo.

❖ Señor, decido hoy entregarme a tu voluntad y declaro que me rindo a Ti de manera absoluta. Pongo bajo tu señorío todo mi ser y mi corazón.

❖ Por mí y por mis antepasados, yo renuncio y me arrepiento por tener temor del hombre y del mal. Me arrepiento por sucumbir al temor del hombre, que es una trampa para nuestras vidas.[13]

❖ Yo renuncio y me arrepiento por mí mismo y por mis antepasados por escuchar el sonido del enemigo, creyendo en una falsa coraza que producía una falsa sensación de seguridad. Señor, te pido que retires ese falso sonido y el sonar utilizado por el enemigo para enviar vibraciones con el fin de rastrear mi camino, mi identidad y mi herencia en Ti. Señor, elimina los sonidos, las frecuencias y las vibraciones que se enviaron sobre mí o que yo emití que le dieron al enemigo la percepción de que podía apoderarse de mi derecho de nacimiento y de mi lugar en el mundo.

❖ Por mí y por mis antepasados, yo renuncio y me arrepiento de tener un corazón que se ha engrosado con sarro espiritual. Me arrepiento por la dureza de mi corazón y por permitir que mi corazón se apagara, que mis oídos se hicieran sordos para oír, y que mis ojos se oscurecieran y cegaran. En cuanto a mí y a mi línea familiar, me arrepiento y renuncio a endurecer nuestros corazones a la voz de Dios. Me arrepiento por todos nosotros y renunciamos a decir palabras que sugieran o declaren que Dios no oye, que no ve y que no le importan nuestras situaciones.

❖ En mi nombre y en el de cualquiera de mis antepasados que vendimos nuestra primogenitura, nos arrepentimos por llegar a acuerdos con el enemigo y regalarle nuestro derecho de nacimiento, el derecho que quisiste que tuviéramos. Recibiré la vida que me devuelves, Señor.

❖ Por mí y por mis antepasados, yo renuncio y me arrepiento por haber cometido adulterio espiritual, por dar nuestros corazones a otros amantes y no ponerte a Ti primero en nuestras vidas. Señor, quita toda la idolatría de mi corazón. Yo me arrepiento y renuncio a cualquier cosa que haya puesto en mi corazón por encima de Ti, Señor Jesús.

❖ Por mí y por mis antepasados, yo renuncio y me arrepiento de aceptar una falsa responsabilidad por los demás y usurpar el papel de Cristo como Señor de sus corazones. Señor, perdóname por haber aceptado esa responsabilidad de ser el propietario de sus corazones porque ese lugar solo te pertenece a Ti.

❖ Me arrepiento de exponerme a cualquier imagen grabada u objeto que pudiera afectar la sustancia de mi ser. Señor, te pido que limpies mi ADN de todos los transductores.[14]

❖ Me arrepiento y renuncio a todo estancamiento del espíritu y a todo pensamiento en nuestros corazones de que el Señor no va a darnos el bien.[15]

❖ En nombre mío y en el de mi línea familiar, me arrepiento y renuncio a la liberación de los sonidos impíos del corazón. Señor, quita todos los sonidos impíos, frecuencias y vibraciones del corazón; limpia mi sangre y regenérala con el agua de tu Espíritu Santo.

❖ Me arrepiento y renuncio a todas las palabras, oraciones y declaraciones que mis antepasados y yo hemos hablado, que le dieron poder y dominio al príncipe del aire. Señor, quita todas las frecuencias sonoras y las palabras habladas que han detenido y reprimido a los hijos de Dios. Señor, elimina todos los capotes de invisibilidad, vergüenza, culpa, desgracia y deshonra de nuestras vidas.

❖ Señor, me arrepiento por encontrar mi identidad en quien los demás dicen que soy y no en quien tú dices que soy. Señor, elimina todos los chips que el enemigo ha plantado dentro de mí, y con los que he estado de acuerdo respecto a quién soy. Me arrepiento de buscar la aprobación del hombre en lugar de buscar tu aprobación y por tratar de construir mi propio reino en lugar del tuyo. Me arrepiento por mirar hacia mí mismo y no mantener mis ojos en Ti. Señor, te pido que quites el orgullo, el egoísmo, la inseguridad, el rechazo y el miedo al rechazo para que yo pueda amarte a Ti y a tus hijos con todo mi corazón. Señor, rompe mi corazón con todo lo que rompe el tuyo; quita de mí el corazón de piedra y dame uno de carne.

❖ Padre, me arrepiento de limitarte a Ti y limitar todo lo que querías hacer en mi vida y a través de mí. Me arrepiento de haber rechazado tus sueños como demasiado grandiosos. Señor, despierta tus visiones y tus sueños en mí. Reaviva todo aquello de lo que me llamaste a formar parte antes de la fundación del mundo. He decidido llamar las cosas que no son como si fueran, y asociarme contigo en la creación declarando tus propósitos y tu voluntad.

❖ Señor, Tú has probado mi corazón. Me has visitado en la noche, no has encontrado maldad en mí. He evitado las sendas de los violentos. Mis pies se han mantenido firmes en tus caminos. Señor, delante de Ti soy un bebé, un niño que confía en tus cuidados. Como un bebé de brazos, te alabo. Tus obras y tu Nombre son majestuosos y están por encima de toda la tierra.

❖ Señor, Tú estableciste el universo con tu palabra. Toda la creación es tuya, y sin embargo tienes memoria del hombre y lo has hecho poco menor que Tú, coronándolo en Cristo Jesús con gloria y honor. Hazme justicia, oh Señor, con tu presencia. Destruye a todos los enemigos de mi vida, oh Dios. Restablece tu dominio y tu victoria.[16]

❖ Señor, por favor rompe y quita de mi vida todas las consecuencias de las palabras negativas y las maldiciones que otros y yo hemos hablado sobre mi vida. Yo rompo todo acuerdo con pensamientos negativos y mentiras del enemigo y decido caminar en la verdad.

❖ Señor, por favor te pido que quites todos los gobernantes espirituales impíos, todas las autoridades y las armaduras que hayan operado en mi vida. Te pido que envíes tus gobernantes espirituales, tus autoridades y escudos para que operen en mi vida. Recibo tu coraza de justicia y a tus gobernantes espirituales justos. Espíritu Santo, te pido que me reveles tu verdad y quites de mí toda visión y pensamiento distorsionado.

Notas:
1. Lucas 21:26.
2. Dr. David Whitehouse, "Sci/Tech: Escucha tu ADN," *BBC Red en Línea*, Noviembre 26, 1998, http://news.bbc.co.uk/1/hi/sci/tech/222591.stm.
3. Filipenses 4:8.
4. Romanos 12:19.
5. Proverbios 15:1–4.
6. Santiago 3:9–12.
7. Salmos 15:1–4.
8. Mateo 18:15.
9. Proverbios 26:22, Proverbios 18:8; Job 28:21.
10. 2 de Tesalonicenses 2:10–12.
11. Proverbios 21:13.
12. Proverbios 16:28.
13. Lucas 13:29.
14. "Un transductor es un dispositivo que convierte un tipo de energía a otro tipo. La conversión puede ser hacia/desde eléctrica, electro-mecánica, electromagnética, fotónica, o fotovoltaica o cualquier otra forma de energía". "Mientras el término transductor comúnmente implica uso como sensor/detector, cualquier dispositivo que convierte la energía puede ser considerado un transductor. "(Wikipedia, s.v" transductor, http://en.wikipedia.org/wiki/Transducer.) Se utiliza en dos sentidos; el sensor, que se utiliza para detectar un parámetro en una forma y reportarlo en otra (por lo general una señal eléctrica o digital), y el altavoz de audio, que convierte las variaciones de tensión eléctrica representando la música o la voz en una vibración cónica mecánica e intensifica moléculas de aire vibradoras creando el sonido".
15. Zacarías 14:6; Sofonías 1:12.
16. Salmos 139, Salmos 8.

CAPÍTULO TREINTA Y CINCO

El Tiempo de Dios y Nuestro Reloj Biológico

Lewis Crompton

Fue la primera semana de enero, y había volado al Lugar de Aslan desde Londres, Inglaterra, para una semana de prácticas, no sabía lo que me esperaba pero deseando que Dios se moviera y liberara a la gente. El grupo de internos había sido asignado a orar con una serie de personas, algunas de ellas con problemas espiritualmente más complejos que otros; pero todos estaríamos involucrados en el proceso de la sanidad.

En el segundo día estábamos ministrando a un joven que estaba siendo atacado por el enemigo. La razón de este ataque no era clara. Discernimos problemas con su línea generacional. Durante esta sesión vi lo que parecía ser un conjunto de mecanismos de relojería espiritual, cubriendo su torso y el corazón. Pensé que eso era muy raro, como la sesión estaba fluyendo en una dirección diferente, puse a un lado la visión y pensé un poco más sobre eso.

Un día más tarde, una vez más, en la intercesión con el Dr. Paul Cox y los internos, empecé a ver estos mecanismos de relojería espiritual en el torso de una joven; una vez más parte de este mecanismo estaba sobre el corazón. Algunas de las piezas eran de metal opaco, como el cobre o bronce pero sin brillo, y estaban parcialmente dañadas y polvorientas. En contraste con las piezas opacas y dañadas, también vi engranajes de oro que parecían ser correctos. Se lo mencioné a Paul y le dije que pensaba que podía ser un reloj corporal. ¡La revelación comenzó a fluir!

El Dr. Paul comenzó a interrogarme, según sentía ser guiado por el Señor. Me preguntó si yo podía ver también la cara del reloj. No me había dado cuenta anteriormente, pero cuando miré directamente, sobre la cara de la chica, vi que estaba la cara de un reloj impío. Dios me habló y me dijo: "Yo quiero desconectar la cara del reloj de su ser espiritual." Yo no entendía lo que esto significaba en lo absoluto hasta que miré de nuevo. Luego, en el espíritu, pude ver los cables que salían de la parte posterior de la cara del reloj impío y entraban en los ojos, la nariz, las orejas y la boca y también hacia abajo a sus manos. La revelación fue extendiéndose. Dios estaba haciendo una nueva obra. Paul entonces percibió que un ser espiritual piadoso que se llama Kairos[1] había aparecido con un mensaje. Entonces, escuché lo que el Señor me hablaba.

> Esto se trata de la tierra. (Luego vi un talismán[2] de tiempo con lo que parecía ser un cazador de sueños).Todos tenemos un reloj espiritual en nuestros cuerpos, es algo así como ¡un reloj biológico mecánico! Algunas de las piezas son de oro, otros son como del color del cobre dañado. Este reloj está conectado con el tiempo de cada persona.[3] El reloj necesita ser puesto en las rotaciones adecuadas, en las rotaciones justas. Remueve el talismán de la tierra. Remueve el control del tiempo. ¿Crees que controlas el tiempo? El tiempo es mío. No hay tiempo para torcer, no se puede deformar el tiempo. No se puede deformar a través del tiempo. Es necesario que haya una inversión santa.

A medida que el Señor hablaba, pude ver que las manecillas del reloj corporal en aquella joven, se movían más rápido de lo que lo estaban haciendo antes. Y se estaban moviendo en diferentes direcciones.

Empezamos a investigar el reloj del cuerpo y encontramos que este reloj, gobierna los patrones de sueño y de la conciencia de uno mismo; que permite al cerebro interpretar el lenguaje mediante el reconocimiento de los ritmos y el tiempo de los sonidos[4] del habla.

Después le preguntamos al Señor cómo esta revelación estaba relacionada a la mujer por la que estábamos orando. Él nos dio más revelación y nos guió a hacerle algunas preguntas a ella. Nos enteramos de que había nacido prematuramente y había sido puesta bajo una luz veinticuatro horas al día. Parecía que esto había afectado a su reloj biológico natural y que el enemigo de alguna manera había estado involucrado en ello.

Después de que terminó la sesión de ministración, los internos comenzaron a discutir lo que habíamos aprendido. Nos decidimos a ver si este reloj corporal impío estaba en todo el mundo; y resultó que si lo estaba. Algunas partes de cada reloj corporal eran de oro, pero otras partes no lo eran. No todo el mundo tenía piezas de oro similares, pero todo el mundo tenía un reloj corporal espiritual.

Tomamos la decisión de empezar a diseñar una oración para pedirle al Señor que ajustara el reloj interno de cada persona. Tomó una semana de oración, de la lectura de la Palabra, y de recibir revelación de parte de Dios para completar esta oración. Al mirar la Biblia para confirmar las bases de lo que estábamos descubriendo, muchos versos se destacaron como apoyo y confirmación.

Uno de estos versículos fue Romanos 5:6 que dice: "Cuando éramos totalmente incapaces de salvarnos, Cristo vino en el momento preciso y murió por nosotros, pecadores." Él *momento preciso* es otra palabra griega para tiempo identificado como el tiempo *kairos*. El tiempo *kairos* contrasta con otra palabra griega, el tiempo *chronos*. El tiempo *chronos* es lineal; es donde obtenemos la palabra *cronológico*. *Chronos* era un dios griego. El tiempo kairos, sin embargo, es en el tiempo debido, un tiempo señalado; también es una posición que Dios nos llama a llenar. En la visión del mundo del Nuevo Testamento, el tiempo *kairos* se entiende principalmente por su contraste con el tiempo *chronos*. Ciertos acontecimientos sólo pueden llevarse a cabo en el tiempo *kairos*, es decir, en su momento debido, señalado y/o en su momento adecuado. El tiempo *chronos* o tiempo cronológico se entendía como el tiempo mecánico del reloj, no la plenitud del tiempo de Dios, no en su momento justo, o mejor dicho, no es el mejor tiempo de parte de Dios para nosotros.

Apocalipsis 10:5–6 dice:

> *Entonces el ángel que vi de pie sobre el mar y sobre la tierra levantó la mano derecha hacia el cielo. Hizo un juramento en el nombre de aquel que vive por siempre y para siempre, quien creó los cielos y todo lo que hay en ellos, la tierra y todo lo que hay en ella, y el mar y todo lo que hay en él. El ángel dijo: Ya no habrá más demora* (chronos).

En la traducción, *demora*, pierde parte de su significado. El pasaje realmente dice, "que no debe de haber más tiempo *chronos*." Como creyentes, debemos, incluso ahora, acceder, vivir y estar en el tiempo *kairos*, que es nuestro momento señalado y adecuado. Hemos visto en Romanos 5:6 que Cristo vino y murió en el tiempo *kairos*. Por lo tanto, como seguidores de Cristo, nuestro lugar y hora debe ser el de Efesios 2:5-6, porque Dios "nos dio vida juntamente con Cristo… y nos resucitó, y asimismo nos hizo sentar en lugares celestiales en Cristo Jesús."

Otro ejemplo del proceso por el que Dios me llevó fue a través de confirmar lo que Él estaba haciendo, sucedió mientras estaba en casa en Inglaterra. Yo venía del trabajo de regreso a casa en el autobús, cuando empecé a ver relojes de arena encima de las cabezas de la gente entrando al autobús. Contacté a un amigo mío, que tiene el don de vidente, para confirmar si yo estaba viendo correctamente o no. Él me dijo que otros habían visto esto en la escuela de ministerio, pero yo no había oído nada al respecto. A través de esto, Dios no sólo me mostró que él estaba en lo que estaba siendo revelado, sino que también su revelación es para ambos, para nuestro beneficio y para su gloria.

Delta—Tiempo para Cambiar

PAUL L. COX

Me convertí en un cristiano a la edad de seis años en la Primera Iglesia Bautista de Honolulu, Hawái, y crecí en las iglesias bautistas del sur. Al final de mi educación universitaria comencé a asistir a una iglesia Bautista Americana. Yo estaba acostumbrado a que todo siempre era lo mismo: cada domingo era idéntico al anterior; las únicas diferencias eran algunos nuevos himnos y un nuevo sermón. ¿Se acuerda de aquellos días? Cada semana era la misma cosa, y usted se preguntaba, "¿Habrá algo diferente alguna vez?" Como Bautista, yo he predicado que estamos siendo cambiados de "gloria a una gloria mayor", y si usted fue como yo, usted se preguntaría, "¿Qué significa eso?" Supuse que eso significaba exactamente lo que dice, pero yo nunca lo supe con certeza. No tenía ninguna evidencia de esta verdad hasta que Dios comenzó a hacer cosas nuevas e interesantes en mi vida.

En la primavera del 2007, mi esposa, Donna, y yo fuimos a un crucero. Me encanta ir de crucero, porque no hay tanto mover demoníaco en el agua como lo hay en la tierra, así que puedo descansar, puedo dormir y eso me gusta mucho. La noche antes de volar a Florida, me desperté en medio de la noche y escuche la palabra "Delta". Y pensé: "¿Delta Airlines?" En la mañana me acordé de la palabra y estaba tratando de entenderlo, "Está bien, ¿qué es *Delta*?" Así que llamé a mi hijo y le pregunté: "Brian, ¿qué es *Delta*?" Él respondió: "Bueno, delta es una función matemática que significa cambio." Yo pensé: "Bueno, eso es bueno".

Nos subimos al avión. Yo volaba en American Airlines y tenía registradas más de 1.700.000 millas hasta ahora. Desde que vuelo desde Ontario, California, cada vez que vuelo a cualquier lugar en el este por lo general tengo que pasar por el Aeropuerto Internacional de Dallas (está en el centro de América). Siempre bromeo diciendo que cuando vaya al cielo iré a través de Dallas. Parece que siempre estoy pasando por Dallas. He pasado por Dallas tal vez más de un centenar de veces. Lo qué sucedió en este viaje a Dallas, nunca había pasado antes.

En este viaje, mientras aterrizábamos en Dallas, la azafata estaba haciendo todos sus anuncios, "Tiene que ir a la terminal A para..., terminal B para...terminal C para... y tiene que ir a la terminal D para Delta." Mi esposa me miró y dijo: "Nunca habían dicho esto antes."

Aterrizamos, bajamos del avión, y caminamos hasta el final de la manga del avión y dentro de la terminal. Un carro estaba allí. El hombre que conducía el carro ignoró a más de un centenar de personas que bajaron del avión, nos miró y preguntó: "¿Quieren que los lleve?" Me di la vuelta y miré para a ver a quien le estaba hablando. Él repitió: "¿Quieren que los lleve?" Le dije: "Claro." ¡Más de un millón de millas y nadie había hecho esto antes! Así que Donna y yo nos subimos al carro y dijo por la radio, "Tenemos dos personalidades importantes con nosotros." Yo miraba alrededor para ver quién más estaba sentado en el carro, pero sólo estábamos Donna y yo. Él continuó: "¿Podrían tener otro carro listo para ellos después de que suban y bajen por la escalera mecánica?" Él nos dejó en la escalera mecánica y subimos, y seguimos hacia nuestro destino, y luego en la siguiente escalera mecánica estaba otro carro esperándonos. El conductor habló por la radio: "Tenemos dos personalidades importantes con nosotros", y nos llevó hacia la puerta. Me dije a mí mismo: "Esto me gusta."

Aterrizando en Fort Lauderdale en Florida, nos registramos en el Hilton Garden Inn. A la mañana siguiente tenía que hacer lo que todos los maridos tienen que hacer cuando viajan, que es ir a la tienda y conseguir cosas que su esposa ha olvidado. Caminé por el vestíbulo hacia la pequeña tienda del motel cerca de la recepción. La cajera dijo: "Bueno, mi ordenador no está funcionando; sólo tómelo y siga adelante." En toda mi vida esto nunca me había pasado. Me preguntaba: "¿Qué es *Delta*?" ¡Algo había cambiado!

Esa tarde un tranvía nos llevó al crucero. Yo había reservado previamente mi cabina y estaba seguro de que sabía dónde encontrarla en el barco, llaves en mano, caminamos por el pasillo, pero estaba más lejos de lo que esperábamos. Seguimos caminando, todo el camino hasta el final del barco. Y pensé, "No creo que sea aquí donde se supone que está mi habitación." Abriendo la puerta, miré la habitación en la proa de la nave. ¡La habitación era enorme! En un crucero, siempre espero solo entrar y salir de la habitación, pero ¡no espero caminar alrededor de ella! La mayoría de las habitaciones de los cruceros son muy pequeñas. Luego miramos el balcón: había cuatro sillas, una mesa, algunos sillones, y al final del balcón, podíamos ver a lo largo del océano. Los amigos que viajaban con nosotros procedieron a su cabina. Pronto volvieron y dijeron: "¿Qué sucedió contigo? Pagamos lo mismo por la cabina, pero la tuya es enorme." Y pensé dentro de mí, "Delta."

Cuando volvimos a casa del crucero, empecé a pensar más y más acerca de "Delta". No tardó mucho la investigación, para encontrar la definición matemática de Delta: "Delta es igual a la aceleración integrada del tiempo. Se trata de un cambio en la posición. Es un cambio en el tiempo." Entonces me puse a pensar en el tiempo y recordé que un par de años me desperté tres o cuatro veces una noche y mire el reloj. Cada vez que miraba el reloj era la misma hora. Pensaba, "Esto es realmente raro", cuando el Señor me dijo: "Estás atrapado en el tiempo."

Después de esto, recuerdo haber leído el libro, *The Fabric of the Cosmos* por Brain Greene, un físico de Nueva York. No entiendo gran parte del libro, pero cuando leí el libro, me di cuenta de que había hecho ciertas cosas que están descriptas en el libro. Aunque el libro es complejo, sentí que era importante leerlo todo. En una ocasión, había estado leyendo el libro durante el vuelo y parado en Dallas (una vez más), estaba descansando en el Admiral's Club. Después de tomar mi próximo vuelo, recordé que había dejado accidentalmente el libro en el Admiral's Club. Yo estaba realmente frustrado y pensaba: "He invertido todo este tiempo en el *The Fabric of the Cosmos* subrayando lo que atrae mi atención con cuidado, y ¡ahora lo he perdido! Yo también había anotado todas las experiencias que el Señor me había dado y que habían sido confirmadas por este físico. Me dieron permiso para bajar del avión a buscar el libro y volví al Admiral's Club y pregunté: "¿Saben dónde está mi libro?", pero nadie lo había visto.

Abordé nuevamente el avión y estaba sentado allí, esperando para el despegue, cuando de repente, una señora se acercó a mí y me preguntó: "¿Es usted Paul Cox y es este su libro?" Hay miles de personas y cientos de aviones en Dallas, así que la miro con sorpresa y le dije: "Sí." Ella me dio el libro y pensé: "Dios, realmente quiere que tenga este libro." Entonces ella se alejó, dejándome perplejo, preguntándome cómo me pudo encontrar.

En el libro, el físico-autor, Brian Greene, dice: "El tiempo no es más que simplemente algo y ese algo fluye."[5] Hablando como científico, él cree que es posible volver atrás en el tiempo. Si usted está estancado en algún punto del tiempo, como el tiempo sigue fluyendo, usted no se mueve con él. Ahora, si tu derecho de nacimiento está en un punto en el tiempo que está por delante al lugar donde se encuentra atascado, cuando el flujo del tiempo se encuentre con su derecho de nacimiento, usted no está allí, por lo que nunca conoció su derecho de nacimiento. Creo que es por eso que algunas palabras proféticas nunca se cumplen, los que la recibieron están atrapados en el tiempo.

Más experiencias extrañas ocurrieron. Yo estaba en casa, trabajando en los dos libros que el Señor me había dicho que terminara, *Sacrifice the Leader* y *Heaven Trek*. Durante dos o tres días había estado batallando espiritualmente y era realmente miserable-guerreando, guerreando, guerreando... escribiendo, escribiendo, escribiendo...guerreando, guerreado, guerreando. Fue realmente molesto. De repente, mi alarma del coche comenzó a sonar. Estaba estacionado en la calzada, y la puerta del garaje estaba abierta.

Cuando entré en el garaje, el poder de Dios cayó sobre mí. El interruptor de la luz en el garaje se prendió por sí mismo, y la alarma de coche se apagó - lo demoníaco se había ido en un instante, y me quedé pensando: "¿Qué fue todo eso?" Podía sentir la presencia y el poder de Dios sobre mí. ¡Delta!

Un par de semanas después, mi coche estaba estacionado afuera otra vez. Mi hija, Christy Lisle, que trabaja para nosotros, había comprado una botella de ácido para la piscina y la dejó en el baúl. Cuando abrí el baúl pude oler el ácido, así que lo saque, lo puso en el garaje, y dejé la tapa del baúl abierta para ventilarlo. Se me olvidó cerrarla y me fui a la cama.

Ahora bien, el Señor me despierta en dos momentos específicos durante la noche. Si me despierto en un momento específico, es para orar. Si me despierto en otro momento específico, yo sé que tengo que ayunar durante veinticuatro horas. Esa noche me desperté a la hora de orar. El primer pensamiento en mi mente fue: "Este es tiempo para orar", y el segundo pensamiento fue: "Dejé la tapa del baúl abierta." Así que, en mi ropa interior, me acerqué a la puerta del frente para salir y cerrar el baúl-recuerde que este es un tiempo específico. Al abrir la puerta, me encontré con un oficial de policía de pie en el porche, que me preguntó: "¿Por qué está abierto su baúl?"

Bueno, ya sabe cómo es uno cuando se despierta - Yo no sé usted, pero yo estaba bastante desorientado - así que estaba divagando, tratando de explicar el por qué mi baúl estaba abierto. Él sacudió su cabeza, se acercó y tocó el coche, lo que hizo que sonara la alarma. Yo pensé: "Será mejor que tome mis llaves para apagarla", pero se paró sola. El oficial me miró, sacudió la cabeza como si se preguntara qué estaba haciendo, cerró el baúl, se metió en su coche de policía, y se fue. Entonces escuché al Señor que me decía: "Tu ministerio está protegido" (en la interpretación de sueños, un auto es un ministerio). Me quedé preguntando, "¿Qué está pasando aquí?" Llamé a un amigo al día siguiente y me dijo: "Creo que fue un ángel." Y yo dije: "Bueno, y ¿se robó él un auto de policía?" ¡De veras! Ahora, ¿cuáles son las probabilidades de que esto ocurra? ¡Delta!

Algunas semanas más tarde, en una habitación de un motel en Oregón, me había quitado mis pantalones y los puse sobre un sofá antes de irme a la cama. Se habían caído al suelo y el cambio que tenía también se había caído. Donna había recogido mis pantalones y los puso de nuevo sobre el sofá, pero no vio las monedas. A la mañana siguiente mire al suelo y vi cinco monedas en la alfombra, perfectamente situadas, como un cinco de las fichas de un dominó. Mientras estaba mirando las cinco monedas, pensaba, "¿Cómo cayeron las cinco monedas así tan perfectamente al suelo?" Me di cuenta que era una señal y una maravilla - una tercera señal y maravilla. Estaba llegando tarde y fui a desayunar, pero le pedí a Donna que contara las monedas. Había cinco y eran en total cuarenta centavos. Cinco es el número de la gracia, ocho significa un nuevo comienzo, y cuarenta indica la finalización, cinco veces ocho es igual a cuarenta. Pensé: "Esto es realmente extraño", yo sabía que tenía que ver con Delta.

¿Qué significa todo esto? Aquí está la clave; tenemos que salir del atasco del tiempo. La palabra griega para el "momento preciso" es *kairos*. Se nos dice en las Escrituras que "en el momento preciso", el *kairos,* Cristo vino a la tierra. *Kairos* es el tiempo de Dios. Efesios 5:15-16 dice: "Así que tengan cuidado de cómo viven. No vivan como necios sino como sabios. Saquen el mayor provecho de cada oportunidad en estos días malos." En Colosenses 4:5 leemos: "Vivan sabiamente entre los que no creen en Cristo *(aquí está la misma frase)* y aprovechen al máximo cada oportunidad" *Aprovechando bien el tiempo,* significa comprar de nuevo el tiempo. *Kairos* también se usa en Hechos 3:19 "Ahora pues, arrepiéntanse de sus pecados y vuelvan a Dios para que sus pecados sean borrados, a fin de que tiempos de refrigerio vengan de la presencia del Señor." Si estamos atrapados en el tiempo, entonces no podemos renovarnos. El tiempo es *cronos* (impío, el dios griego del tiempo terrestre) o *kairos* (tiempo de Dios),[6] y la mayoría de nosotros estamos en el tiempo *cronos* – nos quedamos atrapados allí.

¿Cómo nos estancamos en el tiempo? Creo que esto puede ocurrir a través de algún tipo de abuso o desobediencia. Recuerdo un par de sueños repetidos que indicaban que me había quedado atrapado en el tiempo. Tuve esos sueños una y otra vez. Como pastor asociado de la iglesia bautista me interesé mucho en otra posición dentro del staff; yo lo deseaba, pero no era la voluntad del Señor. Ahora creo que fui desobediente al desear esa posición. Cuando comencé a entender la posibilidad de que podría haberme quedado atascado en el tiempo, confesé mi desobediencia y nunca he vuelto a tener ese sueño otra vez. Había experimentado Delta, un cambio de posición.

El otro sueño recurrente se estableció en la iglesia bautista donde yo había experimentado por primera vez el poder de Dios. Aunque muchos en la iglesia estaban entusiasmados con el mover de Dios, otros estaban totalmente en contra de lo que el Señor estaba haciendo. Mi familia y yo fuimos severamente criticados. Debido a que habíamos sufrido grandes abusos de esta experiencia, me di cuenta de nuevo de que podría estar atrapado en el tiempo. Le pedí al Señor que removiera los efectos del abuso de mí y no he vuelto a tener ese sueño desde entonces. Yo había experimentado un "cambio en el tiempo." Delta.

En una ocasión, le estaba diciendo a un amigo esto, acerca de este nuevo concepto de estar atrapado en el tiempo, él dijo: "Acabo de tener un recuerdo de haber sido abusado de niño." Lidiamos con el problema, y él fue liberado de esa posición de estar "atrapado" en el tiempo y vino a su tiempo "actual."

Antes de que comenzara esta revelación sobre Delta, Dale Shannon, uno de nuestros intercesores, recibió esta palabra:

Túneles de tiempo; usted puede viajar a través de los túneles del tiempo. Hay secuencias; una le da nacimiento a otra. Él crea seres que crean; amplíe su pensamiento. No es lo que usted piensa. Hay más. Pida por revelación. Está viniendo. Es posible viajar en el tiempo, ir hacia atrás y adelante en el tiempo. Usted está atrapado en una dimensión de tiempo. (Nosotros vivimos en la tercera dimensión. Largo y ancho son dos dimensiones, la altura es la tercera dimensión, y el cuarto es el tiempo.) Usted está atrapado en una dimensión de tiempo. Usted puede ir hacia atrás y hacia adelante. Usted está atrapado en una dimensión de tiempo. Salga de la caja de tiempo. Es el enemigo que le quito tiempo. No pierda el tiempo de su visitación. Ustedes deben ser administradores del tiempo. Daniel selló la revelación. Se ha quitado el sello. Se ha vuelto sin sello en estos últimos días. Hay engranajes girando, ruedas dentro de las ruedas. Es importante alinear los engranajes.

No puedo recordar cuando sucedió esto por primera vez, pero mientras estaba yo orando generacionalmente por alguien, me di cuenta de que la persona se movía a través del tiempo-debido a que el reloj se movía, el individuo también lo hacía. A través del discernimiento de poner mi mano detrás de la persona, pude sentir cosas en la línea de tiempo de la persona, y discernir lo malo; el equipo del ministerio podía orar y pedir al Señor que lo removiera de ese punto en la línea generacional.

Una señora muy profética me dijo: "Dios me dijo que serás la primero en recibir la revelación de los hijos de Dios." Romanos 8:19 dice: "Pues toda la creación espera con anhelo el día futuro en que Dios revelará quiénes son verdaderamente sus hijos." Ahora bien, si usted sigue las enseñanzas proféticas actuales, usted puede escuchar que ahora, en nuestros días, hay una revelación de los hijos de Dios. En otras palabras, Dios nos está trayendo, como hombres y mujeres, a gobernar sobre la creación, incluso mientras toda la creación gime a causa del pecado. Mientras esta mujer me estaba diciendo esto, yo estaba pensando: "Esa es la cosa más arrogante que he escuchado decir a alguien. ¿Cómo puedes ser la primera de la revelación de los hijos de Dios?" Pero...nunca dije esto en voz alta. Entonces, mientras yo la estaba ministrando, empecé a ir hacia atrás en el tiempo hasta que, de repente, me di cuenta de que me había ido todo el camino de regreso al reino de la gloria. Fue antes del principio de los tiempos, y yo estaba en la gloria y pude sentir los seres celestiales. No puedo decir que entiendo todos los detalles de la misma, pero yo sabía que desde que se reveló en aquel entonces, ella es la primera; no importa lo que fue revelado primero en este siglo, a ella le fue revelado en el principio de los tiempos. Tuve que arrepentirme. Tuve que arrepentirme con ella. Yo pensé: "¡Oh Dios mío!, tu eres el primero, porque ya estaba todo hecho - allá."

Sigo aprendiendo más sobre Delta al mismo tiempo que enseño sobre el concepto. Algunos vienen y me dicen: "Bien ¿sabes esto?" Y yo le digo: "No, no lo sé." Cuando empecé a hablar de Delta, descubrí que Delta es un ser espiritual real. La gente ha descrito su aparición como triángulos o tetraedros que están girando.

Aquí hay otra manera que he aprendido que Delta funciona. Delta es también electricidad Delta. En los EE.UU. tenemos electricidad trifásica: positiva, negativa y tierra. También hay electricidad Delta; está simbolizada por el signo Delta, un triángulo. Lo interesante de la electricidad Delta es que no está conectada a la tierra. Al saber de esto, ¡tuve una revelación increíble! Como cristianos no estamos cimentados a la tierra; estamos sentados con Cristo en los lugares celestiales. ¡Hemos de estar en la tierra, pero no somos de la tierra! De alguna manera, Delta está involucrada en movernos dentro de la esfera celestial.

En Oregón, un físico había venido a nuestro seminario *Heaven Trek*. Mientras yo estaba hablando sobre el tema de Delta, él estaba cada vez más y más emocionado. Por último, me dijo, "tengo que explicarle sobre Delta." (¡Como si yo pudiera entender!) "Usted toma un eje X-Y y luego en el eje tiene ceros (entonces 0, 0, 0, 0, 0), pero luego tiene un 1 y el 1 va hasta el infinito y tiene 0, 0, 0, 0, 0, otra vez. Ese 1 es Delta." Le dije: "Está bien." Luego dijo: "Déjeme hacerlo práctico", y yo le respondí: "Eso sería útil." Él dijo, "como no cristianos somos 0, 0, 0, 0, 0, 0, 0, pero Dios quiere llevarnos al 1, dentro del infinito o la eternidad." Y yo pensé: "está bien, eso funciona." Él ha establecido una asociación matemática entre Delta y el reino celestial.

Luego, en el descanso, una señora se acercó y me dijo que tenía que contarme su sueño porque era lo que él acababa de decir. Y pensé: "Ahora, ¿cómo es eso posible porque yo no entiendo de qué se trata?" Y ella dijo: "Si usted puede entender el sueño, entonces tal vez le ayude a entender lo que él decía." Le dije: "está bien." Y continuó: "En mi sueño yo iba dando vueltas, y vueltas y vueltas (Entonces, ¿qué es eso? ¿Un cero?). Estoy dando vueltas y vueltas y vueltas alrededor de una montaña. Está tormentoso y lluvioso, y me siento miserable, que no estoy llegando a ningún lado, y sé que va a tomar siete semanas. Entonces alguien (¿podría haber sido Delta?) abrió una puerta en la montaña y dijo: "Usted puede venir por aquí e ir directamente hacia arriba; sólo tardará una semana" ¡montaña arriba al Monte de Sion!

Antes de orar con la señora con el don profético, y antes de todas estas experiencias con Delta, había tenido un sueño. Al principio pensé que el sueño era sobre mí, pero a menudo los sueños conmigo mismo me son dados, para que yo pueda experimentar las emociones de la persona por la que voy a orar. En el sueño yo estaba en el desierto de Nevada en un tren que se dirigía hacia el desierto, hacia ningún lado, y tuve que volver a una ciudad en la frontera entre California y Nevada. La ciudad se llamaba Delta. Yo estaba en el tren, pero me di cuenta de que no podía volver a Delta por el cañón en el lado derecho del tren. No importaba lo que hiciera, no podía cruzar el cañón para volver a Delta. En la primera parada, me encontré en un hermoso hotel rodeado de hermosos paisajes, pero el tren no iba a volver, así que estaba atascado. Aunque el hotel era precioso, estaba frustrado porque no podía volver a Delta. Cuando el tren se detuvo en el hotel, me di cuenta de que estaba lleno de equipaje. Creo que el equipaje representa problemas pasados. La siguiente parada fue en un parque de casas móviles en el desierto, y había muchas personas afectadas por la pobreza en ese lugar. La escena era de desesperación y de miseria. En ese momento, yo estaba mucho más lejos en el desierto, literalmente, en el medio de "la nada." Yo pensé: "¿Cómo voy a volver a Delta?"

A la noche siguiente me desperté y escuché las palabras, ejes XYZ. Por la mañana llamé a un amigo que es un conocedor de las matemáticas. Le hablé de mi sueño y le pregunté: "¿Cómo puedo volver a Delta y qué tienen que ver los ejes XYZ con todo esto?" De alguna manera, yo sabía que el tren estaba en el eje Z y que necesitaba llegar a Delta, que estaba en el eje Y. Él respondió: "Paul, en un eje XYZ, el punto donde los tres se unen se llama el origen y tienes que volver al origen para llegar a Delta." Le respondí: "Esto es muy bueno - no entiendo nada de esto, pero es bueno." Así que eso es lo que oramos con la señora que iba alrededor de la montaña- le pedimos al Señor que la llevara de vuelta a su origen y la liberara para que pudiera llegar a Delta.

Hay una historia en la escritura sobre Saúl. Fue ordenado por Samuel para ser rey. Saúl le dijo que fuera a Gilgal y esperara siete días. Se fue a Gilgal, pero al final de los siete días, los ejércitos filisteos estaban llegando, la gente estaba en pánico, y el rey Saúl estaba temeroso. Sintió como si no pudiera esperar a Samuel por más tiempo y dijo: "Tengo que hacer un sacrificio." Tan pronto como lo hizo, Samuel apareció. Esta es la historia más aterradora para mí de todas las Escrituras. Saúl perdió el cumplimiento de su llamado, porque no fue obediente a la Palabra del Señor. Entonces Samuel le dijo a Saúl: "Por haber hecho esto y sido desobediente has perdido tu reino." ¿Por qué? Porque él no esperó el momento adecuado. Él era presuntuoso y se le adelantó a Dios. Eso da miedo ¿no? Incluso para un pastor bautista, antes de saber nada sobre Delta, yo sabía que no quería perder el tiempo de Dios.

Ahora, ¡hay buenas noticias!

Si usted pierde el tiempo de Dios, la buena noticia es que, a través de la sangre de Jesucristo, puede arrepentirse y ser cubierto, y él puede moverlo en su tiempo *kairos*. Es cierto que todos tenemos problemas generacionales que nos están causando todo tipo de problemas. Dios quiere regresar y limpiarlos. ¿Cómo lo hace? Él cambia nuestra posición en el tiempo.

Mientras yo estaba hablando con mi amigo, él me dijo: "Veo que estás en el cuarto de "Cosas Perdidas" en un lugar celestial. Paul, tu puedes ir atrás en el tiempo y recuperar todo lo que era bueno, todo lo que se había perdido y robado en tu línea generacional. Lo puedes traer de regreso al tiempo actual." ¡Eso es lo que hice! Desde entonces he visto al Señor hacer cosas absolutamente increíbles en mi vida y en la vida del Lugar de Aslan.

¿Por qué no pedirle al Señor ahora, si usted está detenido en el tiempo a causa de cualquier problema de la desobediencia o de abuso? Tal vez por eso usted no está cumpliendo su destino. ¿Por qué no pedirle al Señor que traiga a Delta y cambie su tiempo *cronos* a su tiempo *kairos*? ¡Pídale a Él que libere su llamado en su vida y lo lleve hasta el punto de su favor!

La Oración: Restaurar el Tiempo de Dios y Modificar mi Reloj Biológico

- ❖ Padre, en mi nombre y en el de mi línea familiar, yo renuncio y me arrepiento por haber rechazado tu momento oportuno y haber tomado el tiempo en nuestras propias manos. Me arrepiento por todos aquellos que utilizaron dispositivos como métodos de control del tiempo, incluyendo cronómetros, encantos, amuletos, talismanes, ropa o cualquier otro dispositivo impío.
- ❖ En nombre mío y en el de mi línea familiar, yo renuncio

y me arrepiento por adorar el tiempo, en lugar de adorar al Dios Altísimo, que tiene el tiempo en sus manos.

❖ Señor, en nombre mío y en el de mi línea generacional, yo renuncio y me arrepiento por todos los que intentaron controlar, cambiar o distorsionar el tiempo. Me arrepiento por todos lo que trataron de controlar el tiempo para sus propios fines, y por todos los que trataron de viajar en el tiempo para cambiar y manipular sus propias vidas o las de los demás.[7]

❖ Señor, te pido que desconectes mi línea familiar de los relojes impíos. Desconéctame del campo magnético de la tierra que trata de controlar el reloj de mi cuerpo, y desligame de cualquier tiempo impío. Quita Señor, cualquier conexión impía con el Greenwich.[8]

❖ Señor, te pido que rompas cualquier conexión entre yo y cualquier sacerdote impío del tiempo. Rompe todos los lazos que unan mi alma a los padres o madres falsas e impuras; a los abuelos o abuelas falsos del tiempo. Señor, rompe cualquier conexión entre yo y cualquier señor del tiempo. Señor, yo renuncio y me arrepiento en mi nombre y por aquellos de mi línea generacional que establecieron acuerdos con la muerte, quien creímos que había llegado cuando era la hora de morir.

❖ Señor, elimina cualquier conexión entre la carátula del reloj y mis sentidos físicos y espirituales. Rompe, destroza, corta y destruye las conexiones entre la carátula del reloj y mis ojos, oídos, boca, nariz y manos. Quita el péndulo impío para que pueda estar correctamente balanceado en tu tiempo.

❖ Señor, elimina la carátula impía del reloj y reemplázala con tu reloj justo. Te pido que las manecillas del reloj se muevan de acuerdo a tu tiempo y regresa mi reloj biológico de nuevo a tu control. Establece en mí, Señor, la hora correcta para que la confusión, la falta de conciencia de mí mismo, y la pérdida de tiempo no se produzcan más.

❖ Señor, desacelera mi reloj biológico y regrésame a tu aceleración pura.

❖ Señor, yo renuncio y me arrepiento, en mi nombre y en el de aquellos de mi línea generacional que hablaron maldiciones que tenían que ver con el tiempo, ya sea en contra de ellos mismos o de otros. Señor, me arrepiento de las mentiras sobre el tiempo que me afectaron a mí mismo y a los demás: Me arrepiento de creer o decir que estábamos "viviendo en tiempos prestados" o que estábamos "fuera de tiempo", o que "caminábamos sobre las arenas del tiempo". Me arrepiento de decir de mí mismo o de alguien más que nuestro "tiempo se estaba acabando". Señor, quita de encima de mi cabeza el reloj de arena impuro.

❖ Yo declaro la verdad de que como creyente en Cristo, mi tiempo no se ha terminado ni se terminará. Yo estoy sentado en lugares celestiales[9] con Cristo Jesús y viviré por la eternidad. Elijo creer que todo aquel que cree en Ti no morirá, sino que tendrá vida eterna. Declaro que mi línea del tiempo es eterna y declaro también mi naturaleza eterna en Cristo, quien vive por los siglos de los siglos.[10]

❖ Padre, restaura la eternidad a mi corazón y reajusta su latir con tu latir *kayros*. Señor, haz que tu momento oportuno sea el mío también y que tus estaciones sean mis estaciones. Señor, te pido que me des un corazón capaz de discernir el tiempo y el juicio.[11]

❖ Señor, yo declaro la verdad de que Tú eres el Alfa y la Omega.[12] Tú eres el que pone la eternidad en el corazón del hombre. Tú eres el creador y el controlador del tiempo. Señor, Tú eres el que ha escrito todos los días de mi vida en su libro.[13] Tú los conocías incluso antes de que llegaran a ser. Tú eres el único que ha visto el principio y el fin, y ahora decido colocar mi tiempo en tus manos. Decido creer y confiar en que tu tiempo para mi vida es mejor que mi tiempo.

❖ Señor, por favor aplica tu sangre bendita a los mecanismos, engranajes y resortes de mi cuerpo para que funcionen tal como Tú has ordenado y planeaste que trabajaran. Unge con tu aceite todas las partes de mi reloj biológico, Ahora decido entrar a tu tiempo para mí, para la gloria[14] de tu Nombre.

❖ Señor, sustituye las piezas de los relojes impíos por las piezas del reloj piadoso para que el reloj biológico que me has dado, haga clic y se mueva, de manera sincronizada contigo y con tu gloria, de aquí en adelante.

❖ Señor, une mi reloj biológico a Ti y al cuerpo de Cristo, para que estemos sincronizados y no se adelante el uno al otro, ni vayamos por delante de Ti, tráenos Señor, colectivamente, al tiempo correcto.[15]

❖ Restáurame ahora para corregir completamente el tiempo con un reloj biológico justo.[16]

Notas:
1. καιρός, el tiempo correcto.
2. Un talismán es un objeto que supuestamente da poderes mágicos o protección sobrenatural a su portador.
3. Entendimos que el Señor estaba hablando de nuestra relación con la dimensión del tiempo. Esto puede ser lo que entendemos como biorritmos.
4. Los pacientes individuales tienden a tener patrones de tiempo cuando sus ataques tienen lugar.
5. Brian Greene, The Fabric of the Cosmos (New York: Alfred A. Knopf, 2004) 127–142.
6. Aunque Kairos era un dios griego, según el Diccionario Teológico del Nuevo Testamento, se utilizó esta palabra griega común para el momento oportuno en el Nuevo Testamento a los medios "El 'punto fatídico y decisivo",

con un fuerte, aunque no siempre da un énfasis explícito en el hecho de que es ordenado por Dios ", 459. Es decir, el tiempo kairos es el tiempo divinamente señalado por Dios, por primera vez en la vida de Jesús y ahora en la vida de los creyentes. Diccionario Teológico del Nuevo Testamento, ed. Gerhard Kittel, trad. Geoffrey Bromiley, (Grand Rapids, MI: Wm B. Eerdmans, 1965), 459-461.

7. Daniel 7:25–26.
8. Eclesiastés 9:11–12; Salmos 37:19.
9. Efesios 2:6.
10. Apocalipsis 10:6.
11. Eclesiastés 8:5.
12. Apocalipsis 22:11.
13. Salmos 139:16.
14. 2 Pedro 1:17.
15. Efesios 1:10.
16. Salmos 69:13; Gálatas 4:4; Efesios 1:10; 2:6; Apocalipsis 10:6; 22:11; Daniel 7:25,26; Salmos 32:6; 37:19; 69:13; Eclesiastés 9:11–12; 8:5; 2 Pedro 1:17.

CAPÍTULO TREINTA Y SEIS

Renuncia al
Espíritu Misógino
ALICE MILLS

Mi experiencia con el espíritu de misoginia fue un trayecto a las respuestas a ciertas preguntas que han afectado profundamente mi vida. Me encontré inesperadamente en una escuela de entrenamiento ministerial en el Aslan's Place, un fin de semana, mientras mis hijos adolescentes estaban recibiendo ministración. El Dr. Paul Cox comenzó a describir la relación que tenemos con nuestra propia sangre, incluso después de haber dejado el cuerpo. Le mencioné a Paul que esto es más profundo para las mujeres debido a nuestros ciclos menstruales. Incluso nos referimos a él como si fuera una maldición. Mientras estábamos orando para romper esos lazos, mi hombro izquierdo se puso muy caliente. Normalmente en una liberación, el calor va y viene con bastante rapidez, pero este calor persistía. Le pregunté a Paul al respecto, y las otras mujeres del entrenamiento comenzaron a hablar. Sus hombros también estaban calientes. Le preguntamos al Señor de forma corporativa y una mujer dijo que era un espíritu de odio hacia las mujeres. El lado izquierdo del cuerpo se asocia con el lado femenino, por lo que parecía natural que mi hombro izquierdo se manifestara. Me pregunté en ese momento si algunos de mis propios problemas hormonales se aclararían.

Dos semanas más tarde, asistí a un evento donde hablaba Bill

Johnson de la iglesia Betel en Redding, California. Cuando terminó de hablar, yo respondí a su invitación a pasar al frente del santuario. Fui para ser ministrada por sanidad en mi cadera, la cual me ha dolido desde el nacimiento de mi primera hija, hace veintidós años. El equipo ministerial oró y no sucedió nada. Justo antes de que oraran por mí, habían orado por una amiga mía, por una lesión en la cadera que sufrió en un accidente automovilístico. El ministro que hacia la oración le preguntó si había perdonado al hombre que le había causado la lesión. Ella no había pensado en hacerlo, y luego que lo perdonó, recibió un poco de alivio. Entonces me di cuenta de que mis propias lesiones en la cadera eran, en parte, a causa de los ginecólogos que habían sido insensibles durante el parto de mi hija. Perdoné a aquellos ginecólogos, mi cadera izquierda se puso muy caliente y fue sanada. Desde entonces, he notado la sanidad en mis hormonas y mis ciclos mensuales.

Siempre he considerado la ginecología moderna como una bendición muy mezclada. Mientras que las buenas noticias son que menos mujeres mueren durante el parto, la ginecología y la obstetricia tienen una historia accidentada, y en algunos casos, han sido un vehículo para la violencia contra las mujeres. De repente comencé a darme cuenta de las implicaciones personales del odio hacia la mujer o el espíritu misógino, así como las complicaciones involucradas.

Cuando Paul me pidió que empezara a escribir una oración de renuncia al espíritu misógino, mis ojos se abrieron mucho más a las serias implicaciones que a través de la historia, la misoginia ha engendrado. Un día, vi a una mujer en una etapa avanzada de anorexia que paso junto a mí en el centro comercial y mi hombro izquierdo comenzó a dolerme. Literalmente, yo podía sentir el espíritu de odio hacia la mujer, devorándola.

El despido de las mujeres en mi trabajo, involucra solo a las mujeres en sus cincuenta años. A medida que comencé a escudriñar las escrituras para ver ejemplos de odio hacia las mujeres, me di cuenta que algunos de los problemas comenzaron en el Jardín del Edén. Por supuesto, con el juego de la culpa que tomó lugar en esa escena en la que el Señor confronta a Adán y Eva. Menos obvias, son las consecuencias del ciclo de la culpa. Adán fue enfrentado con una decisión. La decisión no era solamente comer o no del fruto, sino de cómo se vería su relación con Eva si él no hubiera comido del fruto. Su motivación no es del todo clara, pero parece claro que no quería perder a Eva, aún a costa de su obediencia. Él la culpó por ponerlo en la posición de tener que elegir, quizás no reconociendo que todos tenemos que elegir en algún momento entre nuestro caminar con el Señor y nuestras relaciones. Este giro en la relación está en el núcleo de la relación de confrontación entre el hombre y la mujer. El hombre desea a la mujer y a la vez le tiene resentimiento por lo que le cuesta.

Las propias mujeres participan en la misoginia. Mientras oraba por dos mujeres, mi hombro izquierdo me empezó a doler. Pregunté si habían sido víctimas de alguna discriminación. Esta pregunta no les resonó a ninguna de ellas. Mi hombro había estaba un poco contraído toda esa semana ya que había estado procesando mi relación con mi propia madre. El Señor incluso me había dicho que continuara tratando con esa situación. A cada lugar adonde me dirigía en la ciudad, yo no paraba de ver señales de construcción que decían "Más Adelante Trabajo en el Hombro" de su traducción literal del inglés (Significando "trabajando en el acotamiento de la carretera más adelante"). Curiosamente, les pregunté a las dos mujeres si estaban enojadas con sus madres. Aun cuando les hice la pregunta, mi hombro se contrajo. La respuesta fue un sí rotundo. Después de que pasamos por un tiempo de arrepentimiento y de perdonar a sus madres, mi hombro fue soltado, y ellas sintieron calor en sus hombros.

Dios me había estado preparando para escribir esta oración desde hacía algún tiempo. Hace dos años, me mantuvo despierta toda la noche, para recibir revelación de cómo Jesús vino, específicamente, a hacer libre a las mujeres. Hay cinco mujeres mencionadas en el linaje de Jesús: Rahab, Rut, Tamar, Betsabé y María. Cada una representa una forma de esclavitud con el que las mujeres luchan. Rahab, la prostituta, ayudó a los israelitas, ella representa la sexualidad como mercadería. El intercambio de la propia sexualidad por la supervivencia económica, aunque no es exclusivamente un asunto femenino, es una esclavitud que afecta a las mujeres mucho más que a los hombres. La prostitución es a menudo involuntaria e implica una explotación de la mujer, a la cual Jesús respondió con misericordia en el Nuevo Testamento.

Rut y su suegra Noemí, representan la falta de viabilidad financiera que las mujeres viudas han estado sosteniendo a lo largo de la historia, así como la falta de visión y pérdida del propósito, que a menudo experimentan en su propia vida. Noemí define su vida en base a la pérdida del hombre en ella. Sin marido, ambas Noemí y Rut, tenían poca identidad propia. Rut descubre su propósito en su cuidado de Noemí. Afortunadamente, Dios tenía buenos planes para Rut. Él es verdaderamente el consolador de las viudas.

Otra viuda, Tamar, ella representa el abuso legal, financiero y emocional que las mujeres a menudo soportan dentro de la sociedad. Sus dos maridos le negaron su herencia y fue humillada sexualmente. A pesar de que ella tomó el asunto en sus propias manos y Dios la bendijo con una doble herencia de dos hijos, su experiencia en el matrimonio no es un caso inusual, incluso hoy en día, sobre todo en las sociedades donde se les niegan a las mujeres sus derechos legales.

Betsabé, esta representa la peligrosa relación entre la sexualidad y el poder. Aunque la Biblia no revela explícitamente la respuesta de Betsabé al ardor del rey David, se plantea la cuestión del reconocimiento a la posición que él tenía. ¿Se sintió libre de rechazar sus proposiciones? ¿Ella quería? Su continua relación con David después de la muerte de su marido sugiere al menos la aprobación implícita. El punto no es sobre su rol, pero que las mujeres usan el sexo para ganar poder, mientras que los hombres usan el poder para obtener sexo. Ambos sentidos revelan un odio hacia las mujeres.

Por último, María, de dieciséis años de edad, madre soltera, representa la vergüenza como resultado del espíritu misógino. Siempre he encontrado muy conmovedor el hecho de que Dios escogió un nacimiento ilegítimo. Está claro que todos los embarazos deberían ser legítimos y nunca causar vergüenza o traer alguna censura por parte de los hombres si todas las mujeres fueran apreciadas y honradas como Dios quiso, pero la verdad es que no lo son. En realidad, es discutible que la mayoría de los nacimientos en este mundo son ilegítimos; Jesús comenzó su caminar bajo la misma sombra que cubre a muchos.

Los problemas que rodean a un largo y vicioso ataque del enemigo sobre las mujeres, a través del trato de los hombres con ellas, así como a través de la traición hacia las mujeres que están de acuerdo con la misma misoginia, es tan vital en el tiempo de hoy como lo fueron en el Jardín del Edén.

La Oración: Renuncia al Espíritu Misógino [1]

- ❖ Padre Celestial, en mi nombre y en el de mi línea generacional, me arrepiento y renuncio a todo odio y deshonra a las mujeres.
- ❖ En cuanto a mí y a mi línea familiar, renuncio y me arrepiento por participar en prostitución, matrimonios forzados y trato a las mujeres como objetos que se compran y venden, sin tener en cuenta su seguridad o llamado, a fin de explotarlas sexualmente para obtener

ganancia económica. Me arrepiento por todos los que utilizaron a las mujeres, especialmente a las ancianas y a las poco atractivas, para trabajos forzados. Señor, rompe todas las consecuencias que hayan recaído sobre mi línea generacional por todas aquellas que fueron tratadas como carga y rechazadas como inútiles debido a su género femenino.

- ❖ Me arrepiento y renuncio por mí y por mi línea familiar, por todos aquellos que consideraron a las mujeres un poco mejor que los animales, sin espíritu y sin inteligencia genuina. Me arrepiento por todos los que en mi línea familiar hicieron mutilaciones[2] genitales a las mujeres para controlarlas y dominarlas. Me arrepiento por todos los que creyeron la mentira de que las mujeres fueron creadas primero y que su naturaleza era defectuosa.
- ❖ En cuanto a mí y mi línea familiar, renuncio y me arrepiento por todos los que pusieron en práctica la antigua costumbre de los propietarios de las haciendas feudales, que tomaban a las jóvenes vírgenes y las desfloraban en su noche de bodas. Me arrepiento por todos los que valoraron a las mujeres sobre la base de la prueba, real o imaginaria, de su virginidad. Me arrepiento de todos los que deshumanizaron a las mujeres fantaseando y presentándolas como puras e intocables o demonizándolas y reduciéndolas a solo un rol sexual. Más específicamente, me arrepiento por todos los que fueron engañados por la manifestación del espíritu misógino conocido como la Madonna o el complejo de prostituta.
- ❖ En cuanto a mí y a mi línea familiar, renuncio y me arrepiento por el odio generacional hacia el género femenino que llevó al infanticidio de las niñas en muchas culturas ancestrales. Me arrepiento por todos los que asesinaron mujeres.

❖ En cuanto a mí y mi línea familiar, me arrepiento y renuncio a concebir y aceptar histerectomías sin causas médicas, como medio de resolver angustias emocionales en las mujeres.
❖ En cuanto a mí y a mi línea familiar, renuncio y me arrepiento por la participación en prácticas deshonrosas legales con respecto a las mujeres, reteniéndoles el derecho a la propiedad, a la custodia de sus hijos, o a tener voz propia.
❖ En cuanto a mí y a mi línea familiar, me arrepiento y renuncio por toda participación en la violencia legal en contra de la mujer. Me arrepiento por todos los que cometieron abusos financieros en contra de las mujeres, rehusándose a proveerles.
❖ En cuanto a mí y a mi línea familiar, me arrepiento y renuncio a negarles a las mujeres el acceso a la educación para poder subyugarlas. Me arrepiento por todos los que le han negado a las mujeres el acceso a diversas actividades económicas por miedo o codicia, quitándoles la manera de proveer para ellas mismas. Me arrepiento por todos los que devaluaron el trabajo físico femenino, por considerarlas menos que un igual.
❖ En cuanto a mí y ami línea familiar, me arrepiento y renuncio por cometer actos de violencia contra las mujeres durante los días en que las mujeres demostraron de manera pacífica su derecho al voto.
❖ En cuanto a mí y a mi línea familiar, me arrepiento por todos los que participaron en abortos, forzados o voluntarios, y renuncio a este acto. Me arrepiento por todos los que participaron en prácticas obstétricas corruptas, tales como la prohibición del uso de los fórceps, debido a la creencia de que las mujeres debían sufrir durante el parto.
❖ En cuanto a mí y a mi línea familiar, me arrepiento por

todos los que participaron en prácticas ginecológicas actuales administrando escopolamina, no para aliviar el dolor, sino para provocar desorden en la mente de la mujer de modo que no pudiera recordar que dio a luz, y así poder quitarle a su bebé por la fuerza mientras la madre estaba atrapada en sus limitaciones.³

❖ En cuanto a mí y a mi línea familiar, me arrepiento por todos los que han participado en prácticas obstétricas que ignoraron las necesidades de la madre y le dieron preferencia al doctor. Prácticas como cesáreas innecesarias, episiotomías y todos los demás procedimientos que tratan el embarazo como si fuese una enfermedad.

❖ En cuanto a mí y mi línea familiar, me arrepiento por todos los que valoraron a las mujeres únicamente sobre la base de su capacidad de procrear hijos, especialmente varones. Particularmente, me arrepiento por todos aquellos que culparon a sus esposas por no poder tener hijos.

❖ En cuanto a mí y mi línea familiar, me arrepiento y renuncio por todos los que han despersonalizado a las mujeres valorándolas únicamente en base a su belleza. Me arrepiento por todos aquellos que han degradado a la mujer participando en pornografía y prostitución.

❖ En cuanto a mí y a mi línea familiar, me arrepiento y renuncio por cualquier rechazo a las mujeres sobre la base de sus defectos, en comparación con el estándar de belleza de la época. Me arrepiento por todos los que se obsesionaron con la belleza femenina, sin percatarse de la belleza genuina que Dios puso dentro de la mujer.

❖ En cuanto a mí y a mi línea familiar, me arrepiento por todos los que han tergiversado la intención original de la sumisión de la mujer en el matrimonio, deshonrando el hecho de que las mujeres son coherederas con Cristo;

renuncio a este error. Me arrepiento por todos los que han utilizado su autoridad para humillar, abusar y controlar a las mujeres.

- ❖ En cuanto a mí y a mi línea familiar, me arrepiento en nombre de todas las madres de mi línea generacional que no pudieron vincularse adecuadamente ni apoyar a sus hijos, transmitiéndoles desconfianza y odio hacia las mujeres. Yo renuncio a esta falta de amor. Me arrepiento en nombre de los niños de mi línea generacional que retuvieron rencor en contra de sus madres y hermanas y abrieron la puerta a la misoginia.

- ❖ En cuanto a mí y a mi línea familiar, me arrepiento por todos los que han sido engañados por una mentalidad feminista, y ven a Dios, al matrimonio y a la maternidad, como las vías principales de violencia contra la mujer. Yo renuncio a esta forma de pensar. Me arrepiento por todas las que en mi línea generacional rechazaron sus roles como mujeres. Me arrepiento también por todos los que han deshonrado a las mujeres por causa de este rechazo.

- ❖ En el nombre de Jesús de Nazaret, yo perdono a todo aquel que me ha hecho daño a mí o a mi familia por estar de acuerdo y actuar con un espíritu misógino.

- ❖ Padre Dios, limpia toda misoginia de mi línea generacional y devuélveles a las mujeres de mi línea familiar el lugar que originalmente les diste. Te pido que las bendigas con el conocimiento de tu amor y restablezcas en ellas el deseo de reclamar su herencia y la aceptación de su vocación para servirte a Ti.

- ❖ Me arrepiento y renuncio al contrato o pacto personal con el espíritu de odio a las mujeres, Rompo ahora toda maldición que he hablado sobre mí misma, incluyendo mi cuerpo y todas sus funciones, en el nombre de Jesús. Me arrepiento y renuncio a cualquier rebelión espiritual o ira respecto a la elección de mi Padre Celestial de crearme como mujer. Acepto mi género femenino y lo bendigo en el nombre de Jesús.

Notas:

1. Oración por el Profesor Alice Mills. *La Misoginia*-odio de la mujer.
2. Circuncisión Femenina.
3. La mayoría de los nacimientos en los países industrializados, durante setenta y cinco años.

CAPÍTULO TREINTA Y SIETE

Liberación de la Meditación Trascendental
TERRY JOHNSON

En marzo de 1976, comencé a practicar Meditación Trascendental, según lo enseñado por Maharishi Mahesh Yogi. Unos años después pagué tres mil dólares para aprender Yoga Sutras y fielmente practiqué el Programa Sidhis-MT hasta noviembre de 1991, cuando el Dios Todopoderoso, fuera de su gran amor, poder y misericordia, me sacó de lo oculto a través del ministerio de Benny Hinn.

Cuando era niña, me quedaba dormida en la iglesia. El conocimiento sin un encuentro con Dios es simplemente una vieja y apestosa "religión". Mis padres, en aquel momento no eran salvos, me dieron un tablero de Ouija y un juego de magia

para Navidad. Les di un buen uso. El mundo espiritual de los demonios comenzó a abrirse para mí.

En mis tempranos veinte años, asistí a una conferencia introductoria sobre MT (Meditación Transcendental). Durante años estuve en una relación sexual con el líder local de MT, y por un corto tiempo, mi casa fue usada como centro de este movimiento en mi ciudad. Tuve muchos amigos que eran maestros en MT, y algunos de los líderes de este movimiento fueron invitados en mi casa. Mi mejor amiga, Lori, una maestra de MT, cometió un exitoso, planeado suicidio, disparándose en la cabeza. Ella creyó en la mentira de la reencarnación, que ella podría volver en otro cuerpo y podría seguir intentándolo otra vez hasta que se volviera iluminada.

Como una joven, yo estaba en un estresante trabajo de ventas. Algunos de los "beneficios" que la técnica de MT, me prometía, era el tener un pensamiento más claro, mejor salud, más energía, menos estrés, haciendo que el tiempo mejore, revertir el proceso de envejecimiento, aumento de mi inteligencia y la capacidad intelectual a un potencial total, la reducción de la delincuencia en mi ciudad y la creación de la paz mundial.

Al principio yo estaba reacia a iniciar MT debido a la educación religiosa con la que crecí. La aparición de Maharishi como monje hindú me asustó. Sin embargo, después de cenar con el maestro de la MT local y habiendo recibido un volante de un líder religioso que enseña MT en la escuela secundaria de Notre Dame, pensé: "Seguramente esto debe estar bien, si estos líderes religiosos están haciendo MT". Más tarde, mientras mi participación en esta disciplina aumentó, asistí a varios cursos de residencia. Algunos fueron en una casa de retiro religioso cristiano en California. Los líderes cristianos solían cocinar para nosotros, y pensé que yo era muy santo. Yo no tenía ni la más absoluta idea sobre el mal al cual me que había abierto.

Unos años más tarde, yo quería avanzar y aprender técnicas más poderosas como "yoga-vuelo". Fue ahí, cuando pagué los tres mil dólares. Algunos dirán que esto era solo "rebotar", pero el Señor me hizo saber que el poder demoníaco estaba levantando mi cuerpo del suelo. Otras técnicas avanzadas que fueron enseñadas por Maharishi, por un precio, fueron la invisibilidad, el cambio del clima, y caminar a través de las paredes.

Me enseñaron ejercicios de respiración y posturas de yoga para practicar todos los días; éstas abrieron mi cuerpo aún a más demonios. Muchas personas inocentes aprenden estas técnicas en algún YMCA local o en la iglesia. No tienen ni idea de las puertas del mal que están abriendo y de la contaminación demoníaca que infectan las puertas de sus sentidos.

Según el sitio web oficial de la MT, al día de hoy más de seis millones de personas han aprendido las técnicas básicas fundamentales de la MT, que ahora tienen un precio de dos mil quinientos dólares. El precio real es mucho más que eso. Personalmente, me volví depresivo, suicida, y cargado con muchos, muchos demonios.

El movimiento de la MT, se jacta que más de seiscientos estudios de investigación científica usando MT, se han llevado a cabo en más de doscientas universidades tales como Harvard, UCLA y Stanford. Hoy en día, según el sitio web oficial de la MT, si usted es un veterano que sufre de trastorno de estrés post-traumático, con la autorización de su médico, la Administración de Beneficios de los Veteranos pagará la cuota para que usted comience el programa de MT. Las personas se involucran en MT, de todos los sistemas de creencias. Aunque en 1977 los tribunales de Estados Unidos dictaminaron una demanda, de que la MT es un movimiento religioso, hinduista en su naturaleza, a las personas se les dice que no es una religión, ya que no tienen que creer en nada para que la técnica funcione.

Maharishi y sus programas de MT y MT-Sidhi afirman estar marcando el comienzo de una nueva era de iluminación y de paz mundial. Creo que esta paz que Maharishi está promoviendo es la falsa paz de la cual se nos advierte en la Biblia y no la verdadera paz que viene de Jesús, el Príncipe de Paz. También es mi opinión que este hombre y el movimiento que fundó son realmente herramientas de Satanás para influir las mentes de las personas a aceptar una religión mundial, un gobierno mundial, y también al Anticristo mismo.

Millones de personas han entrado en este movimiento de la MT con intenciones ingenuas y bien intencionadas. Algunos sólo quieren deshacerse del estrés.

Yo he perdonado a todos los involucrados en mi decepción, incluyendo a los líderes de este movimiento e incluso al mismo Maharishi.

Debido a mi experiencia con la MT, tengo un nuevo entendimiento de Mateo 24:24. *"Pues se levantarán falsos mesías y falsos profetas y realizarán grandes señales y milagros para engañar, de ser posible, aun a los elegidos de Dios".*

Sólo por la asombrosa gracia de Jesús, el gran amor de Abba Padre, y el poder precioso del Espíritu Santo fui hecha libre. Dios usó el ministerio de Benny Hinn y su libro *Buenos Días Espíritu Santo* para mi encuentro inicial con el Espíritu Santo y el inicio de la oración de liberación que tanto se necesita. Dios usó el libro de Johanna Michaelsen, *Beautiful Side of Evil*, (sin traduccion al español) para explicarme como podía haber sido tan engañada y cegada por el malvado "Ángel de luz".

El deseo de mi corazón es que muchos tengan un poderoso encuentro con el único y verdadero Dios, para ser salvos, sanados, y completamente libres por el Señor de Señores, el Rey de Reyes, Jesucristo.

La Oración: Liberación de la Meditación Transcendental

- ❖ Te pido, Dios, que me perdones, me arrepiento y renuncio a cualquiera y a todos los espíritus inmundos que me puedan haber afectado por mi participación e implicación en la Meditación Trascendental (MT) y cualquiera de sus programas (incluyendo el programa Sidhi), ya sea que haya sabido o no en lo que me estaba metiendo.
- ❖ Yo renuncio y me arrepiento de los siguientes males:

- La entrega de mi tiempo, dinero y talento hacia este movimiento.

- Por haber sido utilizado como un portavoz de este movimiento, alentando y haciendo que otros fueran atrapados en un movimiento diseñado para dar paso a la Nueva Era, la Era de la Ilustración, el Anticristo, la era de una única religión mundial, del gobierno de un solo mundo y un sistema monetario mundial único.

- Por entristecer al Espíritu Santo.

- Por la participación en el sistema de la religión hindú de creencias falsas y falsos dioses.

- Por la participación en la ceremonia de Puja, por permitirme participar y creer en él, inclinándome incluso a todos los dioses invocados.

- Por llamar un sinnúmero de veces a mi mantra personal, a una deidad hindú y por la obtención de cualquier bendición de este espíritu familiar.

- Por estar presente e inclinarme ante todos los malos espíritus que el profesor de MT había invocado, incluso la trinidad hindú, el señor Narayana, Brahma, el creador falso y Vasishtha. Por haber estado de acuerdo con la petición del maestro de MT de que la trinidad hindú debía entrar en mi corazón.

- Por adorar a Vashistha, Shakti, Parashar, Vyasa, Shukadeva, Gaudapada, Govinda[1] y su discípulo, Shri Shankaracharya, Padma-Pada, Hasta-Malaka, Trotakacharya y Vartika Kara, el maestro del Karma.

- Por haber creído en las tradiciones de los maestros, su sabiduría y sus autoridades del mal supremo, el Shrutis[2], Smritis[3], los Pranas[4], Shankara[5], Shakarya[6], Badarayana, Brahmanada e Indra.

- Por la adoración de Soma, Shiva, Kali, Ganesh, Lakashimi y Krishna, Dev Guru y Vendanta.

❖ Renuncio y me arrepiento de toda participación en las siguientes técnicas:

- Japa, la repetición de un mantra.

- Al procedimiento de comprobación, el hipnotismo y todo el refuerzo del mal plantado, sobre todo en el estado posterior al trance de la mente.

- A toda la fe en el karma y las leyes de su aplicación.

- Al MT-Sidhis o técnicas de la «era de la ilustración», descritas en los Sutras Patanjali, de acuerdo con la tradición Dharan.

- A los diecinueve sutras, que he practicado para desarrollar mis capacidades sobrenaturales: la simpatía, la compasión, la alegría, la fuerza de un elefante, los tubos bronquiales, la luz interior, el sol, la luna, la estrella polar, la tráquea, el ombligo, la distinción entre el intelecto y la trascendencia, la intuición, el oído más fino de la trascendencia, la vista más fina de la trascendencia, el gusto más fino de la trascendencia, el tacto más fino de la trascendencia, el más fino olor de la trascendencia, y la levitación o técnica de vuelo, la relación del cuerpo y de Akasha y la ligereza de la fibra de algodón.

- A las leyes de Manu.

- A la práctica de Soma Veda para obtener poderes sobrenaturales de Indra. A la lectura del Mandala.
- A escuchar a los monjes que cantan en hindú.
- A recibir el título de "ciudadano de la era de la ilustración" y a la aceptación de la tarjeta con una corona sobre mi cabeza.
- A Asanas yoga, a mantener una cierta posición que deja el cuerpo abierto a los demonios.
- A Pranayama, rutina de ejercicios de respiración diseñados para limpiar un canal en mi cuerpo para entrar en el soma. A la lectura de la novena y la décima Mandai, que dio lugar a invitar a los dioses falsos a darse un banquete en el soma en mi estómago.
- A cualquier vínculo entre mi persona y las antiguas culturas arias.
- Al riego del Árbol de la Sabiduría en el jardín y a sus ramas del conocimiento.
- A la sintonía de mí mismo y de mi mente a cualquier energía o sabiduría de Satanás.

❖ Me arrepiento de abrir mi intelecto para crear una unidad divina conmigo mismo y con Satanás. Me arrepiento por creer y proclamar que al practicar las técnicas que aprendí de la MT y de los programas Sidhis de MT, eso me permitiría conseguir el don del Conocimiento Supremo y que el Conocimiento Supremo iba a satisfacer mi vida y me haría sentir realizado.

❖ Ahora te pido Señor, que por favor rompas todos los enlaces, cadenas, uniones y cualquier conexión entre mi persona y los profesores de MT y su movimiento de Meditación Trascendental.

- ❖ Ahora te pido Dios, que rompas las líneas que me conectaron a mí y a mis líneas generacionales con la tradición antigua y los maestros de la antigüedad.
- ❖ Te pido Señor, que sanes mi mente desde el momento en que se puso en el campo de lo Absoluto.
- ❖ Te pido Señor, que me liberes de la armonía falsa de mis pensamientos, palabras y acciones, que hayan afectado mi ego, el intelecto, la mente y los sentidos.
- ❖ Te pido Señor, que tomes y desarraigues de mí los dones, la unción, el conocimiento y los poderes adquiridos por mi participación en el programa SIDHI de MT.

Notas:
1. Gobernador de los yogis.
2. Las revelaciones divinas que exponen la revelación divina por los impulsos de lo absoluto a los videntes; ellos traen los códigos.
3. Los códigos de la conducta.
4. Registros de los gobernadores que mantienen todos los registros antiguos.
5. El emancipador de los mundos.
6. El redentor llamado Krishna.

CAPÍTULO TREINTA Y OCHO

Renuncia a Egipto
SARAH VICTOR

En noviembre de 2007, mi familia fue objeto de una serie de ataques. Yo eexperimenté el primero, una garganta desgarrada y lastimada. Este síntoma sonaba como el efecto de una maldición de la masonería sobre el cual había leído. Sin embargo, ya había renunciado a la masonería y sus consecuencias, así que empecé a buscar del Señor por entendimiento y guía de dónde estaba la puerta abierta para este ataque.

El segundo ataque fue experimentado por un miembro de la familia que se convirtió en víctima de abuso doméstico. Varios pastores oraron por esta situación. Dos de ellos nos dieron palabras similares. Ambas tenían que ver con Egipto. La primera estaba en Isaías 30:1–5.

> *"Qué aflicción les espera a mis hijos rebeldes — dice el Señor —. Ustedes hacen planes contrarios a los míos; hacen alianzas que no son dirigidas por mi Espíritu, y de esa forma aumentan sus pecados. Pues sin consultarme, bajaron a Egipto en busca de ayuda; pusieron su confianza en la protección del faraón y trataron de esconderse bajo su sombra. Pero por confiar en el faraón serán humillados, y por depender de él, serán avergonzados. Pues, aunque el poder del faraón se extiende hasta Zoán, y sus funcionarios han llegado a Hanes, todos los que confíen en él serán avergonzados. Él no los ayudará; todo lo contrario, los avergonzará".*

La segunda estaba en Isaías 31:1.

> *¡Qué aflicción les espera a los que buscan ayuda en Egipto, al confiar en sus caballos, en sus carros de guerra y en sus conductores; y al depender de la fuerza de ejércitos humanos en lugar de buscar ayuda en el Señor, el Santo de Israel!*

Aquel año Dios había estado llevando a nuestra familia en un viaje de limpieza para eliminar las raíces antiguas de idolatría y de ocultismo, comenzando con las religiones misteriosas de Babilonia. La idolatría y el ocultismo se cree que han comenzado con la antigua religión misteriosa de Babilonia en el tiempo de Nimrod y que se extendió por todo el mundo, asumiendo diferentes caras en Fenicia, Pérgamo, Grecia, Egipto, Roma, China y la India. Me di cuenta de que Dios quería ir más atrás en el tiempo para eliminar todas las raíces de la antigua religión misteriosa de Egipto de mi línea familiar.

Comencé a investigar historia egipcia y pronto mi atención se volvió hacia el *The Egyptian Book of the Dead* [1] (El libro Egipcio de la Muerte). Mientras leía el primer capítulo, empecé a revertir los himnos de alabanza a los dioses paganos en voz alta, renunciando y arrepintiéndome de ellos, y pidiéndole a Dios que me desconectara de esos dioses paganos. Mientras empecé a hacer esto, discerní mucha actividad en las esferas espirituales y sentí ligereza y gozo a medida que la liberación comenzó a tener efecto en mí.

Yo escribí mis renuncias a la adoración en esta antigua oración de ocultismo, para hacerlo más fácil para aquellos a los cuales Dios los guíe a renunciar a estas antiguas raíces egipcias. Sólo utilicé la primera parte del libro en la siguiente oración de renuncia. Usted puede continuar la renuncia del resto del libro, si el Señor lo guía. Creo que esta oración es la primera de una serie de herramientas que el Señor está soltando para liberarnos de las antiguas religiones misteriosas de Egipto y sus manifestaciones actuales en nuestra época.

La construcción de esta oración de renuncia está basada en el principio que se encuentra en 1 Juan 1:9 *"pero si confesamos nuestros pecados a Dios, él es fiel y justo para perdonarnos nuestros pecados y limpiarnos de toda maldad".*

Desde que hicimos esta oración, mi familia ya no ha experimentado este tipo de ataques.

Los ministerios de liberación, han explorado los vínculos entre la religión misteriosa antigua de Egipto y los problemas actuales de liberación, para aquellos que buscan la sanidad total de algún abuso ritual satánico (SRA) y de la Masonería.[2] Los masones mismos han explorado y tratado de establecer la idea de que la masonería puede ser una reencarnación de la religión antigua misteriosa de Egipto.[3,4] Los masones también han explorado similitudes entre la masonería y el hinduismo, especialmente en rituales donde la energía se mueve hacia arriba a través de la médula espinal.[5]

Todas estas religiones, cultos y rituales tienen objetivos comunes, primero el de supuestamente elevar al hombre a la condición de un dios, a veces utilizando rituales conocidos como ascensiones, y segundo para que el poder demoníaco invada, tome el control y para unirse con el espíritu del hombre y lograr el control de nuestro mundo. Con este fin, idean y crean rituales para que los hombres accedan ilegalmente a dimensiones celestiales impías o para permitir que lo demoníaco entre en el espíritu humano.

Las religiones y cultos que llevan la herencia espiritual del misterioso Egipto se cree que incluyen a la masonería, los Illuminati, los rituales satánicos (Satanic Ritual Abuse), el movimiento de los Rosacruces, Gnosticismo, Cabalá, Alquimia, Druidismo, y el Movimiento de la Nueva Era. Entre los textos sagrados del Antiguo Egipto están el Libro de los Muertos, Textos de las Pirámides, El Libro de Thoth, y la Sabiduría de Hermes Trismegisto.

Entre las deidades más conocidas esta la falsa trinidad de Osiris (supuestamente de origen divino), su esposa Isis y su hijo Horus. Esta leyenda es la cara egipcia de la religión misteriosa Babilónica[6] y es paralela a la leyenda de Nimrod, Semiramus

(reina del cielo), y Tamuz. La leyenda narra el asesinato y

desmembramiento de Osiris dirigido por el malvado Set, la breve resurrección de Osiris de entre los muertos por su esposa; Isis, y el posterior nacimiento de su hijo póstumo, Horus, por Isis. Osiris se convierte en el dios del inframundo y Horus más tarde mata a Set.

Por encima de todo, los egipcios eran gobernantes y constructores. Tenían una habilidad para la construcción y para el transporte, ya sea en la tierra o en los cielos. Construyeron grandes ciudades, coliseos, templos, pirámides, obeliscos y barcos. En los lugares donde levantaron edificios y monumentos, se establecieron portales para acceder a los cielos impíos.

Estas cuestiones generacionales del antiguo Egipto muy posiblemente ingresaron a Gran Bretaña y encontraron su camino en las fortalezas de la masonería.

Los antiguos egipcios también son conocidos por su fascinación con la muerte, la resurrección y la vida futura. Ellos momificaron a sus muertos y construyeron tumbas intrincadas para ellos, conteniendo artefactos para ayudarles en la vida después de la vida.[7] *El Libro de los Muertos* es una colección de himnos, conjuros e instrucciones, comúnmente escrito en un rollo de papiro y donde era colocado en las tumbas, para ser la guía del fallecido al entrar al inframundo, que muchos cristianos creen que son los lugares o dimensiones celestiales impías.

Los masones se han referido por mucho tiempo a este libro como "el ábrete sésamo" de la Masonería simbólica.[8] David L. Carrico[9] ha escrito con cierto detalle observando muchos paralelismos entre las referencias en el libro de rituales antiguos egipcios y el abuso ritual satánico de hoy en día (SRA). Señalan las similitudes entre las descripciones del libro de tortura auto infligido y la programación de las víctimas de la SRA a la autodestrucción.

La influencia del Egipto antiguo era de largo alcance. Al igual que las bendiciones generacionales pueden yacer perdidas dentro de nuestras líneas familiares, las influencias egipcias impías se pueden ocultar e infectar, imperceptibles, nuestras historias familiares. Este capítulo, basado en mi experiencia personal, tiene un enfoque de mira amplia (como de escopeta) describiendo primero los mitos, los lugares y los dioses a los que se refiere en la adoración egipcia, y luego en la oración arrepintiéndose de ellos. Los lectores pueden remitirse a la siguiente información para preguntas acerca de los nombres en la oración.

En relación con el énfasis de los egipcios al dominio sobre las regiones, sus deidades tienen títulos que los designan como gobernantes de varias ciudades o reinos. Esto nos da una idea de donde se establecieron sus fortalezas. Osiris se conoce como la gobernadora de las grandes ciudades del antiguo Egipto - Ávidos, Menfis, Busiris, Letópolis, así como los lugares en los cielos impíos. Estas son las fortalezas del culto de Osiris en Egipto.

La actual ciudad de Busiris fue también conocida como Tatú o Tetu, en el antiguo Egipto. Tiene un complejo de pirámides que están cerradas al público y se cree que tienen una puerta estelar.[10] La ciudad de Letópolis era conocida como Sequen en el antiguo Egipto. Menfis, conocida como la ciudad de la pared blanca, se suponía que era la residencia de Horus, que se suponía era el señor del Bajo Egipto.

En un punto, Nekhen o Hieracómpolis, era la capital religiosa y política del Alto Egipto. Era el centro del culto a Horus. Khemenu o Hermópolis, era el centro del culto de Thoth (el dios griego Hermes), el mensajero falso del dios de la magia, la sanidad, y la sabiduría, el patrón de los escribas. Shas-hetep es la residencia de Set que se suponía era el señor del Alto Egipto.

Abydos es una ciudad en el Alto Egipto, el centro del culto de Osiris e Isis. Abydos tiene muchos complejos de templos, incluyendo uno llamado Templo de Set I que tiene claros jeroglíficos de helicópteros, máquinas voladoras, y quizás ovnis (UFOs).[11]

Un *nome* es una división administrativa del antiguo Egipto. Ati era un nome en el Bajo Egipto. Busiris era la capital de Ati.[12] El centro del culto de Ra en Egipto era Anu o Heliopolis.[13] Las dos salas de la Maati (Verdad) era un lugar en el inframundo.[14]

Tuat significa "Otro Mundo". Se cree que es un reino de la oscuridad llena de lagos de fuego. Supuestamente está localizada en el lado oscuro de la luna[15] (también este es un álbum de Pink Floyd).

El mito egipcio se refiere a las Dos Tierras - este mundo y uno paralelo o "otro" mundo[16]. La cosmología egipcia reconoce cuatro mundos que interactúan a través del tiempo y el espacio. Manu, supuestamente el horizonte de las aguas, se dice que es el lugar desde el cual el tiempo y el espacio emergen y donde cada potencialidad existe.[17]

Aukert es otro nombre para el inframundo. El Lago de los Testículos en el Templo de Aart, posiblemente un lugar en el cielo impío.

En el mito de la creación de los antiguos egipcios, el universo se originó en un supuesto océano primordial llamado Nun. Fuera de este océano nació la colina llamada Nu. El Falso Árbol de la Vida era una planta proveniente de Nu; su madre era Nut- los cielos o la diosa del cielo falso.[18]

Keb era el falso dios de la tierra de Egipto cuyo símbolo era el ganso. Heliópolis era su centro de culto.

Ra era el falso dios del sol, el jefe de los dioses falsos de Egipto; el Faraón era supuestamente su manifestación en la tierra. Los símbolos de Ra eran el obelisco, la pirámide, y el sol. Khepera es una forma de Ra, cuyo símbolo es el escarabajo.[19] Sebau era un demonio serpiente quien trataba devorar al sol cada mañana al amanecer. Aepep y Nak eran otras serpientes monstruosas.

Maat es supuestamente la diosa de la verdad y el orden, que trabaja cerca con Heru - khuti o el falso dios de la justicia. Ani era el escriba real que escribió el *Libro de los Muertos*, que también es conocido como el *Papiro de Ani*.[20] Tatun fue supuestamente el creador del sol y la luna.

Mut, que significa madre, se pensaba que era la "gran madre del mundo" y fue considerada como la madre de los faraones. Neftis, la hermana de Isis y Osiris, era la diosa falsa de la muerte y la decadencia.

An o Ani, es una antigua forma del impío dios sol y del dios luna.

Los egipcios creían que el hombre invisible fue hecho de cinco partes. Ka es una parte y representa el espíritu del hombre.[21] Kau es el plural de Ka. Ba representa la personalidad.

El Festival Uak era un velatorio anual o fiesta de los muertos. Este se cree que es el origen de la ceremonia irlandesa de la muerte.[22]

Ati es una antigua palabra egipcia para rey. El "barco Atett" es supuestamente el barco en el cual el sol viaja a través del cielo en la mañana. El barco Sektet era el barco usado más tarde en el día. El Abtu y la Ant eran dos peces que supuestamente nadaban delante del bote de Ra.[23]

La corona Urrt era un símbolo muy antiguo de la soberanía. La Corona Blanca, o Hedjet, es una pieza alta y blanca, cónica, para la cabeza.[24] Es posible que el casco Ku Klux Klan se originó de esto. Heq significa príncipe.

En medio de todo esto, nos regocijamos en descubrir los maravillosos propósitos y la bondad de Dios hacia Egipto.[25]

Los eruditos creen que la Gran Pirámide de Giza fue construida mucho antes que las pirámides ocultas de los alrededores.[26] Al estudiarla, descubre sus dimensiones y diseño concebidos sobrenaturalmente, la gran escala y una increíble precisión arquitectónica. Con los años, los cristianos han considerado que esto podría ser una señal establecida en Egipto con la ayuda de Dios en lugar de la obra del enemigo.

Se ha sugerido que la Gran Pirámide contiene una profecía en código matemático del plan de redención para la humanidad a través de Jesus.[27]

Nota: Esta investigación sobre la historia de Egipto trajo una mayor claridad sobre la naturaleza de la adoración falsa en mi línea familiar de la cual Dios me llevó a arrepentirme a través del *Libro de los Muertos*. He tratado de cubrir todas las deidades desconocidas y topónimos mencionados en la oración.[28] Puesto que cada familia de Oriente Medio, Europa y ascendencia del norte de África ha sido tocada por la influencia del antiguo Egipto, y pocos han seguido a Dios por completo, tengo la esperanza de que muchos encontrarán liberación generacional a través de ella. Cuando Dios llamó a sus hijos fuera de Egipto para adorarle, él dijo: "No tendrás dioses ajenos delante de mí". Más de tres mil años más tarde, Él está diciendo la misma cosa.

La Oración: Renuncias a Egipto

- ❖ Señor, en mi nombre y el de todos mis antepasados, en todas las ramas de mi línea familiar, yo me arrepiento por todos los que dijeron, "Homenaje a ti, Osiris, señor de la eternidad, el rey de los dioses, cuyos nombres son múltiples, cuyas formas son santas, siendo de forma oculta en los templos, cuyo Ka es santo".
- ❖ Yo me arrepiento por aquellos que dijeron: "Tú eres el gobernador de Tatú, Busiris, y también el poderoso en Sekhem de Letópolis". Yo me arrepiento por los que han dicho "Tú eres el Señor a quien las alabanzas están atribuidas en el nombre de Ati, y es el Príncipe de la comida divina en Anu".
- ❖ Señor, me arrepiento de toda la adoración a Osiris. Señor, por favor desconéctame de Osiris, Tatú, Sekhem, Ati y Anu.

- ❖ Yo me arrepiento por todos los que dijeron: "Tú eres el señor, que se conmemora en Maati, el alma escondida, el señor de Qerrt,[29] el gobernante supremo en la Pared Blanca.[30] Yo me arrepiento por los que ha dicho "Tú eres el alma de Ra, su propio cuerpo, y que tiene tu lugar de descanso en Nekhen". Yo me arrepiento por los que ha dicho "Tú eres el benéfico y que es alabado en Nart, y que haces tu alma sea levantada". Yo me arrepiento por los que dijeron "Tú eres el señor de la gran casa en Khemenu, el poderoso de victorias en Shas-hetep, el señor de la eternidad, el gobernador de Abydos".
- ❖ Señor, yo me arrepiento de toda adoración a Ra. Señor, te pido que por favor me desconectes de Maati, Qerrt, Memphis, Ra, Nart, Khemenu, Shas-hetep, Abydos, Táchese.
- ❖ Yo me arrepiento por todos los que, confesaron que, "Tu nombre se establece en las bocas de los hombres, tú eres la esencia de dos tierras, tú eres Tem, el alimentador de Kau, el gobernador de las empresas de los dioses, tú eres el espíritu benéfico entre los espíritus, el dios del océano celestial que se nutre a sí mismo de las aguas. Yo me arrepiento por los que dijeron "Tú envías el viento del norte en la noche, y el aliento de sus fosas nasales para la satisfacción de tu propio corazón y tu corazón se renueve en la juventud".
- ❖ Señor yo me arrepiento por toda adoración a Nu. Por favor desconéctame de Tem, Kau y de Nu.
- ❖ Yo me arrepiento por todos los que dijeron: "Las estrellas en las alturas celestiales te obedecen, y las grandes puertas del cielo se abren ante ti". Me arrepiento por todos los que dijeron "Tú eres aquel a quien se le atribuyen alabanzas en el cielo del sur, y gracias te son dadas en el cielo del norte". Yo me arrepiento por aquellos que dijeron "Las estrellas imperecederas están bajo tu supervisión, y las estrellas nunca se establecen son tus tronos, y las ofrendas aparecen ante ti ante el decreto de Keb".
- ❖ Me arrepiento por todos los que dijeron, "Las compañías de los dioses te alaban y los dioses del Tuat huelen la tierra en

rendirte homenaje a ti". Me arrepiento por aquellos que dijeron, "Los confines de la tierra, se postran anti ti, los límites de los cielos te ofrecen súplicas cuando te ven, los santos son vencidos delante de ti, y todo Egipto te da acción de gracias cuando se encuentran con tu majestad".

- ❖ Señor te pido que me desconectes de Keb y de Tuat.
- ❖ Yo me arrepiento por aquellos que dijeron,
    - Tú eres un cuerpo espiritual que brilla, el gobernador de los cuerpos espirituales permanentes es tu rango, establecido es tu regla.
    - Tú eres el Sekhem el buen hacedor entre las compañía de los dioses, lleno de gracia es tu rostro y amado por aquel que lo ve.
    - Tu temor es establecido en todas las tierras, a causa de tu amor perfecto, y clamas a tu nombre haciéndolo el primero de los nombres, y todos te hacen ofrendas a ti.
    - Tú eres el señor que se conmemora en el cielo y en la tierra. Muchos son los llantos que se hacen en reverencia a ti en el Festival Uak, y con un corazón y a una voz, Egipto levanta gritos de alegría a ti. Tú eres el gran jefe, el primero entre sus hermanos, el príncipe de la compañía de los dioses, el que establece el bien y la verdad en todo el mundo, el hijo que se sienta en el gran trono de su padre Keb.
    - Tú eres el amado de tu madre, Nut, el poderoso y valiente, que derrocó al Sebau- demonio.
    - Tú te levantaste y destruiste a tu enemigo y estableciste tu temor en tus adversarios.
    - Tú trajiste los límites de las montañas y tu corazón está firme; tus piernas están firmemente establecidas.
- ❖ Señor yo me arrepiento por toda la adoración a Keb y Nut. Por favor desconéctame del Festival Uak, Keb, Nut y el Sebau – demonio.
- ❖ Yo me arrepiento por todos aquellos que dijeron,

- Tú es el heredero de Keb y de la soberanía de las dos tierras de Egipto y Keb ha visto tus esplendores, y él ha decretado para sí mismo la dirección del mundo por tu mano, por el tiempo que perduren los tiempos.
- Tú has hecho esta tierra con la mano, y las aguas, y los vientos, y la vegetación, y todo el ganado y todas las aves de plumas, y todos los peces, y todos los reptiles, y todos los animales salvajes.
- El desierto es la posesión legal del hijo de Nut y las dos tierras de Egipto se contentan en coronarte en el trono de tu padre, Ra.
- Tú sacas el horizonte y haz establecido la luz sobre la oscuridad.
- Tú soplas aire de tus plumas, e inundas las dos tierras de Egipto como un disco al amanecer.
- Tu corona penetra las alturas de los cielos.
- Tú eres el compañero de las estrellas y el guía de todos los dioses.
- Tú eres el benefactor en el decreto y el habla, el favorecido de la gran compañía de los dioses, y el amado de la pequeña empresa de los dioses.

❖ Yo me arrepiento por todos aquellos que dijeron,
- Su hermana, Isis, lo ha protegido, ha rechazado los demonios y apartó las calamidades del mal.
- Ella pronunció el hechizo con el poder mágico de su boca.
- Su lengua es perfecta y nunca se detuvo en una palabra.
- El benefactor al mando y la palabra era Isis, la mujer de conjuros mágicos, la defensora de su hermano.
- Ella lo buscó incansablemente, ella recorría dando vueltas y vueltas sobre esta tierra en dolor, y no se detuvo hasta encontrarlo.

❖ Señor, Yo me arrepiento por toda la adoración a Isis. Te pido por favor me desconectes de Isis.

- ❖ Yo me arrepiento por todo aquel que dijo,
  - Isis hizo la luz con sus plumas.
  - Ella creó el aire con sus alas y pronunció el lamento de muerte de su hermano.
  - Ella levantó los miembros inactivos de uno cuyo corazón todavía estaba, y ella sacó de él su esencia.
  - Ella hizo un heredero, al niño criado en la soledad, en el lugar donde no se conocía. Él creció en fuerza y estatura, y su mano era poderosa en la Casa de Keb.
  - La compañía de los dioses se regocijaban en la venida de Horus, hijo de Osiris, cuyo corazón era firme, triunfante, hijo de Isis, el heredero de Osiris.
- ❖ Y me arrepiento por todos aquellos que dijeron,
  - Homenaje a ti que viniste como Khepera, Khepera el creador de los dioses.
  - Tú que estás sentado en tu trono que se levanta en el cielo, iluminando a tu madre Nut.
  - Tú que estás sentado en el trono como dios de los dioses.
  - Tu madre Nut estira sus brazos y te hace un homenaje.
  - El dominio de Manu te recibe con satisfacción.
  - La diosa Maat te abraza en las dos estaciones del día.
- ❖ Señor, yo me arrepiento por toda adoración a Khepera y a Maat. Te pido que por favor me desconectes de Khepera, Man, y de Maat.
- ❖ Yo me arrepiento por todos aquellos que dijeron,
  - Que se le dé a Ra la gloria y el poder, la verdad, y la aparición de un ser viviente para que él pueda brillar sobre Heru-khuti, para el Ka del Osiris, el escriba Ani, quien habla verdad ante Osiris.
  - Salve, todos los dioses de la "casa del alma", que ponen en equilibrio el cielo y la tierra, y que da alimento celestial a los muertos y que dice "Salve, Tatun, que es el único, el creador de los mortales y de

la compañía de los dioses del sur y del norte, del oeste y del este".

❖ Señor, Yo me arrepiento por toda adoración a Ra, Herukhuti, Ani, y por Tatun. Te pido que me desconectes de estos dioses.

❖ Yo me arrepiento por aquellos que dijeron,
- Démosle gracias a él, en su forma benéfica que está entronizado en el barco de Atett.
- Thoth y la diosa Maat marcan tu curso día a día y todos los días.
- Tu enemigo, la serpiente, se ha entregado a la hoguera. El demonio de la serpiente, Sebau, ha caído de cabeza, sus patas delanteras están aprisionadas con cadenas, y sus patas traseras han hecho que Ra lo lleve lejos de él.

❖ Señor, yo me arrepiento por la adoración a Thoth. Te pido que por favor me desconectes de Atett, Thoth, y de Sebau.

❖ Yo me arrepiento por los que dijeron,
- Los hijos de la rebelión nunca más se levantaran.
- La casa del antiguo quien mantiene un festival y las voces de los que hacen felices están en el "gran lugar". Los dioses se regocijan cuando ven a Ra coronado en su trono, cuando sus rayos inundan el mundo con luz.
- La majestuosidad de este dios santo, Ra, se embarca en su viaje, y va adelante hasta que llega a la tierra de Manu.
- La tierra se vuelve luz con el nacimiento diario de Ra.
- Él procede hasta que llega al lugar donde se encontraba ayer.

❖ Me arrepiento por todos los que dijeron: "Déjame contemplar tus bellezas. Déjame viajar sobre la tierra. Déjame lastimarle el trasero. Permíteme separar la serpiente-demonio Sebau. Permíteme destruir Aepep en el momento de su mayor poder. Déjame observar el pescado Abtu en su temporada y el pez hormiga con el barco de hormigas que pilotea en el lago. Déjame contemplar a Horus cuando él está a cargo del timón de la barca de Ra con Thoth y la diosa Thoth cada uno al lado de él".[31]

- ❖ Señor, yo me arrepiento por la adoración a los peces Abtu, el pescado hormiga, y Horus. Por favor, te pido me desconectes de Aepep, el pescado Abtu, el pescado hormiga, y Horus.

- ❖ Me arrepiento por todos aquellos que dijeron, "Déjame echar mano de la cuerda de remolque de la embarcación Sektet, y la cuerda en la popa de la embarcación Matett. Deja a Ra que me mire desde su disco, el Sol, su espectáculo de Ah, la Luna, cada día. Deja que mi Ba-alma salga a caminar de aquí para allá y donde quiera. Deja que mi nombre sea llamado en alto. Déjalo que se encuentre inscripto en la tabla que registra los nombres de los que van a recibir ofrendas. Deja que las comidas de las ofrendas sepulcrales me sean dadas a mí en la presencia de Osiris como a los que están siguiendo a Horus. Que esté preparado para mí un asiento en el barco del sol en el día cuando el dios navega. Permíteme ser recÍdemo en presencia de Osiris en la tierra donde se -habla la verdad, el Ka del Osiris Ani".

- ❖ Señor te pido me desconectes del bote de Sektet, el bote de Matett y de Ka of Osiris Ani.

- ❖ Yo me arrepiento por todos los que dijeron,
    - Homenaje a ti, oh ser glorioso, tú que estás cubierto de toda soberanía.
    - Oh, Tem-Heru-Khuti, Tem-Harmakhis, cuando te elevas en el horizonte del cielo un grito de alegría sale hacia ti de todas las personas.
    - Oh tú, hermoso ser, te has renovado a ti mismo en tu temporada en forma de disco dentro de tu madre Hathor y por lo tanto en cada lugar, cada corazón se hincha de alegría por tu nacimiento que es para siempre.

- ❖ Señor, me arrepiento de todo toda adoración hacia Tem-Heru-Khuti y Hathor. Te pido por favor me desconectes de estos dioses.

❖ Yo me arrepiento por todos los que dijeron,
  - Las regiones del sur y del norte van a ti con homenaje y envían aclamaciones a tu salida en el horizonte del cielo.
  - Tú enciendes las dos tierras con rayos de luz color turquesa.
  - Oh, Ra, eres Heru-Khuti, el divino hombre-niño, el heredero de la eternidad, el auto-engendrado y el auto-nacido, el rey de la tierra, príncipe del Tuat, el otro mundo, y el gobernador de Aukert.
  - Tú viniste del dios del agua.
  - Tú floreciste del dios-cielo Un, quien te aprecia y ordena tus miembros.

❖ Señor, yo me arrepiento de toda la adoración a Heru-Khuti, Tutat y Hukert.
❖ Te pido por favor me desconectes de Heru-Khuti, Tutat y Hukert.
❖ Yo me arrepiento por todos los que dijeron:
  - Oh, dios de la vida, tú señor del amor, todos los hombres viven cuando tú brillas.
  - Tú estás coronado como rey de los dioses.
  - La diosa Nut te abraza y la diosa Mut te envuelve en todas las estaciones.
  - Los que te siguen te cantan con alegría e inclinan sus frentes a la tierra cuando te conocen, el señor de los cielos, el señor de la tierra, el rey de la verdad, el señor de la eternidad, el príncipe de la eternidad, soberano de todos los dioses.
  - Tú eres el dios de la vida, tú, el creador de la eternidad, hacedor del cielo dónde estás firmemente establecido.

❖ Señor, yo me arrepiento por toda adoración a Mut. Por favor te pido me desconectes de Mut.
❖ Yo me arrepiento por todos aquellos que dijeron:

- La compañía de los dioses se regocija en tu salida, la tierra se alegra cuando contempla tus rayos.
- Las personas que han estado mucho tiempo muertos salen con gritos de alegría para contemplar tu belleza cada día.
- Tú vas por delante cada día sobre el cielo y la tierra y te haces fuerte cada día por tu madre Nut.
- Tú pasas sobre las alturas del cielo.
- Tu corazón se llena de alegría y el Lago de los Testículos, el gran oasis, se alegran contigo.
- La serpiente-demonio ha caído, sus brazos se han roto, y el cuchillo ha cortado sus articulaciones.

❖ Yo me arrepiento por todos aquellos que confesaron,
  - Ra vive por Maat, la ley y la belleza.
  - El barco Sektet avanza y entra en el puerto. El sur, el norte, el oeste y el este a su vez para alabarte.

  - Tú eres el soberano de todos los dioses.
  - Tú que estás en tu santuario tienes alegría porque la serpiente-demonio Nak ha sido juzgada por el fuego y tu corazón se alegrará por siempre.
  - Tu madre, Nut, es apreciada por tu padre Nu.

❖ Señor, por favor romper todas las conexiones impías al sur, al norte, oeste y este. Me arrepiento por toda adoración a Neftis. Por favor, desconéctame de Neftis, Nak, y Nu.

❖ Me arrepiento por todos los que dijeron,
  - Un himno de alabanza a Osiris Un- Nefer, el gran dios que habita en Abtu, el rey de la eternidad, el señor de la eternidad, que viaja a millones de años en su existencia.
  - Tú eres el hijo mayor del vientre de Nut.
  - Tú naciste de Keb, el Erpat.
  - Tú eres el señor de la corona Urrt.
  - Tú eres aquel cuya corona blanca es elevada.
  - Tú eres el rey, Ati, de dioses y hombres.

- Has obtenido la posesión del cetro del dominio, el látigo, el rango y la dignidad de los padres divinos.
- Tu corazón se expande con alegría, tú que estás en el reino de los muertos.

❖ Me arrepiento por todos los que dijeron,
  - Tu hijo Horus está firmemente ubicado en tu trono.
  - Haz ascendido a tu trono como el señor de Tetu y como el Heq que habita en Abydos.
  - Tú haces las dos tierras que existen a través de la verdad en la presencia de aquel que es el señor hasta el máximo límite.
  - Tu dibujas sobre lo que todavía no ha venido a ser en tu nombre de "Ta-her-sta-nef".

❖ Señor, me arrepiento por toda adoración al señor de Tetu, Heq y Ta-her-sta-nef. Te pido por favor me desconectes de estos dioses.

❖ Yo me arrepiento por todos los que dijeron,
  - Tú gobiernas sobre las dos tierras por Maat en tu nombre de Seker.
  - Tu poder está expandido.
  - Tu eres aquel de quien el miedo es grande en tus nombres de Usar y Asa.
  - Tu existencia permanece por un número infinito de períodos dobles Henti en tu nombre de Un-Nefer.
  - Homenaje a ti, rey de reyes, señor de señores, y el príncipe de los príncipes.
  - Tú has gobernado las dos tierras desde el vientre de la diosa Nut.
  - Tú has gobernado las tierras de Akert.

❖ Señor, yo me arrepiento por toda la adoración a Seker, de Usar, Asar, y Un-Nefer. Te pido por favor me desconectes, de estos dioses.

❖ Yo me arrepiento por todos los que dijeron:

- Tus miembros son de plata y oro, la cabeza es de lapislázuli, y la corona de la cabeza es de color turquesa.
- Tú eres de millones de años.
- Tu cuerpo lo impregna todo, Oh bello rostro en Ta-Tchesert.
- Concédeme la gloria en el cielo, el poder sobre la tierra, la verdad de tu hablar en el bajo mundo divino y el poder para navegar por el río Tetu en forma de un Ba-alma viviente.
- Concédeme el poder de navegar por el río Abydos en la forma de un pájaro Benu y el poder para pasar a través y hacia fuera, sin obstrucción, las puertas de los señores de la Tuat.
- Permiem que me sean dados los panes en la casa del renuevo, las ofrendas sepulcrales de pasteles y cerveza, las ofrendas propiciatorias en Anu, y una casa permanente en Sekhet - Aaru, con el trigo y la cebada en él, al doble del Osiris.

❖ Señor, me arrepiento por toda adoración a los señores de la Tuat. Por favor, te pido que me desconectes de estos dioses y de Abydos y Sekhet-Aaru.

❖ Señor, me arrepiento por toda adoración a los dioses a quienes juzgaste mediante el envío de las plagas contra Egipto-Anuket, la diosa del Nilo, Khnum, el guardián del Nilo, Hapi, el espíritu del Nilo, Osiris, que tenía el Nilo como su torrente sanguíneo, Heqt, la rana-diosa de la fertilidad, Geb, dios de la tierra, Hathor, una diosa madre-vaca, Qadshu, diosa de la sexualidad, Imhotep, el dios de la medicina, Serapis, protector de langostas, Shu, dios del aire, Nut, la diosa del cielo, y Set, dios del desierto, tormentas, la oscuridad y el caos. Por favor, te pido que me desconectes de todos esos dioses.

Notas:
1. EA Wallis Budge, trans, El Libro Egipcio de los Muertos (Whitefish, TA: Casa Publicitaria Kessinger, 2003). Las traducciones de *El libro Egipcio de los Muertos* son de libre acceso en varios lugares en Internet.
2. David L. Carrico, El Egipcio, Masónico, La Conexión Satánica (Evansville, IN: El Ministerio de los Seguidores de Jesucristo, 2006, 1994).
3. George H. Steinmetz, *La Masonería: Su Significado Oculto* (Richmond, VA: Editorial Macoy y La Compañía de Recursos Masónica, reimpreso en 1982).
4. Manly P. Hall, *La Masonería Del Egipcio Antiguo* (Los Angeles, CA: Philosophical Research Society, 2000).
5. Isaías 14:13–14.
6. *Ver el Capítulo* 40. "Renuncia de Babilonia" (Hesperia, CA: Aslan's Place, Diciembre, 2007).
7. E.A. Wallis Budge, *Ideas Egipcias para la Vida Futura* (Charleston, SC: Biblio Bazaar, 1903; repr., 2007).
8. Manly P. Hall, *Las Llaves Perdidas de la Masonería* (New York: Tarcher, 2006).
9. David L. Carrico, *El Egipcio, Masonico, Conexión Satánica* (Evansville, IN: El Ministerio de los Seguidores de Jesucristo, 2006, 1994).
10. William Henry, "Lugar de los Dioses- La Puerta Estelar en Abu Ghurab, Egipto"
http://www.bibliotecapleyades.net/stargate/stargate10.htm.
11. Bill Alford, "El Abydos Egipto Templo Glifos" http://netowne.com/historical
/ Egiptología /.
12. *Wikipedia*, S.V. "Nome (Egipto)", http://en.wikipedia.org/wiki/Nome_(Egipto)
13. E.A.Wallis Budge, Tutankamón: El culto de Atón, el Dios y disco del Sol, su origen, su desarrollo y su decadencia (Cheshire, CT: Bibló-Moser, 1992).
14 I. M. Oderberg, "The Twin Halls: Mitos Egipcios," *Sunrise*, Abril/Mayo 1986.
http://www.theosophy-nw.org/theosnw/world/med/my-imo4.htm.
15. H.P.Blavatsky y William Judge, "Ancient Landmarks XX: Egyptian Immortality," *Theosophy* 15, No. 11, September 1927.
http://www.wisdomworld.org
/add

itional/ancient landmarks/EgyptianImmortality.html.
16. Moustafa Gadalla, *Cosmologia Egipcia: The Animated Universe*, 2nd ed. (Greensboro, NC: Tehuti Research Foundation, 2001).
17. Rosemery Clark, La Sagrada Tradición en el Antiguo Egipto: La Sabiduría Esotérica Revelada, (Woodbury, MN: Publicaciones Llewellyn, 2000).
18. Audrey Fletcher, "La Leyenda de Osiris y el Árbol de la Vida", Los antiguos egipcios y las constelaciones: Parte 6: "http://ancientegypt.hypermart.net/treeoflife/index.htm.
19. Abril McDevitt, Antiguo Egipto: La Mitología, http://www.egyptianmyths.net /khepera.htm.
20. Ernest Alfred Wallis Budge, *El Papiro de Ani: El Libro Egipcio de los Muertos* (Sioux Falls, Dakota del Sur: Publicaciones Navision, 2007).
21. EAWallis Budge, Osiris y la *Resurrección Egipcia*, vol. 2 (Mineola, Nueva York: Publicaciones Dover, 1973).
22. Gerald Massey, *El Libro de los Principios*, vol. 1 (Whitefish, MT: Kessinger Publishing, 2002).
23. E. A. Wallis Budge, trans., *El Libro Egipcio de la Muerte*
24. Egyptology Online, http://www.egyptologyonline.com
25. Isaías 19:18–25; Jeremías 32:20.
26. Chuck Missler, "Monumentos de la Prehistoria, *"El Libro de Isaías: Un Comentario*, (Coeur d'Alene, ID: Koinonia House, 2001), MP3 CD-ROM.
27. Peter Lemesurier, *Descifrando la Gran Pirámide* (Boston, MA: Element Books, Ltd., 2000).
28. *Las citas en las siguientes oraciones son versiones y renuncias del Libro de los Muertos.*
29. Elefantina.
30. Menfis.
31. *El Libro de los Muertos*, capítulo 1.

CAPÍTULO TREINTA Y NUEVE

Renuncia al Hinduismo
SARAH VICTOR

Mi familia había estado bajo una serie de ataques intensos de brujería durante unos dos años. Le pedíamos a Dios que rompiera las maldiciones y que Dios gentilmente nos ayudara, pero cada dos semanas una nueva porción de maldiciones[1] era soltada en nuestra contra. Muchas de estas maldiciones fueron pasando. Cada persona en mi familia estaba experimentando ataques-accidentes, accidentes de tráfico, enfermedades graves, problemas financieros y relaciones rotas. Continuamos esperando en el Señor.

Entonces el Señor nos llevó al Aslan's Place y comenzó a limpiar nuestras líneas generacionales. Él nos llevó a arrepentirnos específicamente para todas las raíces del hinduismo en nuestras líneas generacionales. Cuando renunciamos y nos arrepentimos de estas creencias y prácticas hinduistas, experimentamos una fuerte liberación. Sorprendentemente, las maldiciones lanzadas contra nosotros ya no eran efectivas. Ya no estábamos cayendo enfermos todo el tiempo, y el nivel de accidentes cayó abruptamente.

Empezamos a estudiar las raíces del hinduismo y tratar de entender sus efectos sobre nuestros cuerpos, mentes y espíritus, así como su influencia en nuestro enfoque de la vida, nuestras reacciones a nuestras circunstancias, y nuestro compromiso con la comunidad y la sociedad. Dios en su gracia nos había desconectado de muchas de estas raíces, pero el proceso de reconstrucción y restauración tomó tiempo. Con la esperanza de ayudar a otros, aquí está la información del trasfondo sobre el hinduismo y algunas de las cuestiones que descubrimos que aquellos que buscan la libertad del hinduismo puede que tengan que trabajar en el proceso de restauración.

El hinduismo es un conjunto de tradiciones religiosas, creencias y prácticas que se han establecido en la India durante miles de años. El objetivo del hinduismo es alcanzar la salvación, una unión entre el alma eterna del hombre y el alma del mundo que supuestamente libera a un alma del karma -los ciclos de causa y efecto-y el samsara- que son los ciclos de muerte y renacimiento. Descubrimos que en esencia, la unión entre el alma del mundo y el alma humana es la unión de un ser humano con el reino demoníaco a tal punto que es difícil separar la creación divina de Dios de lo profano.

Esto se describe en un folleto publicado por Pathlights:[2]

> El cielo hindú es el Nirvana, que es el "silencioso deslizamiento de la gota de rocío en el mar silencioso". Todo lo que les rodea es dios, y ellos también lo son. ¡Algún día, de alguna manera inexplicable, se convertirán en parte de lo que ahora ya son parte! ¡dios! Y eso es lo que significa llegar al cielo hinduista. No es la paz; no es la felicidad; es simplemente el deslizamiento silencioso dentro del agujero del silencio. Nirvana suena como lo que tiene lugar en la muerte eterna.

No hay nada como las ideas hinduistas sobre Nirvana en las creencias judeocristianas. La resurrección de Jesucristo demuestra la realidad de la vida después de la muerte. La Biblia afirma la personalidad individual, tanto en esta vida como después de la muerte.

Tanto el hinduismo como el budismo ven la personalidad como un enemigo que es finalmente destruido por la absorción dentro del Brahmán;[3] el hinduismo y el budismo, ambos trabajan para suprimir nuestra identidad, personalidad y la individualidad, no reconociendo la forma única en que Dios nos ha diseñado y creado a cada uno de nosotros. Sus metas son, primero suprimir el espíritu humano y luego unir nuestros espíritus con los demonios para que estos puedan controlar a los hombres, y en última instancia al mundo.

El hinduismo usa la forma en que Dios nos hizo para seducirnos hacia una mentira. Estamos diseñados para anhelar la intimidad con Dios. Avanzaremos en dirección a este anhelo, utilizando cualquier camino que está a nuestro alcance. Los grandes místicos y santos cristianos buscaron apasionadamente la unión e intimidad con Dios.[4] La Iglesia nos ha dejado como presa fácil al diluir la realidad de la intimidad con Dios y minimizando su plan para que seamos partícipes de su naturaleza divina. ¿Ha sido para nosotros demasiado abrumador entender o aceptar la verdad asombrosa de las escrituras acerca de que nosotros seamos uno con Dios?[5]

La restauración de los efectos del hinduismo incluye el reconocimiento de nuestro diseño único, identidad, dones, y nuestro derecho de nacimiento.[6]

El Sistema de Castas, la Pasividad y Pérdida de Identidad

Los antiguos textos religiosos hinduistas, los *Vedas*, reconocen las desigualdades de nacimiento y las circunstancias familiares y los codifican en el sistema de castas. La palabra para casta es *varna* o color. Las cuatro castas son de color blanco, rojo, marrón y negro. En esencia, el sistema de castas es racismo institucionalizado.

El sistema de castas dividió la sociedad hinduista en cuatro clases rígidas que restringían el empleo de una persona, matrimonio y la participación social. La gente de las castas más bajas eran llamados los intocables, porque se creía que contaminaban las castas superiores. Ellos eran oprimidos y explotados, sin acceso a la educación o la oportunidad de cambiar su posición social o estatus.

Desafortunadamente, debido a la ley kármica hinduista,[7] los hindúes aceptan sus castas y posiciones económicas como el resultado inevitable de los actos realizados en vidas anteriores y no se resisten a ello. Los cristianos creen en el principio de la siembra y la cosecha,[8] y también creemos que las acciones de las generaciones pasadas soltarán bendiciones o maldiciones en nuestras vidas.[9] Sin embargo, sabemos que el poder de la cruz nos redime y elimina todas las maldiciones de las generaciones anteriores -cuando nos apropiamos de la cruz y la llevamos a los lugares sin redimir de nuestras vidas. El hinduismo no tiene esta provisión.

Las prácticas religiosas de renuncia fatalista, tanto en el hinduismo como en el budismo promueven la separación de la vida y sus acontecimientos en formas que son diametralmente opuestos a la forma en que Dios quiere que nosotros, como seres humanos, caminemos en dominio[10], comprometiéndonos activamente con el mundo que nos rodea. Dios nos llama a vencer los obstáculos, pelear nuestras batallas, caminar en dominio y recibir sus bendiciones mientras extendemos y establecemos su reino aquí en esta tierra. En la parábola de Lucas 19:13 Jesús dice, "Negociad entre tanto que vengo". (RVR1960)

Uno de los cuatro objetivos del hinduismo se llama *dharma*. En la creencia hinduista, *dharma* es tanto un principio que ordena el universo, así como un código moral de conducta que cumple con esta ley. Enfatiza el cumplir con el deber como una forma de salvación. Por desgracia, el dharma no promueve el hacer buenas obras, como ayudar a alguien a cruzar la calle, sino que es un conjunto de reglas bastante rígidas o deberes que varían según el género, diferentes castas, y según las etapas de la vida de una persona. Por ejemplo, de acuerdo con el dharma, un barrendero de una "casta inferior", está obligado a aceptar su lugar en la sociedad y barrer las calles, sin esperanza de alguna recompensa o cambio. De hecho, la búsqueda de la recompensa o cambio sería un error, pues sería traer consecuencias negativas en vidas futuras.

Esto produce un fuerte espíritu religioso. La mayoría de los hinduistas adoran diariamente en sus santuarios en el hogar, repitiendo rituales antes esculturas e imágenes de sus dioses. Algunos visitan templos todos los días para adorar. Vivekananda dijo: "Aquí en la India, es la religión la que forma el núcleo del corazón nacional".[11]

En la restauración de los efectos del hinduismo, es esencial reconocer el amor de nuestro Padre; cuando nos volvemos a él, su amabilidad y su gracia[12] restaura nuestra justicia, una justicia que viene solamente de Él[13] y restaura nuestra impresionante primogenitura.

La Restauración de la Mujer

La situación de desigualdad hacia las mujeres se codifica en las escrituras hinduistas en muchos sentidos. A la mujer no se le permite estudiar las escrituras, pero el servicio a su marido es equivalente a la misma. Incluso si su marido no tiene virtud alguna, debe ser constantemente adorado como un dios por su esposa. Una mujer no puede incluso mencionar el nombre de otro hombre después de que su marido ha muerto, pero el hombre puede casarse de nuevo. Las mujeres no están para ser independientes; ellas deben ser protegidas a lo largo de sus vidas por sus padres, su marido y su hijo. A ninguna mujer se le permite hacer nada en forma independiente incluso en su propia casa, pero debe mantenerse dependiente a los miembros masculinos de su familia.[14]

Tradicionalmente, los hombres son los controladores de la propiedad. La herencia de una mujer se le dio como dote en el matrimonio, desheredan así a las mujeres de las herencias de sus padres porque toda asignación fue para las familias de sus maridos. Dado que las mujeres han sido desheredadas, las hijas se han convertido en obligaciones,[15] y el infanticidio femenino es todavía común en la India. La (ahora fuera de la ley) práctica del *sati* o la auto-inmolación de una viuda en la hoguera funeraria de su marido ilustra la subordinación de las mujeres hacia los hombres e imita un acto similar de una diosa hinduista.

La restauración de los efectos del hinduismo, tanto para hombres y mujeres debe incluir el reconocimiento de que Cristo restauró la igualdad de la mujer.

Tantra o Actos Rituales

Los actos rituales o prácticas de la teología hinduista están escritos en los Tantras o escrituras.[16] Entre éstos están la astrología, ayurveda-un sistema de medicina tradicional hinduista, y yoga, que es una disciplina espiritual ocultista desarrollada para ayudar a las personas a lograr la salvación hinduista o la unión con su dios. Las escrituras hinduistas y la medicina tradicional medicina védica enseña que el cuerpo físico humano está dividido en los chakras. Ellos creen que estos chakras son órganos invisibles, en forma de ruedas de la luz en el cuerpo espiritual del hombre, cada uno con su propio color y frecuencia.[17] La práctica del Kundalini y los rituales chakras, abren a la gente hacia la disociación[18] y la entrada de seres demoníacos, facilitando la perpetración del control de la mente sobre las generaciones de estos practicantes.

Dibujar *mandalas* es otra forma de ritual tántrico y de meditación. El mandala es un círculo oculto. Significa contenedor de la esencia. Dibujar un mandala parece actuar como un portal para atraer los seres demoníacos a ese lugar. Mandalas pueden romper los límites entre el espíritu humano y energías demoníaca s externas, permitiendo así un punto de entrada para los demonios en el espíritu humano. Un mandala puede ser utilizado personalmente o corporativamente. Puede ser utilizado para transmutar las fuerzas demoníacas en la tierra, en cuerpos de agua corriente, y a través del aire, dándoles a los demonios el derecho legal de interferir con los patrones climáticos. Los maestros tibetanos son famosos por la contaminación de la tierra y de los cursos de agua usando mandalas de arena. La Tierra que ha sido contaminada por un mandala necesita ser limpiada de la influencia demoníaca, sanada y restaurada.

El ritual tántrico también implica sonido. El hinduismo

reconoce que el universo fue creado por el sonido. El símbolo auditivo primario del hinduismo es un sonido llamado om, que los hindúes dicen que es el sonido del universo o el sonido de la luz. La restauración de los efectos del hinduismo también incluirá la restauración de las frecuencias y las vibraciones de nuestro cuerpo para resonar con el sonido del Señor.[19]

El concepto del tiempo eterno y cíclico está en el centro de la cosmovisión hinduista. El Kalachakra es la rueda hinduista del tiempo - ocho radios gobernados por ocho deidades indican las direcciones de la brújula. La rueda representa la creación y los ciclos de la existencia en el tejido del espacio-tiempo. La restauración de los efectos del hinduismo incluye romper todas las asociaciones y vínculos con el tiempo impío y sus deidades y renunciando a todas las falsas profecías acerca de los tiempos. La restauración lleva a los creyentes fuera de la rueda impía del tiempo y los ubica dentro del tiempo de Dios.

La Oración: Renuncia al Hinduismo

- Padre Celestial, te pido que me perdones a mí y a todos los miembros de mi línea ancestral por todas las creencias impías en el hinduismo y sus filosofías, por toda idolatría hinduista, y por toda práctica impía del hinduismo y sus ramificaciones disfrazadas; perdónanos por obtener conocimiento de forma ilegal a través de fuentes impías hinduistas, por la práctica de la hechicería y brujería, y por hacer sacrificios impíos a los falsos dioses del hinduismo.
- Padre Celestial me arrepiento y renuncio a la adoración de todos los pactos y que mis antepasados o yo hicimos con la trinidad impía: Brahma el creador, Visnú el preservador y Shiva el destructor.
- En mi lugar y en el lugar de mi línea familiar yo me arrepiento por haber creído o haber dicho que en él que residen

todos los seres y quien reside en todos los seres, quien es el dador de la gracias para todos, el alma suprema del universo, el ser ilimitado- Yo lo soy.[20]

- En mi lugar y en lugar de mi línea familiar, Yo me arrepiento por haber creído o por haber dicho, "yo soy la divinidad suprema, la cual, como el espacio, llena todas las cosas completamente por dentro y sin, cambio, perfecta, son ataduras, mancha o movimiento. Yo soy eterno, puro y libre, uno, indivisible." [21]
- En mi lugar y en lugar de mi línea familiar, Yo me arrepiento por haber creído o por haber dicho, "Brahma, la fuerza motriz primordial e mi vientre; en él coloqué la semilla; desde allí, oh Arjuna, ¡es el nacimiento de todos los seres! Cualesquiera sean las formas producidas, en todos los vientres, el gran Brahma es sus vientre y yo soy el padre que aporta la simiente". [22]
- Señor, por favor desconéctame del corazón y del vientre de Brahma, y de la semilla impía y entidades que aportan la simiente. Me arrepiento por todos los que permitieron encarnaciones impías de dioses con la conciencia humana dentro de mí. Señor por favor desconéctame de todos los avatares impíos.
- En mi lugar y en lugar de mi línea familiar, Yo me arrepiento por haber creído y por haber dicho, "El conocedor atrapa en el éxtasis de su corazón la plena luz de ese Brahmán el cual es indescriptible... todo pura felicidad, incomparable, trascendiendo el tiempo, siempre libre, más allá del deseo".[23]
- Señor por favor desconéctame de la luz del Brahmán y de todas las fuentes de la luz impías.
- Por mi propia vida y por mi línea familiar yo me arrepiento por el uso de los textos sagrados hinduistas como nuestra fuente y dirección. Renuncio a todos las invitaciones impías, orientación y conexiones a las realidades espirituales impías detrás de estos textos.
- Por mi vida y mi línea familiar, yo me arrepiento por haber creído y haber dicho, "Oh mente, la más grande de las aves, juega en la jaula de los dos pies de loto de Sankara, en el árbol con los Vedas como ramas, con los Upanishad como la parte

superior, con las frutas que destruyen el dolor y cuyo jugo es néctar". [24]

- Señor, por favor remuévenos y a nuestras mentes de los arboles impíos, aves, frutas y jaulas. Por favor desconéctanos de los Vedas, Upanishad, Puranas y de Sankara.
- En mi nombre y mi línea familiar, me arrepiento y renuncio a todas las creencias en los ciclos repetidos de la creación, preservación y destrucción de este universo. Renuncio a la visión del mundo cíclico representada por la rueda impía del tiempo o de *Kalachakra*.
- Por favor perdónanos por creer eso: "Esta rueda de la vida está asociada con *(sic)* pares opuestos y de falta de conciencia... ese hombre que siempre entiende con precisión el movimiento y la detención de esta rueda de la vida, que parece nunca haber sido engañado, entre todas las criaturas. Liberado de todas las impresiones, despojado de todos los pares opuestos, liberados de todos los pecados, él llega a la meta más alta." [25]
- En mi nombre y de mi familia, yo me arrepiento por haber creído o haber dicho, "Conoce al único que ha de ser conocido, aquel en quien estas dieciséis partes descansan los radios del eje de la rueda de la vida, no sea que la muerte te haga daño". [26]
- Renuncio a la creencia de que el ser supremo está en el centro de la rueda de la vida y que logrando esto es la meta que va más allá de la muerte. Señor, por favor desconecta a mí y a mi familia del Kalachakra, la rueda impía del tiempo y sus ciclos.
- Yo me arrepiento y renuncio a todas las creencias del karma, la ley de la causa y el efecto por el cual cada individuo crea su propio destino por sus pensamientos, palabras y hechos.
- Yo me arrepiento y renuncio a todas las falsas creencias del karma como las obras relacionadas con el ciclo de la causa y el efecto, acción y reacción, que dice que mi futuro y mi destino está determinado por todas mis acciones en esta vida y mis vidas anteriores. Yo me arrepiento por luchar a través del esfuerzo de liberarme del karma negativo y tratando de

hacer que mi destino sea mejor a través del mantra, meditación y acciones positivas.

- Yo me arrepiento n lugar de mi línea familiar y de mi propia vida por creer o por haber dicho, "Como el fuego ardiente reduce la madera a cenizas, oh Arjuna, así el fuego del autoconocimiento reduce toda Karma a cenizas".[27]

- Señor, por favor perdónanos por creer que moldeándonos nosotros mismos a las circunstancias de acuerdo a nuestro karma es la única manera de adquirir la felicidad.

- En mi nombre y el de mi línea generacional, me arrepiento y renuncio a todas las falsas creencias en el principio de la reencarnación o *samsara*, que después de la muerte mi alma transmigra a un nuevo cuerpo y regresa a la tierra.

- Me arrepiento por creer que a través de elecciones individuales, nosotros podemos resolver el karma, alcanzar *moshka* o la liberación, y soy consciente de Dios, poniendo así fin a este ciclo de muerte y renacimiento. Me arrepiento por creer que mi alma está en un viaje cósmico para ser purificada y que se manifieste en un cuerpo una y otra vez, 8.4 millones de veces hasta que sea purificada.

- Yo me arrepiento por todos en mi línea familiar que dijeron o creyeron que nuestros deseos por cosas terrenales nos encadenaban a rondas de nacimientos y muertes y que *moksha* o la liberación de este ciclo, proviene de la renuncia de los deseos.

- En mi nombre y de familia, me arrepiento por todos los que creyeron y dijeron, "Como hombre se despoja de prendas gastadas y se pone otras nuevas, del mismo modo el alma encarnada, desechando los cuerpos gastados, entra en otros que son nuevos".[27]

- En mi nombre y de familia, me arrepiento por todos los que creyeron y dijeron, "Como hombre se despoja de prendas gastadas y se pone otras nuevas, del mismo modo el alma encarnada, desechando los cuerpos gastados, entra en otros que son nuevos". [28]

- Yo me arrepiento por mí y todos en mi línea familiar quienes aceptaron el ciclo de muerte y renacimiento como cosa inevitable para nosotros.
- Yo me arrepiento y renuncio a todas las creencias de adoración de, servicio a, y pactos hechos con los seres celestiales hinduistas - los devas, los hijos impíos de Dios, los mahadevas y la trinidad del mal o Trimurti. Señor te pido que por favor me desconectes de esto.
- Yo me arrepiento por la creencia de que un maestro iluminado o *satguru* es esencial para guiar mi alma a la autorealización.
- En mi nombre y el de mi familia, yo renuncio, "(Inclinarme) ante el calzado sagrado de mi maestro, quien me enseñó el significado de *om*".
- Yo me arrepiento y renuncio a cualquier práctica impía de no dañar a ninguna criatura- *ahimsa* - que venera la creación por encima del verdadero Creador.
- Yo me arrepiento y renuncio a la creencia de que no hay un único camino a la salvación y que todos los caminos espirituales son aceptables.
- Yo me arrepiento y renuncio a la creencia de que el dharma es el objetivo de la existencia y que la observación del *dharma* (significa religión) me conducirá al logro de *jnana o gñana (*significa conocimiento*)*, o de un mayor conocimiento religioso y a *bhakti*, o unión con Dios a través de la devoción.
- Yo me arrepiento y renuncio a la creencia de que el *moksha* se logra mediante la observación del dharma, cumpliendo con el deber asignado y la obligación moral de la sociedad de acuerdo a la posición en la vida. Yo renuncio a toda creencia de que estoy obligado a través del deber de aceptar mi lugar actual en la sociedad sin esperanza de recompensa o cambio. Yo renuncio a toda creencia de que los hombres alcanzan la salvación por seguir fielmente caminos predeterminados de deber. Señor te pido que por favor elimines los efectos que estas restricciones tenían en mí para que yo pueda entrar en mi derecho de nacimiento y de herencia en Ti.

- Yo me arrepiento y renuncio a todas las prácticas de *bhakti*, o devoción a dios y los dioses del hinduismo, para que el *atman* o alma individual y el espíritu puedan fusionarse con *Brahman* o la conciencia universal y permitir la realización de *moksha*.
- Yo me arrepiento por mí y por mi línea familiar por haber creído o dicho, "El que me sirve con devoción inquebrantable, de una trasciende la creación, preservación y destrucción y se convierte en condiciones de volverse uno con Brahman".[29]
- Señor, por favor perdóname a mí y a mis antepasados por todas las prácticas de las cuatro denominaciones principales asociadas con el hinduismo: por el *Saivismo* y la adoración a Shiva; el *Shaktismo* y la adoración a Shakti; el *Vaishnavismo* y la adoración a Vishnu; y del *Smartismo* y la adoración de una de las seis deidades, Ganapati, Surya, Vishnu, Shiva, Shakti, y Kumara. Señor, por favor desconéctame de estas entidades.
- Yo renuncio y me arrepiento de toda adoración y pactos hechos con Shiva como el ser más alto y supremo o Brahman, el todo y en todo, el destructor y transformador de la trinidad y como padre dios, quien causa el continuo proceso cíclico de la creación, preservación, disolución y la recreación del universo. Yo me arrepiento por la adoración a Shiva y el Shiva Lingam fálico como la fuente del universo, como estática, la conciencia no manifestada en el plano trascendental. Me arrepiento por creer que Shiva está dentro de todos luchando para ser uno con el Shiva de adentro.
- Señor me arrepiento por todo pacto y toda adoración hecha con Shiva en cualquiera de las manifestaciones que incluye lo siguiente:[30] Nataraja, el señor de la danza; Dakshinamurthy, Shiva mirando hacia el sur y maestro de yoga, música y sabiduría; Sadashiva, Shiva eterno; Parameswara; Shiva en el Monte Kailash; Paramasiva, el altísimo, Maheshvara, señor del universo manifiesto; Saguna Brahman, señor cósmico de la creación, mantenimiento y de la destrucción; Iswara o Rudra, el destructor; Shankara, el hacedor del bien; Nilakantha, cuello azul; Bholenath, dios inocente; Hanu-

man, dios mono; Dakshinamurthy, gurú; Pashupati, señor de los animales; Indra, regente del Este; Vishveshwara, señor del Universo; Sarveshwara, Shiva Lingam; Prajapati, señor de las criaturas. Señor, te pido que por favor me desconectes a mí y a mi familia de todas estas entidades.

- Señor me arrepiento por todo pacto y adoración hecha con Shiva en sus diversas manifestaciones tántricas como Bhairava, el iracundo, la feroz manifestación de Shiva, la personificación del miedo; Virabhadra, la ira de Shiva; Mahakaleswar, señor del tiempo y de la muerte; Tripurantaka, el arquero; Vastospati, el guardián de la morada; Agni, el dios del fuego; Vayu, el dios del viento; Ardhnarishwara, medio Shiva y medio Shakti; Ganesha, señor de obstáculos; Murugan, dios de la guerra; Subramaniam, el dios de la guerra. Señor, por favor declara estos pactos rotos y desconéctame a mí y a mi familia de todas estas formas de Shiva. Señor, por favor anula cualquier pacto matrimonial entre mi línea familiar y Shiva.
- En mi nombre y de mi familia, me arrepiento por haber creído o dicho, "Él solamente en el momento adecuado, es el guardián de este mundo, el señor de todo, escondido en todos los seres, en él están unidos los dioses y conocedores de Brahman por igual. El que le conoce, corta las cadenas de la muerte en pedazos. El que conoce a Shiva, el bienaventurado, escondido en todos los seres como el film sutil que se levanta de la mantequilla clarificada, solo todo lo envuelve, él que conoce el dios, es liberado de todas las ataduras".[31]
- En mi nombre y de mi familia, me arrepiento por haber creído o dicho, "El señor Shiva que está sentado en el monte Kailash; su frente está adornada con la luna y el rey de las serpientes como una corona. El señor es el océano de la misericordia y el removedor de la ilusión. Shiva es el único protector. Me rindo al gran Señor Shiv Shankar".[32]
- Yo me arrepiento y renuncio a todo mantra Aum Namah Sivaya, Sadyojata, Vamadeva, Aghora, Tatpurusa, Isana. Señor, por favor desconéctame de estos sonidos.
- Padre Celestial, en mi nombre y de mi línea familiar, me arrepiento y renuncio a toda falsa adoración y pactos hechos con

la entidad Shakti - la suprema energía de Shiva, la impía femineidad, creativa y energía dinámica en el plano físico y todos los otros planos. Señor, me arrepiento por aquellos que tocaron la matriz de la energía, el poder de la diosa. Señor por favor desconéctame de las matrices impías.

- Señor, me arrepiento y renuncio a toda adoración o pacto hecho con Shakti en sus diferentes manifestaciones: madre divina, diosa, madre suprema del universo; Adi Parashakti, fuente original del universo; Devi, la diosa; Lalitha, diosa de la felicidad; Tripura Sundari, diosa la cual es hermosa en tres reinos; Parvati o Uma, divina Shakti, consorte de Shiva; Saraswati, diosa del conocimiento; Lakshmi, diosa de la riqueza; Gayatri, madre de mantras; Ganga, la diosa como Río Divino; Sita, la consorte de Rama y diosa de las relaciones conyugales; Radha, consorte de Krishna; Sati; Meenakshi, avatar de Parvati; Bhuvaneshwari, madre del mundo; Kumari, virgen; Bagalamukhi, el poder hipnótico de la diosa que paraliza a los enemigos; Kamala la diosa loto. Señor, te pido que me desconectes de todo esto.

- Señor, por mí y mi línea familiar, me arrepiento y renuncio a toda adoración o pacto hecho con Shakti en sus diferentes manifestaciones tántricas como Shakti Kali, diosa de la destrucción cósmica y de la noche eterna; Badrakali, auspicioso Kali; Bhavani, fuente de energía creativa; Chinnamasta, diosa que corta su propia cabeza; Durga o Ambika, el invencible; Bhairavi, feroz diosa de la decadencia; Dhumavati, quien se enviudó a sí misma; Matangi, la diosa paria, la diosa de la contaminación; Tara, el protector y guía.

- Señor, te pido que por favor me desconectes de Kali como diosa madre, Tiempo Negro, el devorador del tiempo, personificación del tiempo manifestado y del color negro. Señor, por favor desconécteme de las diez formas de Kali conocido como Mahavidyas. Señor, por favor desconécteme de la línea de tiempo impía de Kali. Señor, te pido que por favor remuevas todas las conexiones impías entre Kali y mi línea de tiempo, entre yo y Kali Yuga o Edad de Kali. Señor, por favor remueve todos los dakinis y otros consortes tántricos de mí y de mi línea familiar. Señor, por favor destruye toda desavenencia impía del tiempo Kali conectada a mí y a mi línea generacional. Señor, por favor anula cualquier pacto matrimonial entre mi línea familiar y Kali.

- Yo me arrepiento por todos los acuerdos con el poder de la diosa, para decir y aceptar que lo femenino es el potencial dominante del universo sobre todo la diosa es el centro espiritual de las prácticas, mantras, yantras, nyasa, mudras y yogas.
- Señor, en el nombre de Jesús de Nazaret, en mi nombre y de mi familia, yo renuncio al aspecto de Shakti llamado Kundalini, poder de la serpiente, fuego impío místico. Yo me arrepiento por todo contacto impío con este espíritu. Me arrepiento y renuncio a todas las prácticas que despiertan, invitan o permiten la presencia o actividad de la diosa dormida Kundalini en cada una de sus formas. Yo renuncio y me arrepiento por haber aceptado la bendición impía de un Siddha-guru, por todos los ritos sexuales tántricos y por todas las prácticas tántricas de Shakta yoga y Kundalini yoga que despiertan esta serpiente de poder y la hacen ascender a través de los centros psíquicos, los chakras que se encuentran a lo largo del eje de la columna vertebral como centros de conciencia.
- Señor te pido que por favor me desconectes de la unión de Shakti y Shiva por encima de la corona o sahasrara chakra de mi cabeza. Yo me arrepiento por todo lo tenga que ver con cualquier fusión de los impíos absolutos, que intentan tener una unión del individuo con el universo. Señor, por favor quite de mí todas las vibraciones cósmicas impías y energías radiantes. Señor, por favor restaura la química divina y los elementos justos de mi cuerpo. Señor, por favor sepárame del Kundalini y de todas las serpientes enrolladas impías.
- Señor en mi nombre y de mi línea familiar, me arrepiento por la práctica de *kundalini* como una vibración translocal permitiendo a Shakti que cambiara el continuo espacio-tiempo de mi cuerpo-mente. Yo me arrepiento por el intercambio de la vibración de cambiar nuestro cuerpo-mente, para crear un *chinmaya* o cuerpo de luz dotado de poderes

trascendentes y sobrenaturales. Señor, por favor elimina todos los niveles de mi línea de familia que vinieron a nosotros a través de fuentes impías.

- Padre, en mi nombre y de mi línea familiar, renuncio a todas las declaraciones, afirmaciones, decretos, y creencias acerca de Shakt como divinidad. Me arrepiento por identificar a Shakti en alguna forma panteísta con cualquier aspecto de tu creación. Por favor perdónanos por confundir al Creador con la creación y pensar que Shakti podría abarcar cualquier aspecto, bueno o malo de tu creación. Por favor límpianos de su influencia.

- Señor, en mi nombre y de mi familia, me arrepiento y renuncio por haber creído o dicho, "Todo este universo entretejido en Shakti". Yo renuncio a creer y decir que Shakti es el Controlador Supremo en los cuerpos causales. Yo renuncio a creer y decir que Shakti es la corriente de la conciencia y la matriz de oro en los cuerpos sutiles. Yo renuncio a creer y decir que Shakti es el alma universal en los órganos externos. Yo renuncio a creer y decir que Shakti es Brahma, Vishnu y Shiva, y es Brahma, Vaisnavi y Raudro Saktis. Yo renuncio a creer y decir que Shakti es el sol, la luna y las estrellas, las bestias, los pájaros y los parias. Yo renuncio a creer y decir que Shakti es el ladrón y el cruel cazados; que Sakti es la persona virtuosa de gran alma. Y renuncio a creer o decir que Shakt es mujer, hombre y hermafrodita." [33]

- Señor, me arrepiento por el uso del símbolo del Shaktismo Shri Chakra Yantra, el símbolo tántrico de unidad cósmica que se refiere al punto de unión entre el universo físico y su fuente no manifiesta. [34]

- Señor, te pido que por favor nos desconectes a mi familia y a mí del Shri Chakra Yantra y de todos sus mantras, rituales y sonidos; desconéctanos de todas las construcciones metafísicas y geométricas que corresponden a los centros psíquicos del cuerpo sutil. Señor, por favor desconéctanos de las flores del loto impías, instrumentos, máquinas, geometrías, esvásticas, de los círculos impíos como la energía del agua, cuadrados impíos y la energía de la tierra, triángulos impíos y la energía del fuego, líneas impías y las energías del aire, el agua, el fuego y todos los puntos impíos y energía impía de éter. Me arrepiento y renuncio a toda Shaktismo chamánico y el uso de la magia, trance, médiums, andar sobre el fuego y sacrificios de animales para sanidad, fertilidad, profecía y poder.

- Señor te pido que por favor me desconectes de todo posicionamiento impío de los planetas, de las piedras preciosas, metales y aleaciones. Señor, por favor quita todo lo que está en mí nacido de Shakti y cualquier unión impía de Shiva y Shakti en mi o en cualquier cosa divina conectada a mí. Señor, por favor, limpia todos los conectores en mi cuerpo.

- En mi nombre y el de mi familia, me arrepiento, por los que han creído o dicho, "Sólo cuando se une con Shakti tiene el señor Shiva el poder para crear el universo; sin ella, él no puede moverse siquiera." [35]

- En mi nombre y el de mi familia, me arrepiento por haber creído o dicho, "En la disolución de las cosas, es Kala quién devorará todo, y a causa de esto, él es llamado Mahakala y dado que Mahakala se devora a sí mismo, eres tú el supremo primordial Kalika. Porque tú KAla devoradora, tú eres Kali, la forma original de todas las cosas, y porque tú eres el origen de y la devoradora de todas las cosas eres llamada Adaya Kali. La reanudación después de la disolución es tu propia forma, oscura y sin forma, tú permaneces solo como una inefable e inconcebible. A pesar de tener una forma, no tienes forma; aunque tú misma sin principio, multiforme por el poder de Maya, eres el principio de todo, creadora, protectora y destructora eres tú." [36]

- Por mí y por mi línea familiar, me arrepiento y renuncio al mantra de Aum Chandikaya Namah. Señor, por favor desconéctanos de sus sonidos.

- Por mí y mi línea familiar, me arrepiento y renuncio a toda adoración y pactos hechos con Vishnu y sus diversas manifestaciones: Vishnu como el dios supremo; preservador del universo; toda esencia que impregna a todos los seres; el amo del más allá, del pasado, del presente y del futuro; creador y destructor de todas las existencias; el que apoya, sostiene y gobierna el universo y origina y desarrolla todos los elementos dentro.

- Padre, te pido que nos perdones, porque sólo tú eres Dios, nuestro Creador, y Tú solo sostienes el universo por el poder de tu palabra. Padre, yo me arrepiento por haber atribuido a Vishnu todo lo que corresponde a Tu carácter o tus atributos y todo lo que corresponde a la persona, propósito, y autoridad de Tu único hijo, Jesucristo.

- En mi nombre y el de mi familia, me arrepiento por todos los que creyeron que en cada era cuando el mal prevale sobre el bien, Vishnu desciende a la tierra en una forma mortal para salvar la justicia. Yo me arrepiento por toda práctica de *prapatti* (significa entrega total), la entrega única a Vishnu o a sus diez o más encarnaciones, llamadas avatares. Señor, me arrepiento por toda adoración a los avatares: Matsya el pez; Kurma la tortuga; Varaha el jabalí; Narasimha mitad león - mitad hombre; Vamana el enano; Parashurama o Rama con el hacha; Rama el hombre perfecto; Krishna el amante; Balarama el hermano de Krishna; y el avatar venidero Kalki como eternidad o tiempo.[37]

- En mi nombre y el de mi familia, me arrepiento por haber creído o dicho "Yo soy la meta, el sostén, el señor, el testigo, la morada, el refugio, el amigo, el origen, la disolución, el lugar de descanso, la provisión y la semilla eterna".[38]

- En mi nombre y de mi familia, me arrepiento por haber creído o dicho: "yo me inclino ante el señor Vishnu, el maestro y controlador del universo, idéntico con el sol; destructor de todo lo que destruye el tiempo mismo; él que sostiene la tierra en el espacio; él es el alimento que sostiene la vida de los seres vivos; él que se ha encarnado en la tierra cientos de veces para rescatar lo bueno, destruir a los malvados y establecer la justicia; él que nos lleva de forma segura a través del océano de la vida." [39]

- Señor, por favor te pido me desconectes de Vishnu, Seshnaga, Narayana, Matsya, Kurma, Varaha, Narasimha, Vamana, Parashurama, Rama, Krishna, Balarama, Kalki, Adinath, Hrishikesh, Badrinath.

- Yo me arrepiento y renuncio al mantra Aum Namo Narayanaya. Señor, por favor desconéctame de sus sonidos. Padre, yo renuncio a todas las creencias y prácticas respecto de los santos, escrituras, y adoración en el templo conectado a Vishnu y sus encarnaciones. Padre, límpiame completamente del Vaishnavismo.
- Padre, en nombre o lugar de mi familia y de mi vida, me arrepiento de toda adoración a Adi Shankara. Yo, me arrepiento por creer y practicar las filosofías de Advaita Vedanta.[40]
- En mi nombre y de mi familia, me arrepiento por haber creído o dicho, Brahman es el único, la única realidad, que este universo es irreal; y que el alma individual es lo mismo que Brahman.

El Atman o alma es evidente y no se puede negar, porque es la esencia misma de la persona que lo niega.

Brahman no es un objeto, y está más allá del alcance de los sentidos o del intelecto. Es infinito, imperecedero, impersonal, auto-existente, placentero, conocedor de sí mismo, él es la felicidad y la esencia del conocedor. Es el testigo silencioso, siempre el sujeto de testimonio, nunca un objeto y está fuera del alcance de los sentidos.

Brahman no es dual y no tiene otro lado.

Brahman no tiene ni forma ni atributos. La esencia de Brahman es la existencia, la conciencia y la felicidad o *sat-chit-ananda*.

El Mundo no es absolutamente falso, pero es relativamente falso comparado a Brahman, quien es absolutamente real. El mundo es una superposición de sí mismo o de los objetos en sí o Brahman.

El alma individual solamente es relativamente real. No hay varios atmanes o almas. El alma aparece como múltiples almas en nuestros cuerpos debido a la ilusión.

Samsara o la dualidad existe debido a la ignorancia; el conocimiento por sí solo puede hacer que una persona se dé cuenta de su verdadera naturaleza.

El conocimiento de Brahman no se trata de la adquisición del conocimiento externo, Brahman no puede ser conocido, sino de la eliminación de la ignorancia y la ilusión. Cuando estos son eliminados no hay diferencia entre el alma y Brahman.[41]

- Yo me arrepiento por la creencia de que para ser salvo tengo que ser capaz de discernir entre la sustancia real (Brahman) y la sustancia que es irreal. [42]
- Yo me arrepiento por la creencia de que para ser salvo tengo que renunciar a los placeres de los objetos de este mundo y de los otros mundos.
- Yo me arrepiento por la creencia de que para ser salvo tengo que tener las cualidades de las seis formas de la tranquilidad de la mente, el control de los órganos de los sentidos externos, centrándome en la meditación y la abstención de las acciones, la resistencia al sufrimiento, la fe en los gurús y los Vedas y la concentración de la mente.
- Yo me arrepiento por la creencia de que para ser salvo tengo que tener la firme convicción de que la naturaleza del mundo temporal es la miseria y que necesito un intenso anhelo para ser liberado del ciclo de nacimientos y muertes.
- Por mí y mi familia, me arrepiento por haber creído o dicho, "Una partícula de su bienaventuranza suministra la felicidad de todo el universo. Todo se ilumina a su luz. Todo lo demás parece inútil después de un vistazo de esa esencia. Estoy hecho (a) de este supremo ser eterno."[43]
- Señor, por favor quítame de todo lo que no soy yo y restablece mis límites divinos. Señor, por favor me remuéveme de las profundidades impías y siéntame con Jesús en tus lugares celestiales.
- En el nombre de Jesucristo, yo renuncio y me arrepiento de todas las creencias y conexiones a la cosmología védica impía. Señor, te pido que por favor retires todas las partes de mí que se encuentran atrapadas en los siete bajos lokas o mundos y por favor desconéctame de Sutala, Vitala, Talatala, Mahatala, Rasatala, Atala y Patala – del infierno profundo y de las serpientes o nagas y de todos los demonios de allí.
- Por mí y mi línea generacional, me arrepiento por haber creído o dicho, "Los cuatro triángulos chakra de Shiva, los cinco triángulos chakra de Shakti son las nueve energías principa-

les del universo, todo aparte del centro del círculo con un loto de ocho pétalos, uno de los dieciséis pétalos, los tres círculos y las tres líneas, que son un total de cuarenta y cuatro - los ángulos de su morada sagrada de la rueda".[44]

- Señor te pido que por favor me desconectes de todas las ruedas impías, pétalos, círculos, líneas y ángulos de la Sri Chakra Yantra. Por favor desconéctanos del impío Monte Meru. Por favor desconéctanos de la unión impía divina del masculino y femenino y de todas las redes impías de los universos y de los vientres de la creación. Señor, por favor desconéctanos de todas las geometrías y portales impíos.

- Señor, por favor desconéctanos de la danza cósmica de Shiva, el *tandava* que es la fuente de los ciclos de creación, preservación y disolución, salvación e ilusión y el ritmo del nacimiento y la muerte. Señor, por favor remuévenos de todos los ritmos, violencia, dolor y la ira asociada con estos ciclos impíos.

- Por mí y por mi familia, me arrepiento por aquellos que meditaron en la diosa Kalika en el trikona, en los seis pétalos, los seis miembros, en el ombligo del Shaktis de las direcciones, en el corazón de los doce soles, en la garganta de los dieciséis kalas de la luna, en el loto de dos pétalos Kala y Kali juntos.[45] Señor, por favor desconéctanos de los trikonas impíos, soles, fases de la luna, y flores de loto.

- Por mí y mi familia, me arrepiento por haber adorado las deidades del tiempo hinduistas y por haber creído o dicho, "Yo te adoro, Shani ¡tú eres la esencia del tiempo! ¡El universo y el tiempo mismo se disuelven en ti! ¡Tú eres el cuerpo del tiempo, el ser, la fuente de la felicidad, el alma que regula el tiempo, los guardianes planetarios!".[46]

- Señor, por favor desconéctanos de la impiedad de Shani [47] y sus ciclos. Por favor, elimina la destrucción asociada con Shani. Señor, por favor restáuranos el tiempo de Dios, el espacio y las dimensiones. Señor, por favor, elimina las cerraduras impías del tiempo y las referencias del tiempo. Por favor, restaura mi línea de tiempo y restaura mi origen a ti.

- En el nombre de Jesús de Nazaret yo perdono a cualquiera que haya lanzado maldiciones conectadas al hinduismo contra mí o contra mi familia. Señor por favor, elimina todas las maldiciones, maldiciones de respaldo, maldiciones de tiempo, re empoderamiento de maldiciones y las consecuencias negativas que pueden venir contra mí o mi línea familiar por romper el pacto con las entidades hinduistas.

- Por mí y mi línea familiar, yo me arrepiento y renuncio a todas las creencias y participaciones de la división impía de la sociedad en cuatro clases sociales y castas.[48] Yo me arrepiento por renunciar a la exclusión histórica de la casta de los intocables o *dalits* (panchamas).
- En mi nombre y de mi línea familiar, me arrepiento profundamente y renuncio a toda discriminación, opresión y abuso que hemos practicado con nuestros semejantes, debido al sistema de castas.
- Yo me arrepiento y renuncio a la creencia de que cada persona que nace, debe casarse, vivir y morir dentro de su casta. Señor, por favor elimina los efectos en mi vida de las rígidas limitaciones de las reglas de la casta, en la determinación de mi alimento, ocupación, matrimonio y asociación con personas de otras castas. Señor, por favor elimina todos los límites impíos, barreras y techos en mi vida.
- En mi nombre y de mis antepasados que fueron oprimidos por el sistema de castas, yo perdono a los que nos discriminaron y nos oprimieron por el color de nuestra piel y de nuestra casta. Señor, por favor desconéctanos de todos los espíritus víctima relacionados a la casta o el género.
- Yo me arrepiento y renuncio a todas las prácticas de matrimonio infantil, dote y sati o auto-inmolación de una mujer en la pira funeraria de su marido.
- Señor, por mí y mi línea familiar, yo renuncio y me arrepiento a todas las desigualdades impías de género con las que nos pusimos de acuerdo. Yo me arrepiento por aquellos en mi línea generacional han degradado, oprimido, reprimido, humillado, asesinado y violado mujeres. Padre, por favor podrías romper las consecuencias impías de este dominio y victimización y restaura a las mujeres de mi línea familiar al nivel de igualdad en la familia de Dios. Por favor restaura la

herencia, propiedad, posición, nivel social y dones de todas las mujeres de mi línea generacional.

- Por mí y mi línea familiar, yo me arrepiento por haber creído o dicho "La sílaba *Om* es a la vez la más alta y la más baja de Brahma. El que medita en ella... viene a la luz y el sol. Y una serpiente se libera de su piel, así él es liberado del mal y guiado al mundo de Brahma." [49]

- Por mí y mi línea familiar, yo me arrepiento y renuncio a todos los usos impíos de nuestros cuerpos en y durante la adoración falsa, incluyendo todas las formas de adoración de ídolos: la dedicación a los ídolos, inclinándose ante los ídolos, adoración de imágenes, *darshan* diaria o visualización de los ídolos, comer comida sacrificada a los ídolos, así como comer *prasada* u comida ofrendada a los ídolos. Yo me arrepiento por mantener santuarios a los ídolos dentro de la casa, visitar y adorar los templos de ídolos, participando en festivales, haciendo ofrendas en los templos, viendo o participando en procesiones impías, peregrinaciones, obras de teatro, y narración de historias asociadas con los ídolos. También me arrepiento por participar de ayunos impíos, auto-mutilaciones, azotes, cantos, danzas, uso de ropa especial y elevar canciones que están vinculadas a la idolatría.

- En mi nombre y mi línea familiar, me arrepiento y renuncio a todo uso impío de nuestros cuerpos durante la adoración falsa incluyendo: prostitución en el templo, yoga, fornicación, el sexo ritual, sexo con animales, sexo con demonios, sexo con muertos, masturbación impía, pedofilia, relaciones entre personas del mismo sexo, y la visualización de imágenes sexuales en esculturas, libros, danza, o películas.

- En mi nombre y de mi línea familiar, yo me arrepiento y renuncio a todos los usos impíos de mi alma durante la adoración falsa, incluyendo estar en estados de éxtasis, leyendo y estudiando las escrituras falsas, y la falsa meditación.

- En mi nombre y de mi línea familiar, yo me arrepiento y renuncio a todos los usos impíos de mi espíritu durante la adoración falsa incluyendo el viaje astral, habitar en los cuerpos de otras personas, todas las prácticas chamánicas, cambio de forma y la formación de comunicaciones impías y lazos con el segundo el cielo y con las deidades falsas, falsos sacerdotes y otras personas.

- Yo me arrepiento y renuncio a todas las aperturas impías del ojo de mi espíritu, mi glándula pineal, mi tercer ojo. Yo oro para que tú cierres cualquier apertura impía de mi tercer ojo y que lo selles con tu Espíritu Santo.

- En mi nombre y de mi línea familiar, me arrepiento y renuncio a toda adoración falsa de los elementos incluidos la piedra, la madera, el agua, el fuego, el aire y el éter. Yo me arrepiento y renuncio a toda adoración impía del sol, la luna y otros cuerpos celestes. Yo me arrepiento por toda brujería, sacrificios de animales, sacrificios de personas y niños, toda nigromancia (magia negra), pactos de sangre, todo acto de beber sangre, comer carne, mezclar la sangre, y la comunicación con los muertos.

- Yo me arrepiento y renuncio a todo uso impío de calendarios védicos, basados en el conocimiento místico ilegal de equinoccios y solsticios. Yo me arrepiento y renuncio al uso de la astrología védica para determinar las decisiones y los tiempos propicios para ceremonias y eventos públicos y personales.

- En mi nombre y de mi línea familiar, yo me arrepiento y renuncio a todo vegetarianismo impío, a todo celibato, monacato, y a todo ascetismo practicados como actos religiosos hinduistas. Me arrepiento y renuncio al uso de todos los medicamentos a base de hierbas a través de la tradición ayurvédica que han sido formulados por medio de los conocimientos adquiridos del enemigo.

- Señor Jesús, por favor limpia todas las vías de mi mente, mi voluntad y mis emociones. Alinea mi cuerpo, alma y espíritu a Ti y solo a Ti. Señor, por favor restaura todas las partes de mi vida, que se perdieron en otras dimensiones. Señor, por favor une todas las partes de mí en Ti. Señor, por favor úneme a ti y a tu cuerpo que es la Iglesia. Señor, te pido que me llenes de tu Espíritu Santo y me guíes a medida que continuo caminando en la sanidad que me has proporcionado.

Notas:

1. Véase el capítulo 11, Renuncia de Maldiciones: Deuteronomio 28: 15-68 (páginas 79 a la 86), para una discusión sobre la palabra maldición en el Antiguo Testamento.
2. "Los orígenes hindúes de la Nueva Era – Es el suplemento de la Lección 31," 31d tracto (Altamont, TN: Pathlights), http://www.pathlights.com/theselastdays/tracts/tract_31d.htm.
3. Una de las deidades en la trinidad hinduista.
4. Romanos 8:1, 10, 16; Gálatas 2:20; 3:27; 1 Juan 1:3; Efesios 1:13; 2:13; 3:17; Juan 14:23; Colosenses 1:27; Juan 15:5. Joseph Stump, *The Mystical Union, The Christian Faith* (New York: The Macmillan Company, 1932).
5. Juan 6:56; 14:17–20, 23; 1 Corintios 6:17; 2 Pedro 1:4; Efesios 5:30.
6. Salmos 139:13–17; Jeremías 1:5; 29:11; Proverbios 18:16; Romanos 12:6.
7. Karma es la ley de la causa y el efecto.
8. Gálatas 6:7.
9. Paul L. Cox, *What's All This Generational Stuff?* (Hesperia, CA: Aslan's Place, 2007).
10. Génesis 1:28–30.
11. Swami Vivekananda, "Conferencias de Colombo a Almora / Responder a la Dirección de bienvenida en Madras," en Las Obras Completas de Swami Vivekananda, vol. 3. http://en.wikisource.org/wiki/Author:Swami_Vivekananda.
12. Romanos 2:4; Efesios 2:7; Tito 3:4.
13. Romanos 9:30; 1 Corintios 1:30; Filipenses 3:9.
14. Manusmriti, las Leyes de Manu, George Buller, trad., Max Müller, ed. Libros Sagrados del Oriente, vol. 25 (Oxford University Press Almacén, Amen Corner, CE) 2:67; 5: 154, 168, 157; 9: 2, 3. http://www.sacred-texts.com/hin/manu.htm. Textos hindúes sobre Hindú Dharma o deber
15. Donald Johnson y Jean E. Johnson, eds., A través de ojos indígenas, quinto Rev. ed. (Nueva York: Consejo de Asuntos Internacionales y Públicos / APEX Press, 2008).
16. *Tantra* en sánscrito significa *tejido*. Es la práctica y la aplicación de la sabiduría teórica. La mayor parte del tiempo *tantra* significa rituales.

17. Véase el capítulo 29, "Anulación de los Males del Budismo" (páginas 230-243), para obtener más información sobre los chakras.

18. La *disociación* es: "Un mecanismo psicológico de defensa, en el que pensamientos específicos que provocan ansiedad, emociones o sensaciones físicas se separen del resto de la psique.. Para que ellos lleven una existencia independiente, como en los casos de personalidad múltiple. "*El diccionario americano de herencia de la lengua Inglés*, 4ª ed. (Boston, MA: Houghton Mifflin Company, 2009).

19. Paul L. Cox, *The Sound of the Lord* (Hesperia, CA: Aslan's Place, 2004).

20. Amritbindu Upanishad, AP. Nisargadatta Maharaj, Yo Soy El Que: Diálogos de Sri Nisargadatta Maharaj, http://www.docstoc.com/doc/11697512/I-Am-That.

21. Adi Shankaracharya, Atma Bodha en Sir Monier Monier-Williams, *sabiduría india*, 3ª ed. (Londres: Wm H. Allen & Co., 1876), 122, vs. 35-36. Disponible a través de Books www.google.com

22. El Bhagavad Gita 14: 3-4, Swami Swarupananda, *Srimad Bhagavad-Gita*, (Mayavati, Himalayas: Advaita Asharama, 1909), http://www.sacred-texts.com/hin/sbg/sbg19.htm. /sbg/sbg19.htm.

23. Frase de *Vivekachudamani* en *The Spirit of the Upanishads* (Chicago, IL: The Yogi Publication Society, 1907), 79.

24. Adi Sankaracharya, *Shivananda Lahari*, P.R. Ramachander, trans., de sloka 45. http://www.celextel.org/adisankara/shivanandalahari.html

25. "Aswamedha Parva, "el libro *Mahabharata*, 14, Sri Kisari Mohan Ganguli, trans.
http://www.sacred-texts.com/hin/m14/m14045.htm

26. Prashna Upanishad, Question 6:2–6, Friedrich Max Müller, trans., The Sacred Books of the East, vol. 15.
(Oxford: The Clarendon Press, 1880), http://www.sacred-texts.com/hin/sbe15/sbe15111.htm

27. Bhagavad Gita 4:37, Swami Swarupananda, ed., *Srimad-Bhagavad-Gita* (Mayavati, Himalayas: Advaita Asharama, 1909), http://www.sacred-texts.com/hin/sbg/sbg09.htm

28. Bhagavad Gita 2:22, Swami Paramananda, ed., *Srimad-Bhagavad-Gita*, (Mayavati, Himalayas: Advaita Asharama, 1909), http://www.sacred-texts.com/hin/sbg/sbg07.htm

29. Bhagavad Gita, 14:26, Swami Paramananda, ed., *Srimad-Bhagavad-Gita*, (Mayavati, Himalayas: Advaita Asharama, 1909), http://www.sacred-

texts.com/hin/sbg/sbg19.htm

30. Los niños hindúes tienen muy a menudo el nombre de las deidades. Estos nombres de deidades pueden sonar inusual para los oídos occidentales, pero son comunes en casi todos los hogares hinduistas. Mucha liberación puede resultar en pedir a Dios que separe todas las conexiones impías con estas deidades que utilizan sus nombres individuales.

31. Svetasvatara Upanishad (4:15–16), Max Müller, trans. (1879), http://www.sacredtexts.com/hin/sbe15/sbe15103.htm

32. Shiva Sloka. Sloka es un verso de alabanza. (Varias versiones están disponibles en muchos lugares en el Internet.)

33. *Srimad Devi Bhagavatam*, VII.33.13-15 Adaptado de la traducción de Swami Vijnanananda, (1921-1922), http://www.sacred-texts.com/hin/db/bk07ch33.htm

34. *Wikipedia*. s.v. "Sri Yantra," http://en.wikipedia.org/wiki/Sri_Yantra

35. Adi Shankara, *Soundarya Lahari*, sloka 1. Muchas traducciones están disponibles en el internet

36. *Mahanirvana Tantra: Tantra of the Great Liberation*, Arthur Avalon, trans., (Sir John Woodroffe), 1913. 4:30–34. http://www.sacred-texts.com/tantra/maha/maha04.htm

37. *Wikipedia*. s.v. "Dasavatara of Vishnu," http://en.wikipedia.org/wiki/Dasavatara DE Vishnu.

38. Bhagavad Gita, 9:18. Swami Paramananda, ed., *Srimad-Bhagavad-Gita*, (Boston, MA: The Vedanta Centre, 1913), 75. Disponible en www.books.google.com

39. "Vishnu Sahasranama, The Thousand Names of Vishnu," in *Mahabharata*, Kisari Mohan Ganguli, trans. (publicado entre 1883 y 1896), 13:149, http://www.sacred-texts.com/hin/m13/m13b114.htm

40. *Wikipedia*. s.v. "Advaita Vedanta," http://en.wikipedia.org/wiki/Advaita_Vedanta

41. La página web de Advaita es: http://www.advaita.info/_y de Sankara http://www.rationalvedanta.net/bios/vedantists/sankara

42. *Tattva Bodha*, Adi Sankaracharya, http://www.sacred-texts.com/hin/cjw/cjw17.htm

43. Ramacharaka, *The Spirit of the Upanishads* (Chicago, IL: The Yogi Publication Society, 1907), 18, http://www.archive.org/details/spiritupanishad00unkngoog

44. Adi Shankara, *Soundarya Lahari*, sloka 11. Pandit S. Subrahmanya Sastri and T.R. Srinivasa Ayyangar, trans. (Adyar, Madras, India: The Theosophical

Publishing House, 1948), 64. http://www.archive.org detalles SaundaryaLahari. El Sloka 11 describe a Sri Chakra Yantra como un instrumento tántrico que representa la unión de lo divino masculino y femenino.

45. Mike Magee, trans., "Shri Mahakala Deva," http://www.religiousworlds.com www.mandalam/mahakala.htm

46. "El himno de Mahakala Shani Mrityunjaya," atribuye a *Martandabhairava Tantra*, Mike Magee, trans., http://www.shivashakti.com/mahakala.htm

47. El planeta Saturno.

48. Las cuatro castas son brahmanes o sacerdotes, Kshatriyas o guerreros y profesionales, la clase Vaishya de la gente de negocios, y la clase sudra de trabajadores.

49. Prashna Upanishad, Question 5:2–5, Robert Ernest Hume, *The Thirteen Principal Upanishads* (London: Oxford University Press, 1921), 387–88, http://www.archive.org/details/thirteenprincipa028442mbp

CAPÍTULO CUARENTA

Renuncia a Babilonia
SARAH VICTOR

En abril del 2007, Dios nos llevó a construir una oración de renuncia y arrepentimiento por el hinduismo. Esto eliminó muchas raíces de idolatría y brujería de mis líneas generacionales y cerró muchas puertas abiertas que el enemigo había utilizado para atacar a mi familia.

Al mismo tiempo, Dios nos dirigió a ir más atrás en el tiempo hacia Babilonia. Babilonia es la fuente de toda falsa religión en el mundo después del Diluvio. Todo el paganismo, idolatría, religiones misteriosas, y las sociedades secretas se cree que tienen sus raíces en las leyendas babilónicas de Nimrod, Semiramus y Tamuz.

Babilonia, ciudad situada al sur de Irak, fue fundada por Nimrod, [1] que era bisnieto de Noé. Nimrod fue un gobernante poderoso y el constructor de un imperio que se rebeló contra Dios[2] y llevó a los hombres a la idolatría. Él construyó la ciudad de Babel, que se traduce como "puerta de entrada de los dioses". Esta frase refleja mucho de lo que es en sí Babilonia.

Siglos más tarde, el espíritu de dominio mundial similar al de Nimrod fue resucitado en Nabucodonosor. Trajo Babilonia de ser una pequeña ciudad oscura a la prominencia de ser un imperio mundial que la Biblia describe como el mayor imperio de este mundo.

Nimrod está asociado con la Torre de Babel, que fue construida para alcanzar el cielo, esencialmente como una puerta de entrada de los dioses. La antigua religión babilónica es, pues, una religión en ascenso, que corresponde a la ambición de Lucifer, como se describe en Isaías 14:13–14.

> *Pues te decías a ti mismo: "Subiré al cielo para poner mi trono por encima de las estrellas de Dios. Voy a presidir en el monte de los dioses, muy lejos en el norte. Escalaré hasta los cielos más altos y seré como el Altísimo".*

Es interesante notar que el contexto de este versículo es una profecía contra el rey de Babilonia. Estos versículos capturan la esencia del espíritu de Babilonia, su rebelión contra Dios, su naturaleza ascendiente, y su naturaleza astral. Lucifer[3] en hebreo significa "estrella de la mañana". Es una religión que trata de alcanzar los cielos. Es una religión astral, es decir, una religión que identifica a los dioses con las estrellas.

Aunque la puerta de entrada a los dioses no han tenido éxito en ayudar al hombre a ascender a los cielos, por desgracia para la tierra, parece que se han abierto portales los cuales permiten a entidades impías del segundo cielo que vengan a la tierra.[4] Algunas interpretaciones controvertidas de tabletas cuneiformes relatan historias de los sumerios interactuando con sus dioses.

Estas teorías polémicas dicen que en tiempos de los sumerios, los dispositivos de "puertas estelares", o portales, fueron utilizados por los Nephilim (que eran conocidos como Anunnaki por los sumerios) para viajar entre el cielo y la tierra.[5] Intentos modernos de abrir esas puertas interdimensionales para permitir el ingreso de extranjeros comenzaron en 1918.[6]

La historia de los Anunnaki y los Nephilim es también la historia de la ingeniería genética y la mezcla de la semilla de Satanás, con la semilla del hombre[7] La carrera es el producir un ser que sea totalmente hombre y totalmente un ángel caído; este será llamado el Anticristo.

Todos estos esquemas y dispositivos están relacionados con la batalla de los últimos tiempos por el dominio de este mundo. El Día del Señor está cerca. En estos últimos tiempos, a medida que el conflicto entre Dios y sus enemigos se intensifica, Dios nos llama a trabajar con él para derrotar los dispositivos de sus enemigos y establecer el dominio de Jesucristo en la tierra.

La idolatría se cree que se originó en Babilonia. ¿Qué es la idolatría? ¿Cuáles son los efectos de la idolatría? ¿Es la idolatría relevante en este día y en esta era? La evidencia apunta en esa dirección: uno de los programas más populares de la televisión se llama *American Idol*. Refleja una cultura que valora la fama, el éxito, la belleza física, la fortuna y la búsqueda del sueño americano.

¿Quién o qué son los verdaderos objetos de nuestra confianza, nuestras esperanzas, nuestros sueños, nuestra comodidad, nuestra seguridad, nuestra satisfacción y nuestra adoración?[8] ¿Es nuestra jubilación, la seguridad y el cumplimiento de nuestras carreras, la felicidad con nuestros cónyuges o familias? Dios ha hablado de la idolatría como un asunto del corazón.

Veamos brevemente dos pasajes claves de las Escrituras con respecto a la idolatría. El primero es Salmos 115:4-8 donde dice que nosotros llegamos a ser como ídolos que adoramos.

> *Los ídolos de ellos no son más que objetos de plata y oro; manos humanas les dieron forma. Tienen boca pero no pueden hablar, tienen ojos pero no pueden ver. Tienen oídos pero no pueden oír, y tienen nariz, pero no pueden oler. Tienen manos pero no pueden sentir, tienen pies pero no pueden caminar y tienen garganta pero no pueden emitir sonidos. Y los que hacen ídolos son iguales a ellos, como también todos los que confían en ellos.*

El mismo pasaje se hace eco en el Salmo 135:15-18 y en Isaías 6:8-20 donde dice que inmediatamente después de aque Isaías fuera comisionado, su primera misión fue la de exponer los efectos de la idolatría en los corazones de la gente. Isaías 6: 8-10 dice,

> *Después oí que el Señor preguntaba: « ¿A quién enviaré como mensajero a este pueblo? ¿Quién irá por nosotros?». —Aquí estoy yo*

—le dije—. Envíame a mí. Y él me dijo: —Bien, ve y dile a este pueblo: "Escuchen con atención, pero no entiendan; miren bien, pero no aprendan nada". Endurece el corazón de este pueblo; tápales los oídos y ciérrales los ojos. De esa forma, no verán con sus ojos, ni oirán con sus oídos, ni comprenderán con su corazón para que no se vuelvan a mí en busca de sanidad".

La idolatría puede hacernos de corazón duro e insensible al pecado. Puede bloquear nuestros sentidos para poder percibir a Dios, sus caminos y el mundo espiritual en el que vivimos. Puede ser un bloqueo para nuestra sanidad.

Adoramos a Dios con nuestros espíritus.[9] La Biblia dice que llegamos a ser como los ídolos que adoramos. ¿Qué sucede con el espíritu del hombre cuando adora a muchos dioses y llega a ser como los dioses que adora? ¿Su alma y su espíritu se quiebran en diferentes identidades? ¿Es la idolatría quizás una de las raíces espirituales de las situaciones difíciles de liberación como el trastorno de identidad disociativo?

Es bastante fácil decir una oración de renuncia de la religión misteriosa de Babilonia y pedirle a Dios que quite las raíces ocultas y las consiguientes maldiciones de nuestras líneas familiares. Sin embargo, puede tomar algún tiempo para verdaderamente desplazar los ídolos en nuestros corazones y alinear nuestros corazones a Dios, para que él sea verdaderamente nuestro primer amor. Cuando estudiamos las escrituras sobre Babilonia, está claro donde está el enfoque de Dios- ¡está en las actitudes y motivaciones de nuestros corazones!

En la enseñanza a nuestra familia acerca de Babilonia, Dios nos llevó al libro de Jeremías donde hay más sobre Babilonia que en cualquier otro libro de la Biblia. Jeremías fue llamado para ministrar a Judá en sus últimos días como una nación independiente. La caída de Jerusalén, la destrucción del Templo, y el posterior exilio a Babilonia fueron tal vez los acontecimientos más significativos de la estancia de los hijos de Israel en la Tierra Prometida.

Dios usó a Babilonia como un instrumento de justicia contra Judá por pecados específicos, en particular, el pecado de idolatría.[10] En esencia, ellos habían roto el pacto con su Dios y la maldición del pacto vino sobre ellos. En el libro de Jeremías, página tras página, Dios detalla los pecados que causaron que la mano brutal de Babailonia viniera sobre la tierra y el pueblo.

Jeremías derrama su corazón en una gran tristeza y angustia ante el sufrimiento de este juicio, traído sobre el amado pueblo del Señor y su propio dolor por la destrucción de la tierra que había sido blasfemada. Hoy escuchamos ecos familiares de este sufrimiento en nuestras vidas, nuestras familias, nuestra nación y en el mundo que nos rodea.

Las consecuencias del pecado continúan manifestándose en nuestro mundo hoy -sólo hay que mirar las guerras en el mundo – los jóvenes destruyendo su mejor momento, las tragedias de la hambruna, muerte y destrucción que tocan cada familia, cada sociedad y cada país. Dios siente la misma angustia cuando ve nuestro sufrimiento de hoy que Él sintió hace siglos, cuando su pueblo sufrió las consecuencias de su pecado.

Entretejido entre la queja de Dios sobre su pueblo en el libro de Jeremías, Dios también les ruega que vuelvan su rostro a Él, para arrepentirse y ser restaurados. Nosotros escuchamos su voz en Jeremías, confesando nuestros pecados y los de nuestros antepasados, suplicándole que nos restaure a nosotros y aa nuestras familias, nuestra nación y nuestra tierra. No podemos resistir el clamor de su corazón en Jeremías, cuando nos llama a retornar a la pasión y a la intimidad de nuestro primer amor hacia Él. Una y otra vez en Jeremías, Él examina nuestros corazones de cerca, buscando nuestros motivos, nuestras actitudes y nuestros pensamientos. Él nos reafirma en cuanto a los planes para nuestras vidas, para nuestra restauración.

Esta oración puede ser usada tanto para propósitos personales como corporativos.

La Oración: Renuncia a Babilonia

- Padre Celestial, te pido que me perdones a mí y a todos los miembros de mi línea ancestral por el espíritu de rebelión que había en Nimrod, quien se opuso a Ti[11] y se rebeló en contra tuya.
- En nombre mío y en el de mis antepasados, me arrepiento y renuncio a la tiranía y al despotismo que Nimrod practicó y a la maldad del imperio que él estableció. Me arrepiento por la codicia de poder sobre el que se fundó el imperio, y por la cacería de Nimrod tras las almas de los hombres.
- Me arrepiento por el comercio de las almas de los hombres de Babilonia.[12] Perdóname a mí y a mi línea familiar por el espíritu de rebelión sobre el que se fundó la ciudad de Babel o Babilonia.[13]
- Padre Celestial, te pido que me perdones a mí y a todos los miembros de mi línea ancestral por las creencias y actitudes que causaron la construcción de ese zigurat religioso, la Torre de Babel, que fue la motivación para levantar otros edificios y estructuras impías. Nos arrepentimos de la arrogancia y la presunción que sostenía que los hombres podían por ellos mismos construir una puerta de acceso a Dios.[14]
- Nos arrepentimos por el culto astral y la astrología practicada en la torre de Babel. Nos arrepentimos por el miedo en el que la gente vivía por temor de ser esparcida en el extranjero a vivir en comunidades aisladas, expuesta al peligro, a lo desconocido y sin honor ni reputación.
- Nos arrepentimos por el miedo tras la construcción de esa torre religiosa y por creer que podíamos «hacernos un nombre para nosotros mismos». Nos arrepentimos

por el mal uso del poder de la religión. Nos arrepentimos también por tratar de compartir la gloria de Dios haciéndonos un nombre para nosotros mismos, tratando de controlar nuestras vidas y nuestro futuro. Nos arrepentimos por todo acuerdo con el espíritu de Babilonia, que utiliza la autoridad religiosa para ganar poder terrenal y prestigio. Nos arrepentimos de nuestra rebelión, orgullo, obstinación y arrogancia que nos llevan a querer hacernos un nombre para nosotros mismos y creer que podemos lograr cualquier cosa que queramos por nuestra cuenta, olvidándonos de Ti.[15]

- Señor, ayúdanos a no evitar los riesgos de establecer nuevas fronteras, sino aceptarlos; ayúdanos a ser fecundos y llenar la tierra,[16] para que tu dominio sea manifiesto en los lugares donde tu reino aún no se ha establecido. Permítenos colaborar contigo para ejercer los derechos de nacimiento y los llamados que tienes para nuestras vidas.

- Señor, nos arrepentimos de haber estado alineados con Babilonia, la ciudad del hombre. Ayúdanos a ser ciudadanos alineados con la Ciudad de Dios, la Nueva Jerusalén.[17] Señor, ayúdanos a entrar a tu herencia mediante la fe, en búsqueda de la ciudad que tiene fundamentos, cuyo arquitecto y constructor eres Tú.[18]

- Señor, nos arrepentimos del estado religioso que Nimrod estableció para deificarse y adorarse a sí mismo como emperador. Nos arrepentimos de la adoración a Satanás y sus demonios, y del el culto a la estrella.

- Nos arrepentimos de la adoración a Nimrod conectada con el planeta Júpiter, y por adorar a Nimrod como Zeus en Grecia, como Júpiter en Roma[19] o como Marduk o «Becerro del sol», dios de la magia y los encantamientos, dios de los agricultores.

- Nos arrepentimos de la adoración a esta entidad como

el dios asociado con el planeta Marte, como la deidad patrona de la ciudad de Babilonia, también conocida como Bel o "señor", y como el "toro de Utu".[20]

- Nos arrepentimos de la adoración a esta entidad como el «Toro del cielo» y por adorar a la luna creciente como símbolo de los cuernos del toro. Nos arrepentimos de la adoración al toro Apis en Egipto, a la encarnación de Ptah quien más tarde fuera Osiris. Nos arrepentimos de la adoración al toro en Grecia como el "Toro de Creta", el Minotauro.

- Nos arrepentimos de la adoración a Nimrod como Nino en Babilonia, a Kronos, a Saturno en Roma, a Zeus en Grecia, a Osiris en Egipto, y a Zoroastro en Caldea. Nos arrepentimos del culto a Hércules o a Atlas en Grecia.

- Nos arrepentimos de la adoración a Semíramis, la esposa de Nimrod, reina de Babilonia. Nos arrepentimos de la adoración a la reina del cielo, también conocida como Amma o madre de los dioses y de Ge o Gaia la diosa tierra, como la Virgen en Italia, como Juno, Cibeles o Rea, en Roma, como Atenea, Minerva o Hera en Grecia, como Shing Moo o Tsoopo Ma en China, como Astarté o Astoret en Fenicia. Nos arrepentimos de la adoración a Semíramis como Afrodita de Grecia, Venus de Roma, y Vesta o Terra de Roma.

- Nos arrepentimos de la adoración a la trinidad profana babilónica y sus misterios: Nimrod, su consorte Semíramis y su hijo póstumo, Tamuz, quien fue proclamado como la reencarnación de Nimrod. Nos arrepentimos de todo el paganismo y el culto idolátrico que tenía sus raíces en las leyendas relacionadas con Nimrod, Semíramis y Tamuz.[21]

- Nos arrepentimos de la adoración a Semíramis y Tamuz como Astarté y Tamuz de Fenicia, Isis y Horus de Egipto, Afrodita y Eros de Grecia, Venus y Cupido de Roma, Cibeles y Deoius de Asia, y Parvati e Ishwara de la India.

- Nos arrepentimos por aceptar el sistema de los misterios de Babilonia, creado cuando este falso culto pasó a la clandestinidad en Babilonia en el momento en que Nimrod fue asesinado. Nos arrepentimos por los fines previstos de glorificar la muerte de Nimrod. Nos arrepentimos por los sacrificios a los muertos que este culto involucraba.[22] Nos arrepentimos por el ritual de lamentar su muerte prematura en el solsticio de verano.

- Nos arrepentimos de la utilización de precintos secretos, juramentos, ceremonias de iniciación y magia que se utilizaron para continuar con esta idolatría en secreto. Nos arrepentimos de difundir esta religión misteriosa y secreta a través de la tierra.

- Nos arrepentimos por la masonería, que promulga los misterios de la egipcia Isis, la diosa madre, esposa de Osiris. Nos arrepentimos por la práctica de otros misterios y falsas religiones, como el satanismo, luciferismo, los Illuminati, el gnosticismo, los caballeros templarios, los rosacruces, la sociedad teosófica, el nuevo orden mundial, la nueva era y la confianza lúcida. Señor, desconéctanos de todos estos cultos falsos.

- Señor, en nombre nuestro y de nuestros antepasados, nos arrepentimos por el culto a Tamuz, hijo póstumo de Semíramis, de quien se decía era Nimrod resucitado. Nos arrepentimos por la falsa leyenda de que él era la simiente prometida de la mujer que liberaría a la humanidad.

- Nos arrepentimos por asociar la adoración a Tamuz, con el solsticio de invierno cuando los días son más cortos, y por la leyenda de que el solsticio de invierno[23] es el sol que muere y renace. Nos arrepentimos de quemar el leño de Navidad en el solsticio de invierno, y sustituirlo por un árbol cortado a la mañana siguiente para representar su resurrección. Nos arrepentimos de continuar con esta tradición pagana durante la celebración de la Navidad. Nos arrepentimos de la adoración a Tamuz como el dios del sol y como el dios asirio de la fertilidad. Nos arrepentimos por el culto a Tamuz como Horus en Egipto, Baco en Roma, Adonis en Grecia, Baal Berit, o señor de la alianza,[24] y como Vishnu en la India.

- Señor, nos arrepentimos por la adoración de los cuerpos celestes como el sol, la luna y los planetas, y por la asociación de falsos dioses con los planetas. Nos arrepentimos por el desarrollo de la astrología, ya que se centra en el estudio del zodíaco que se originó en Babilonia. Nos arrepentimos por tratar de encontrar y manipular nuestros derechos de nacimiento y tu llamamiento mediante la localización de la sección del cielo bajo la que nacimos. Nos arrepentimos por la asociación de la astrología con el demonismo o el satanismo en el que Satanás y sus huestes han sido adorados bajo la apariencia de signos o planetas.

- Perdónanos por el culto al dios de la luna de los caldeos, el dios de los nómadas. Perdónanos por el uso de la media luna como el símbolo del dios de la luna y por establecer el calendario lunar en torno a este culto impío. Perdónanos por adorar a la piedra de meteorito negra como la Kaaba, para llamar al dios de la luna el Señor de la Kaaba y por su adoración y la de otros 360 ídolos Perdónanos por la adoración del dios luna como Sin en Siria, así como de Al-Ilah en Arabia.

- Perdónanos por el establecimiento del Islam como una religión en torno a la adoración del dios de la luna de Al-llah. Perdónanos por el establecimiento de ciudades como Jericó o Beth-Yerah (Casa del dios de la luna) en torno a esta falsa adoración del dios de la luna. Perdónanos por el establecimiento de centros de culto del dios de la luna en Ur y Haran y la construcción de templos a este dios en toda Babilonia y Asiria. Señor, desconéctanos de los principados de la tierra de Babilonia, incluyendo el culto astral y la adoración a la luna.

- Señor, líbranos de las maldiciones de locura que han llegado a nosotros como resultado de la adoración a la luna.[25] Perdónanos por todos los rituales y las prácticas asociadas con los diferentes ciclos de la luna, incluyendo los rituales realizados en la luna nueva, luna llena, y durante todo cambio de su forma.

- Nos arrepentimos de todo culto al sol y deidades solares como Helios o Titán, Apolo en Grecia, Shamash o Tamuz de Mesopotamia en Sippar y Larsa, al sol germánico, a Surya Vedanta y Adityas, al sol Inti inca y al azteca Huitzilopochtli, al egipcio Ra, Amaterasu en Japón, y al eslavo Dazhbog.

- Nos arrepentimos por el uso del símbolo de la serpiente y el dragón que están asociados con Nimrod y Marduk. Nos arrepentimos de todo culto a las serpientes, del uso de serpientes en rituales y de todo culto a deidades asociadas con las serpientes.

- Nos arrepentimos por el uso del caduceo o vara de Asclepio,[26] bastón alado con dos serpientes enrolladas alrededor de ella. Asclepio es el antiguo símbolo astrológico del comercio asociado con el dios griego Hermes, como el símbolo de la medicina basada en los principios astrológicos de usar los planetas y las estrellas para sanar a los enfermos. Nos arrepentimos de todo culto a Esculapio, Quirón, Hermes y de toda asociación de estos dioses falsos con la práctica de la medicina. Nos arrepentimos por el uso de la magia y las artes herméticas en la práctica de la medicina.

- Nos arrepentimos de la adoración de otros dioses falsos asociados con la serpiente, tales como Poseidón, Hydra y Tritón, Gorgonas y Medusa, Shiva, Naga, Auslavis en Lituania, la serpiente Arco Iris de los pueblos aborígenes de Australia, la diosa serpiente minoica, el zombi en África Occidental y Haití, Degei en Fiyi. Señor, deslíganos de todos estos dioses serpientes. Señor, deslíganos de Leviatán, el monstruo marino. Señor, desconéctanos de la serpiente antigua, el dragón.
- Nos arrepentimos de la adoración a An, el dios de los cielos en el templo Eanna en Uruk.
- Nos arrepentimos por el culto a Enlil, el dios del aire y las tormentas asociado con el planeta Júpiter en el templo Ekur en Nippur.
- Nos arrepentimos de la adoración a Enki, el dios del agua y la tierra fértil, asociada con el planeta Mercurio en el templo Eabzu.
- Nos arrepentimos de la adoración a Eridu o Ea, el dios de la magia, la sabiduría y la inteligencia.
- Nos arrepentimos de la adoración a Ki o Nirhursag, la diosa madre que representa a la tierra en el templo Esaggila en Kish.
- Nos arrepentimos por el culto a Assur, el dios del cielo, el dios principal de Asiria en Asur.
- Nos arrepentimos de la adoración a Ninlil o Nillina, la diosa del aire, al viento del sur, y la esposa de Enlil en el templo Ekur en Nippur. Nos arrepentimos por el culto a Nergal, dios de la muerte, asociada con el planeta Marte, hijo de EnIil y Ninlil.
- Nos arrepentimos de la adoración a Inanna, la diosa del amor y la guerra asociada con el planeta Venus, en el

templo Eanna en Uruk.
- Nos arrepentimos de la adoración a Marduk, hijo de Ea, el dios de la luz, el dios principal de Babilonia en el templo Esaggila en Babilonia.
- Nos arrepentimos de la adoración a Nanna o Suen o Sin dios de la luna en el templo Ehursag de Ur y Harran.
- Nos arrepentimos de la adoración a Utu Tutu o Shamash dios del sol en el templo Ebarbara de Sipparand en Babilonia.
- Nos arrepentimos de la adoración a Ninurta en el templo Egirsu en Lagash.
- Señor, por favor deslíganos de todas estas entidades impías.
- Padre Celestial, en nombre de mis antepasados y del mío propio, me arrepiento de codiciar[27] las cosas de Babilonia o el sistema del mundo. Me arrepiento por ser seducido por las cosas del mundo para desobedecer tus mandamientos e ir en contra de tus caminos. En nombre mío y de mis antepasados que fueron parte del sistema babilónico, me arrepiento por estar de acuerdo con el espíritu seductor de Babilonia y por cualquier cosa que hayamos hecho en este espíritu para seducir a tu gente, alejándola de Ti.
- Nos arrepentimos por tratar de encontrar nuestra legitimidad al mostrar al mundo el poder, la riqueza, la influencia, los dones, los talentos y tesoros que Tú nos habías dado, y usarlos en el mundo, cuando ellos estaban destinados a ser dedicados a Ti[28] y ser usados en tu servicio. Nos arrepentimos por encontrar nuestra legitimidad en la búsqueda de la admiración y el favor del mundo en lugar de extraer nuestra legitimidad de nuestra relación contigo. Señor, nos arrepentimos por haber sido hallados faltos cuando nos probaste para

saber lo que había en nuestros corazones.²⁹ Oramos para que Tú alinees nuestros corazones con tu corazón.

- En nombre de nuestros antepasados, nos arrepentimos por permitir maldiciones en nuestras líneas generacionales, robándonos las bendiciones generacionales y los tesoros de nuestras familias y de nuestras líneas generacionales, vendiéndose al sistema babilónico.³⁰ Señor, por favor devuélvenos estos tesoros generacionales.

- Señor, oramos por nuestra propia liberación de Babilonia y por la liberación de muchas personas de este sistema. En nombre de nosotros mismos y de nuestros antepasados de Babilonia, nos humillamos delante de Ti. Oramos, buscamos tu rostro y nos arrepentimos de nuestros malos caminos,³¹ de nuestra maldad, de nuestra iniquidad, orgullo, arrogancia y altanería.

- Perdónanos por no escuchar ni obedecer las palabras de tus siervos, los profetas verdaderos, por no apartarnos de nuestros malos caminos y por no vivir en la tierra con la herencia que nos has dado. Perdónanos por ir tras otros dioses para servirlos y adorarlos, y por provocar tu ira con las obras de nuestras manos.

- Señor, pon tus ojos sobre nosotros para bien, llévanos a nuestra tierra y a nuestra herencia, levántanos y plántanos. Danos un corazón para conocerte, para que sepamos que Tú eres el Señor y que nosotros somos tu pueblo. Nos volvemos a Ti con todo nuestro corazón.

- Elimina Señor, la destrucción, la desolación, el desprecio y la vergüenza que nos ha sobrevenido. Restaura en nosotros el sonido de la alegría, el canto, la risa, los sonidos de las fiestas matrimoniales, y el sonido de los trabajadores. Por favor danos luz en nuestras actividades. Por favor elimina la aridez de nuestra tierra. Por favor quita la espada y la copa de tu ira. Por favor líbranos de la opresión, porque ponemos nuestra confianza solo en

Notas:
1. Génesis 10:9–10.
2. Génesis 10:9. La palabra Hebrea paniym se traduce "antes" en algunas traducciones, donde también puede significar "en contra" en otras. Algunos comentaristas como Keil y Delitzsch, Clarke, y Matthew Henry lo han descrito como un tirano en rebelión contra el Señor.
3. Hêylêl.
4. Michael E. Salla, "An Exopolitical Perspective on the Preemptive War against Iraq," Exopolitics, Febrero 3, 2003, http://www.exopolitics.org/Study-Paper-2.htm
5. William Henry, "Saddam Hussein, the Stairway to Heaven and the Return of Planet X," based on Ark of the Christos por William Henry, http://www.bibliotecapleyades.net/exopolitica/esp_exopolitics_k_1.htm
6. Thomas Horn,"Stargates, Ancient Rituals, and those Invited through the Portal," http://www.bibliotecapleyades.net/stargate/stargate06.htm
7. Génesis 6:1–4; Números 13:33; Deuteronomio 2:11, 20; 3:11, 13; 2 Samuel 21:16–22;
1 Crónicas 20:4–8; Daniel 2:43.
8. Elyse Fitzpatrick, Idols of the Heart: Learning to Long for God Alone, (Phillipsburg, NJ: P&R Publishing, 2002).
9. Juan 4:23–24.
10. Jeremías 1:15–16.
11. Génesis 10:8–9.
12. Apocalipsis 18:13.
13. Génesis 10:10.
14. Babel se compone de dos palabras: baa que significa "puerta" y el que significa "dios".
15. Génesis 11:4–6.
16. Génesis 1:28.
17. Apocalipsis 3:12.
18. Hebreos 11:8–10.
19. Los espíritus poderosos pueden asumir muchos nombres dependiendo de la cultura en donde se manifiesten.

20. Para ver la asociación de Marduk con Mars, vea Bryce Self, "Nimrod, Mars and the Marduk Connection," http://www.ldolphin.org Nirmord.html y Gerald Massey, A Book of the Beginnings, vol.2 (New York: Cosimo, 2007). Para información de Marduk con Bel, ver http://www.ldolphin.org/Nimrod.html, Wikipedia, s.v. "Marduk," http://en.wikipedia.org/wiki/Marduk y Joseph Eddy Fontenrose, Python: A study of Delphic Myth and Its Origins

 (Cheshire, CT: Biblo-Moser, 1959); para ver la asociación de Marduk con Bull de Utu: Wikipedia, s.v. "Bull (mythology). http://en.wikipedia.org/wiki/Bull (mythology) y Gwendolyn Leick, Historical Dictionary of Mesopotamia (Lanham, MD: Scarecrow Press, Inc., 2003).

21. Alexander Hislop, The Two Babylons, (1858; repr. Stilwell, KS: Digireads.com Publishing, 2007).

22. Salmos 106:28.

23. La palabra para Caldean para un "infante" es yule.

24. Jueces 8:33.

25. Locura es de *luna* o la palabra latina para la luna. 11 *Collegiate Dictionary* de Merriam-Webster, s.v "Lunático".

26. Dios griego de la medicina y la Sanidad.

27. Josué 7:21.

28. 2 Reyes 20:15.

29. 2 Crónicas 32:31.

30. 2 Reyes 20:17–18.

31. 2 Crónicas 7:14.

32. Jeremías 25:4–7, 25:9–16, 25:38.

CAPÍTULO CUARENTA Y UNO

Oración para Soltar la Sanidad Emocional
AMYBETH BERNER

Como terapista durante veinte años, he estado buscando sabiduría y revelación para incrementar el potencial para la sanidad. En una búsqueda el Señor me llevó de regreso al Jardín del Edén, "En ese momento, se les abrieron los ojos, y de pronto sintieron vergüenza por su desnudez. Entonces cosieron hojas de higuera para cubrirse".[1] (NTV) Entonces, escuche la pregunta "¿Qué ojos eran esos?" Cada vez que el Señor me hace preguntas, me emociono porque sé que Él me está enseñando algo nuevo.

Yo creí que el Señor estaba hablando de los ojos que ya estaban abiertos en Génesis –los ojos físicos que Adán usó para ponerles los nombres a los animales[2] y para recibir a Eva[3]; y los ojos espirituales con los que se comunicaba con Dios.[4] También anulé de la lista los ojos que se abrieron en el momento de la caída, los ojos que discernieron el bien y el mal,[5] percibieron la desnudez,[6] sintieron mociones,[7] y desarrollaron mecanismos de auto-protección y defensa, relacionados con las emociones,[8] los ojos que finalmente marcaron el comienzo del pecado.

Después de la caída, el hombre se quedó con un dilema; él era capaz de discernir entre el bien y el mal, pero le faltaba sabiduría. Él no sabía cómo resolver los problemas y las emociones que vinieron con esta nueva conciencia. También, debido a sus emociones emergentes, Adán y Eva ya no confiaban entre ellos o en el Señor. El lazo de esta relación se había roto. El hombre ahora se vio obligado a buscar soluciones para aliviar su dolor.

¿Qué ojos eran esos? ¿Hacia dónde el Señor me estaba apuntando? Desde mi estudio del material de Jim Wilder[9] sobre la madurez y el desarrollo del cerebro, empecé a ver una correlación entre los ojos que "se abrieron" y la función de la amígdala. A la amígdala a veces se la llama "la garita de guardia" del cerebro; es el órgano que decide si la información que entra es buena, mala, o de temor. Este órgano también conserva recuerdos de todas las emociones negativas, manteniéndolos en el archivo como referencia de protección. Cuando un evento, sobrepasa nuestra capacidad de manejar una emoción y no podemos regresar a nuestra corteza prefrontal o "centro de alegría", la mente a menudo escogerá alguna estrategia de autodefensa.[10] Por ejemplo, Adán, tenía miedo y vergüenza cuando escuchó venir al Señor, se escondió.[11] Cada generación de personas desde Adán ha ideado planes de escape, mecanismos de defensa, y técnicas de supervivencia para ayudarlos a hacer frente a las intensas reacciones de las amígdalas. Nos hemos atado a nosotros mismos a comportamientos, eventos, experiencias, personas y substancias para escapar o someter el dolor interno.[12] Para sujetarnos plenamente al Señor, primero debemos arrepentirnos y liberar los viejos patrones de comodidad y autoprotección.

Recientemente, cuando yo estaba dando una clase en Nashville, el Señor me trajo de nuevo a Génesis - a ver la reacción de Caín en el rechazo de su ofrenda.

... Esto hizo que Caín se enojara mucho, y se veía decaído. "¿Por qué estás tan enojado? — Preguntó el Señor a Caín—. ¿Por qué te ves tan decaído? ... Serás aceptado si haces lo correcto, pero si te niegas a hacer lo correcto, entonces, ¡ten cuidado! El pecado está a la puerta, al acecho y ansioso por controlarte; pero tú debes dominarlo y ser su amo". [13] (NTV)

Vemos que Caín muestra su rechazo como ira y el Señor instruye a Caín, diciéndole cómo encontrar la salida a esa emoción. El Señor le explica que "hacer el bien" es la vía de escape. En la exploración de esta palabra, *yatab*, vemos que significa estar contento, estar alegre, estar satisfecho, ser bueno.[14] El tema del gozo se repite con la frase *"serás aceptado"* desde la *se eth* que en sentido figurado significa alegría o júbilo.[15] La salida para el dolor de Caín era a través de regresar al gozo. El deseo del Señor para Caín era que se regocijara, estuviera alegre, y permaneciera en relación con Él. En cambio, Caín entretuvo su enojo y mató a su hermano.

Debido a que he participado en la creación de algunas de las oraciones en este libro con Paul Cox y conociendo su efectividad, empecé a pedirle al Señor que soltara una oración para destruir la esclavitud de las ataduras antiguas, cubriera la iniquidad de ser conducido por las emociones, y eliminara la confianza en el árbol de la ciencia del bien y del mal para obtener la sabiduría.

En esta oración, nos estamos arrepintiendo de patrones destructivos e inmadurez en nuestras respuestas al dolor, a las heridas, el miedo, la vergüenza y la desesperación sin esperanza. Estamos declarando que nuestro Señor ha preparado una vía de escape, y su forma es a través del gozo de nuestra relación con Él.[16] El Señor quiere que tomemos el control de nuestras emociones, caminemos en el Espíritu, y nos regocijándonos en Él siempre.

Es hora de que reclamemos nuestra herencia, soltemos nuestras hojas de higuera, y caminamos de nuevo en el jardín con mentes y corazones desnudos. Es mi deseo, que esta oración fortalezca el deseo de buscarlo durante las tormentas emocionales, que corramos hacia Él para tener alegría, y descansar en el amor.

La Oración: Soltando la Sanidad Emocional [17]

- Me arrepiento por todos aquellos de mi línea generacional, comenzando desde Adán y Eva, quienes, en su deseo de conocer el bien y el mal, abrieron la puerta del temor y la vergüenza. Señor, cierra el portal y limpia las vías neutrales de mi cerebro para restablecer tu alegría.
- Me arrepiento por mí y por todos aquellos de mi línea familiar que se han escondido a sí mismos de sus propias emociones y del Señor, cuando Él había ido a ayudarles. Decido quitar toda hoja de higuera de autoprotección e ir al lugar de intimidad que el Señor Jesús proveyó mediante su redención.
- Me arrepiento por todos aquellos de mi línea generacional que cambiaron la gloria del Señor por el fruto del conocimiento del bien y del mal. Señor, yo declaro que toda la sabiduría y el conocimiento están escondidos en Cristo, y decido poner mi mente en las cosas de arriba.[18]
- Me arrepiento por mí y por todos aquellos de mi línea generacional que negaron sus emociones y proyectaron su miedo y su vergüenza a los que estaban a su alrededor. Señor, repara los patrones apegados a nuestro cerebro y restáuralos a la perfección que existía cuando Adán y Eva caminaron contigo en el jardín del Edén.
- Me arrepiento por todos aquellos de mi línea generacional que se negaron a regocijarse en el Señor, permitiendo que su semblante decayera, y que el pecado entrara por sus puertas.[19]
- Señor, elimina la maldad y el patrón de mi línea familiar

que provino de la decisión de Caín de permanecer en el dolor y no volver a la alegría. Decido hoy tener todo por sumo gozo, creyendo que la resistencia y la madurez son regalos que vienen de lo alto.[20]

- Me arrepiento por mí y todos aquellos de mi línea generacional que no te reconocieron como el Gran "Yo Soy". Me arrepiento por todos aquellos que, no viendo tu amor, se volvieron a apegos falsos para consolarse a sí mismos. Señor, limpia el centro de los apegos de mi cerebro; lava y transforma el ADN de mi familia con tu preciosa sangre.
- Me arrepiento por aquellos que te rechazaron como Padre amoroso, Proveedor, y Sustentador de nuestra vida.
- Me arrepiento por aquellos que dieron sus corazones a los ídolos, adorando y sirviéndoles a ellos en lugar de adorarte y servirte a Ti Señor.
- Me arrepiento por todos aquellos de mi línea familiar que se rebelaron contra sus padres y otras figuras de autoridad en un esfuerzo por escapar de emociones vergonzosas.
- Me arrepiento por aquellos de mi línea generacional que llegaron a ser ladrones y se negaron a verte a Ti Señor, como la fuente de toda su provisión. Me arrepiento por todos aquellos que mintieron y engañaron por causa del miedo o la codicia.
- Me arrepiento por todos aquellos de mi línea generacional que codiciaron cosas, y por aquellos que se apegaron y ataron a las pertenencias de los otros.
- Me arrepiento por todos aquellos de mi línea generacional que se embriagaron con el alcohol, tratando de escapar de las emociones dolorosas en lugar de buscar tu rostro, Señor.
- Me arrepiento por todos aquellos de mi línea

familiar que consumieron o suministraron drogas a los demás para salir de este mundo y entrar al segundo cielo. Señor, llama que vuelva del segundo cielo cualquier parte de mi espíritu o de mi herencia generacional que se encontraran ahí y sella esa puerta con tu sangre.

- Me arrepiento por aquellos de mi línea generacional que no perdonaron los pecados cometidos en contra de ellos y se aferraron a la ira como un mecanismo de protección. Señor, cancela y suelta a los ofensores y todas las ofensas que ha retenido mi línea generacional. Por favor, quita a los torturadores que han venido en contra mía como consecuencia.

- Me arrepiento por todos aquellos que se jactaron de sus riquezas, carros, caballos, y el poder de los hombres como su medio de liberación y protección.

- Me arrepiento por todos los de mi línea generacional que demandaron vida por vida, ojo por ojo, diente por diente, mano por mano, pie por pie, quemadura por quemadura, herida por herida y golpe por golpe. Me arrepiento porque no amamos y no oramos por nuestros enemigos.[21]

- Me arrepiento por mí mismo y por todos los de mi línea familiar que no supieron gobernar sus emociones, y se volvieron a la carne, cometiendo pecados de inmoralidad, impureza, sensualidad, envidias, borracheras, parrandas, idolatría, hechicerías, enemistades, pleitos, celos, arrebatos de ira, participando en disputas y en disensiones.[22]

- Me arrepiento por mí y por todos aquellos de mi línea generacional que se han negado a crucificar la carne con sus pasiones y deseos. Señor, te pido que liberes tu fuego sagrado y quemes la iniquidad que ha traspasado a nuestras generaciones.

- Me arrepiento por todos aquellos de mi línea generacional que idearon reglas, directrices legalistas y leyes espirituales para controlar las emociones y el comportamiento. Señor, yo elijo vivir guiado por tu Espíritu, confiando en tu voz para que dirijas mi camino.
- Me arrepiento por todos aquellos de mi línea generacional que han tratado de vivir solo para ellos. Señor, te pido que interrumpas la secuencia del centro de placer en nuestros cerebros y formes nuevas conexiones que nos conecten directamente a tu corazón.
- Declaro que soy una nueva criatura en Cristo y que las cosas viejas pasaron. Yo creo que al caminar por el Espíritu, no voy a satisfacer más a los deseos de mi carne.
- Señor, fortalece las vías y caminos del Espíritu en mi mente para que yo pueda entrar en tus puertas con acción de gracias y a tus atrios con alabanza. Señor, recuérdale a mi espíritu constantemente que está sentado contigo en los lugares celestiales, muy por encima de todo principado, autoridad y poder. Señor, juzga a cada fuerza espiritual conectada a estas iniquidades y restaura todo lo que ha sido robado a mi línea generacional.

Notas:
1. Génesis 3:7, NTV.
2. Génesis 3:20.
3. Génesis 2:23.
4. Génesis 2:16.
5. Génesis 3:5, 22.
6. Génesis 3:7, 10–11.

7. Génesis 3:7–8, 10.
8. Génesis 3:7–8, 10, 12–13.
9. Para más informacion sobre Jim Wilder, vea http://www.lifemodel.org
10. E. James Wilder, *The Complete Guide to Living with Men* (Pasadena, CA: Shepherd's House Inc., 2004).
11. Génesis 3:10.
12. Para más información acerca de BEEPS y de adicciones, vea http://www.thirvingrecovery.org
13. Génesis 4:5–7, NTV.
14. James Strong, *Concordancia Strong Exhaustiva de la Biblia*. La palabra hebrea no. 3190.
15. James Strong, *Concordancia Strong Exhaustiva de la Biblia* La palabra hebrea no. 7613.
16. 1 de Corintios 10:13.
17. Amybeth Brenner.
18. Colosenses 2:3; 3:2.
19. Génesis 4:6–7.
20. Santiago 1:2–5.
21. Deuteronomio 19:21; Mateo 5:38–39.
22. Gálatas 5:19–21.

CAPÍTULO CUARENTA Y DOS

Oración de Acuerdo para Bendecir al Pueblo Judío
DENA GEWANTER, MD

Pocos cristianos entienden lo que la Biblia dice acerca de Israel y el pueblo judío. La mayoría ignoran o pasan por alto el hecho de que Jesús era un hombre judío, quien citó el Tanaj (Antiguo Testamento) en casi todo lo que dijo, observó las leyes judías, celebró todas las fiestas judías, y usó ejemplos en sus enseñanzas de la historia judía. Jesús dijo que las personas serían juzgadas de acuerdo a la forma en que tratan a "estos hermanos míos más pequeños", los judíos.[1] Él dijo que "no vino a destruir (la ley), sino para cumplir (la)".[2] Pablo dijo que Jesús era "un siervo de los judíos en nombre de la verdad de Dios, para confirmar las promesas hechas a los patriarcas para que los gentiles glorifiquen a Dios".[3] (NTV) Las puertas del cielo tienen los nombres de las doce tribus de Israel en ellas.[4] A la luz de estas verdades bíblicas, ¿por qué la mayoría de los cristianos tienen tal desconexión con las tradiciones hebreas y con las personas que son parientes de sangre del Señor al que ellos sirven y en el que creen?

Los cristianos que no entienden las promesas del pacto de Dios con Israel y su plan final para el pueblo judío se están perdiendo la oportunidad de ver el increíble cumplimiento de las profecías pronunciadas hace miles de años. El resurgimiento del Estado de Israel después de casi dos mil años ¡es un completo milagro! El pueblo judío de más de ciento veinte países diferentes han regresado a Israel en cumplimiento de las múltiples profecías de la Biblia; "En ese día el Señor extenderá su mano por segunda vez para traer de regreso al remanente de su pueblo… Juntará al pueblo disperso de Judá desde los confines la tierra".[5] Él expulsó a los hijos de Jacob de la tierra que había pactado con sus padres, pero se comprometió a traerlos de vuelta en los últimos días, una promesa que Él está cumpliendo en este mismo momento como ¡testimonio de su fidelidad y la veracidad de su Palabra! En Jeremías leemos que sólo si Dios rompe su pacto con el día y la noche, la descendencia de Israel faltará para no ser nación delante de Él [6] y que Dios plantaría al pueblo judío en su tierra con "todo su corazón y alma".[7] Que sorprendente es leer que Dios los plantó en Israel con ¡*todo Su corazón y toda Su alma*!

La tierra de Israel es el lugar donde Dios habita, y Jerusalén es la ciudad donde el Señor escogió poner su nombre.[8] El pueblo judío es llamado su pueblo. "El Señor no abandonará a su pueblo, porque eso traería deshonra a su gran nombre. Pues le agradó al Señor hacerlos su pueblo".[9] (NTV)

¿Deberíamos preocuparnos por lo que está pasando en Israel y con el pueblo judío si somos cristianos? Los que odian, rechazan, o incluso ignoran lo que dice la Biblia acerca de Israel y el pueblo judío, en realidad están trayendo maldición sobre sí mismos. Si odiamos a los judíos o a la nación de Israel, estamos bajo la maldición de Dios, hasta que nos arrepintamos y seamos limpiados de ese pecado. ¿Sabía usted que está escrito: "Yo (Dios) bendeciré a los que te bendigan (Abram / Israel), y a los que te maldijeren (Abram / Israel) maldeciré?" [10] (NTV). Joel dice claramente que Dios reunirá todas las naciones que dispersaron su herencia, su pueblo Israel, y repartieron su tierra y Él vendrá a condenación contra ellos.[11] Esto debería preocuparle a todos los estadounidenses y los de las naciones cuyos gobiernos están tratando de obligar a Israel que divida la tierra que Dios pastó darle al pueblo judío.

Mientras la mayoría de los cristianos comprometidos creen que estamos viviendo en los "últimos días" antes del regreso del Mesías, pocos piensan seriamente en el *lugar* de su regreso. Se nos dice en Hechos 3:21 (NTV) que "Él (Jesús) debe permanecer en el cielo hasta que llegue el momento de la restauración de todo, como lo prometió hace mucho tiempo a través de sus santos profetas". La Biblia dice claramente que vendrá para luchar contra las naciones que rodean Jerusalén, de pie en el Monte de Olivos.[12] Esto significa que hoy en día, debe haber creyentes judíos viviendo en Jerusalén que están orando para que el Mesías aparezca.

La Palabra de Dios dice: "En efecto, el (Dios) que cuida a Israel nunca duerme ni se adormece",[13] y que el pueblo judío es "la niña de sus ojos."[14] "Ore por la paz de Jerusalén: "Que los que te aman… Por el bien de mis hermanos y amigos…, Por el bien de la casa del Señor, buscaré su prosperidad".[15] (NTV) Aquí vemos que hay una bendición para aquellos que oran por Jerusalén, tanto personal como corporativamente.

Oh Jerusalén, yo he puesto centinelas en tus murallas; ellos orarán continuamente, de día y de noche. No descansen, ustedes que dirigen sus oraciones al Señor. No le den descanso al Señor hasta que termine su obra, hasta que haga de Jerusalén el orgullo de toda la tierra.[16] *(NTV)*

Al parecer, los que invocan a Dios se supone que no le dan tregua, hasta que haga de Jerusalén la alabanza de la tierra. ¿Está sucediendo esto con su iglesia y en su vida de oración personal?

Los primeros creyentes eran casi exclusivamente judíos e incorporaron todas las fiestas y ceremonias judías en sus vidas como seguidores de Yeshua (Jesús). Después de la destrucción del templo en el año 70 DC, los judíos fueron expulsados de Israel y dispersos por todo el Imperio Romano. Luego, después de que el emperador romano Constantino se convirtió al cristianismo en el año 312 DC, él comenzó a separar y aislar a los judíos a través de la expulsión física, la discriminación legal y las penas de muerte.

Agustín escribió en el año 400 DC, "la verdadera imagen del judío es Judas Iscariote, el que vende al Señor por plata... y llevará por siempre la culpa por la muerte de Jesús".[17] Cuando hubo epidemias inexplicables, como la peste de la Muerte Negra, los judíos eran a menudo culpados y cientos de ellos fueron asesinados.

Entre los años 1100 DC y 1270 DC, los cruzados asesinaron a miles de judíos en el camino a Jerusalén; en las calles corría la sangre de sus víctimas. Durante la inquisición española, comenzando en el año 1230 DC, muchos fueron torturados y asesinados, o forzados a convertirse. Los primeros guetos judíos iniciaron en Italia en 1516; hombres judíos se vieron obligados a usar sombreros con cuernos y distintivos para distinguirse de los cristianos. Tomás de Aquino, un sacerdote católico, dijo que el pueblo judío debería vivir por siempre en servidumbre. Martín Lutero escribió en los 1500 que "la ira de Dios con el judío es tan intensa que los cristianos deberían...quemar sus sinagogas, destruir sus hogares, privarlos de sus libros de oraciones, prohibirles enseñar, viajes, ser dueños de la tierra, y todo su dinero les debería ser quitado".[18] Papas, reyes y líderes religiosos en Europa todos se unieron en su persecución y discriminación contra el pueblo judío a través de los años 1800.

Se estima que desde el tiempo de Cristo hasta la época del holocausto de Hitler, más de siete millones de personas habían sido asesinadas simplemente porque eran religiosas y étnicamente judíos.

Durante el tiempo previo a la Segunda Guerra Mundial, el mundo prestó poca atención a la creciente persecución de la población judía de Europa. Publicaciones falsas como "Los Protocolos de los Sabios de Sion" que indican que los judíos usaron la sangre de niños cristianos para hacer matzá para que el Pesaj, fueron ampliamente distribuidas y de hecho, "Los Protocolos de los Sabios de Sion" sigue siendo un éxito de ventas en el mundo musulmán.

En los años treinta, Hitler citó a Martin Luther en *Mein Kampf*, diciendo que estaba "actuando de acuerdo a la voluntad de Dios por defenderse contra los judíos". En los Estados Unidos, Henry Ford publicó un libro difamando que el pueblo judío estaba de acuerdo con la ideología nazi. Las universidades norteamericanas hicieron cuotas en contra de emplearlos o inscribirlos. Líderes musulmanes también cooperaron con Hitler en el intento de exterminar al pueblo judío, y el Gran Mufti fue un invitado en Berlín durante la Segunda Guerra Mundial. Los judíos en los países árabes como Siria, Irak, Yemen, Túnez, Marruecos y Libia fueron etiquetados como *dhimmi,* (parias) y sufrieron la persecución religiosa, pálizas, violación y fueron forzados a convertirse. El antisemitismo era un problema más leve en los países árabes antes de la Segunda Guerra Mundial, pero durante el tiempo de la "Solución Final" de Hitler, la propaganda se difundió a través de los territorios árabes, y la vida de los judíos en los países árabes que habían sido sus hogares por siglos se convirtió en algo intolerable. Los registros muestran que el gobierno de Estados Unidos sabía de los campos de concentración nazis, pero no hizo nada para detener a los vagones de ganado llenos de europeos judíos que eran llevados a las cámaras de gas. Canadá incluso dio vuelta un barco lleno de refugiados judíos; se vieron obligados a regresar a Europa, donde la mayoría de los pasajeros fueron enviados a la muerte en campos de concentración. Inglaterra, el país que ocupaba el poder sobre lo que entonces se llamaba Palestina, hizo todo lo posible para prevenir que los refugiados judíos que huían de los nazis que inmigraran a Israel, sin embargo, alentó activamente la migración árabe en la región. Gracias al mantenimiento obsesivo de registros de los nazis, se sabe que al menos seis millones de judíos fueron exterminados desde 1.939 hasta 1.945. De ese número, un millón y medio eran niños. El objetivo de Hitler era buscar a cada miembro de la raza judía de todos los países dominados por la Alemania nazi y "borrar a la raza de la faz de la tierra". Las palabras y los deseos del presidente Ahmadinejad de Irán y otros clérigos musulmanes radicales hoy hacen eco del espíritu detrás de la ideología demoníaca de Hitler.

En 1948, el día después de que Israel se le dio la condición de Estado por la Liga de las Naciones, siete naciones árabes atacaron a Israel. Sin ejército, armas, o fuerza aérea, los israelíes derrotaron milagrosamente a los árabes de todos los lados y comenzaron a reconstruir su patria. "¿Acaso ha nacido una nación en un solo día? ¿Acaso ha surgido un país en un solo instante? Pero para cuando le comiencen los dolores de parto a Jerusalén, ya habrán nacido sus hijos".[19] (NTV) Todas las guerras libradas por Israel se han ganado a través del milagro de la intervención de Dios. Hasta el día de hoy, muchos soldados que lucharon en estas guerras hablan de la mano invisible de Dios girando batallas a favor de Israel. Muchos no se dan cuenta de que el clamor constante de un Estado palestino es un plan apenas encubierto para destruir el Estado de Israel; su misma existencia es un insulto a los principios del Islam. El Corán dice que la tierra de Israel, una vez habitada por los musulmanes, siempre debe pertenecer a los musulmanes.[20] Compartir y la coexistencia pacífica es algo inaudito en el Islam. El Corán exige que el Islam sea el poder gobernante dominante, y los musulmanes están obligados por las enseñanzas del Corán a pelear una Jihad (guerra santa) para derrocar a cualquier país que no esté controlado por el Islam. Es por esto que aunque hay veintidós estados islámicos y espacio más que suficiente para ubicar a los refugiados palestinos en otros países musulmanes, ellos continúan luchando para derrocar a Israel y se niegan a aceptar un Estado judío; es una abominación a sus creencias religiosas.

Israel es una tierra desértica que ha llegado a tener vida en cumplimiento con la profecía que se encuentra en Isaías 27:6 (NTV): "Se acerca el tiempo cuando los descendientes de Jacob echarán raíces; ¡Israel brotará y florecerá, y llenará de fruto el mundo entero! Sin embargo, las Naciones Unidas han hecho más declaraciones contra Israel ¡que todos los otros países del mundo en su conjunto! Uno tiene que recordar el pasaje,

> *¿Por qué están tan enojadas las naciones? ¿Por qué pierden el tiempo en planes inútiles? Los reyes de la tierra se preparan para la batalla, los gobernantes conspiran juntos en contra del Señor y en contra de su ungido.* [21] (NTV)

Todos los judíos, y en particular aquellos en Israel, desesperadamente quieren vivir en paz y no en medio de tanto conflicto y odio. Israel y el pueblo judío no se encuentran en el centro del escenario por causa de la justicia o de las buenas obras, ni porque son particularmente malvados o malos. Es simplemente debido a la elección, algo que Dios escogió hacer. En Romanos 11:2 (NTV) se dice claramente: "No, Dios no ha rechazado a su propio pueblo, al cual eligió desde el principio". Hoy en día, algunos líderes y grupos cristianos están saliendo en apoyo de un estado palestino y contra la "ocupación israelí de tierras árabes". El antisemitismo secular que estaba latente después de la Segunda Guerra Mundial se está levantando de nuevo, y ahora se dirige no sólo contra la raza judía, sino también contra su patria. Ante los ojos de Dios, no hay separación entre el pueblo judío y la tierra de Israel. El antisionismo (oposición al Estado de Israel) es la misma entidad que el antisemitismo.

Querido amigo, si quiere guardarse de engaño y de ser utilizado como un instrumento contra los propósitos de Dios en estos últimos días, asegúrese de alinearse con los planes de Dios, como se describe en la Biblia. No se deje engañar por el clamor de las masas. Busque la palabra de Dios y lea lo que dice acerca de Israel y el pueblo judío; luego ore para hacer su voluntad y llevarla a cabo. Usted seguramente será bendecido y se sorprendido mientras mira a Dios llevarlo a un nivel más profundo de intimidad y de revelación de su corazón y su alma.[22]

La Oración: Acuerdo para Bendecir al Pueblo Judío[23]

Señor, vengo a Ti hoy para pedirte perdón por todo lo que haya dicho o hecho que maldijo a los hijos de Israel (enuncie el pecado con nombres específicos, si se conocen o se recuerdan). Entiendo tu justo decreto, que bendecirás a los que los bendigan y maldecirás a quienes los maldigan. Ahora te pido que por favor rompas cualquier maldición en mi familia o en mí que estuvieran allí a causa de estos pecados en contra de los judíos. Invoco la sangre de Jesús y te pido ser purificado de todo pecado, maldad e injusticia.

Señor, me someto a tu plan diseñado para mi vida y declaro que tanto yo como mi ministerio bendeciremos a los judíos. También declaro que estoy de acuerdo con tus planes y propósitos para la nación de Israel. Señor, quiero recibir tu corazón por tu gente y el coraje para hacer tu voluntad sin importar la oposición que pudiera haber. Señor, ayúdame a humillarme y hacer que el judío sea el primero en mis oraciones y en mi ministerio a los perdidos. Señor, libera para mí toda provisión y favor para bendecir y proteger a los judíos. Señor, confirma tu mensaje en mí con señales y mediante un testimonio interno del Espíritu Santo. En el nombre de Yeshua. Amén.[24]

Notas:
1. Mateo 25:40 (NTV).
2. Mateo 5:17.
3. Romanos 15:8–9 (NTV).
4. Apocalipsis 21:12.
5. Isaías 11:11–12 (NTV).
6. Jeremías 31:35–36; 33:19–27.
7. Jeremías 32:41.

8. 2 Crónicas 12:13.
9. 1 Samuel 12:22 (NTV).
10. Génesis 12:2–3 (NTV).
11. Joel 3:2.
12. Zacarías 14:3–4.
13. Salmo 121:4 (NTV).
14. Zacarías 2:8.
15. Salmo 122:6, 8–9 (NTV).
16. Isaías 62:6–7 (NIV).
17. Alexander Kimel, "Source of Hatred, Anti-Semitism," (traducido Fuente de Odio, Anisemitismo) *Holocaust Understanding and Prevention*, (traducido Holocausto Entendimeinto y Prevención) http://kimel.net/antisem.html
18. Donald K. McKim, ed., *The Cambridge Companion to Martin Luther* (New York: Cambridge University Press, 2003), 58.
19. Isaías 66:8 (NTV).
20. *The Qur'an*, capítulos 5:20–21.
21. Salmo 2:1–2.
22. Gracias a Miriam Rodlyn Park of Eagles' Wings Ministries por su manual, *Watchmen on the Wall* (Clarence, NY: Kairos Publishing, 2005), el cual contiene mucha de la información histórica del antisemitismo.
23. Oración escrita por el Dr. Earbin Stanciell.
24. Génesis 12:3.

CAPÍTULO CUARENTA Y TRES

Oración para Soltar el Don de Discernimiento
PAUL L. COX

Después de que el Señor me dio el don de discernimiento,¹ Él continuó desarrollándolo. A medida que maduraba el don, empecé a entrenar a otros en el discernimiento. Esta oportunidad de entrenar a otros en este don ha sido gratificante, pero también desafiante. No ha sido inusual que en un grupo de aprendices, más del 75 por ciento de los presentes comenzaran a discernir. Sin embargo, hay muchos que no disciernen. ¿Por qué es esto? Es posible que no todo el mundo pueda discernir.² He notado que los que operan en el don redentor de la enseñanza les resulta difícil discernir. Creo que esto ocurre debido a que el maestro tiene que observar lo que está sucediendo y evaluarlo de acuerdo a la Palabra de Dios. Pero ¿podrían haber otras razones por las que algunos no disciernen?

Me presentaron a una pareja que eran misioneros de Japón y caminaban en el don del discernimiento. Mientras hablábamos, compartieron de cómo el Señor les mostró que el espíritu de autismo inhibe el discernimiento. El autismo es un trastorno que afecta los sentidos físicos, por lo que tendría sentido que un espíritu impío de autismo afectara los sentidos espirituales. Tuve una idea. La próxima vez que estuviera entrenando a un grupo en el don del discernimiento, los haría orar para romper cualquier espíritu de maldad del autismo. ¡Los resultados fueron increíbles! Varios de los que no podían discernir, inmediatamente comenzaron a hacerlo.

Entonces, el Señor nos reveló que a menudo, en la línea familiar, algunos han negado el don de discernimiento o bien lo han utilizado de manera impía. Esta impiedad limita el don para que la generación actual no pueda discernir o bien hacerlo pero con una capacidad disminuida. El arrepentirse y renunciar a este pecado abre la posibilidad de un mayor nivel de discernimiento. ¡La oración hace la diferencia!

La oración siguiente fue formulada por la Iglesia de Singapur Kingdom Glory.

La Oración: Soltando el Don de Discernimiento [3]

- Padre, por mí y por mi línea generacional, yo renuncio y me arrepiento por todos mis pecados, iniquidades y transgresiones que han estorbado que el don de discernimiento de espíritus sea activado y usado de una manera santa y ungida para la gloria de Dios. Renuncio y me arrepiento por todos los usos incorrectos del don del discernimiento para ganancia personal manipuladora. También renuncio y me arrepiento por usar el don de discernimiento con la ayuda del poder de las tinieblas.
- Dios Padre, te pido que nos perdones tan pronto como clamo y pido tu perdón. Recibo tu perdón y decido perdonarme por todo el mal uso y abuso del don de discernimiento.
- Padre Dios, te pido que sueltes el don de discernimiento para que pueda crecer y estar a la vanguardia y escuchar rápidamente y con claridad la voz de tu Espíritu.
- Señor, ahora me arrepiento y renuncio a todos los espíritus asignados en contra del don de discernimiento. Es-

píritu sordo y mudo, espíritu de pasividad, incredulidad, acusación, intimidación, espíritus de religiosidad, de tormento, de codicia, duda, obstrucción, condenación, destrucción, miedos, rencor, orgullo, vergüenza, control, engaño, incertidumbre, aburrimiento, distracciones, postergación, pereza, victimización, legalismo, timidez, intimidación, burla, opresión, represión, rebelión, inferioridad, incompetencia, limitación, fracaso, bigamia, doble ánimo, confusión, rechazo, abuso, pérdida, estupidez, lujuria oculta, inseguridad, seducción, celos , envidia, malicia, ira, asesinato, dolor, resistencia, desobediencia, pobreza, indignidad, sabotaje, crítica, insuficiencia, incapacidad, espíritu de muerte, violencia, desconfianza, chisme, mentira, calumnia, enfermedad, manipulación, disensión, y autismo espiritual.

- Dame oídos para oírte a Ti y las palabras que vengan de Ti para que las hable. Ayúdame a ser proactivo, a creer, a confiar, a alentar de manera loable, a ser valiente, atrevido, lleno del Espíritu, lleno de paz, tranquilo, generoso, satisfecho, abierto y sensible a fluir con tu Espíritu. Ayúdame a ser loable, edificante, perdonador, humilde, puro, inocente, no controlador, honesto, sin malicia, auténtico, seguro de la verdad, alerta, claro, brillante, relevante, avivado, enfocado, rápido para obedecer, trabajador, diligente, triunfador, dador de gracia, misericordioso, real, libre, obediente, competente, ilimitado en tus recursos, exitoso, leal, decidido, lleno de comprensión, ordenado y alineado correctamente, coherente, conectado, aceptado, amado, cuidado, provisto, sabio, preciso, con dominio propio, seguro, alegre, amoroso, vulnerable, rico, digno de confianza, servicial, lleno de vida, fuerte, estable, sólido, directo, despierto y alerta.

- Señor Jesús, yo renuncio y me arrepiento por todas las actividades que hice que han abierto mi tercer ojo a la visión engañosa, me arrepiento por haberme abierto a los diferentes chakras. Señor, ciega a todos los poderes de las tinieblas que han utilizado mi tercer ojo en sus diversas dimensiones y en todas mis diferentes partes que se encuentran atrapadas, perdidas, y esclavizadas en las dimensiones.

- Señor, corta y anula todas las conexiones que los espías demoníacos tienen con mi tercer ojo para obtener información y controlar mis movimientos. Señor, elimina y cancela todos los poderes malignos asociados con mi tercer ojo.

- Señor, asigna ángeles que quiten el tercer ojo de todas las partes de mi ser, en sus diversas dimensiones, tanto en el pasado, como en el presente y el futuro.

- Señor, lléname de tu presencia y reemplaza el mal con el bien. Desde ahora y para siempre yo elimino todas las influencias y presiones ocultas que están sobre mi vida que tratan de plantar y activar el tercer ojo.

- Señor Jesús, yo recibo los ojos de tu Espíritu y pido que solo vea lo que Tú quieras que vea. Pido que todas las estrategias y tácticas del enemigo sean expuestas por medio de revelación divina de tu voluntad. Señor, abre mis ojos espirituales para ver tu poder y tu gloria, así como todas tus glorias celestiales.

- Padre Dios, te doy gracias por darme el don del discernimiento para que pueda tener un conocimiento completo de tu voluntad en todo lo que concierne a la vida. Gracias por darme sabiduría espiritual y entendimiento para aplicar todo lo que me has enseñado. Gracias por enseñarme a vivir de manera que siempre te honre y agrade. Dios Padre, te doy gracias por darme el discernimiento necesario para producir cada vez una buena cosecha, en todas mis inversiones y en todo lo que concierne a la vida.[4]

- Padre Dios, gracias por enseñarme la forma de recibir tus recursos en toda situación, con todo tipo de personas. Padre, gracias por avisarme de tu tiempo divino, tus oportunidades y tus puertas abiertas para suplir todo lo necesario para mi vida. Gracias por toda abundancia espiritual, física y emocional, de modo que todo lo que haga y diga, sea un aroma dulce y un sacrificio aceptable y agradable a Ti.[5]
- Dios Padre, te doy gracias. Tú me ayudaste a empezar a comprender la increíble grandeza de tu poder para todos los que creemos en Ti. Esa misma potencia poderosa que resucitó a Cristo de la muerte y lo condujo a estar sentado a la diestra de Dios Padre en los lugares celestiales.[6]
- Dios, te doy gracias por darnos la forma de acceder a tu increíble riqueza de gracia y bondad cuando caminamos en unidad.[7]
- Padre Dios, gracias por mostrarme por medio del discernimiento a caminar en amor, gozo, paz, paciencia, benignidad, bondad, fidelidad, mansedumbre y dominio propio. Padre Dios, te doy gracias porque no existen limitaciones para hacer todo lo que me has llamado a hacer.[8]
- Padre Dios, gracias por mostrarme la concupiscencia de la carne, la concupiscencia de los ojos y la vanagloria de la vida, de manera que podré huir de la tentación y vivir en la verdad y la libertad espiritual.[9]
- Dios Padre, quiero saber qué es lo que Tú quieres que haga. Te pido ahora que me des sabiduría. Te agradezco porque sé que con alegría me darás lo que pido y nunca te molestarás de que te pida.[10]
- Padre Dios, gracias por enseñarme a sujetarme a mis líderes y a mis hermanos en la fe, bíblica y espiritualmente. Dame la actitud y la fe que producen avance, mila-

gros de sanidad, crecimiento y productividad, de manera que pueda alcanzar el máximo potencial que me da mi derecho de primogenitura. Enséñame a vivir en la armonía de la unidad de la fe que te da gloria a Ti.[11]

- Padre Dios, te doy gracias por haberme dado la capacidad de discernir todos los dones espirituales y los llamamientos que me has otorgado. Gracias por enseñarme a desarrollar, utilizar, aprovechar y maximizar lo que me has dado a todo su potencial. Sé que esto traerá tu gloria en todos los aspectos de mi vida y a la gente a mi alrededor.[12]

- Dios Padre, dame el discernimiento para recibir la impartición espiritual correcta de las personas específicas que has enviado a mi vida. Dame la sabiduría para huir, escapar, evitar y rechazar cualquier mala impartición de los siervos de Satanás. Enséñame a reconocer desde lejos a todos los siervos falsos, incluso al sonido de su voz. Protege Señor mis oídos, mis ojos, y mis cinco sentidos espirituales del asalto del campamento del enemigo. Señor, rodéame con cánticos de liberación, con la presencia de tu Espíritu Santo, de modo que cuando llegue la oscuridad, no se acerque a mí.

- Dios Padre, Tú me has dado la capacidad de oír la voz de tu Espíritu. No voy a seguir la voz del extraño, sino que voy a seguirte a Ti el resto de mi vida. Gracias por darme la capacidad de escuchar tu voz en todas las decisiones que tomo; respecto a mi familia, mi trabajo, mi ministerio, las inversiones, los negocios, los estudios, las relaciones, el matrimonio y la iglesia. Que todo lo que haga y diga concerniente a la vida, esté lleno de energía, traiga libertad, y reproduzca vida. Señor, gracias porque puedo escuchar tu voz clara y rápidamente, como los profetas de la antigüedad.[13]

- Padre Dios, gracias por mostrarme la crisis que hay en la

tierra en lugar de dejar que yo me convirtiera en una víctima de ella. Me convertiré en un protector y un animador apasionado de los necesitados. Ayúdame a huir de todas las obras de las tinieblas sobre la tierra y la economía. Asegura y cubre Señor mis propiedades y todas mis posesiones por tu Espíritu.[14]

- Padre Dios, gracias por enseñarme cómo vivir en paz y en armonía con todas las personas, llevando a cabo tu voluntad. Enséñame ahora a caminar con ternura, misericordia, bondad, humildad, mansedumbre y paciencia. Enséñame a perdonar las faltas y cómo caminar en amor y en armonía perfecta.[15]

- Padre Dios, te doy gracias por enseñarme cómo dar y recibir consejo a la perfección, con toda la sabiduría de los cielos, para que yo pueda estar sano en espíritu, alma y cuerpo.[16]

- Padre Dios, gracias por enseñarme cómo recibir toda tu provisión para que pueda tener todo lo que pudiera necesitar. Enséñame ahora a compartir todo lo que he recibido. Padre Dios, gracias por enseñarme la manera de aumentar los recursos que me has proporcionado para producir una gran cosecha de generosidad en mi vida.[17]

- Padre Dios, gracias por enseñarme cómo compartir con los demás de manera efectiva la obra que has hecho en mi vida para mostrar tu misericordia, tu bondad y tu benignidad. Gracias por enseñarme a caminar en tu paz en todo tiempo.[18]

Notas:

1. Ver *Unwrap the Gifts* de Paul L. Cox (Lake Mary, FL: Creation House, 2009) para una descripción completa del don de discernimiento. El discernimiento es el uso de los cinco sentidos físicos para poder discernir en el Espíritu.

2. Aunque en Hebreos 5:14 puede indicar lo contrario: "Pero el alimento

sólido es para los que han alcanzado madurez, es decir, para los que por el uso tienen los sentidos ejercitados en el discernimiento del bien y del mal".
3. La oración formulada por Kingdom Glory Church (originalmente Destiny Center), Singapur.
4. Colosenses 1:9.
5. Filipenses 4:19.
6. Efesios 1:19.
7. Efesios 1:7.
8. Gálatas 5:22–23.
9. 1 Juan 2:16.
10. Santiago 1:5.
11. Mateo 8:9.
12. 2 Timoteo 1:6–7.
13. Juan 10:27.
14. Mateo 28.
15. Colosenses 3:12–14.
16. Colosenses 3:16.
17. 2 Corintios 9:8.
18. Marcos 5:19.

Acerca del Autor

Paul L. Cox nació en Wellington, Nueva Zelanda. Paul recibió su BA en Historia e Inglés de Pepperdine University. Él se graduó de American Baptist Seminary of the West y de California Graduate School of Theology. Paul ha servido como pastor principal en cuatro iglesias diferentes. Él también ha servido en numerosas posiciones de liderazgo, como presidente del consejo de ministros en el suroeste del Pacífico y presidente de un comité de evangelismo denominacional.

Paul y su esposa, Donna, viven en Hesperia, California, y son los codirectores de Aslan's Place, un ministerio dedicado a traer libertad e integridad a los heridos y cautivos. Aslan's Palce equipa al cuerpo de Cristo en el ministerio de guerra espiritual y el don de discernimiento. Paul y Donna han ministrado alrededor del mundo. Tienen tres hijos y 7 nietos.

Por información adicional sobre le ministerio Aslan's Place, favor de visitar la página web www.aslansplace.com. Otras publicaciones escritas por Paul L. Cox están disponibles para la venta en la página web.

Guidelines for Deliverance (solo en inglés)
Heaven Trek (solo en inglés)
Prayers for Generational Deliverance (Oraciones para la Liberación Generacional, disponible también en español)

Contribuciones

Me gustaría reconocer las maravillosas contribuciones al texto y a las oraciones contenidas en este libro, de las siguientes personas:

- Jeffrey Barsch, EdD
- Amybeth Berner
- David Brown
- Kelsey Budd
- Lewis Crampton
- Dena Gewanter, MD
- Terry Johnson
- Alice Mills
- Annemie-Joy Munnik
- Nigel Reid
- Richard Sicheneder
- Dr. Earbin Stanciell
- Joanne Towne
- Mary Upham
- Patti Velotta
- Sarah Victor

Y a muchos otros que no están nombrados aquí, que han orado y contribuido a las oraciones desde nuestra Escuela Avanzada de Entrenamiento y Exploración del Discernimiento, llevada a cabo alrededor del mundo. Estoy muy agradecido por todo los que el Señor nos enseña a través de nuestra familia extendida en Cristo.

Índice Palabras Claves y Referencias Bíblicas

1 Corintios 1:30, 458
1 Corintios 10:16, 96
1 Corintios 10:23, 190
1 Corintios 11:11–12, 222
1 Corintios 12:12, 190
1 Corintios 6:17, 458
1 Crónicas 20:4–8, 476
1 Juan 1:3, 458
1 Juan 1:9, 416
1 Juan 2:16, 502
1 Juan 5:20, 190
1 Pedro 2:9, 236
1 Pedro 3:21–22, 35
1 Pedro 4:10, 222
1 Reyes 8:9, 235
1 Timoteo 2, 222, 223
1 Timoteo 3:2–3, 190
1 Timoteo 6:3–5, 236
2 Corintios 10:12–18, 161
2 Corintios 10:13, 161
2 Corintios 10:15–16, 292
2 Corintios 13:1, 57
2 Corintios 3, 18, 272
2 Corintios 4:10, 292
2 Corintios 4:16, 212
2 Corintios 4:6, 212
2 Corintios 5:1, 292
2 Corintios 5:7, 330
2 Corintios 6:14, 124
2 Corintios 8–9, 190
2 Crónicas 12:13, 494
2 Crónicas 13:8–9, 236
2 Crónicas 32:31, 477

2 Crónicas 5:10, 235
2 Crónicas 5:13, 350
2 Crónicas 5:7–10, 226
2 Crónicas 7:14, 477
2 Pedro 1:10, 12
2 Pedro 1:17, 395
2 Pedro 1:4, 458
2 Reyes 20:15, 477
2 Reyes 20:17–18, 477
2 Reyes 21:6, 48
2 Tesalonicenses 1:3–4, 292
2 Timoteo 1:6–7, 502
2 Timoteo 3:1–6, 146
2 Timoteo 4:18, 11
Aarón, 226, 232
abandono, 322
aborto, 84, 254
abortos, 287, 402
Adán, 78, 188, 202, 211, 215, 216, 244, 261, 398, 478, 479, 481
add, 432
adivinación, 47, 48, 119, 145, 276, 282, 291
ADN, 55, 60, 77, 196, 199, 233, 234, 296, 310, 319, 363, 373, 375, 482
adopción, 322
adoración, 29, 50, 91, 99, 103, 143, 189, 205, 225, 233, 255, 282, 284, 287, 288, 326, 367, 411, 415, 418, 421, 422, 423, 424, 425,

426, 427, 428, 429, 430,
   431, 441, 444, 445, 446,
   447, 451, 452, 456, 457,
   464, 468, 469, 470, 471,
   472, 473, 474
adulterio, 187, 189, 250, 254,
   372
agua, 35, 44, 48, 64, 108, 140,
   141, 165, 192, 193, 206,
   213, 245, 246, 267, 276,
   277, 282, 283, 286, 287,
   305, 324, 352, 355, 356,
   357, 373, 380, 428, 439,
   450, 457, 473
Aguas, 333
águilas, 242, 337
aire, 41, 44, 48, 192, 206, 242,
   251, 373, 375, 424, 425,
   431, 439, 450, 457, 473
alah, 107
alma, 28, 32, 55, 56, 85, 97,
   98, 104, 117, 118, 121, 123,
   168, 169, 183, 202, 239,
   251, 253, 255, 296, 299,
   303, 308, 310, 320, 321,
   349, 356, 358, 392, 422,
   425, 427, 431, 435, 441,
   443, 444, 445, 449, 452,
   453, 454, 457, 458, 465,
   487, 492, 501
altares, 58, 175, 181, 224, 226,
   324
amabilidad, 273, 438
amargura, 100, 103, 108, 159,
   169, 170, 179, 320, 370
amor, 4, 29, 35, 51, 52, 88,
   122, 132, 136, 138, 150,
   159, 160, 178, 182, 188,
   195, 203, 208, 211, 234,
   235, 243, 247, 250, 254,
   256, 257, 261, 265, 268,
   270, 271, 289, 290, 302,
   305, 307, 321, 334, 335,
   337, 343, 344, 350, 353,
   358, 359, 364, 367, 368,
   369, 371, 404, 406, 409,
   423, 428, 438, 465, 466,
   474, 480, 482, 499, 501
Amós 7:8, 203
ancestral, 234, 284, 440, 467
Ancianos, 6, 128, 131
antiguos caminos, 352, 355,
   359
Apocalipsis 1:5–6, 236
Apocalipsis 10:5–6, 379
Apocalipsis 10:6, 395
Apocalipsis 17:1–5, 256
Apocalipsis 17:3–6, 143
Apocalipsis 17–18, 146
Apocalipsis 18:13, 476
Apocalipsis 18:23, 146
Apocalipsis 2:17, 292
Apocalipsis 21:12, 493
Apocalipsis 22:11, 395
Apocalipsis 22:1–2, 140
Apocalipsis 22:13–14, 292
Apocalipsis 22:6–16, 292
Apocalipsis 3:12, 477
Apocalipsis 3:17, 190, 292
Apocalipsis 4:1, 133, 333
Apocalipsis 5:8, 133, 141
Apocalipsis 5:9, 133
Apocalipsis 7:13, 133
Apolo, 84, 472
araña, 162, 163, 164, 168
árbol, 52, 116, 140, 206, 207,
   208, 216, 227, 228, 229,
   230, 238, 245, 246, 270,
   289, 299, 324, 350, 353,
   358, 369, 442, 471, 480

arca, 224, 225, 226, 227, 233
área, 40, 55, 84, 131, 135, 137, 156, 214
Aristóteles, 84
armadura, 150, 333, 352
armas, 51, 76, 359, 491
arrogancia, 188, 467, 468, 475
artes, 74, 126, 207, 280, 284, 326, 473
Arur, 107
Ascendido, 300, 309
asesinato, 20, 187, 255, 258, 262, 305, 327, 358, 416, 497
Astarté, 142, 143, 469, 470
astrología, 48, 282, 439, 457, 467, 471
atención, 72, 95, 112, 134, 137, 206, 262, 326, 339, 383, 415, 465, 489
aura, 301, 306
Baal, 101, 143, 252, 471
Babilonia, 8, 143, 189, 294, 415, 432, 462, 463, 464, 465, 466, 467, 468, 469, 470, 471, 472, 474, 475
Baco, 118, 119, 471
Balaam, 260, 284
Barsch, 138, 504
Barsch, Jeffrey, 504
belleza, 143, 265, 277, 403, 429, 464
Bendecir, 8, 486, 493
Betsabé, 399
blasfemia, 107, 187
Brahma, 410, 441, 449, 456
brujas, 249, 250, 253, 254, 367
brujería, 31, 46, 47, 48, 49, 50, 74, 81, 118, 144, 168, 169,
170, 250, 254, 279, 319, 367, 434, 440, 457, 462
Bryanton, 69, 70, 72, 80, 81
Buda, 293, 294, 303, 309
budista, 291, 294, 296, 305
Burk, 55, 57
cabeza, 16, 41, 54, 55, 83, 84, 113, 122, 123, 140, 141, 158, 193, 196, 210, 211, 225, 235, 275, 352, 384, 393, 407, 412, 420, 426, 431, 447, 448
calumnia, 167, 168, 209, 497
Calvino, 11, 13
Campbell, 199
canalización, 297
cantos, 126, 178, 260, 456
cardos, 237, 238, 244
Castas, 436
celibato, 293, 457
celos, 20, 50, 51, 164, 165, 167, 215, 255, 320, 321, 328, 369, 371, 483, 497
célula, 81
chakra, 298, 299, 301, 303, 306, 307, 448, 454
China, 280, 281, 415, 469
chisme, 165, 167, 168, 209, 497
chronos, 378, 379
cielo, 23, 26, 27, 29, 30, 31, 35, 39, 41, 45, 63, 64, 70, 73, 77, 78, 96, 111, 114, 128, 129, 142, 143, 145, 146, 150, 151, 157, 174, 183, 188, 189, 199, 225, 244, 252, 266, 268, 283, 291, 323, 324, 328, 334, 353, 357, 367, 379, 380, 416, 419, 420, 422, 423,

425, 427, 428, 429, 431,
435, 457, 463, 469, 471,
473, 483, 486, 488
cielos, 28, 33, 63, 64, 74, 111,
142, 160, 161, 177, 178,
185, 209, 243, 288, 291,
363, 379, 417, 418, 419,
423, 424, 428, 463, 473,
501
Cigoto, 60
codicia, 22, 178, 186, 209,
402, 467, 482, 497
colores, 55, 75, 78, 123, 194,
195, 198, 228, 286, 308
Colosenses 1:16, 33, 35, 138
Colosenses 1:27, 458
Colosenses 1:9, 190, 279, 502
Colosenses 2, 35, 39, 41, 122,
190, 192, 203, 212, 279,
485
Colosenses 3:12–14, 502
Colosenses 3:16, 502
Colosenses 4:5, 385
compasión, 291, 308, 328,
335, 336, 337, 338, 339,
340, 341, 342, 343, 344,
346, 411
conciencia, 35, 62, 91, 96,
197, 296, 297, 298, 300,
301, 303, 304, 306, 307,
308, 310, 378, 392, 441,
442, 445, 448, 449, 452,
478
conexiones, 41, 79, 99, 100,
121, 122, 125, 145, 174,
175, 188, 190, 239, 252,
370, 392, 429, 442, 448,
453, 460, 484, 498
conocer, 46, 83, 85, 86, 88,
138, 160, 195, 207, 266,

281, 282, 284, 315, 325,
335, 342, 353, 481
conocimiento, 21, 32, 47, 81,
85, 142, 152, 159, 160, 182,
200, 203, 206, 207, 208,
209, 211, 216, 232, 253,
267, 268, 308, 326, 337,
345, 356, 358, 359, 404,
406, 412, 413, 440, 444,
447, 453, 457, 481, 498
corazón, 16, 17, 21, 28, 29,
32, 43, 51, 52, 56, 85, 87,
88, 91, 100, 102, 103, 104,
114, 122, 145, 148, 167,
173, 174, 175, 177, 178,
179, 180, 181, 183, 185,
187, 188, 202, 211, 238,
239, 257, 259, 261, 263,
265, 266, 267, 268, 270,
271, 273, 281, 285, 288,
298, 299, 305, 307, 312,
317, 320, 323, 328, 329,
334, 335, 336, 338, 340,
342, 344, 345, 346, 352,
354, 355, 358, 363, 365,
368, 370, 371, 372, 373,
374, 376, 393, 409, 410,
422, 423, 425, 427, 429,
430, 438, 441, 454, 464,
465, 466, 475, 484, 487,
492, 493
corazones, 21, 103, 114, 122,
147, 152, 174, 184, 247,
262, 318, 329, 333, 334,
335, 355, 369, 372, 373,
464, 465, 466, 475, 480,
482
Covalente, 60
creación, 35, 40, 42, 44, 62,
192, 209, 215, 234, 239,

262, 270, 271, 285, 287,
291, 296, 308, 353, 368,
374, 387, 407, 419, 435,
440, 442, 444, 445, 446,
449, 454, 480
criaturas, 39, 101, 130, 142,
367, 442, 446
cubo, 55, 56, 194, 196, 197,
198
cuerpo, 14, 24, 25, 26, 29, 32,
35, 36, 38, 50, 54, 55, 56,
60, 61, 64, 75, 81, 96, 98,
100, 101, 117, 122, 124,
158, 162, 164, 165, 168,
169, 170, 179, 180, 182,
196, 199, 200, 202, 203,
210, 232, 233, 234, 246,
251, 254, 255, 258, 280,
285, 296, 300, 301,
302,303, 305, 306, 307,
312, 326, 328, 358, 363,
367, 370, 377, 392, 394,
396, 404, 407, 411, 412,
422, 423, 431, 439, 440,
443, 448, 449, 450, 454,
458, 501, 503
Daniel, 236, 263, 270, 272,
294, 345, 347, 387, 395,
476
danza, 76, 326, 445, 454, 456
David, 81, 122, 290, 375, 399,
417, 432, 504
decepción, 163, 214, 327, 409
deidad, 108, 211, 233, 410,
469
deidades, 81, 283, 291, 416,
418, 421, 440, 445, 454,
457, 458, 460, 472
Delta, 380, 381, 382, 384, 385,
386, 388, 389, 390, 391

demoníaca, 27, 29, 31, 32,
101, 408, 440, 490
demonio, 151, 249, 250, 252,
419, 423, 426, 429
dendritas, 135, 137
depresión, 42, 269
derechos, 2, 31, 43, 51, 358,
399, 468, 471
derramamiento, 95, 101, 102,
184, 187, 234
descanso, 74, 114, 195, 239,
240, 242, 243, 337, 343,
351, 356, 360, 368, 389,
422, 451, 488
desesperanza, 106, 173, 327
destino, 26, 64, 69, 178, 282,
284, 308, 381, 391, 442,
443
destructor, 441, 445, 446, 451
Deuteronomio 11:26–29, 115
Deuteronomio 14:1, 104
Deuteronomio 18:11, 48
Deuteronomio 19:21, 485
Deuteronomio 2:11, 476
Deuteronomio 2:13, 190
Deuteronomio 27:15–26, 115
Deuteronomio 28:13, 212
Deuteronomio 28:15, 106,
108, 109, 110
Deuteronomio 28:15–68, 106,
108, 110
Deuteronomio 28:20, 109
Deuteronomio 28:23, 330
Deuteronomio 28:33, 331
Deuteronomio 29:12, 115
Deuteronomio 29:29, 212
Deuteronomio 30:4–5, 29
Deuteronomio 31:26, 235
Deuteronomio 33:26, 63
Deuteronomio 8, 190, 272

Deuteronomio 9:1–2, 30
dharma, 309, 437, 444
diabetes, 162, 166
dimensión, 27, 32, 57, 66, 67, 68, 69, 70, 71, 72, 74, 75, 76, 78, 79, 81, 82, 221, 298, 299, 300, 301, 304, 306, 308, 387, 394
dinero, 36, 118, 120, 173, 175, 176, 177, 178, 179, 180, 181, 182, 186, 254, 264, 274, 275, 277, 278, 330, 341, 410, 489
diosa, 118, 142, 419, 420, 425, 426, 427, 428, 430, 431, 439, 447, 448, 454, 469, 470, 473, 474
diosas, 94, 253, 283, 323
dioses, 47, 63, 73, 94, 99, 100, 101, 103, 117, 119, 120, 126, 142, 148, 205, 210, 253, 257, 261, 274, 279, 282, 283, 285, 293, 294, 323, 410, 412, 415, 418, 419, 421, 422, 423, 424, 425, 426, 427, 428, 429, 430, 431, 438, 440, 441, 445, 446, 462, 463, 465, 469, 471, 473, 475
discernimiento, 35, 36, 37, 49, 54, 55, 57, 73, 128, 159, 191, 234, 237, 266, 291, 336, 355, 369, 370, 371, 387, 495, 496, 497, 498, 499, 500, 502, 503
disociación, 56, 459
divorcios, 254
doble, 60, 98, 178, 197, 399, 431, 497

dolor, 164, 166, 216, 315, 316, 327, 340, 341, 342, 350, 403, 424, 442, 454, 466, 479, 480, 482, 497
dominio, 32, 55, 57, 160, 190, 207, 215, 216, 217, 218, 271, 279, 373, 374, 418, 425, 430, 437, 456, 462, 464, 468, 497, 499
dones, 32, 47, 50, 74, 76, 129, 137, 159, 171, 174, 181, 215, 217, 219, 221, 240, 242, 243, 247, 248, 265, 284, 312, 317, 318, 321, 324, 330, 333, 335, 363, 413, 436, 456, 474, 500
dote, 438, 455
dragón, 283, 472, 473
druidas, 116, 117, 118, 119
duda, 16, 56, 76, 87, 208, 260, 320, 363, 371, 497
dureza, 108, 132, 185, 200, 265, 266, 267, 320, 338, 340, 371, 372
dynameis, 37
Eclesiastés 5:10, 190
Eclesiastés 7:26, 146
Eclesiastés 8:5, 395
Eclesiastés 9:11–12, 395
Efesios 1:10, 395
Efesios 1:13, 458
Efesios 1:17–18, 138, 161
Efesios 1:19, 502
Efesios 1:20, 65
Efesios 1:21, 35, 40
Efesios 1:22, 53
Efesios 1:3, 65, 161
Efesios 1:4, 360
Efesios 1:7–8, 360
Efesios 2

6, 395
Efesios 2:20, 261
Efesios 2:5, 379
Efesios 2:6, 63, 65, 80, 330, 331, 395
Efesios 2:7, 458
Efesios 2:8–10, 10
Efesios 3:10, 33
Efesios 3:20, 330
Efesios 4:1–3, 161
Efesios 4:31, 170
Efesios 5, 220
Efesios 5:30, 122, 458
Efesios 6, 35, 49, 150
Efesios 6:12, 35, 49
egipcios, 100, 417, 418, 419, 420, 433
Egipto, 8, 111, 114, 142, 226, 230, 309, 414, 415, 416, 417, 418, 419, 420, 421, 423, 424, 431, 432, 433, 469, 470, 471
egocentrismo, 270
egoísmo, 88, 270, 341, 373
egoísta, 320, 321, 340
electromagnética, 38, 68, 375
electromagnéticos, 37, 38, 194, 234, 277
elefante, 293, 294, 411
emociones, 86, 255, 307, 329, 389, 458, 459, 478, 479, 480, 481, 482, 483, 484
Empédocles, 206
empleados, 36, 178, 240, 356
enfermedades, 71, 74, 111, 113, 114, 169, 245, 251, 340, 434
enojo, 170, 335, 364, 480
envidia, 22, 50, 167, 233, 320, 321, 328, 369, 371, 497
Epona, 118
equinoccios, 457
escandinavos, 90, 91
esclavitud, 43, 101, 119, 185, 200, 239, 261, 269, 270, 399, 480
espinas, 238, 242, 244, 245
Espíritu, 6, 8, 10, 26, 27, 29, 30, 32, 33, 43, 56, 64, 77, 84, 96, 123, 136, 138, 139, 141, 143, 144, 152, 160, 168, 174, 176, 181, 182, 190, 199, 200, 210, 212, 217, 221, 233, 241, 244, 261, 263, 267, 268, 269, 270, 289, 314, 319, 323, 325, 326, 328, 339, 352, 356, 357, 358, 359, 364, 367, 369, 371, 373, 374, 396, 400, 409, 410, 414, 457, 458, 480, 484, 493, 497, 498, 500, 501, 502
Espíritu Santo, 10, 26, 29, 141, 241, 263, 358, 409
espíritus elementales, 194, 196, 197, 198, 202, 204, 206, 241, 358
esposa, 36, 86, 122, 214, 217, 219, 220, 251, 253, 311, 316, 317, 318, 380, 381, 416, 438, 469, 470, 473, 503
esposas, 142, 249, 253, 325, 403
esposo, 86, 122, 125, 214, 218, 251, 253
esterilidad, 245, 269
Estrella de la Mañana, 290

estrellas, 25, 40, 63, 64, 114, 119, 268, 283, 422, 424, 449, 463, 472
evangelismo, 239, 240, 503
Éxodo 14:16, 161
Éxodo 16:33, 235
Éxodo 20:1–17, 279
Éxodo 24:1–11, 104
Éxodo 34:7, 272
Éxodo 4
  2, 155
  20, 155
Ezequiel 1, 24, 25, 30, 161
Ezequiel 17:13, 115
Ezequiel 2:4–6, 238
Ezequiel 21:21, 48
Ezequiel 21:22, 52
Ezequiel 22:26, 248
Ezequiel 34:1–5, 272
Ezequiel 36:26, 346
Ezequiel 8:10, 141
falsa adoración, 472
falsas creencias, 443
falsas religiones, 470
falta de perdón, 103, 185
faraones, 420
favor, 13, 31, 32, 33, 44, 51, 52, 77, 78, 79, 88, 100, 133, 136, 138, 145, 146, 165, 168, 169, 170, 171, 180, 181, 182, 183, 184, 185, 186, 187, 188, 190, 202, 211, 212, 222, 234, 245, 246, 247, 253, 260, 262, 264, 266, 268, 269, 270, 281, 291, 314, 319, 320, 321, 323, 337, 339, 341, 355, 357, 368, 374, 391, 394, 412, 421, 422, 423, 424, 425, 426, 427, 428, 429, 430, 431, 441, 442, 443, 444, 445, 446, 447, 448, 449, 450, 451, 452, 453, 454, 455, 456, 458, 474, 475, 476, 483, 491, 493, 503
femenina, 249, 403
feng shui, 273, 275, 276, 277, 278, 279, 282
fertilidad, 101, 108, 117, 118, 170, 245, 252, 269, 282, 431, 450, 471
festivales, 260, 283, 456
fetos, 287
fibromialgia, 162
Filipenses 1:27, 161
Filipenses 1:6, 161
Filipenses 2:10, 331
Filipenses 2:12, 11, 12, 13, 272
Filipenses 2:2–3, 161
Filipenses 3:10, 85
Filipenses 3:9, 458
Filipenses 4:19, 212, 502
Filipenses 4:6, 330
Filipenses 4:8, 375
filosofía, 84, 204, 205, 206, 276, 277, 278, 280, 281, 309
finanzas, 52, 75, 130, 176, 177, 188, 189, 264, 269, 279, 317
Flatlanders, 69
flores, 274, 277, 282, 283, 450, 454
fornicación, 143, 250, 254, 456
fortalezas, 15, 26, 27, 28, 29, 30, 31, 32, 90, 91, 149, 351, 359, 417, 418

fragancias, 286
frecuencias, 78, 137, 300, 371, 373, 440
fruto, 15, 17, 140, 188, 207, 208, 238, 246, 247, 265, 271, 290, 324, 358, 398, 481, 491
fuego, 33, 44, 57, 61, 76, 142, 149, 186, 190, 192, 206, 210, 234, 238, 246, 283, 287, 289, 296, 297, 336, 345, 353, 419, 429, 443, 446, 448, 450, 457, 483
Gálatas 2:20, 272, 458
Gálatas 4:2–3, 192
Gálatas 4:3–5, 203
Gálatas 4:4, 395
Gálatas 4:9, 192
Gálatas 5:16, 161
Gálatas 5:19–21, 485
Gálatas 5:22–23, 502
Gálatas 5:3–4, 260
Gálatas 6:7, 458
Génesis 1
  28, 236
  28–30, 458
Génesis 10
  9, 476
Génesis 10:10, 476
Génesis 10:8–9, 476
Génesis 10:9, 476
Génesis 11
  4, 81
Génesis 11:4, 476
Génesis 12, 190, 494
  2–3, 494
  3, 494
Génesis 15, 166
Génesis 2, 53, 122, 140, 484

Génesis 24
  40–41, 115
Génesis 3, 115, 190, 216, 222, 237, 248, 330, 331, 484, 485
Génesis 38:21, 143
Génesis 4
  1–16, 271
  5–7, 485
  6–7, 485
  7, 216
Génesis 44:5, 47
Génesis 6:1–4, 476
Génesis 6:1–6, 256
Génesis 7:11, 63
Génesis 8:21, 115
Génesis 8:22, 190
gentileza, 273
ginōskō, 2, 85
giroscopio, 23, 24, 25, 26
gloria, 10, 11, 13, 20, 21, 29, 33, 62, 75, 136, 160, 176, 202, 208, 210, 211, 220, 232, 234, 243, 248, 265, 269, 270, 271, 285, 290, 297, 332, 349, 352, 353, 354, 359, 367, 374, 379, 380, 388, 394, 425, 431, 468, 481, 496, 498, 500
gobernantes, 35, 65, 149, 329, 335, 368, 374, 417, 418, 492
gobierno, 26, 28, 30, 56, 119, 130, 179, 265, 269, 312, 327, 408, 410, 490
gracia, 10, 12, 13, 14, 32, 51, 88, 136, 160, 180, 182, 217, 242, 260, 271, 289, 325, 335, 337, 344, 346, 360,

367, 385, 409, 423, 435,
    497, 499
Grecia, 227, 415, 468, 469,
    470, 471, 472
gusanos, 113, 185
Habacuc 1:17–2:3, 330
Habacuc 2:2–3, 330
Hageo 1:5–6, 190
hambruna, 466
Hawkins, 55, 56, 57
Hebreos 10:14, 105
Hebreos 10:19, 330
Hebreos 11:10, 203
Hebreos 11:8–10, 477
Hebreos 12:1, 203
Hebreos 12:11, 248
Hebreos 12:7–13, 331
Hebreos 13:5, 190
Hebreos 4:8–9, 239
Hebreos 5:14, 502
Hebreos 5:8, 236
Hebreos 9:11–15, 96
hechicería, 48, 74, 144, 440
hechizos, 118, 144, 152, 249,
    250, 253
Hechos 1:14, 123
Hechos 11, 261
Hechos 19:18–20, 279
Hechos 3:19, 385
Hechos 3:21, 488
Hechos 4:32–35, 190
Hechos 7:56, 64
herencia, 17, 45, 60, 81, 96,
    160, 179, 180, 181, 183,
    200, 201, 202, 208, 210,
    244, 246, 265, 351, 357,
    358, 371, 399, 404, 416,
    438, 445, 456, 459, 468,
    475, 480, 483, 487

hinduismo, 284, 293, 416,
    434, 435, 436, 437, 438,
    439, 440, 445, 455, 462
hinduista, 291, 408, 435, 436,
    437, 439, 440, 458
histerectomías, 402
homónimo, 275
homosexualidad, 250, 254
homothumadon, 123
honor, 33, 35, 64, 65, 91, 186,
    189, 217, 262, 287, 316,
    374, 467
hormonas, 307, 397
Horus, 300, 416, 418, 425,
    427, 430, 470, 471
huérfanos, 180, 187, 371
humildad, 13, 88, 159, 160,
    241, 327, 335, 501
idolatría, 20, 50, 51, 152, 170,
    185, 187, 188, 225, 328,
    363, 367, 372, 415, 440,
    456, 462, 464, 465, 466,
    470, 483
ídolos, 48, 63, 100, 103, 126,
    142, 225, 259, 279, 282,
    283, 323, 456, 464, 465,
    471, 482
Íncubos, 7, 249, 252
India, 281, 292, 293, 295, 309,
    415, 435, 438, 461, 470,
    471
Inercia, 5, 23, 31, 33
influencia, 13, 26, 27, 28, 29,
    30, 31, 57, 62, 71, 156, 190,
    205, 213, 214, 220, 221,
    222, 234, 266, 276, 309,
    358, 417, 421, 435, 440,
    449, 474
iniquidad, 92, 103, 109, 110,
    111, 112, 113, 114, 163,

166, 167, 188, 189, 234, 242, 257, 258, 259, 260, 261, 262, 263, 355, 357, 475, 480, 483
iniquidades, 91, 101, 291, 484, 496
injusticia, 124, 163, 186, 187, 240, 241, 245, 265, 325, 493
Intercesión, 7, 90, 315, 316, 319
ira, 170, 184, 211, 244, 255, 291, 405, 446, 454, 475, 476, 480, 483, 489, 497
irlandés, 149
Isaías 1:12–20, 330
Isaías 1:3, 86
Isaías 11:11–12, 493
Isaías 11:1–2, 190
Isaías 14:13–14, 432, 463
Isaías 19:18–25, 433
Isaías 25:7–8, 272
Isaías 27:6, 491
Isaías 30:1–5, 414
Isaías 30:26, 248
Isaías 31:1, 414
Isaías 34:14, 365
Isaías 35, 248
Isaías 35:3, 331
Isaías 40:31, 248
Isaías 41:18, 248
Isaías 43:25, 346
Isaías 44:25, 52
Isaías 45:1–3, 190
Isaías 45:23, 331
Isaías 48:13, 64
Isaías 48:6, 331
Isaías 5:11–25, 292
Isaías 54:17, 330
Isaías 58, 203, 330
Isaías 58:8, 203
Isaías 59, 163, 164, 171, 172, 236
Isaías 6:10, 85
Isaías 61:1, 256
Isaías 62:4, 292
Isaías 62:6–7, 494
Isaías 64:1, 64
Isaías 65:11, 292
Isaías 65:20, 115
Isaías 66:8, 494
Isaías 8:18, 292
Jacobs, 90
jai, 274
Jante, 5, 89, 91, 92
Jardín, 141, 211, 215, 350, 351, 398, 400, 478
Jeremías 1:15–16, 476
Jeremías 1:5, 458
Jeremías 18:15, 361
Jeremías 2:13, 272, 360
Jeremías 20:14–16, 115
Jeremías 25:4–7, 477
Jeremías 29:7, 331
Jeremías 31:35–36, 493
Jeremías 32:20, 433
Jeremías 32:41, 493
Jeremías 44:15–19, 146
Jeremías 44:17, 292
Jeremías 44:18, 292
Jeremías 6:16, 360
Jeremías 7:18, 142
Jezabel, 326, 369
Job 15:15, 64
Job 15:35, 360
Job 19:25–26, 361
Job 19:6–26, 360
Job 19:7, 349
Job 28:21, 375
Job 3:1, 115

Job 30:1, 237
Job 30:7, 237
Job 41:34, 360
Job 9:8, 64
Joel 3:2, 105, 494
Josué 1:2–3, 14
Josué 24:14–15, 292
Josué 6:20, 331
Josué 6:26, 115
Josué 7:21, 477
Josué 9:22, 115
Juan 1:13, 13
Juan 10:27, 502
Juan 10:3–5, 292
Juan 11:43–53, 17
Juan 14:23, 458
Juan 14:6, 279
Juan 15:5, 458
Juan 16:13, 279
Juan 16:21, 330
Juan 16:24, 330
Juan 17, 53, 161, 190
Juan 17:21, 190
Juan 17:4, 161
Juan 2:10–11, 292
Juan 6:53–58, 104
Juan 6:56, 458
Juan 8:44, 360
Judas 1:24, 272
judíos, 17, 142, 173, 228, 230, 261, 295, 486, 487, 488, 489, 490, 492, 493
Jueces 8:33, 477
Jueces 9:1–15, 248
Jueces 9:7–15, 238
juicios, 159, 169, 171, 234, 320, 327, 344
juramentos, 102, 103, 186, 189, 286, 288, 470
justicia propia, 320

Kairos, 385, 394, 494
Kaku, 68
Kali, 411, 447, 450, 454
Kaluza, 66
kanon, 156
karma, 309, 411, 435, 442, 443
Krishna, 411, 413, 447, 451, 452
Ku Klux Klan, 420
Kundalini, 306, 307, 439, 448
langostas, 185, 431
Leviatán, 358, 473
Levítico 10:10, 248
Levítico 17:11, 105
Levítico 17:1–12, 104
Levítico 17:3–14, 104
Levítico 19:14, 115
Levítico 19:19, 292
Levítico 19:26, 52
Levítico 19:28, 104
Levítico 19:31, 48
Levítico 26:40–42, 263
ley, 31, 40, 43, 94, 114, 171, 181, 182, 196, 200, 204, 209, 217, 258, 260, 261, 288, 309, 343, 345, 356, 429, 437, 438, 442, 458, 486
libro, 2, 10, 11, 14, 17, 19, 20, 38, 59, 69, 76, 94, 97, 114, 117, 130, 134, 139, 146, 227, 231, 257, 259, 278, 294, 306, 310, 359, 382, 383, 393, 409, 415, 417, 432, 459, 465, 466, 480, 490, 504
Ligaduras espirituales, 17, 126, 147, 149, 217, 218, 221, 250, 266, 267, 283, 286,

288, 289, 311, 312, 325,
326, 327, 406, 407, 409,
489, 492, 500
Lilith, 250, 365, 367
llaves, 194, 195, 198, 200,
351, 382, 384
Lucas 11:47–50, 262
Lucas 11:52, 190
Lucas 13:29, 375
Lucas 16:31, 260
Lucas 19:13, 437
Lucas 21:26, 375
Lucas 22:42, 161
Lucas 23:45–46, 361
Lucas 3:14, 190
Lucas 6:43–45, 248
Lucas 6:46, 272
Lucas 8:10, 272
Lucifer, 225, 294, 463
lugar santísimo, 33, 224
lugares celestiales, 32, 35, 44, 49,
50, 63, 65, 68, 75, 160, 168,
170, 201, 234, 254, 270,
322, 330, 357, 379, 388,
453, 484, 499
lujuria, 21, 250, 254, 370, 497
luna, 38, 39, 40, 48, 116, 143,
151, 193, 245, 246, 283,
353, 411, 419, 420, 446,
449, 454, 457, 469, 471,
472, 474, 477
madre, 122, 123, 125, 143,
169, 219, 229, 293, 359,
398, 400, 403, 419, 420,
423, 425, 427, 429, 431,
447, 469, 470, 473
magia, 44, 47, 84, 116, 118,
143, 144, 206, 406, 418,
450, 457, 469, 470, 473
magos, 116, 206, 253, 277

Malaquías 2:10, 236
Malaquías 2:2, 115
Malaquías 3, 58, 63, 80
Malaquías 4:1, 248
maldición, 100, 106, 107, 108,
109, 115, 144, 168, 176,
177, 181, 183, 184, 186,
187, 188, 232, 244, 247,
255, 259, 266, 268, 284,
396, 404, 414, 458, 466,
487, 493
maldiciones, 29, 32, 101, 102,
103, 106, 107, 109, 110,
159, 168, 169, 170, 180,
183, 184, 185, 186, 187,
188, 211, 240, 242, 245,
249, 263, 313, 321, 323,
329, 374, 393, 434, 437,
455, 465, 472, 475
Mandala, 412
mara, 249
marciales, 126, 280, 281, 284
Marcos 14:3–6, 292
Marcos 15:37–38, 361
Marcos 4:12, 272
Marcos 5:19, 502
Marcos 5:25–27, 248
Marcos 9:23, 330
María, 16, 123, 219, 399, 400
Mary, 504
masonería, 173, 175, 176, 181,
414, 416, 417, 470
masones, 416, 417
matemática, 59, 227, 229, 231,
380, 382, 389
Mateo 11:28–29, 239
Mateo 13, 161, 272
Mateo 18:15, 375
Mateo 19:26, 330
Mateo 23:13, 292

Mateo 23:23, 346
Mateo 24:24, 409
Mateo 25:40, 493
Mateo 27:50–51, 361
Mateo 28, 502
Mateo 5:14–15, 248
Mateo 5:17, 272, 493
Mateo 5:23–24, 330
Mateo 5:38–39, 485
Mateo 6:19–34, 190
Mateo 6:21, 190
Mateo 6:24, 190
Mateo 6:31–34, 330
Mateo 6:33, 292
Mateo 6:5–13, 331
Mateo 7:16–18, 238
Mateo 7:9–11, 330
Mateo 8:9, 502
matrimonio, 122, 217, 255, 292, 325, 399, 403, 404, 436, 438, 455, 500
Meditación Trascendental, 8, 406, 409, 412
Melquisedec, 233, 235
mentalidad, 29, 84, 179, 207, 350, 355, 404
mente, 11, 22, 28, 50, 83, 84, 85, 86, 87, 88, 114, 160, 170, 173, 189, 201, 207, 234, 255, 297, 299, 305, 308, 311, 321, 322, 323, 326, 329, 335, 346, 355, 357, 358, 384, 403, 411, 412, 413, 439, 442, 449, 453, 458, 479, 481, 484
mentes, 86, 174, 333, 357, 408, 435, 442, 480
Miqueas 2:13, 331
Miqueas 7:14–20, 292

misericordia, 88, 160, 168, 179, 185, 235, 265, 271, 289, 291, 328, 335, 336, 339, 340, 341, 342, 343, 344, 346, 399, 406, 446, 501
misoginia, 396, 397, 398, 400, 404
Moloc, 102, 234
mónada, 297, 301, 303
mujer, 21, 23, 43, 45, 60, 112, 122, 123, 143, 162, 166, 193, 195, 196, 197, 214, 215, 216, 217, 220, 224, 251, 295, 315, 317, 318, 352, 353, 358, 378, 387, 396, 397, 398, 399, 402, 403, 404, 405, 424, 438, 439, 449, 455, 470
mujeres, 21, 62, 123, 142, 173, 214, 216, 217, 218, 219, 220, 221, 249, 250, 325, 387, 396, 397, 398, 399, 400, 401, 402, 403, 404, 438, 439, 456
murciélagos, 365, 367
música, 76, 126, 277, 326, 375, 445
Nahúm 3:4, 143, 146
Nahúm 3:5, 256
Nehemías 1, 29, 346
Nehemías 13:25, 115
Nehemías 9:6, 64
nietos, 181, 314, 318, 503
Nimrod, 74, 415, 416, 462, 467, 468, 469, 470, 472, 477
nueva era, 126, 253, 408, 470
nueve secciones, 55
Números 13:33, 476

Números 17:10, 235
Números 18, 236
Números 20:8, 155
Números 22:6–12, 115
Números 30:2, 124
ocho, 39, 108, 174, 196, 197, 229, 276, 278, 385, 440, 454
odio, 9, 164, 168, 216, 254, 255, 370, 396, 397, 400, 401, 404, 405, 492
ofensa, 163, 313, 370
Orfeo, 205
orgullo, 87, 88, 144, 159, 178, 187, 189, 255, 265, 288, 320, 329, 357, 358, 373, 468, 475, 488, 497
ortigas, 237, 238, 242
Oseas 10:12–13, 272
Oseas 4:12, 48
Oseas 4:17, 127
Osiris, 300, 416, 418, 420, 421, 425, 427, 429, 431, 433, 469, 470
paciente, 51, 132, 160
pacto de sangre, 95, 97, 98, 99, 100, 101, 104
pactos de sangre, 98, 101, 102, 126, 253, 288, 457
pájaros, 117, 449
partes, 13, 32, 55, 56, 65, 74, 97, 98, 135, 143, 147, 158, 224, 226, 237, 280, 292, 295, 354, 357, 378, 394, 420, 442, 453, 458, 498
paz, 51, 75, 122, 160, 170, 172, 184, 212, 244, 288, 327, 360, 368, 407, 408, 435, 488, 492, 497, 499, 501

pensamiento, 13, 34, 54, 71, 84, 91, 99, 128, 131, 145, 159, 165, 170, 192, 204, 205, 206, 207, 306, 308, 348, 349, 350, 351, 359, 373, 374, 384, 387, 407
perdón, 97, 168, 184, 201, 208, 240, 326, 335, 342, 364, 369, 493, 496
perversión, 22, 225, 233, 254, 368
pharmakeia, 144
phobos, 337
pirámide, 41, 42, 419
pirámides, 230, 417, 418, 420
plagas, 111, 113, 185, 190, 431
plata, 124, 141, 178, 213, 290, 431, 464, 489
Platón, 84, 89, 204
plomada, 202, 291
pobreza, 31, 113, 173, 177, 179, 182, 183, 185, 187, 188, 278, 390, 497
poderes, 31, 34, 35, 37, 38, 40, 41, 42, 43, 44, 47, 81, 108, 143, 151, 169, 192, 253, 282, 286, 329, 363, 394, 412, 413, 449, 498
pornografía, 125, 144, 146, 250, 254, 403
pozos, 118, 119, 120, 267, 333, 352, 353
prejuicio, 336
profecía, 216, 420, 450, 463, 491
profecías, 126, 145, 321, 440, 486
prosperidad, 109, 113, 185, 274, 275, 276, 278, 279,

281, 282, 283, 286, 288, 488
prostitución, 143, 144, 175, 188, 225, 283, 399, 400, 403, 456
Proverbios 1:29, 347
Proverbios 1:7, 346
Proverbios 10:22, 190
Proverbios 14:16, 347
Proverbios 14:2, 347
Proverbios 15:1–4, 375
Proverbios 16:28, 375
Proverbios 18:16, 458
Proverbios 18:8, 375
Proverbios 2:16–18, 146
Proverbios 21:13, 375
Proverbios 23:17, 347
Proverbios 24:30–32, 238
Proverbios 24:30–34, 248
Proverbios 26:22, 375
Proverbios 26:28, 330
Proverbios 28:14, 346, 347
Proverbios 29:24, 115
Proverbios 29:25, 331, 347
Proverbios 3 5, 190
Proverbios 3:5, 281
Proverbios 30:10, 115
Proverbios 4:14, 361
Proverbios 4:23, 105
Proverbios 8:13, 347
Proverbios 8:27, 64
Proverbios 9:10, 346
psíquicos, 448, 450
pulpo, 193, 194
qabab, 107, 108
Qualet, 108
rebelión, 20, 48, 49, 50, 51, 145, 187, 232, 258, 259,

288, 367, 404, 426, 463, 467, 468, 476, 497
rechazo, 168, 169, 186, 187, 242, 287, 313, 322, 342, 357, 358, 359, 373, 403, 404, 479, 480, 497
reencarnación, 117, 206, 284, 407, 416, 443, 469
reina del cielo, 142, 143, 145
reino de los cielos, 177
relaciones, 21, 86, 125, 147, 179, 209, 211, 249, 250, 251, 252, 254, 255, 274, 276, 278, 286, 305, 398, 434, 447, 456, 500
Reloj Biológico, 7, 376, 391
riqueza, 175, 178, 180, 182, 190, 203, 274, 275, 276, 282, 289, 353, 447, 474, 499
rodillas, 316, 328
Romanos 1, 20, 292
Romanos 11:4, 331
Romanos 12:1–2, 203
Romanos 12:19, 375
Romanos 12:3, 53
Romanos 12:6, 458
Romanos 13, 256, 331
Romanos 15:8–9, 493
Romanos 16:17–18, 330
Romanos 16:20, 212
Romanos 16:7, 223
Romanos 2:4, 458
Romanos 5:21, 239
Romanos 5:6, 378, 379
Romanos 5:9–10, 96
Romanos 8, 35, 239, 248, 272, 330, 387, 458
Romanos 9:16, 13
Romanos 9:30, 458

sabático, 240
sabiduría, 32, 65, 116, 130, 136, 138, 151, 160, 176, 182, 186, 200, 209, 211, 212, 234, 262, 266, 267, 268, 278, 279, 290, 305, 326, 333, 343, 345, 354, 355, 356, 357, 358, 369, 411, 412, 418, 445, 459, 473, 478, 480, 481, 498, 499, 500, 501
sacerdocio, 234, 235
sacrificio, 47, 48, 94, 96, 101, 102, 116, 117, 118, 142, 149, 189, 202, 258, 259, 267, 312, 313, 336, 351, 364, 390, 499
Salmo 119:113, 87
Salmo 121:4, 494
Salmo 122:6, 494
salmo 133, 165
Salmo 18, 53
Salmo 2:1–2, 494
Salmo 49:3, 85
Salmo 50:16, 101
Salmo 8, 56
Salmo 8 XE "Salmo 8" *6:11*, 56
salud, 52, 95, 200, 269, 274, 277, 279, 280, 281, 282, 297, 298, 341, 407
Samuel, 48, 52, 53, 63, 115, 190, 219, 235, 390, 476, 494
San Patricio, 6, 147, 149, 153
sangre, 15, 57, 94, 95, 96, 97, 98, 99, 100, 101, 102, 103, 104, 109, 117, 119, 143, 144, 145, 163, 179, 183, 184, 187, 189, 196, 202, 234, 248, 254, 288, 305, 313, 322, 351, 357, 359, 363, 373, 391, 394, 396, 457, 482, 483, 486, 489, 493
sangre de Cristo, 96
Sangre de Jesucristo, 255
sangre de Jesús, 183
sanidad, 16, 20, 71, 134, 135, 136, 162, 163, 165, 166, 169, 198, 239, 240, 241, 242, 243, 245, 246, 247, 248, 250, 252, 306, 333, 342, 355, 365, 376, 397, 416, 418, 450, 458, 465, 478, 500
Santiago 1:17, 330
Santiago 1:2–5, 485
Santiago 1:5, 502
Santiago 2:17–20, 10
Santiago 3:1–12, 190
Santiago 3:14–16, 172
Santiago 3:6, 172
Santiago 3:9–12, 375
Santiago 4:8, 87
Santiago 5:11, 346
Santiago 5:14–15, 330
Santiago 5:16, 272, 330
Santiago 5:17–18, 330
santidad, 179, 261, 291, 334, 335, 336, 344, 355, 359
Satanás, 21, 27, 28, 30, 32, 34, 40, 74, 152, 209, 216, 233, 234, 255, 357, 358, 408, 412, 463, 468, 471, 500
Saúl, 48, 122, 390
SEIS, 54, 396
Semiramus, 416, 462
senda antigua, 351, 352

sentidos, 51, 57, 59, 67, 85, 208, 211, 355, 375, 392, 400, 408, 413, 438, 452, 453, 465, 495, 500, 502
ser sensible, 310
Serapis Bey, 300, 309
serpiente, 100, 118, 172, 306, 317, 419, 426, 429, 448, 456, 472, 473
sexo, 144, 216, 250, 287, 400, 456
sexualidad, 307, 399, 431
Shiva, 411, 441, 445, 446, 447, 448, 449, 450, 454, 460, 473
Shri Shankaracharya, 410
símbolos, 99, 103, 274, 276, 286, 419
sobornos, 186, 287
Sofonías 1:12, 375
Sol de Justicia, 245, 248
sonar, 193, 327, 371, 383, 460
sonido, 46, 50, 60, 81, 264, 296, 300, 328, 368, 371, 375, 440, 475, 500
sonidos, 75, 164, 286, 366, 368, 371, 373, 447, 450, 451, 452, 464, 475
sospecha, 159, 233, 369
stoicheia, 191, 192, 193, 197, 204
Súcubo, 255
sueño, 50, 75, 77, 148, 173, 174, 175, 176, 193, 194, 215, 249, 348, 349, 364, 365, 366, 367, 378, 386, 389, 390, 464
sueños, 75, 175, 249, 250, 251, 254, 320, 373, 377, 384, 386, 389, 464

sufrimiento, 164, 310, 327, 338, 341, 342, 356, 453, 466
superstición, 100, 178
Tai Chi, 280, 291
Tamar, 399
Tamuz, 143, 416, 462, 469, 470, 471, 472
Tantra, 439, 459, 460, 461
Taoísmo, 278, 279, 281
temor, 11, 32, 138, 158, 200, 210, 211, 263, 334, 335, 336, 337, 338, 339, 340, 343, 344, 345, 346, 360, 368, 369, 371, 423, 467, 479, 481
temor del Señor, 335, 337, 344
templos, 100, 282, 417, 418, 421, 438, 456, 472
terror, 111, 114, 335
tesoro, 178, 179, 183, 290, 353
tiempo, 10, 16, 17, 20, 35, 39, 42, 43, 47, 56, 66, 67, 68, 69, 70, 72, 76, 79, 81, 82, 84, 94, 96, 99, 101, 118, 121, 149, 159, 168, 169, 185, 200, 210, 218, 222, 228, 230, 232, 261, 262, 265, 266, 278, 290, 293, 294, 295, 301, 305, 307, 308, 311, 316, 318, 319, 320, 328, 332, 342, 348, 352, 353, 354, 365, 377, 378, 379, 382, 383, 384, 385, 386, 387, 388, 390, 391, 392, 393, 394, 395, 398, 400, 406, 407, 410, 415, 417, 419, 424, 429,

434, 435, 440, 441, 442,
446, 447, 449, 451, 454,
455, 459, 462, 465, 488,
489, 490, 491, 492, 499,
501
tierra, 14, 15, 17, 25, 27, 28,
29, 30, 32, 33, 35, 38, 39,
40, 41, 44, 56, 63, 64, 73,
83, 101, 108, 111, 112, 114,
119, 129, 132, 140, 147,
151, 171, 173, 177, 179,
184, 192, 195, 196, 202,
206, 207, 211, 215, 216,
227, 231, 235, 238, 239,
240, 241, 243, 244, 245,
246, 247, 248, 263, 265,
266, 269, 271, 283, 289,
291, 297, 298, 301, 302,
303, 304, 305, 308, 313,
324, 328, 333, 334, 335,
342, 351, 352, 353, 358,
363, 365, 374, 377, 379,
380, 385, 388, 392, 417,
419, 422, 423, 424, 425,
426, 427, 428, 429, 431,
437, 439, 443, 450, 451,
452, 463, 464, 466, 468,
469, 470, 472, 473, 475,
476, 487, 488, 489, 490,
491, 492, 501
Tito 1:12, 89
Tito 3:4, 458
trances, 286
trinidad, 300, 410, 416, 441,
444, 445, 458, 469
Trumbull, 94, 97, 98, 99, 100,
103, 104
unción, 36, 42, 49, 50, 51, 52,
57, 76, 97, 103, 165, 171,

179, 194, 202, 222, 326,
327, 349, 413
unidad, 51, 99, 158, 160, 165,
168, 174, 180, 203, 212,
214, 308, 313, 364, 412,
449, 499, 500
vampiro, 100
Vedas, 436, 442, 453
vegetarianismo, 206, 457
velas, 282
vergüenza, 115, 289, 354, 373,
400, 475, 478, 479, 480,
481, 497
víbora, 164, 168, 172
vibración, 60, 77, 81, 300,
302, 363, 364, 365, 368,
375, 449
vibraciones, 24, 75, 78, 80,
363, 371, 373, 440, 448
vientre, 60, 169, 327, 357,
359, 429, 430, 441
violación, 250, 254, 490
Vishnu, 445, 449, 451, 452,
460, 471
viudas, 180, 187, 371, 399
voluntad, 12, 13, 14, 26, 48,
51, 73, 85, 86, 88, 120, 129,
145, 161, 182, 184, 202,
207, 221, 240, 241, 243,
248, 251, 255, 266, 269,
281, 288, 290, 316, 319,
321, 323, 328, 329, 338,
340, 352, 355, 356, 371,
374, 386, 458, 489, 492,
493, 498, 501
Wernicke, 137
yada, 85
yoga, 126, 281, 284, 407, 412,
439, 445, 448, 456

yugo, 113, 124, 170, 182, 239, 322, 343
Zacarías 12:1, 64
Zacarías 14:3–4, 494
Zacarías 14:6, 375
Zacarías 2:8, 494
Zacarías 4:10, 203
Zacarías 4:1–6, 139
Zacarías 4:6, 272
zodíaco, 48, 275, 285, 471

www.ingramcontent.com/pod-product-compliance
Lightning Source LLC
Chambersburg PA
CBHW020631230426
43665CB00008B/121